제 1 권

수레바퀴 자국 속의 물고기

억울한 세월

제 **1** 권
수레바퀴 자국 속의 물고기
억울한 세월

초판 1쇄 발행 2021년 1월 18일

편저 임갑혁
펴낸이 장길수
펴낸곳 지식과감성#
출판등록 제2012-000081호

감수 문종호, 임민형
디자인 윤혜성
편집 윤혜성
교정 김혜련, 박솔빈
마케팅 고은빛, 정연우

주소 서울시 금천구 벚꽃로298 대륭포스트타워6차 1212호
전화 070-4651-3730~4
팩스 070-4325-7006
이메일 ksbookup@naver.com
홈페이지 www.knsbookup.com

ISBN 979-11-6552-645-0(04910)
ISBN 979-11-6552-644-3(세트)
값 15,000원

ⓒ 임갑혁 2021 Printed in Korea

잘못된 책은 구입하신 곳에서 바꾸어 드립니다.
이 책의 전부 또는 일부 내용을 재사용하려면 사전에 저작권자와 펴낸곳의 동의를 받아야 합니다.

 홈페이지 바로가기

이순신의 탄생부터 선조의 죽음까지

제 1 권

수레바퀴 자국 속의 물고기

억울한 세월

임갑혁 편저

지식감정

들어가며

'역사를 읽다 보면 너무도 가슴 아픈 대목이 많다.'

400년 전, 이 말을 역사서에 남긴 분이 있었다. 그만큼 역사서를 대하기가 힘들다는 표현인데, 시대를 불문하고 이 말에 공감하는 사람들이 많을 것이다.

그러나 가슴 아픈 우리 역사 속에서 세월이 지날수록 오히려 흥미를 끄는 한 위인이 있으니, 그가 바로 '이순신'이다. 이순신의 생애는 그 자체가 한 편의 명작 소설이자 드라마이다. 그가 겪으며 감내했던 모든 역사적 사실들이 그 어느 소설, 드라마보다 깊은 울림과 재미를 준다. 실제로도 그를 소재로 한 소설, 드라마, 영화 등이 늘 큰 인기를 끌기도 했다.

그러나 이런 작품들을 볼 때마다 불필요한 허구와 왜곡을 포함시켰다는 느낌을 받았다. 물론 이야기를 풍성하게 하기 위한 불가피한 선택이었을 것이다. 하지만 그 자체로도 흥미가 넘치는 이순신의 생애에 허구와 왜곡은 오히려 흠이 아닐까 하는 생각이 들었다. 게다가 주위에서 '원균이 이순신을 구했다고 하더라', '이순신은 과대 포장되었다' 등의 말을 들을 수 있었는데, '내가 알고 있던 상식과는 크게 달랐으므로 직접 사실을 확인해 보기로 하였다.

이순신에 관한 책은 수도 없이 많았다. 모두들 많은 노력을 기울여 썼겠지만 대부분은 정조 때 집대성하고 이은상 선생이 한글로 번역한 《이충무공전서》를 기본으로 하고 있었다. 그래서 여기에 사견을 조금 보탠 글을 하나 더 추가하는 건 의미가 없다는 생각이 들었다. 이것이 이순신의 생애와 더불어 그가 태어나면서부터 죽음에 이르기까지의 시대를 조명하자는 목표를 잡게 된 계기다.

　이순신은 인종, 명종, 선조의 3대에 걸친 시대를 살았다. 인종은 불과 1년도 재위하지 못했지만, 명종은 22년, 선조는 무려 41년 동안 왕위에 있었다. 다행히 이 시대를 살펴볼 수 있는 훌륭한 문화유산이 있었다. 바로 《조선왕조실록》이다. 물론 실록의 기록은 아주 방대했다. 단순히 읽기만 하는 데에도 많은 시간이 걸렸고, 한 번 읽었다고 해도 그 뜻을 전부 헤아릴 수 없었다. 필요한 부분을 취사선택하는 것만으로도 상당한 시간이 걸렸다. 그것들을 수정 보완하는 데에는 더 많은 시간을 필요로 했다. 사실 혼자 하기에는 너무 무모한 도전이었다. 하지만 그만큼 얻게 된 보람도 있었다. 무엇보다 참으로 잘 쓴 우리 선조들의 글을 읽는 기쁨이 컸다. 또한 가슴 아픈 대목도 많았지만, 마음이 흐뭇해지던 대목도 많았다.

　이순신이 살았던 시기에는, 우리 한민족의 역사에서 이름을 남긴 분들이 유별나게 많다. 선조, 이순신, 유성룡, 권율 외에 유학의 대가인 퇴계 이황, 남명 조식이 있었고, 율곡 이이가 나라를 위해 헌신하였다. 또한 가사문학의 대가였으나 정치인으로는 굴곡이 많았던 송강 정철도 있으며, 대표적인 청백리 오리 이원익이 국사에 분주하였다. 조선의 관포지교로 이름난 오성과 한음 이항복과 이덕형도 이순신과 동시대에 살며 나라에 충성을 다하였다. 또한 이름난 의병장 곽재우, 고경명, 김천일, 조헌 등이 있었고, 《동의보감》을 편찬한 명의 허준, 《토정비결》을 쓴 이지함, 명필의 대명사 석봉 한호, 〈홍길동전〉으로 이름난 허균이 이 시대 사람이다. 여성으로는 현모양처의 귀감 신사임당, 시문학으로 알려진 허난설헌, 일세를 풍미한 명기 황진이, 남강의 꽃이 된 의기 논개까지 늙고 젊음의 차이가 있으나 모두가 이순신과 동시대를 살았다. 심지어 의적으로 알려진 도적 임꺽정도 이때 사람이었다.

하지만 유명한 사람이 많았다고 해서 그 시대가 태평성대이거나 살 만한 세상이었던 것은 아니다. 오히려 죽음을 앞두고 숨을 헐떡이는 '수레바퀴 자국 속의 물고기' 같은 형국이었다. 여기에는 근본적으로 나라를 병들게 하고 백성들을 도탄으로 밀어 넣는 여러 제도가 있었다.

첫째, 신분제도가 모든 걸 틀어막았다. 자신의 자식을 천인, 노비로 구분해 천시하고, 서얼로 못 박아 차별했다. 이로 인해 뜻이 있어도 펼치지 못했고, 좋은 재주도 깊은 학식도 모두 소용없었다. 그러니 나라가 병들지 않을 수 없었다.

둘째, 부역제도가 나라의 근간인 백성들을 괴롭혔다. 당시 백성들은 모든 일에 신역을 제공하거나 재물을 바쳐야 했다. 여기에 온갖 폐단, 부정부패, 탐관오리의 횡포 등이 끼어드니 백성들은 극심한 착취에 등골이 휘었다. 결국 그들은 굶어 죽거나, 고향을 버리고 도망쳐 버리지 않을 수 없었다.

셋째, 관혼상제 역시 너무 복잡하고 형식에 얽매인 나머지 낭비가 심해 나라를 좀먹었다. 특히 삼년상은 국가 인력을 낭비하고 인재들의 심신을 허약하게 만들고 있었다.

넷째, 화폐제도의 부재(不在)도 문제였다. 당시 왕을 위시한 지도층은 백성들이 편하게 잘사는 것을 원치 않았다. 오직 부려 먹을 생각뿐이었다. 그래서 화폐 사용에 대한 의견이 있어도 묵살하고 시행되지 않았다. 이에 나라에 상공업이 일어설 기회가 없었고, 국가재정은 갈수록 허약해져 갔다.

그리고 '우물 안의 개구리' 같은 시각과 사고방식도 큰 원인이었다. 당시 이웃나라 일본은 포르투갈 상인으로부터 신식무기를 받아들이며 최강의 군사 국가로 변모해 가고 있었다. 하지만 당시 국가의 지도층들은 주변국의 상황을 모르고 지냈다. 사실 알려고 하지도 않았다. 그저 작은 연못 같은 나라 안에서 외부 세계의 변화에는 눈과 귀를 닫고, 오로지 권력 다툼과 백성들 착취에만 열을 올리니 왜적의 침입은 당연한 귀결이었다.

이러한 문제들과 함께 권력자의 폭거와 전란까지 겹친 이순신이 살았던 시대는 상상을 초월하는 고난의 시대였다.

이순신이 태어나서 막 혼인을 하기까지의 22년간은 명종의 시대였다. 이 시기에 권력을 잡은 이들은 문정왕후와 윤원형 일당으로, 그들의 폭정은 이루 다 말할 수 없었다. 이에 수많은 사람들이 억울하게 죽고 귀양을 가거나 쫓겨나야 했다. 게다가 문정왕후가 독단으로 유교 국가에서 숭불을 시행하니, 사대부들은 그야말로 억장이 무너졌다. 수령들은 대부분 탐관오리였고, 내수사 환관들의 횡포 역시 극심하여 백성들의 곡성이 끊이질 않았다. 살기 위해 중이 되는 자들이 속출했고, 이판사판으로 도적이 되기도 했다. 자연재해도 연이어 일어났다. 가뭄과 홍수에 전염병까지, 가뜩이나 부역에 시달리는 백성들은 입에 풀칠은커녕 목숨을 부지할 길이 없었다.

명종 승하 후 이어지는 선조 시대는 칼을 휘두르는 권력자가 없으니 너도나도 떠들어 대는 시끄러운 세상이 되었다. 혈연, 지연, 학연에 따른 파벌이 형성되는 건 어쩔 수 없는 일이겠지만, 그 파벌로 인해 동서로 파가 갈리니 이는 돌이킬 수 없는 병이 되었다. 2백 년 남짓 이어지면 수많은 병폐가 발생하여 자멸했던 다른 나라들의 역사를 잘 알고 있던 율곡 이이는 위기의식을 느끼며 피를 토하는 심정으로 나라의 개혁을 부르짖었다. 하지만 권력의 단맛에 취해 백성들의 고혈로 배를 불리던 당시의 지도층, 권력자들은 나라의 안위는 안중에도 없었다. 문제의식, 위기의식도 찾아보기 힘들었다. 결국 당파싸움이 점차 피 튀기는 권력 다툼으로 번졌고, 이 쟁란의 시기에 나라는 더욱 쇠약해졌다.

지도층의 안이함과 권력투쟁만 일삼은 결과는 결국 왜적의 침략으로 이어졌다. 유사 이래 최악의 재앙인 '임진왜란'이 시작된 것이다. 7년에 걸친 이 전란의 시기에 너무도 많은 사람이 죽고, 고통을 겪었다. 국토의 대부분도 유린되고 초토화되었다. 나라가 망하지 않은 게 다행이었다.

하지만 '난세에 영웅 난다'는 말이 있지 않은가. 이순신, 권율 등이 바로 그들이다. 특히 이순신의 활약은 단연 돋보였다. 선조는 겁쟁이가 되어 의주까지 도망쳤지만, 이순신은 왜의 수군을 연전 연파하여 제해권을 장악하고 '구국의 명장'이 되었다. 또한 요원의 불길처럼 일어선 민초들이 나라를 구하는 데 일조했다. 그리고 왜적을 남해안으로 물러나도록 한 명나라 원군의 힘도 컸다.

전쟁이 소강상태가 되면서 강화협상 시기로 이어진다. 명나라 유격 심유경이 풍신수길의 요구조건을 자국에 숨기고, 왜장 소서행장도 명의 조건을 풍신수길에 숨긴 채 협상을 진행하며, 허울뿐인 엉터리 강화회담이 진행됐다. 하지만 이 시기에도 조선의 임금 선조는 나라의 힘을 기르는 일을 버려두고, 오로지 강화 반대라는 명분하에 유성룡 등의 신하들만 힘들게 하며 허송세월했다. '수레바퀴 자국 속의 물고기' 신세였던 나라와 백성들은 정말 죽지 못해 사는 것밖에 되지 않았다.

결국 엉터리 회담의 결과는 정유재란이었다. 전쟁 중 장수를 바꾸는 것은 병가의 금기임에도, 어리석은 선조와 신하들은 굳이 이순신을 잡아들이고 원균으로 교체했다. 그 결과는 조선의 수군은 궤멸에 이르렀고, 전라도와 충청도가 유린되었다. 다행히 경리 양호의 빠른 판단으로 '직산의 승리'를 가져오고, 삼도수군통제사로 복직한 이순신이 '명량대첩'을 승리로 이끌며 나라를 지켜낼 순 있었다. 그러나 막강한 명나라 원군으로도 해안가에 포진한 왜적을 물리치지 못해 고민이 깊었는데, 그때 다행히 풍신수길이 죽었다. 마지막 노량해전을 승리로 이끌면서 이순신은 전사하고 전쟁은 끝났다. 그리고 온갖 고생을 하며 조정을 이끌었던 영의정 유성룡도 탄핵을 받아 물러나고, 혼신의 힘을 다했던 도원수 권율도 이어 생을 마감했다.

이런 미증유의 전란을 극복한 나라는 대부분 힘을 모아 국가 재건을 위해 총력을 기울인다. 그러나 이 나라는 그러지 못했다. 피폐한 진흙탕 수렁 속에서 헤어나질 못했다. 위정자들은 권력 싸움에 눈이 멀었고 수령들은 백성들 등골을 빼먹으려 더욱 혈안이 되었다. 특히 전쟁 후 선조의 행태에는 울분이 치솟지 않을 수 없다. 겁쟁이 임금 선조는 왜적이 다시 쳐들어올 공포 속에서 자신의 안일만 꾀하고, 아첨하는 신하들만 곁에 두었다. 그러니 정사가 올바르게 될 리 없었다. 더하여 선조 최악의 실정은 자식들인 왕자들의 포악한 행태를 금하지 않고 오히려 두둔한 것이다. 그 결과 왕자들은 무소불위의 권력자가 되었고, 이들로 인해 선조 말년은 폭정으로 얼룩졌다. 결국 선조는 허수아비 왕으로 전락하고 생을 마감하였다.

여기까지가 내가 짧게나마 정리한 이순신과 그가 살았던 시대의 처참하고 가슴 아픈 대목들이다.

이 책은 연구서나 소설은 아니다. 단지 역사서나 고전을 읽어 가면서 필요한 내용을 취사선택하고 날짜별로 정리했을 뿐이다.

이 책에 인용된 대부분의 글은 《조선왕조실록》에서 그대로 옮겨 왔음을 밝혀 둔다. 또한 이순신에 대한 내용은 《이충무공전서》의 장계, 행록, 난중일기 등에서 취했다. 그 외 한국고전번역원의 고전번역서들도 참조하였다.

작가도 아니고 역사학자도 아닌 필자가 역사를 다룬 책을 낸다는 것이 외람된 일이 될 것이다. 그러나 한편으로는 필자가 읽고, 느끼고, 공부한 만큼이라도 전하고자 하는 마음이 있었다. 오랜 시간 정성을 기울였지만, 부족하고 소홀한 점이 많은 비전문가의 졸작이 되어 걱정스럽지만 우선 친지, 친우, 그리고 사랑하는 가족, 특히 아들, 딸에게 내놓고자 한다. 선현들의 명문장을 훼손하기 어려워 쉽게 풀어쓰지 못한 부분이 많음을 죄송하게 생각하며…….

임갑혁

차례

들어가며　　5

01　한 사람을 얻고 한 사람을 보내다　　17

02　인종, 참으로 아까운 임금이었다　　20
　　세자 시절 21 ｜ 등극 후 28

03　명종은 눈물의 왕이었다　　35

04　을사사화가 시작되다 : 명종 즉위년 (1545 을사년)　　39

05　을사사화가 계속되다 : 명종 1년 (1546 병오년)　　61
　　이순신 조부, 죄를 벗다 62 ｜ 악인은 죽어서도 사단을 일으킨다 64

06　양재역 벽서 사건이 있었다 : 명종 2년 (1547 정미년)　　70

07　시정기 사화가 있었다 : 명종 3년 (1548 무신년)　　82

08　을사사화가 충주사화가 되다 : 명종 4년 (1549 기유년)　　90
　　중들에 대한 문정왕후의 비호가 노골화되다 93

09　충주사화가 이어지고 양종이 복립되다 : 명종 5년 (1550 경술년)　　97

10　양종 복립을 반대하다 : 명종 6년 (1551 신해년)　　106
　　보우를 불교의 수장으로 임명하다 109 ｜
　　내수사의 횡포가 무소불위로 심해지다 112

11	**불교로 인한 갈등이 심화되다** : 명종 7년 (1552 임자년)	119
	양종의 중들을 시경하다 123 ǀ 왜적이 제주도에 상륙하다 128	
12	**문정왕후, 수렴청정을 거두다** : 명종 8년 (1553 계축년)	135
	양천 문제와 서얼 허통에 관해 논의하다 149	
13	**흉년은 연례행사로 대책이 없다** : 명종 9년 (1554 갑인년)	155
	군사의 일도 총체적으로 부실하였다 164	
14	**을묘왜변이 일어나다** : 명종 10년 (1555 을묘년)	173
15	**온갖 폐단과 횡포가 이어지다** : 명종 11년 (1556 병진년)	201
	명종은 군사에 대한 관심이 컸다 206	
16	**온갖 착취로 이루어진 나라였다** : 명종 12년 (1557 정사년)	215
	황해도에 도적이 심해지고 있었다 230	
17	**내수사의 횡포, 가렴주구는 계속되다** : 명종 13년 (1558 무오년)	234
18	**임꺽정이 역사에 등장하다** : 명종 14년 (1559 기미년)	243
	중종의 능을 옮기라고 하다 258	
19	**부패하고 병들고 해결책이 없는 나라였다** : 명종 15년 (1560 경묘년)	268
	권력은 재편되고 있었다 274 ǀ 임꺽정이 활개를 치다 276	
20	**수렁에 빠진 나라는 헤어날 길이 없었다** : 명종 16년 (1561 신유년)	287
	임꺽정이 계속 활개를 치다 287	

21	**이양이 날개를 달다** : 명종 17년 (1562 임술년) 임꺽정이 종말을 맞이하다 304	304
22	**이양이 날다 추락하다** : 명종 18년 (1563 계해년) 세자가 졸하다 330	316
23	**내수사는 무소불위의 권력 기관이었다** : 명종 19년 (1564 갑자년) 명종의 병세가 심상치 않았다 337	335
24	**권력이 사라지는 것은 순간이다** : 명종 20년 (1565 을축년) 문정왕후가 죽다 348 ㅣ 명종이 죽다 살아났다 361	346
25	**명종이 좋은 정사를 하고자 하다** : 명종 21년 (1566 병인년)	370
26	**가슴 아픈 한 시대가 막을 내리다** : 명종 22년 (1567 정묘년)	388

참고문헌	396
60간지	400
관직 직위표	402
단어 뜻풀이	404

01
한 사람을 얻고 한 사람을 보내다

1545년은 을사년으로 역사의 한 장을 장식하는 해이다.

이해에 우리는 한 사람을 얻었고 한 사람을 보냈다. 우리 역사의 위대한 인물인 이순신이 태어났고, 31세의 어진 임금 인종이 즉위 1년도 못 되어 훙한 것이다. 그 뒤를 이어 12세의 어린 명종이 등극하며 문정왕후에 의한 수렴청정이 시작되고 바로 피바람이 불게 된다. 가장 억울하고 참혹한 비극 중의 하나인 을사사화가 시작되는 그러한 해였다.

이해 3월 8일, 어진 임금 인종이 즉위한 지 6개월이 된 화창한 봄날, 서울의 건천동(지금의 인현동)에서 이순신(李舜臣)이 태어났다. 그는 아버지 정(貞)과 어머니 초계 변(卞)씨의 셋째 아들이었다. 신(臣)은 항렬자로 맏형은 희신(羲臣), 둘째 형은 요신(堯臣), 본인은 순신(舜臣), 동생은 우신(禹臣)이다. 앞의 이름자는 중국의 전설상의 황제 및 성군인 '복희씨' '요' '순' '우'를 차례로 택한 것이다.

조카 이분이 기록한 이순신의 행록에 어머니 초계 변씨의 태몽 이야기가 있다. '어머님 꿈에 조부 참판공이 나타나 이르길 "이 아이가 반드시 귀하게 될 것이니 이름을 순신이라 하라" 하였기에 어머님이 덕연군(아버지)에게 고하여 마침내 그대로 이름하였다'고 한다. 그러나 꿈의 사실 여부가 어떻든, 두 형의 이름이 희신, 요신인 것을 보면 셋째는 순신으로 예정되어 있었던 것 같다.

이순신의 자는 여해(汝諧)인데 《서경》에 나오는 '왕재여해(往哉汝諧): 네가 가서 화평케 하라'는 글에서 취한 것이다.

이순신의 집안은 율곡 이이와 같은 덕수 이씨로 대대로 높은 관직을 이어왔다. 증조부 때까지는 그런 관직을 유지했다.

증조부 거(琚)는 홍문관 박사, 이조정랑, 사헌부 장령, 병조참의 등 언론, 인사, 감찰 등의 실무 요직을 거쳤다. 특히 사헌부 장령 때는 호랑이 장령으로 이름이 높았으며 임금에게 충심에 의한 바른말을 잘하는 신하 중 한 사람이었다. 연산군이 동궁이었을 때 그의 사부였는데 교육에 엄하였으므로 연산군이 싫어하였다. 그래서 연산군이 등극한 후에는 더 좋은 직을 갖지 못했다.

이순신의 조부 때부터는 제대로 벼슬에 오르지 못했다. 조부 백록(百祿)은 기묘사림으로, 중종 13년에 '배우기를 좋아하고 검행하였다'는 명성으로 천거과(현량과)에 천거되었다. 그러나 그때 실제 채용되지는 않았다. 성품이 강하고 남과 타협하지 않았기 때문이다. 그래도 그는 인정을 받았던 것 같다. 중종 25년 중종이 성균관에 왕림하여 유생들에게 음악을 하사하셨는데, 그때 유생을 대표하여 감사의 전을 올렸다. 그 뒤 평시서 봉사(시장을 관리하는 종8품 관직)에 재직하였다. 그러나 후에 구설에 올라 시중의 무뢰배들과 어울려 술을 마신다고 탄핵을 당했다.

아버지 정(貞)은 병절교위(혹은 창신교위)라는 품계는 있었으나 실직은 맡지 않았다.

이순신이 태어난 이 무렵 그의 집안 분위기는 순탄하지 못했다. 조부 백록이 중종의 국상 중에 주육을 베풀고 아들(이순신의 삼촌)을 성혼시켰다는 죄로 벌을 받고 죄인의 목록에까지 올랐기 때문이다. 잘못하면 자손들의 관직 진출이 끊어질 수도 있는 중대한 일이었으니 집안 분위기는 매우 무겁고 어두웠을 것이다. 그래도 이때 점치는 자가 말하기를 '이 아이가 나이 50이 되면 북방에서 대장이 되리라' 하여 이순신의 부모는 조금 위안을 얻었다 한다.

그때 남해안에는 왜적의 출현이 있었다. 몰래 해남반도에 상륙하였다. 그들은 일본 큐슈 북부지역 섬 오도(五島)에서 온 왜로 문서를 가졌고 화포를 바치려 한다고 핑계를 댔다. 하지만 진입이 금지된 구역으로 불법 침입했고, 병기도 많고, 말도 순하지 않아 그 의도가 노략질임은 분명했다. 사실 당시 오도는 조선을 괴롭히는 왜구의 대표적인 소굴이었다. 이때 다행히 일찍 우리 수군의 제지를 받아 적대 행위는 하지 못했다.

왜적은 교활하고 표리부동하며 잔인했다. 믿을 수 없고 위험하기만 한 존재로, 왜적의 문제는 시작도 없고 끝도 없다. 항상 존재해 왔고 앞으로도 계속 존재할 것이었다.

백성들의 삶과 나라 사정은 항상 어려움이 많지만, 당시 백성들은 모처럼 성군 치세의 기대에 부풀어 있었다. 인종의 인격과 능력은 25년의 긴 세자 생활에서 이미 검증되어 있었기 때문이다. 그러나 백성들의 부푼 기대와 달리 내면에서는 모진 피바람을 몰고 올 냉기류가 일고 있었다. 인종은 몸이 너무 약했고 후사도 없었다. 문정왕후와 그 동생들, 윤원형, 윤원로 일당은 은밀하게 인종이 빨리 죽기를 기도하고 있었다.

결국 7월 1일 인종이 훙하였다. 이순신이 태어나고 겨우 4개월이 된 때였다.

성군의 치세를 기대한 백성들의 바람은 여지없이 무너졌다. 좋은 세상은 결코 쉽게 오지 않는 법이다. 그 뒤 명종이 등극하고 그의 어머니인 문정왕후가 수렴청정하며 바로 피바람이 몰아쳤다. 험난하고 억울한 명종 시대를 생각하면 인종의 허무한 죽음은 그렇게 안타깝고 아쉬울 수가 없다.

이제 인종이 어떤 임금이었는가를 한번 살펴보자.

02
인종, 참으로 아까운 임금이었다

　인종은 1515년(중종 10년) 2월 25일, 조선의 제11대 왕 중종과 그의 두 번째 부인 장경왕후 윤씨 사이에서 장자로 태어났다.
　장경왕후는 이상적인 왕비였다. 중종이 특별히 중국의 전설상의 왕비에 비견하며 공경하고 중히 여겼을 정도였다. 그러나 안타깝게도 인종이 태어난 지 7일 만에 산후 후유증으로 죽고 말았다. 이것이 불행의 시작이었다.
　인종은 자질이 우수했다. 어린 시절부터 그에 대한 찬사는 끊이질 않았다.
　세 살 때 이미 글을 알기 시작하여 천자문 등을 외우는데 한 자도 틀리지 않아 중종을 감탄하게 하였다.
　네 살 때는 그를 가르칠 선생들이 임명되었는데 그의 총명함에 모두 놀랐을 정도다. 이에 사관은 '네 살 때에 제대로 밥 먹고 제대로 말할 줄 아는 사람이 많지 않다. 그러고 보면 원자는 기질의 아름다움이 날 때부터 아는 자에 다음간다' 하며 기뻐하였다.
　다섯 살 때는 중종이 그의 글 읽는 소리를 듣는 것을 큰 즐거움으로 여겼다. 궁에 입궐하여 인종의 영특함을 보게 된 조광조도 탄복하면서 '참으로 임금이 될 도량이 있으므로 자신도 모르게 감동이 지극해집니다' 하였다.

‖ 세자 시절 ‖

 6세에 세자로 책봉되었다. 조금 이른 나이였지만 학문이나 몸가짐이 조숙하여 모두 합당하게 여겼다.

 8세 때에는 《대학》을 끝내고 《논어》를 공부하였으며, 성균관에 입학하였다.

 10세 때인 중종 19년 3월 7일에 세자빈 박씨를 맞았다.

 12세에는 '학문에 부지런하여 많은 진보가 있으며, 어질고 너그러운 도량이 이미 나타나고, 매사를 도에 맞게 하며, 빈사를 예우함에도 조금도 실수가 없다'고 신하들의 칭찬이 자자하였다.

 13세에 처음으로 조정 일에 참여하였다. 중종 22년 2월 15일 하례의식 때 세자가 백관을 거느리고 나갔는데 시위하던 사람들이 세자의 거동이 자연스럽고 기상이 늠름하고 위엄이 있음에 다들 기뻐하였다.

 이런 인종이었기에, 중종은 세자를 잘 교육시키기 위해 더욱 애를 썼다.

 세자의 학문은 보통의 정도를 훨씬 뛰어넘었고, 이것이 중종 이하 모든 사람들을 기쁘게 했다. 평시에 하루 세 번 서연에 나가는데 항상 단정한 자세로 강론을 들었고, 주야로 책을 놓지 않았다. 밤이 깊도록 책을 보았고 새벽에 일찍 일어나 그날 서연에서 강독할 책을 읽었다.

 또한 지켜야 할 말이나 본받아야 할 내용은 적어 침소에 걸어 두고 항상 명심하고 실천에 노력하였다. 타고난 성품 역시 소탈 담백하고 사욕이 없었으며, 몸소 검소한 생활을 하며 의복과 음식도 사치스러운 것을 싫어하였다. 조용히 말이 없었고, 좋은 일을 하고도 남이 알까 두려워하고 칭찬 듣는 것도 싫어하였다. 이뿐만이 아니라 형제간 우애도 깊이 생각했다. 효성 또한 남달라서 부친인 중종을 섬기는 데 성심을 다하였고, 계모인 문정왕후에게도 그 효성이 지극하였다.

그러나 왕실과 그 주변에는 항상 변고가 많았다. 친어머니가 없는 세자에게는 더욱 어려운 일이 많을 수밖에 없었다.

가장 눈에 띄는 변고는 인종이 13세 되던 해인 중종 22년에 일어난 '작서의 변'이다. 말 그대로 쥐(鼠)를 불태워(灼) 변고를 일으켰다는 것인데, 전모는 이러하다.

세자의 생일인 2월 25일 세자가 거처하는 동궁 담장 너머 동산에서 네 다리와 꼬리가 잘리고 입, 눈, 귀가 모두 불로 지져진 쥐가 매달려 있는 것이 발견되었다. 세자에 대한 저주가 분명했다. 그리고 3월 1일에는 임금이 계시는 대전 옆 뜰에서도 비슷한 쥐가 발견되었다. 신하들의 강력한 요청으로 범인을 색출하고자 궁인들과 드나든 하인들을 여러 날 문초했으나 범인을 알 수 없었다. 결국 대비(정현왕후; 중종의 어머니)가 여러 정황과 행위로 보아 경빈 박씨가 의심스럽다고 지목하였다. 경빈 박씨는 중종의 총애를 받는 여인이었고 슬하에는 아들 복성군과 두 딸(혜순옹주, 효정옹주)이 있었다. 그중 복성군은 중종에게서 가장 먼저 태어난 아들이었다. 따라서 사람들의 이목이 집중될 수밖에 없었다. 그리하여 범인으로 지목된 경빈 박씨와 그의 아들인 복성군을 폐서인하여 궁궐에서 축출하는 것으로 일단락되었다.

그 후 19세 때인 중종 28년 5월 17일에 또 사단이 발생했다. 세자가 머무는 동궁 남쪽에 사람 모양의 동그란 물건이 달린 목패가 놓여 있었다. 목패 양면에 글이 쓰여 있었는데 '세자의 몸을 능지할 것' 등의 아주 경악스러운 내용이 담겨 있었다.

이에 조정은 발칵 뒤집혔고, 여러 날 많은 사람들을 심문하고 형장하여 결국 경빈 박씨의 사위인 홍여의 사주에 의한 것으로 결론을 내렸다. 홍여는 형장에 죽었고, 직접적인 관련은 없지만 후환을 제거한다는 의

미에서 경빈 박씨와 복성군을 사사하는 것으로 막을 내렸다. 임금의 아들을 낳은 것이 죄였고 임금의 첫 번째 아들로 태어난 것이 죄였다.

'작서의 변'의 범인은 알 수 없었지만, 중종 27년 3월 20일의 이종익이 김안로를 탄핵하는 옥중 상소에서 연성군 김희가 저지른 일이라고 하였다. 김희는 김안로의 아들이며 세자의 친누나인 효혜공주의 남편이었다.

김안로는 간사하고 교활하며 악랄한 희대의 간신이었다. 머리가 비상하고 재주도 있었다. 왕이 사랑하는 공주의 시아버지였으니 무서운 것도 없었다. 이조 판서가 되어서는 오직 뇌물에 의해서 관직을 주었으며 사소한 원한이라도 그냥 넘기지 않고 반드시 되갚았다. 잘 지내고 있는 세자를 두고 '고단한 세자를 보호해야 한다' 등의 해서는 안 될 말을 공공연히 해댔고 마치 세자의 보호자인 척하여 주위를 통분하게 만들었다. 또한 자신의 의사를 왕의 의사인 것처럼 가장해서 국정을 농단했으며, 모든 상벌 인사는 자신의 손을 거치게 했다. 거스르면 예외 없이 보복했다. 그 수법이 워낙 교묘하고 악랄해서 왕은 전혀 알지 못하고 오히려 더욱 신임했고 신하들은 어찌해 볼 도리 없이 당하기만 하였다. 마음에 들지 않는 자들은 심복들을 시켜 교묘하게 얽어 탄핵하여 귀양 보내거나 낙향시키고, 그 사람이 떠날 때 전별한다고 천연덕스럽게 얼굴을 내밀었다. 한마디로 철면피였는데, 그래서 그를 피해 동문으로 떠난다 하고 서문으로 떠나는 사람이 많았다.

김안로는 중간에 귀양 아닌 귀양을 가기도 했지만 15년 이상 권력을 휘두르고 있었다. 이종익은 '작서의 변'의 진범으로 김희를 지목하였다가 오히려 무고로 간주하여 죄가 더 더해져 참형을 당했다. 하지만 후대에는 김안로가 고단한 세자를 보호한다는 명분을 얻고, 임금의 총애를 받는 경빈 박씨와 복성군을 제거하기 위해, 자기 아들 김희를 시켜 사단을 일으킨 것으로 인정하고 있다.

인종을 논할 때 빼놓을 수 없는 인물이 몇몇 있다. 문정왕후 윤씨와 윤원로, 윤원형 삼 남매, 그리고 이들과 치열한 권력다툼을 했던 김안로와 윤임이다.

문정왕후 윤씨는 세자, 즉 인종이 세 살 때인 중종 12년에 왕비가 되었다. 당시 17세였고 글을 알고 영리했으며 말을 잘했다. 문정왕후의 아버지 윤지임은 '온공하고 검약했다' 한다. 그래서 사람들은 그의 자식들도 다 그런 줄 알았다. 실제 그의 여섯 남매 중 위의 세 아들은 아버지를 닮아 온순하고 공손했다. 그러나 아래 문정왕후, 윤원로, 윤원형 삼 남매는 그렇지 않았다. 윤원로, 윤원형 형제는 거짓되고 음흉하고 잔인했으며 나쁜 방향으로의 머리가 아주 비상했다.

문정왕후는 중종 28년 5월 경원대군(명종)을 낳았다. 중종은 46세, 문정왕후는 33세, 세자는 19세 때의 일이다. 이때 윤원형은 매형인 중종의 특별한 은총을 입어 과거에 막 급제했었다. 벼슬한 처음에는 그의 악한 자취를 사람들이 알지 못했다. 하지만 세월이 흐르면서 저절로 그 악한 자취가 드러나 사림들이 외면하기 시작하였고, 이에 따라 윤원형 일당은 독심을 품었다. 특히 중종 29년 4월에 아버지 윤지임이 죽자, 간섭할 사람이 없어진 삼 남매는 본색을 드러내게 된다.

당시 문정왕후를 위시한 윤원로, 윤원형 남매 외에도 권력자가 또 있었다. 바로 윤임이다. 윤임은 죽은 장경왕후의 오빠이니 세자의 외숙이다. 세자를 지극히 사랑하는 중종은 윤임을 중용했다. 그래서 무인이지만, 벼슬이 수사, 병사, 병조판서를 거쳐 이례적으로 우찬성에까지 이르렀다. 윤임은 악한 사람은 아니지만 권력 지향적인 점은 어쩔 수 없었다. 지위도 높고 곧 임금이 될 세자의 외숙이기도 하니, 자연히 우쭐대고 자기 마음대로 하는 것도 많았을 것이다.

하지만 권력자에게는 필연적으로 붙좇는 사람들이 많아지는 만큼, 반대로 그에게서 배척당한 사람들은 또 다른 권력자에 붙어 적이 될 수밖에 없었다.

처음에는 윤원로, 윤원형 형제와 당대의 권력자 김안로가 맞붙었다.

중종 32년 10월 좌의정 김안로가 윤원형 세력이 심상찮음을 감지하고 모종의 조치를 하려고 하였다. 이에 위협을 느낀 윤원로, 윤원형 형제는 극약 처방을 썼다. '김안로가 중전을 폐하려 한다'고 직격탄을 날렸다. 그러자 교활하고 경험이 많은 김안로는 '윤원형 형제가 모함하여 사림을 해치려 한다'고 받아쳤다. 하지만 이 다툼은 이미 젊은 권력자들의 승리였다. 윤원형 형제 뒤에는 독사보다 더 독한 문정왕후가 있었고, 김안로는 너무 오래 권력을 휘둘렀다. 중종의 입장에서도 김안로에 대한 신임은 너무 오래되어 식상했다. 무엇보다 은밀하고 교묘하게 속삭이는 왕비의 말에 귀를 기울일 수밖에 없었다.

권력무상. 그것으로 끝이었다. 중종이 윤임에게 밀명을 내려 김안로를 탄핵하게 하였다. 10월 24일 윤임의 사주를 받은 사헌부가 김안로를 탄핵하였다. 짜여진 순서대로 중종이 바로 결단을 내렸고, 김안로는 자기 아들 결혼 잔치 중 체포돼 귀양을 갔고, 그곳에서 사약을 받았다. 권력의 종말은 그렇게 순간이었다.

윤원형 형제는 감히 국모를 끌어들였다 하여, 벌을 받았지만 바로 복직했다. 그러나 이후 정국은 어처구니없게도 '여우를 제거하고 늑대들을 불러들인 꼴'이 되었다.

윤원형 형제는 윤임과 같은 파평 윤씨로 그의 먼 친척이기도 했다. 또한 문정왕후가 왕비로 간택되는 데에도 윤임이 크게 일조를 하였다. 그 집안이 한미하고 아버지 윤지임의 평판이 좋았기 때문에 택한 것이었지만 이는 너무도 잘못된 선택이었다.

권력을 양분하기는 어렵고, 더욱이 그들은 서로 어울릴 수도, 어울리지도 않는 사람들이니 치열한 암투가 벌어지는 것은 당연했다.

처음에는 문정왕후가 윤임의 세력을 의식해 공주를 윤임의 아들과 결혼시키려 하였다. 하지만 윤임이 이를 거절하면서 사이가 크게 벌어졌다. 더구나 그 뒤 그 공주와 결혼한 부마, 신의라는 인물은 통제 불능한 개망나니였으니, 문정왕후에게 윤임은 두고두고 원망의 대상이 되었다.

권력의 화신 문정왕후도 꽤나 오랫동안 세자를 극진히 돌보았다. 그 세월이 20년이었다. 자기 아들 경원대군(명종)이 태어나고서도 김안로가 축출될 때까지는 그랬다. 하지만 문정왕후는 아들 경원대군이 장성해 가자 은근히 세자의 자리를 탐내기 시작했다. 그래서 두 동생과 매사를 은밀하게 상의하였다. 윤원로는 '윤임이 김안로와 더불어 모후를 폐하려 했다'는 말을 만들어 퍼뜨리고, 세자가 후사가 없는 것을 핑계로 여러 가지 참소를 끈질기게 하였다. 이것이 중종의 귀에 들어가게 되어 마음을 어지럽혔다. 문정왕후도 교묘하게 이 말들을 중종에게 전했을 것이고, 이것으로 중종을 세자에게서 멀어지게 하고자 했을 것이다.

세자를 보호하려는 윤임도 가만히 있지 않았다. 윤임은 강하게 반발하여 '윤원형 일당이 세자를 폐하고 어린 경원대군을 세우려 하니 반드시 세자를 보호해야 한다'고 하였다.

이렇게 하여 윤임과 윤원형 일가는 불구대천의 원수가 되어 버렸다.

이후 중종 37년 3월 8일 홍문관 부교리 이황은 외척을 경계할 것을 중종에게 아뢰었다. 윤원형 일당의 횡포를 암시한 것이었다.

중종 38년 1월 7일 한밤중에 세자가 처거하는 동궁에 불이 났다. 당시 세자의 침소는 밖에서 문이 잠겨 있었다. 세자를 불태워 죽이려고 한 것이 분명했다. 궁녀들이 어쩔 줄 모르고 허둥지둥하는 속에서 귀인 정씨(정철의 누나)가 화기를 무릅쓰고 침착하게 방문을 열어 세자 부부를 구했다. 이 화재는 세자를 죽이려 한 엄중한 사건이었다. 이런 짓을 할 수 있는 사람들은 보통 악한 강심장이 아닐 것이다. 궁중에서는 윤원로의 소행이라고 생각하는 사람이 많았다. 대사간 이임 등이 "총애하고 가까이한 조짐이 점점 방자한 데 이르렀고, 시기하는 화가 마침내 변고의 원인을 만들었습니다" 하였다. 사실상 윤원형 형제를 지목한 것이다. 당시 중종도 누구의 짓인지는 짐작은 했을 것이다. 그렇다 해도 어떻게 처리할 수가 없었다. 결국 이번에도 범인을 알아내지 못하고 유야무야로 끝나게 되었다.

이후에도 권력다툼은 계속되었다. 아부하기 좋아하고 출세를 꿈꾸는 무리들은 윤임이나 윤원형에게 붙으려고 노력하였고 붙은 자들 사이에서는 서로 배척하고 마찰이 있게 마련이었다. 그후 대윤, 소윤이란 말이 퍼지기 시작하였다.

2월 24일 조강에서 구수담이 대윤, 소윤을 처음으로 거론했다. 대윤은 윤임이고 소윤은 윤원형을 지칭한 것이다. 처음에는 왕과 신하들이 의도적으로 소극적이어서 무시하고 별일 없이 지나갔는데, 중종 39년 9월 29일 조강에서 대사헌 정순붕이 다시 거론하였다. 사실 소윤파는 있어도 대윤파는 없는 거나 다름이 없었다. 소윤파는 은밀하게 모의할 일이 있었지만 대윤은 그럴 일이 없었던 것이다. 중종은 문정왕후의 편을 드는 것이 사안을 무마시키는 데 나을 거라 생각하여 윤임은 고신을 빼앗고 윤원형은 파면만 시켰다.

정작 세자와 동생 경원대군은 서로 우애하며 잘 지내고 있었다. 30세의 세자는 자신들과 상관없이 주변에서 이런 일이 생기는 것이 무척 안타까웠다. 그래서 시강원에 글을 내려 자신의 부덕한 소치이니 가르침을 달라고 하여 신하들을 감격하게 하였다.

중종은 인자하고 비교적 현명한 왕이었지만 과단성이 부족하고 상대적으로 판단력이 흐려서 간신들이 교묘하게 속이는 것을 파악하지 못했다. 선하기 때문에 잘 믿고, 자신은 엄정하게 잘한다고 생각했지만 물밑에서 은밀하게 꾸미고 모의하는 것을 당해 내지 못했다.

극도로 마음이 상한 중종은 병을 얻었고 끝내 11월 15일(중종 39년: 1544년) 훙하였다. 향년 57세였다.

‖ 등극 후 ‖

인종은 파란만장했던 25년의 세자 시대를 끝내고 같은 해 11월 20일 임금으로 등극했다.

나이는 30세였고, 인품, 행동, 경륜, 학문 등 임금으로 손색이 없었다. 그래서 모두 성군이 될 것이라 믿었다. 다만 한 가지, 건강이 문제였다. 결국 이것이 인종의 발목을 잡게 된다.

인종의 제위 기간은 불과 아홉 달에 불과했다. 상중에 5개월을 보내고 1개월 이상은 중국 사신들을 맞이하는 데 시간을 보냈으므로 특별히 치적을 쌓을 시간도 없었다. 그래도 그가 좋은 임금으로서의 자질을 보여 주는 몇 가지 사례가 있다.

당시 조정의 신하들은 부왕의 묘호를 '중종'으로 결정했다. 그러나 인종은 '중조'로 하고 싶었다. '조'는 공이 있는 것이고 '종'은 덕이 있는 것이므로 부왕의 경우는 공이 크시니 '조'로 칭하기를 원했던 것이다. 신하들이 고사를 들어가며 반대하여 어쩔 수 없었다.

사초에 사관들의 이름을 쓰지 말 것과 사고를 함부로 열지 못하게 할 것을 윤허하였다. 그리하여 오랫동안 못된 신하들에 의해 잘못되어 온 역사 기록 관행을 바로잡아 뜻 있는 신하들을 기쁘게 하였다.

어진 사람들을 중용하였다. 전라감사 이언적을 불러올려 당시 일반 정사의 처리, 국토 계획, 외교 따위를 맡아보던 좌찬성으로 삼았으며, 송인수를 대사헌으로, 이황을 홍문관 전한으로 삼았다.

인종은 사려 깊고 현명하게 판단하여 한마디 한마디에 백성을 생각했고, 부드러우면서도 엄숙하게 말씀하여 신하들을 자숙하게 했다. 영의정 윤인경이 사적인 일을 비호하려 하다가 그 엄하고도 부드러운 명에 매우 부끄럽고 두려움을 느낄 정도였다.

또한 인종은 사람을 가볍게 버리려 하지도 않았다. 사간원이 '함경감사 이청은 성품이 본디 사정에 어두워서 일을 처리하지 못하고 또 비루한 일이 많다'는 이유를 들어 파면을 청했다. 그러나 인종은 "이청은 유식한 재상인데 어찌 그러하겠는가. 전도되고 비루한 잘못을 상세히 안 뒤에 처리하고자 한다" 하였다. 반드시 상세히 알고 처리하도록 신중을 기했던 것이다.

형옥에 관한 일도 억울함이 없도록 상세히 분별하는 것이 진실로 중대함을 강조하였고 그 밖의 일은 가능한 너그럽게 처리하도록 하였다. 또 역사에 동원된 군인들의 노고에 대해서도 소홀히 하지 않고 폐단이 없이 돌보도록 하였다.

형조에 송사하는 자가 인종이 거둥할 때 앞에 와서 원통함을 호소하니 인종이 지은 글을 올리라 하였다.

이때 판서 윤임이 아뢰기를, "옛날로부터 송사하는 사람에게 지은 글을 올리라고 한 전례가 없습니다" 하니

인종이 이르기를, "인군이 친히 글을 보고서 그 원통함을 가리고자

하는데 송사 맡은 관원이 임금의 명을 어기고 올리지 않는 전례는 있었던가" 하였다.

윤임이 다시 "이 사람의 송사는 본조에 온 지가 며칠 되지 않아서 그 원작이 전라도 아무 군에 있습니다" 하자, 인종은 곧바로 왕명을 내려 삼현령으로 가져오게 하였다. 삼현령은 지방에서 급한 보고를 가지고 오는 자가 방울을 다는데 방울 3개를 다는 것으로 가장 급한 것을 말한다. 사람들에게 억울한 일이 있을 때 송사를 담당하는 관원이 억제하고 신원하지 않는 경우가 많았는데, 인종은 억울한 백성이 행차 앞에 호소함을 기회로 그 전말을 자세히 추궁하려고 삼현령을 띄워 급히 가서 증거 자료를 가져오게 한 것이었다.

당시에 서울과 지방은 문서전달, 편지 왕래 등이 빈번하여 서울의 소식을 쉽게 알았다. 이에 세자 시절부터 기대를 모았던 인종의 행실은 금방 전국에 퍼져 백성들은 그가 성군임을 다시 한번 확인했고, 더욱 기대에 부풀게 됐다.

조광조의 신원에 대해서 중종은 다른 사람은 다 신원했는데 조광조만은 해주지 않았다. 신하들은 계속 인종에게 조광조의 신원을 요청했다. 성균관 유생들도 가세했다. 그러나 인종은 부왕이 하지 않은 데에는 이유가 있었을 것이므로 자기는 차마 하지 못하겠다고 하였다. 조광조가 죄가 없다는 것은 알고 있었지만 부왕의 덕에 누가 될 것을 염려했기 때문이었다. 신하들은 줄기차게 요구했고 인종은 더 생각해 보겠다고 버티어 신하들을 안타깝게 했다. 그러다 죽기 전날 드디어 조광조의 신원과 현량과(천거과)의 복원을 명했다. 그러나 명종 즉위 후 윤원형 일당은 이 명을 없었던 것으로 해버린다.

윤원형을 공조참판으로 기용하여 문정왕후를 기쁘게 하려 하였다. 그러나 대사헌 송인수가 극력 반대하여 되지 못했다. 또 이기를 우의정으로 낙점하였는데 양사에서 반대하여 유관으로 대신하였다. 당연히 윤원형과 이기는 앙심을 품었고 훗날 보복할 것이었다.

인종은 타고난 효자였다. 그러나 그 효심이 지극한 것까지는 좋았으나 너무 지나쳐 몸을 망친 것이 문제였다. 임금은 일반 백성과 달라야 할 것인데 이 점에서만은 인종은 임금으로서 자격이 없었다.

인종은 중종이 죽기 전 아플 때부터 약시중을 들면서 거의 먹지를 않았다. 아버지가 아파서 먹지를 못하는데 자식이 어떻게 먹을 수가 있느냐는 것이었다. 중종이 승하하자 6일간 물 한 모금 먹지 않고 뜰에 엎드려 울기만 하였다. 3일 후부터 신하들이 죽을 권했는데 "대변을 당했으니, 비록 죽을 들려고 해도 무슨 마음으로 넘기겠는가" 하였다. 신하들은 연일 계속 권하지만 먹는다는 말만 하고 거의 먹지를 않고 애통해하기만 했다. 옥새도 받지 않고 권좌에도 오르려 하지 않아 신하들이 애를 먹었다.

1월 중에는 '찬선을 전혀 들지 않아 애통으로 인한 수척이 너무 지나치고 잘 걷지도 못할 정도가 되었다'고 한다. 이때는 죽은 조금 먹었지만 반찬 있는 식사는 하지 않았다. 신하들이 권제를 따를 것을 간절히 요청했다. 권제란 상중에 몸이 너무 약해지면 고기도 먹고 술도 마시는 융통성을 가지는 것을 말한다. 신하들이 아무리 요청해도 말로는 따르겠다고 하면서 실제로는 따르지 않았다. 의원의 진찰을 받으라고 해도 병이 없다고 거절하기만 했다.

임금의 상은 달수로 무려 다섯 달 정도 치러진다. 준비해야 할 일들이 많기 때문에 그만큼 길다. 중종은 2월 3일 발인했으므로 실제 기간은 3개월 20일쯤 되었다. 약시중을 들 때부터 이 기간까지 내내 거의 먹지를 않았으니 어떻게 되겠는가. 인종은 아버지 중종의 발인 때에도 능까지 친히 거둥하려고 했으나 신하들의 만류로 가지는 못하고 하루 종일 통곡만 했다. 이미 병은 깊어져 버렸다.

2월 7일 의원이 진찰한바, '상의 폐와 비위의 맥이 모두 허약하고 신맥도 미약하며 얼굴에 혈색이 없고 수척하였다. 혓바늘이 돋아서 찬선을 들지 못하였으며 기운이 쇠약하여 잠을 잘 자지 못하고 때때로 가슴이 답답하고 두근거렸다'고 하였다.

정승들이 백관을 거느리고 연일 타락(우유), 염장을 들고, 권제를 따를 것을 권했다. 인종은 따르겠다고 말만 하고 졸곡 때까지 버텼다. 2월 21일 졸곡제를 친행하고 "이제는 애써 들겠다"고 했다. 실로 대단한 정신력이었다. 효심이 골수에 차지 않고서는 이렇게 버틸 수는 없었을 것이다. 그러나 정신력만으로 육체를 유지할 수는 없었다. 때는 이미 늦어 버렸다.

한편 윤원로는 인종이 얼마나 사는가 보자고 점까지 쳤으며 인종의 명이 길지 않다고 큰소리를 쳤다. 윤원형은 은밀하게 남산에 사당을 만들어 놓고 인종이 빨리 죽기를 기원하고 있었다. 문정왕후는 상중에 경원대군이 아프다는 핑계로 곡을 하지 못하게 하여 인종의 마음을 아프게 했고, 궁중에 여승들을 불러들여 불경을 외우게 하여 인종을 난처하게 만들었다. 윤원형이 '윤임이 역사를 시켜 경원대군을 죽이려 한다'고 참소하여 문정왕후가 더욱 독기를 품게 하기도 했다. 그래서 인종이 문안할 때 '언제 우리 모자를 죽일 것인가' 등의 억지소리를 하여 그렇지 않아도 약해진 인종의 심기를 더욱 약하게 자극하였다.

인종은 졸곡이 지나고는 잠시 조금 나아지는 듯했다. 정사도 돌보기 시작했다.

3월 16일 왜적이 해남반도에 무단 상륙했다는 보고가 들어왔다. 그래서 무단 상륙을 막지 못한 어란포 만호를 파면하게 하였고, 18일에는 일본 국왕의 사신, 소이전의 사자와 대마도의 특송선이 나왔다는 보고가 들어왔다. 사신과 사자는 대접해야 하므로 선위사를 보내라 이르고, 대마도의 특송선은 거절하고 돌려보내기로 하였다.

　정사를 하기 위해 힘을 내서 먹고 기운을 차리려고 노력했다. 그러나 이제는 먹고자 해도 몸이 잘 받아들이질 못했다. 4월 말에는 신하들이 '지치고 여위심이 극도에 이르렀고 부기가 많으므로 놀랍고 답답하다'고 하였다.

　그리고 이런 때에 중국 사신을 연이어 두 차례나 맞게 되었다. 중종의 상을 조문하는 조제사였고 다음은 인종을 왕에 봉하는 봉왕사였다. 사신을 맞이하는 것은 과중한 일이다. 맞이하는 예비 연습, 예식 절차, 잔치 등에 직접 참여하는 것은 보통 정상적인 몸 상태에서도 힘든 일이다. 준비부터 사신들이 돌아갈 때까지 한 달이 넘게 걸렸다. 또한 사신들의 턱없이 무리한 요구는 심신을 더욱 지치게 했다. 그래도 인종은 사신들을 지극정성으로 접대했다.

　사신이 돌아간 이후, 인종은 모든 힘이 탕진되었다. 이제는 너무 말라 버렸다. 6월 중순부터는 일어나지 못했다. 윤임 부자가 곁에서 약시중을 들며 애타게 살기를 기원하였다. 윤원로는 장차 화변이 있을 것이라고 떠들면서 건장한 종들을 모아 경원대군의 집을 지키게 하여 세인의 눈살을 찌푸리게 하고 있었다. 또 내시 박한종은 보호해야 할 임금은 제쳐두고, 인종의 상태와 주변 상황을 문정왕후에게 낱낱이 보고하여 문정왕후의 기도를 돕고 있었다.

　결국 7월 1일(1545 을사년) 어진 임금에 대한 백성들과 신하들의 기대를 뒤로 한 채 인종은 훙서하였다. 그의 나이 겨우 31세였다.

　백성들은 자기 부모를 잃은 것처럼 통곡하였다. '성균관과 사학의 유생들이 광화문 밖에 모여 종일 끊임없이 곡하고 여염의 천인과 규중의 부녀도 누구나 다 달려가 울부짖었다' 한다.

윤임에게는 하늘이 무너져 내린 것 같은 충격이었다.

세자 시절 형제같이 친하고 마음이 맞았던 하서 김인후는 옥과 현감으로 있다가 승하 소식을 듣고 놀라 기절하였고 병이 되었다. 바로 사직하고 고향인 장성으로 돌아갔다. 이후 후학 양성에 전념하면서 인종의 기일이 되면 어김없이 깊은 골짜기에 들어가 하루 종일 통곡했으며 명종의 부름에는 응하지 않았다.

이때 이순신은 태어난 지 겨우 4개월째였다. 유성룡은 4세, 원균은 6세, 권율은 9세, 율곡 이이는 10세, 이황은 45세였고, 선조는 태어나기 7년 전이었다.

인종의 이른 죽음이 안타까운 것은, 그가 성군의 자질을 가진 임금이었기 때문이기도 하지만, 그보다도 다음 명종의 등극과 함께 이어지는 비극이 너무도 참혹하였기에 더욱 그러하였다.

어떻든, 백성들은 치세의 좋은 기회로 여겼지만, 부푼 기대는 어이없이 무산되고, 그 뒤 바로 을사사화의 모진 피바람이 불어오고 백성들의 삶은 보통의 어려움이 아니라 거의 재앙 수준이 된다.

03
명종은 눈물의 왕이었다

1545년(을사년) 7월 1일 인종이 승하하고, 이어 7월 6일 명종이 등극하였다.

당시 명종은 12세로 어렸으므로 문정왕후가 수렴청정하게 되었다. 이후 명종 8년에 수렴청정은 거두었으나 명종은 즉위 스무 해가 되던 해 문정왕후가 죽을 때까지는 제대로 임금 노릇을 할 수가 없었다.

명종은 학문을 좋아하고 총명하고 공손하였으며 검소한 생활을 하였다. 또한 효성이 지극하여 부모 섬기는 데 정성을 다하였다. 다만 타고난 기질이 약하여 독한 어머니 문정왕후를 거스르지 못했다. 그래서 그가 제위한 22년의 기간 중 20년은 문정왕후의 독단에 의해 국정을 해야 했다. 그리고 외삼촌 윤원형 일당은 득세하여 마음껏 칼을 휘둘렀다.

명종의 자질은 아버지 중종을 닮아 착하고 유순했지만, 어머니 문정왕후와 그 동생 윤원형 일당은 반대로 악한 사람들의 대명사라 할 만했다. 그래서 수많은 살륙과 만행을 저질러 그 폐해가 심각하였고, 내시, 중들의 문제, 부정부패가 극심해져 백성들은 도탄에 빠졌다. 자연재해도 거르는 해가 없었다.

백성들을 도탄에 밀어 넣었던 명종 시대, 당시의 일들을 간단히 정리해 보면 다음과 같다.

먼저, 을사사화로 피바람이 일어났다. 무고한 사람이 많이 죽었다. 죽이는 것으로 모자라 재산을 몰수하고 그 가족 식솔들은 노비로 만들어 나누어 가졌다. 연례행사처럼 사람 죽이는 일이 자행되었고, 권력을 잡은 자는 하늘 무서운 줄 모르고 전권을 행사했다. 공신이 된 자들이 흘러넘쳤고, 그들이 저지른 횡포와 부패는 말로 다 할 수 없을 정도였다.

다음으로 내시(환관)들이 득세하였다. 왕실의 재정을 담당하던 내수사의 권한이 너무 커져 그 작폐가 아주 심했다. 특히 문정왕후는 일이 있을 때마다 비밀리에 내시들을 시켜 뒷조사를 하게 했고, 그것이 그들의 기세를 키웠다. 게다가 문정왕후는 정상적인 보고는 듣지 않고 내시들의 말에 의해 결정을 내리니 그 폐단이 극심했고, 뜻있는 신하들과 백성들은 억장이 무너졌다.

이런 내시들과 함께 중들 역시 득세하였다. 배불(排佛)로 약해진 선종과 교종을 부활하여 중을 양성하니 군역과 부역을 피해 중이 되는 자가 속출했다. 이에 군역에 종사할 사람이 부족하여 남은 백성들의 고통이 커졌고, 또 중들의 행패도 심심치 않아 백성들과 유생들이 억울한 경우가 많았다. 유교 국가에서 불교를 숭상한다고 사대부들도 울분을 토했다.

부정부패도 극심했다. 권력자에 의한 매관매직이 일상화되어, 돈을 주고 수령이나 관직을 얻은 자들은 드러내 놓고 토색질을 했으며 중앙의 권력자들 집에는 뇌물 수레가 끊이질 않았다. 게다가 청렴한 자들은 오히려 탐관오리로 몰려 쫓겨나니 백성들의 삶은 흉년까지 겹쳐 극도로 어려웠다. 많은 백성들이 중이 되거나 도적이 되었다. 유명한 도적 임꺽정이 출몰한 것도 이때였다. 그가 의적으로 여겨진 것도 도탄에 빠진 시대의 산물이라 할 수 있다.

자연재해로 인한 피해도 컸다. 가물어 기우제를 지내면 그 뒤에는 큰 비와 태풍이 몰아쳤고 그 뒤에는 반드시 전염병이 창궐했다. 이런 현상이 끊이지 않고 해마다 반복되어 흉년이 들지 않는 해가 거의 없었고, 많은 백성들이 속수무책으로 죽어갔다. 백성들의 생활은 너무도 비참하였다.

이러한 상황은 문정왕후가 죽을 때까지 20년이나 지속되었다. 참으로 긴 세월이다.

한 가지 다행스러운 점도 있었다. 명종은 문정왕후의 관심사가 아닌 군사 분야에 많은 관심을 쏟았다. 직접 군사를 사열하는 등 군사 훈련에도 열성이었다. 또한 을묘왜변 등 왜적의 침입을 겪으면서 총통을 많이 제작하였고, 왜선과 대적하기 위해 판옥선도 만들었다. 이것들은 당시 조선 수군에 크게 도움이 되었으며 훗날에도 크게 기여하게 되었다.

명종은 성격, 행동, 기질 등 여러 가지 면에서 인종과 비슷했다. 독단적으로 정사를 하였다면 훌륭한 임금이 될 수도 있었다. 그러나 문정왕후는 수렴청정을 거둔 후에도 사사건건 간섭하고 지시하였다. 윤원형은 대비의 밀고자나 다름이 없었다. 만약에 지시를 따르지 않으면 문정왕후는 명종을 불러서 혼을 냈다. 심지어 "네가 임금이 된 것은 모두 오라버니와 나의 힘이다" 하고, 어떤 때는 때리기까지 하였다. 특히 내수사와 불교 등의 문제에 있어서 명종은 문정왕후와 신하들 사이에서 자주 곤경에 처했다. 신하들의 말이 옳다고 해서 어머니를 거스를 수도 없었고, 연일 아우성인 신하들을 내칠 수도 없었다. 이런 상황에서 심약한 명종은 우는 때가 많았다.

명종은 외숙인 윤원형 일당을 견제하기 위해 처 외숙인 이양에게 힘을 실어 주고 의지하고자 하였지만 그도 또 하나의 권력자로 행세하여 애써 물리쳤다. 그리고 문정왕후가 죽자 그동안 권력을 휘둘렀던 윤원형과 그 일당들을 대부분 쫓아내고 억울한 사람들을 많이 구해 주면서 선정을 하려고 노력을 했다. 그러나 명종 역시 몸이 따라 주지 않았다. 그동안 참고 쌓인 것이 울화병이 되어 갑자기 격노하는 증세도 심해졌고, 하나뿐인 아들이 죽었으며, 문정왕후의 상으로 제대로 먹지 않은 것이 돌이킬 수 없게 되었다.

명종이 자유롭게 친정한 기간은 고작 2년이었다. 나이는 34세였고 총명하며 학문도 상당한 경지에 이르렀으니 좋은 임금이 될 수 있는 때였다. 그러나 하늘이 말리는 것을 어찌할 수가 없었다. 안타까운 일이었다.

 이제 이 험난한 명종 시대를 좀 더 자세히 들여다보자.

04
을사사화가 시작되다 :
명종 즉위년 (1545 을사년)

　　인종이 승하한 후 닷새 뒤인 7월 6일 명종이 등극하였다. 명종은 12세로 어렸으므로 문정왕후가 대왕대비로서 수렴청정하게 되었다. 문정왕후와 윤원형 일당에게는 하늘에서 떨어진 복이었고, 윤임과 그 동조자들에게는 하늘이 무너져 내린 재앙이었다.

　　이후 윤원형 일당들이 우쭐대며 궐내를 드나드는데 언제 무슨 일을 저지를지 몰라 주변 사람들은 불안했다. 윤원형 형제를 싫어하는 사람들은 그들을 그대로 둘 수 없다고 생각했다. 명종의 즉위 초기인 지금 확실하게 기선을 제압할 필요가 있다고 생각하고 먼저 윤원로를 탄핵할 것을 논의하였다. 그러자 그것을 눈치챈 문정왕후가 작심하고 첫 일성을 터뜨렸다.

　　"미망인이 박덕하고 박복하여 거듭 큰 변고를 당하니 다만 통곡할 따름이다. 이제 주상이 어린 나이로 보위를 계승하였으니 국가의 대사를 오로지 대신만 믿는 바이다. 또 지난날, 근거 없는 낭설을 유포하는 무리들이 사특한 말을 조작하여 나라를 어지럽히려 하였으므로 지금까지도 인심이 의구심에서 벗어나지 못하고 있다. 다시 이런 사특한 말을 하는 자가 있으면 마땅히 엄히 다스릴 것이다. 그러나 이왕의 낭설에 대해서는 위에서 털끝만 한 사심도 없으므로 이를 다 탕척하고 힘써 인심을 안정시켜 조정을 편안하게 하려고 하니, 대신들도 의당 이 뜻을 알아서 인심을 진정시키고 충성을 다하여 나라를 돕도록 하라" 하였다.

이 문정왕후의 첫 일성은 평범한 내용으로 볼 수도 있다. 하지만 그 속내는 그렇지 않았다. 자신의 뜻을 거스르면 무섭게 다스리겠다는 위협이었다.

그러자 서두르는 것이 좋다고 생각한 대신들이 바로 윤원로를 탄핵하였다.

'세자(인종)가 대군(명종)을 해치려 한다는 말을 지어 궁중을 두렵게 하고 두 분의 사이를 이간질하였고, 이로 인하여 중종이 화병을 얻어 돌아가셨다. 인종도 부모에게 효성을 다하지 못하고 형제간에 우애를 극진히 못 한 것을 항상 근심하다가, 선왕의 상사에 거듭 몸이 상하여 끝내 돌아가셨다. 때문에 뭇사람이 이를 통분히 여겨 윤원로의 고기를 씹어 먹고 싶어 할 정도다. 따라서 윤원로는 종묘사직의 큰 도둑이며, 이 나라의 화근이니 그가 비록 대비의 동생일지라도 실은 대비의 원수이다. 그러니 하루빨리 그를 먼 곳으로 귀양 보냄으로써 하늘에 계시는 양대의 혼령을 위로하고, 모든 신민들의 쌓인 울분을 풀게 하자.'

대신들은 이렇게 주장하면서 귀양 보낼 것을 강력히 요청하였다. 문정왕후는 윤허하지 않았다. 그러나 신하들은 끈질겼다. 대신들에 이어 정부의 사인과 육조의 낭관들도 각각 윤원로를 처단해야 한다는 소를 올렸다. 이렇게 온 조정이 들고 일어나니 문정왕후도 결국 자원부처를 명하였다.

윤원로는 해남으로 귀양 갔다. 가면서 "얼마나 오래 있을 것 같으냐 내년에 사면하면 돌아올 것이다"라고 큰소리를 쳤다.

이때 몇몇 신하들은 윤원로를 죽이지 못한 것을 아쉬워했다. 처음에 죽일 것으로 의논을 정하려 했지만 공조판서 이준경이 반대해서 하지 못했다. 이에 좌의정 유관이 이준경을 나무라고 좌윤 송인수는 화를 내며 책망하였다. 그러나 더 이상 죽이자는 말은 하지 못했다. 이조판서 유인숙은 의정부에서 임의로 처리하지 않은 것을 후회했다.

아직까지 사람들은 문정왕후가 얼마나 무섭고 독한지를 모르고 있었다. 그리고 윤원로를 먼저 탄핵한 것은 잘못된 선택이었다. 사실 먼저 내보내야 할 사람은 윤원형이었는데 그 점을 대신들이 소홀히 생각했다. 결국 윤원로의 탄핵은 문정왕후의 화만 돋군 것이 되었다. 독사의 꼬리를 밟은 것이었다.

윤원로가 탄핵된 후, 한 달여 동안은 아무 일 없는 듯이 조용히 지나갔다.

그사이 윤원형 일당은 물밑에서 걸림돌이 될 사람들을 제거하는 계획에 속도를 내기 시작했다.

윤원형 일당에는 윤원형을 필두로 병조판서 이기, 지중추부사 정순붕, 호조판서 임백령이 주역을 차지하고 있었고, 이들 외에 이름이 드러난 자들은 공조판서 허자와 최보한, 정언각, 진복창, 윤춘년, 윤인서, 김명윤, 김광준, 이무강이었다. 그리고 그 외 하수인들은 수없이 많았다. 그들은 심복들을 동원하여 대신 이하 적대자들의 일거수일투족을 미행하고 감시했다. 이 일에는 임백령의 동생 임구령, 정순붕의 아들 정협이 적극적으로 가담하여 활동했고, 윤원형의 심복 윤돈인은 아예 노예처럼 행색을 꾸며 적대자들의 정세를 염탐하였다. 그리고 이들의 수괴에 해당하는 윤원형, 이기, 정순붕, 임백령, 허자는 연일 한밤중에 비밀 대책회의를 가졌다.

대책을 마련한 이들은 먼저 윤임 일파들이 위험한 일을 모의한다는 소문을 내고 그것이 문정왕후의 귀에 들어가게 하였다. 그리고 가짜 편지를 만들어 인성왕후(인종 비)의 처소 부근에 떨어뜨리고 그것 역시 문정왕후의 손에 들어가게 만들었다. 그 가짜 편지의 내용은 대략 '국사가 이 지경에 이르렀으니 살아날 길이 없다. 다른 사람을 왕으로 세워 양쪽

이 모두 공평하게 된다면 좋겠지만 판서 중에 뜻을 같이할 사람이 없으니 그도 못할 형편이다. 그러니 내가 지시한 일을 시험 삼아 해보라'는 것이었다. 이는 마치 인성왕후가 윤임 일파와 짜고 역모를 꾸미는 듯한 말이었다. 이 일은 윤원형의 첩인 정난정이 맡아서 했다.

8월 21일 문정왕후는 그 소문과 편지를 빌미로 윤원형에게 밀지를 내려, 형조판서 윤임, 우의정 유관, 이조판서 유인숙을 탄핵하도록 하였다. 윤임이 문정왕후 및 윤원형 형제와 철천지원수가 된 지는 이미 오래되었고, 유관과 유인숙은 윤원형 형제를 극히 싫어하여 가까이하지 않는 자들이었다. 이들은 문정왕후와 윤원형 형제가 제거하려는 대상 중 가장 높은 직위에 있는 사람들이었다.

윤원형은 그 밀지를 대사헌 민제인, 대사간 김광준에게 통하고, 이로 인해 양사(사헌부와 사간원)가 중학에서 회합을 가졌다. 참석자는 사헌부의 대사헌 민제인, 집의 송희규, 장령 정희등, 이언침, 지평 김저, 민기문, 사간원의 대사간 김광준, 사간 박광우, 헌납 백인걸, 정언 유희춘, 김난상이었다.

회합에서 민제인과 김광준은 문정왕후의 밀지가 내려졌으니 우리가 먼저 탄핵하여 크게 파급되는 것을 막자고 하였다. 그러나 집의 송희규가 "대신에게 죄가 있으면 드러내어 죽일 일이지 태평성세에 안에서 밀지를 내린 것이 어찌 밝은 세상의 일인가. 윤원형이 임금의 외숙으로서, 나라를 위한 의논을 주장하면서, 임금을 옳은 길로 인도하지 못하고 도리어 비밀히 국모에게 의뢰하여 착한 사람들을 해치려 하니, 이것이 될 말이냐. 오늘날 반드시 먼저 이 사람을 제거해야만 나라의 기강이 바로 설 것이다" 하였다. 그러자 김저, 박광우 등 여러 사람들도 이 송희규의 뜻에 큰소리로 동조하였다. 회합에 참석한 사람들 대부분이 윤임, 유관,

유인숙의 탄핵을 반대하고 오히려 윤원형을 성토하였다.

　호조판서 임백령의 동생 임구령이 마루 밑에 기어 들어가 이 회의 내용을 엿듣고, 누가 무슨 말을 했는가를 기록하여 병조판서 이기에게 보고하였다. 윤임 등을 양사에서 탄핵하길 바랐는데 오히려 성토되는 분위기가 되자, 윤원형 일당 수괴들은 밤에 은밀히 광화문 밖에서 회합을 갖고 대책을 수립했다.

　그리고 다음 날 곧바로 실행에 옮겼다. 이기, 정순붕, 허자, 임백령이 문정왕후에게 직접 변을 고하는 형식을 취하고, "국가에 큰일이 있으니 수상 및 양사의 장관을 면대하소서" 하고 청했다.

　문정왕후는 즉시 대신들을 불러들였다. 영중추부사 홍언필, 영의정 윤인경, 병조판서 이기, 좌찬성 이언적, 우찬성 권벌, 좌참찬 정옥형, 우참찬 신광한, 지중추부사 정순붕, 공조판서 허자, 호조판서 임백령, 예조판서 윤개, 대사헌 민제인, 대사간 김광준, 승지 송기수, 주서 안함, 검열 조박이 즉시 입궐하였다.

　대신들이 모두 모이자 먼저 병조판서 이기가 입을 열었다. "형조판서 윤임은 중종조부터 잘못이 많았으므로 근래 스스로 불안해했으며, 좌의정 유관과 이조판서 유인숙 역시 형적이 있습니다. 양사의 장관이 어제 회의하여 아뢰려다 중지했는데, 신은 재상의 반열에 있으면서 묵묵히 그대로 있을 수가 없습니다. 대신들의 의논을 모으소서. 이 사람들은 차라리 외방에 내치는 것이 낫지 않겠습니까?" 하였다.

　그러자 문정왕후는 "윤임의 간특하고 흉악함은 중종조부터 이미 드러나 다스리려고 했으나, 동궁을 위하여 그렇게 하지 않고 1품의 직에 발탁하여 제수함으로써 그 간특함을 스스로 고치기를 바랐었다. 나 역시 후대하여 한 집안같이 동화하려고, 신수경의 아들을 부마로 삼을 때 처음에는 윤임의 손자를 부마로 삼으려 했었다. 그러나 윤임은 업신여기고 허락하지 않았으니 그 간사함이 더욱 참혹함을 알 수 있다. 내전에서는 전혀 잘못한 일이 없는데도 지금까지 흉악한 생각을 고치지 않아 재상과 결탁하고 내간에 연결하였다. 근래에도 내간에 큰 변고가 있어 어찌할 바를 몰라 길게 통곡하는데 오늘 조정 재상들이 이렇게 와서 아뢰니 이는 모두 천지와 조종의 도움으로 그런 것이다. 이 일은 종사에 관계되는 일이니, 조정 대신들은 종사를 위하여 함께 의논하여 크게 다스림이 가하다" 하였다.

사실 '스스로 불안해하였다' '형적이 있다' 이런 것이 무슨 죄이며, 무슨 국가의 큰일일까. 하지만 악에 받친 문정왕후는 종사에 관계되는 일이니 크게 다스려야 된다고 하였다. 이 말을 들은 다른 대신들은 순순했다. 윤원형 일당들이 언젠가는 일을 벌일 것이라고 짐작했었는데 드디어 올 것이 온 것임을 알았기 때문이다.

이에 홍언필이 아뢰기를, "윤임을 위에서 그르게 여겨 외방에 유배하려 하시니 윤임은 조정에 있을 수는 없고 유배시킴이 마땅합니다. 유인숙 역시 파직시킴이 가합니다. 유관도 정상은 자세히 알 수 없으나 체직시켜야 합니다. 여러 사람들의 의논은 모두 이와 같습니다" 하였다.

여러 신하들도 자기 의견을 말했지만 지금의 논의가 잘못되었다는 말은 하지 않았다. 이언적만이 사림의 화를 걱정했고 정당한 절차를 밟지 않은 것을 언급했다. 그러자 문정왕후는 사림의 화는 의심하지 말라 하였다.

이날은 신하들의 의견을 따라 윤임은 먼 지방에 찬축하고, 유인숙은 파직하고, 유관은 직을 교체하는 것으로 결정했다.

이런 어이없는 결정에 분개하는 사람이 없다면 사람 사는 사회가 아니다.

이튿날 헌납 백인걸은 작심을 하고, 어머니와 처에게 "내가 지금 가면 필시 의금부에 하옥되어 유배되는 사태가 발생할 것이니 놀라지 말라" 하며 집을 나섰다. 가족들이 울면서 말려도 듣지 않았다. 또한 친구인 허자가 여러 가지로 달래기도 하고 위협하기도 하였으나 백인걸은 끝내 말을 듣지 않았다. 허자는 탄식하면서 "내일이면 자네가 죽을 것이다" 하였다.

백인걸은 곧바로 입궐하여 밀지를 내린 부당함과 정당한 명목 없이 죄를 준 것, 대사헌 민제인이 사헌부의 장관임에도 전령하는 군졸처럼 재상들에게 밀지가 내렸음을 알리고 다닌 것, 간관들이 잘못을 간하지 않은 것 등을 부당하다고 직언했다.

유희춘이 백인걸이 아뢴 글을 보고, "참, 장하다"고 하며 혀를 내둘렀다. 아무나 할 수 있는 일이 아니었다. 선비 중의 선비라고 할 수 있을 것이다.

이에 대해 사관은 '자기 자신은 돌보지 않고 낯빛을 바로 하고 직언을 하였으니 여러 간신들의 간담을 서늘하게 하고 올바른 사람들의 기상을 씩씩하게 하기에 넉넉하였다. 우주 간에 이러한 행동이 없어서는 안 된다'고 논하였다.

백인걸의 직언에 대해 문정왕후는 본색을 드러냈다.

마치 기다렸다는 듯이 말이 청산유수였다. 밀지를 그르다고 하고 장관이 명을 전달하는 군졸 같다고 한 것을 '역적을 비호했다' 하고, '밀지를 내리지 않았다면 우리 모자는 고립되어 앉아서 죽기만을 기다렸어야 한단 말인가' 등의 억지소리를 거리낌 없이 하였다. 그리고 백인걸의 파직, 투옥은 물론이고 양사 관원 모두를 파직하라 하고, 윤임, 유관, 유인숙의 죄가 너무 가볍기 때문이라며 율에 따라 죄를 정하라고 하였다.

대신들이 간관을 그 말한 것 때문에 죄줄 수는 없다고 적극 아뢰었으나 오히려 문정왕후를 비롯한 윤원형과 이 일당들에게는 사태를 더 악화시키는 빌미일 뿐이었다.

　문정왕후가 명하기를, "윤임은 절도에 안치하고, 유관은 중도부처하고, 유인숙은 먼 지방에 부처하며, 윤흥인(윤임의 아들)은 먼 지방에 찬축하라. 윤임은 정유년에 국모를 위태롭게 하려고 계획한 것과 동궁에 화재가 있은 뒤 한 일도 죄목에 아울러 기입하라. 유관과 유인숙은 은밀히 권간과 결탁하여 종사를 위태롭게 하려고 한 것도 아울러 죄목에 넣어라. 전 대간 등은 공론을 가탁하여 국사가 기울어지는 것을 보고도 구하지 않았으니 파직시킴이 가하다. 양사의 장관은 이미 논박을 받아 필시 출사하지 않을 것이니 체직하는 것이 가하다. 또 옛말에 위협에 못 이겨 추종한 것은 다스리지 않는다고 했지만, 종사를 돌보지 않고 역적의 무리를 구원하며 조정을 기망한 것이 오래되었다. 풀을 없앨 때 뿌리를 제거하지 않으면 종당에는 다시 돋아나는 법이다. 더욱 심한 자들을 조정에서는 반드시 알 것이니 서계하라" 하였다. 문정왕후의 말은 한마디로 자신에 반하는 세력은 모두 뿌리를 뽑겠다는 무시무시한 말이었다. 결국 이언적에게 언급한 사림의 화는 없을 것이라는 말도 새빨간 거짓말이었다.

　백인걸에 이어, 이번에는 우찬성 권벌이 나섰다.

　그 역시 아내와 자식들이 극진히 만류했으나 뿌리치고 입궐했다. 그리고 근래의 재변은 대신을 명목도 없이 죄를 주었기 때문에 하늘이 유감을 품은 것이라고 했다. 또한 임금과 신하들의 잘못을 고하는 간관을 가두어 마음 놓고 말을 못하게 했으며, 공평한 마음으로 여러 신하들에게 물어 사실과 죄명을 맞게 해야 한다는 것 등을 직언했다. 권벌도 선비 중의 선비였다.

　사관은 '이 당시 유관과 유인숙을 유배하고 그들에게 난역의 죄명을 더하려 하니 사람들은 그 억울함을 알면서도 감히 구제하지 못했는데,

권벌만은 이에 맞서 그들에게 다른 마음이 없었음이 명백하다는 것을 힘껏 진달하였다. 충성스러운 격정이 말에 나타나고 의기가 얼굴색에 드러나 비록 간신들이 죽 늘어서서 으르렁거리며 눈을 흘기는데도 전혀 개의치 않았으며, 늠름한 기상이 추상같았으니 절의를 굳게 지키는 대장부라고 이를 만했다'고 논하였다.

실제로 권벌은 직언을 하는 것 외에도 윤원형에게 편지를 보내 나무라기도 하고, 정순붕을 면박하기도 하였다. 하지만 소용없는 일이었다.

대사헌 허자와 대사간 나세찬까지 나서 연명으로 아뢰기를, "유관 등이 종사를 위태롭게 할 것을 모의하였다는 것으로 죄를 결정하는 것은 죄명이 너무 중합니다" 하였고, 영의정 윤인경도 뜻을 같이했다. 이미 짜 놓은 각본대로 움직이는 문정왕후와 윤원형 일당들에게, 백인걸, 권벌과 같은 선비들의 충직한 직언은 오로지 사태를 사악한 방향으로 한 걸음 더 진전시키는 빌미가 될 뿐이었다.

그다음 단계로, 8월 27일 정순붕이 준비한 상소를 올렸다.

그러자 다음 날 문정왕후가 대신들을 불러들였다. 문정왕후는 기세가 등등하였으며 목소리에는 살기가 배어 있었다. 소를 내어 보이며 "종사에 크게 해 되는 사람을 조정에서 어찌하여 지나치게 구원하는가. 경들은 이 소를 한번 보라" 하였다.

상소의 내용은 예상처럼 윤임, 유관, 유인숙을 완전히 역적으로 모는 내용이었다. 소를 본 신하들은 할 말을 잃었다.

문정왕후는, 유관이 후사 세우는 일을 의논하여 결정하자는 말은 다른 마음을 품었다는 것, 즉 반역을 꾀했다는 것이라고 못 박았다. 또한 유인숙이 '전하께서 특이하게 영명하시다'는 이언적의 말에 답하지 않고 기뻐하지도 않은 것, 관원들이 생살의 권한을 자전에게 돌아가게 해서는 안 된다고 한 것 등도 모두 종사를 위태롭게 한 것이라고 강력하게 추궁

했다. 또 인성왕후가 모의에 연관됐다는 것도 언급하여 신하들을 불안에 떨게 하였다.

이쯤 되자 신하들은 직감적으로 잘못하면 역적으로 몰릴 수 있음을 알고 서로 보신하기에 급급했다. 영의정 윤인경은 유관이 후사를 의논하여 결정하자는 것을 말했을 때 자기가 역설하여 막았다고 말하여 대비의 환심을 샀다. 허자는 생살의 권한을 자전에게 줄 수 없다는 말은 병조참지 이임이 말했다고 고했다.

상황이 이렇게 돌아가자 누구도 윤임, 유관, 유인숙을 구원할 생각을 아예 하지 못했다. 다만 몇몇 신하들이 완곡하게 선처를 말하기도 했으나 형식적일 뿐이었다.

그래도 이언적만은 인성왕후께서는 전혀 몰랐을 것이며 주상에게 전위하게 한 공이 큼을 언급하여 인성왕후로의 파급을 차단시키고, 밀지는 정당한 것은 아니었음을 강조하였다. 수렴청정 문제에 있어서도 연소한 자들이 경험이 부족해서 한 것이지 별다른 사심이 있어서가 아니고, 창졸간 미처 경황이 없던 사이에, 아직 일이 결정되기 전이라 어쩔 수 없었음을 간곡히 반복해서 아뢰었다. 또한 눈물을 흘리며 '살리기를 좋아하고 죽이기를 싫어하는 것은 임금의 아름다운 덕'이라고 하며 선처를 호소하였다. 역적으로 몰릴 위험을 무릎 쓴 이언적의 남다른 어진 마음이 돋보였다.

권벌은 이번에도 굴하지 않고 직언을 했다. "아비와 임금을 시해하는 일은 따르지 않는다. 저 두 사람의 늙은 서생이 무슨 다른 뜻이 있겠는가" 하고 그들의 무죄를 주장하였다. 목숨을 아깝지 않게 생각하는 대단한 사람이었다.

이에 대해 사관은 '정순붕의 소가 올라갔으니 유관 등은 이로부터 뼈도 못 추리게 되어 구제할 수 없는 형세였는데 권벌은 스스로 꺼리는 일을 범하고 먼저 나갔으니 대개 머리를 베고, 가슴에 구멍을 낸다 해도 자기의 말을 바꾸지 않을 실로 무쇠와 같은 사람이다'고 논했다.

하지만 안타깝게도 문정왕후가 신하들의 의견을 들은 것은 따르고자 함이 아니었다. 이미 마음에 정한 죽음을 선언하기 위한 요식 행위였을 뿐이다.

윤임, 유관, 유인숙에게는 사약이 내려졌고, 이임은 변방에 안치하고, 권벌은 체직시켰다.

이런 결과에 이언적, 정옥형, 윤개, 민제인, 나세찬 등 5~6인의 안색은 슬픈 빛이었고, 나머지는 대개 웃고 떠들었고, 그 와중에 득의만만한 자들도 있었다.

좌의정 유관은 성품이 곧고 청렴하며 권세에 붙좇지 않았고, 진심으로 국사를 위한 사람이었다. 인종이 승하할 때에 유관은 울면서 "신민이 복이 없어 이런 불세출의 임금을 잃었으니, 나랏일을 장차 어떻게 하랴" 하였다. 그러자 옆에 있던 임백령이 "대감께서 은밀히 의논하시는 일에 소생도 참여하고자 합니다" 하니, 유관이 놀라 눈물을 거두며, "새로 성군을 잃었으니, 종사의 불행이 되므로 한 말일 뿐인데, 공의 말은 무슨 말인가" 하였다. 그러자 임백령이 소리를 높여 "선왕의 한 아드님이 계신데, 국사를 근심할 게 무엇이오" 하고, 나와서는 "유관의 뜻이 반드시 있는 데가 있다" 하고 떠들어댔다. 이런 식으로 옭아매 간 것이다.

이조판서 유인숙도 뜻이 크고 기개가 있었으며 호걸스러웠다. 이조판서로 이름 있는 자들을 등용하는 데 힘썼다.

이런 유관과 유인숙이 사사로이 윤임의 사주를 받을 사람들은 아니었다. 단지 그들은 음흉하고 악랄한 윤원형 일파를 좋게 볼 수가 없었을 뿐이었다.

그러나 이기는 유관과 유인숙에게 사적인 원한이 깊었다. 중종 때 이기가 병조판서로 임명됐을 때 유관이 뇌물을 받은 장리의 사위라고 반대하여 원수가 되었고, 인종 때는 우의정에 임명되었으나 대간이 결사반대하여 무산되었으므로 울분이 쌓였다. 또 유인숙과는 내외종 형제간이었다. 그러나 유인숙이 이기가 궁중과 몰래 통하는 것을 알고 비루하게 여겼고 이것이 소문으로 퍼졌다. 그래서 원수가 되어 이기는 이를 갈며 복수할 기회를 노리고 있었다.

유인숙은 윤임과 사돈 간이기도 했다. 또 유인숙은 정순붕과도 사돈 간이었는데 이조판서로 있으면서 한 번도 등용하지 않아 정순붕이 감정을 가졌다. 정순붕이 기묘사화에 연루되어 스스로 살아가기가 어려웠을 때 유인숙이 오랫동안 돌보아 주어서 굶어 죽는 것을 면했는데 이때에 은혜를 원수로 갚았다.

임백령은 일찍이 윤임에게 옥매향이라는 기생첩을 빼앗겨 원한을 가졌고, 정순붕은 인정받지 못한 이유로 사림을 미워하여 일망타진할 생각을 품어 왔었다. 허자는 단지 출세욕에 잠시 눈이 어두워진 것이었다.

훗날 이기는 공공연히 '윤임은 자전으로 인하여 주륙된 것이고, 두 유가의 죽음은 우리들이 한 것이다'고 말하였다. 이때 이기는 70세, 정순붕은 62세, 임백령도 60이 가까운 나이였다. 그 나이에 무슨 영화를 더 바라고 이런 일을 저지르는지 참으로 알 수 없는 인간사였다.

문정왕후는 한술 더 뜬다. 무고한 사람들을 죽인 것인데, 고변한 사람들이 공을 세웠으니 공적을 만들라고 하였다. 그 자제들까지 녹훈하라고 하였다.

임백령의 동생 임구령은 제신들이 모여 의논할 때 마루 밑에 숨어 동태를 파악한 공을 인정받았는데 형 임억령은 동생들의 하는 짓이 마음에 들지 않아 낙향해 살았다.

정순붕의 둘째 아들 정현은 못된 아버지를 적극 도왔다. 큰아들 정염은 아버지의 못된 짓을 적극 말렸으나 듣지 않자 양주로 떠나 살았다. 정염은 천문·지리·음악·의약·복서·산수·한어 등에 두루 통달하였고 짐승과 소통하는 특이한 사람이었다. 막내 정작은 나이 차가 많았는데 비슷한 이인이 되었고 의학에 효험이 많았다 한다.

유관의 아들 유광찬은 양자였는데 유관이 화가 미칠 것을 알고 입양을 파기하는 문서를 만들어 주었으나 던져 버리고 함께 죽었다.

여기서만 끝났어도 을사사화란 말은 없었을지도 모른다. 피바람은 아직 시작된 것도 아니었다. 바로 또 다른 간흉이 나타났기 때문이다.

9월 1일 경기관찰사 김명윤이 입궐하여 봉서를 올렸다. 계림군 이유가 윤임의 3촌 조카로 흉측한 모의를 함께 했는데 조정이 알면서도 처치하지 않고 있으므로 모반할 가능성이 있다는 것과 봉성군 이완이 왕자군 중에서 뛰어나므로 이를 의지하여 반란의 계제로 삼을 여지가 있으니 조치하여야 한다는 것이었다. 계림군 이유는 성종의 형 월산대군의 손자이며 윤임의 생질이었다. 봉성군 이완은 중종의 여섯째 아들로 명종의 이복형이다. 따라서 두 사람을 반란을 일으키려는 역적으로 몰아 사건을 크게 키우려 하는 의도가 있었다.

그러자 당장 계림군 이유를 체포하라는 명령이 내려졌고, 봉성군은 어리니 놔두라 하였다. 하지만 계림군 이유는 이미 피하고 없었다. 그래서 그 아내를 포함한 친척들 윤여해(윤임의 작은 아버지), 정자(윤임의 처남: 송강 정철의 형), 이덕응(윤임의 사위), 최홍도(이유의 동서) 등 10여 명을 체포하였다. 그리고 나라에 큰 변고가 발생한 것처럼 떠들썩하게 궐 내외를 수비하도록 하였다.

사실 계림군 이유는 첩의 만류로 도망칠 생각이 없었다. 그러나 윤임의 처남 정자가 "권력 잡은 간당들이 당신을 두고 화의 근본을 만들려

하고 있고, 따라서 화근이 없게 되면 일을 꾸며낼 건더기가 없어질 것인데 당신은 어찌하여 한편으로 어린 첩의 말만 듣고 천금 같은 몸을 아낄 줄 모르오" 하니, 망설이다가 할 수 없이 도망하였다. 그러나 오히려 반역죄로 몰아붙이고자 하는 악당들의 계획에 알맞은 구실만 주게 되었다. 그 뒤 이유의 아들 이후도 체포되었다. 윤임, 유관, 유인숙의 자식들도 모두 체포되었다.

유학 한성원은 이유가 양화도에서 배를 타고 도망하였고, 그의 종 영수를 붙잡아 놓고 있다고 고발하였다.

9월 6일 진사 안세우도 자신을 신임하던 윤임을 배반하고 고발하였다. 윤임이 이유를 추대하고 반역을 도모할 적에 서간을 전달한 자가 종 모린이므로 그자를 신문하면 진상을 알 수 있을 거라는 내용이었다. 더하여 '지금 신의 어미가 피접하고 있는 처소로 모린이 숨어들어 왔기에 매부 운산령으로 하여금 그를 감시하도록 하고서 아뢰는 바입니다' '윤임의 첩 옥매향, 종이, 환노 연이와 모린의 남편 연동 등 네 사람도 윤임의 심복입니다' 등등을 말하였다.

안세우는 윤임이 변을 우려하여 자기 재산까지 의탁한 사람이었지만 변절하고 고발하여 사건을 역모로 모는 데 큰 역할을 하였다.

이렇게 배신자들이 등장함에 따라, 윤임과 이유의 형제, 친척, 종, 친구, 사돈, 이웃 등 조금이라도 교류가 있던 사람들, 또 이 사람들의 입에서 나온 사람들은 모두 걸려들어 혐의가 있든 없든 간에 무자비한 형장과 문초를 받았다.

인종 부부를 모셨던 궁녀 6명도 모진 고문을 당했다. 인성왕후(인종비)를 옭아 넣기 위하여 그들의 자백을 받고자 했기 때문이다. 모진 고문에도 한마디 말이 없었다. 결국 그들은 인성왕후를 대신하여 죽었다.

문정왕후는 멈추질 않았다. 피바람이 불면 불수록 "형장을 가하여 진실을 캐내라. 대체로 난역 사건은 화급하게 추국해야 하는 것인데 요사이 너무 더디고 늦은 듯하니 급히 추국하라" 하며 더욱 불같이 성화를 냈다.

윤원형 일당의 하수인들은 때를 만난 것처럼 사림들을 모함하여 살륙과 보복을 일삼았다. 평상시 그들은 간사하여 주변 사람들이 모두 그들을 형편없게 보았는데, 이때다 싶었던 것이다. 그 외 다른 기회주의자들도 철을 만나기는 마찬가지였다. 이기, 정순붕, 임백령, 허자 등의 집에 드나들면서 평소 미워하던 사람들이거나 아주 작은 원한이라도 있던 사람들을 온갖 방법으로 무함하였다. 사람들은 속수무책으로 두려움과 공포에 떨고 있을 수밖에 없었다.

윤임의 데릴사위 이덕응도 함께 사는 사위이니 모든 것을 알 것이라 하여 윤원형 일당에게 심하게 고문을 당했다. 이덕응의 형 이문응이 동생을 살리고자 임백령을 만나서 애걸했다. 이때 임백령이 '흉측한 모의와 비밀스런 계획을 다 진술하면 죽음을 면할 수 있을 것이다' 하였다. 이 거짓말을 믿고 동생에게 자세하게 전했다. 또 승지 송세형도 울면서 이덕응에게 '네가 윤임의 흉모를 모조리 진술하면 살아날 수 있을 것이다. 함께 죽은들 무슨 이익이 있겠는가' 하고 꾀었다. 결국 이덕응이 그 꼬임에 넘어가 교묘하게 꾸며 만들어 준 것을 그대로 거짓 진술하였다. 그러나 그것이 사건을 크게 만들고 말았다.

이덕응은 이렇게 자백을 하면 살아날 것이라고 생각했을 것이다. 하지만 어림도 없었다. 자신은 물론, 자백하는 과정에서 언급된 다른 사람들, 또 그들이 잡혀 와 무자비한 형장에 견디지 못하고 거론한 사람들 등이 모두 억울하게 역모죄를 뒤집어쓰고 형을 받았고, 죽기도 하였다. 수찬 이휘, 부제학 나숙, 참봉 나식, 장령 정희등, 박광우, 사간 곽순,

직제학 이약해 등이다. 이들은 대부분 명망이 있어 청현직을 역임한 앞날이 기대되는 사람들이었고, 윤원형 같은 부류들을 근본적으로 싫어하였다.

윤원형 일당들은 처음에 윤임, 유관, 유인숙을 역모로 다스리고자 하였지만 마땅한 죄를 씌울 수가 없어 고심했는데 이덕응의 자백이 나오자 모두 쾌재를 부르고, 이제는 내놓고 역적모의를 하였다고 죄를 씌웠다.

수찬 이휘는 이덕응의 재종형으로 이덕응의 문초 과정에서 걸려들었는데, 이조정랑 이중열이 모함성 말을 더하여 도저히 빠져나갈 수가 없게 되었다. 이중열은 이휘가 진실로 사귄 친구였다.

이중열은 명신 이준경의 조카이고 그보다 더 멋진 이윤경(이준경의 형)의 아들이었다. 이준경, 이윤경 형제는 풍채가 좋고 행동이 엄숙하고 정중하며 침착하고 중후한 장자들이었다. 또한 평생을 청렴과 근신으로 지냈다. 그런 그들에게도 당시의 상황은 당황스럽고 두려운 일이었다. 운신하기가 결코 쉽지 않았을 것이다. 그래서 이준경이 자기의 가문을 보전할 생각으로, 중열로 하여금 글월을 올려 스스로 변명하라고 하면서, "우리 선대에서 갑자사화에 피해를 당하여 언제나 원통하고 한스러운 터였다. 그런데 오늘날 또 일이 이렇게 되었다. 부형이 위에 계신데 생각하지 않을 수 없다. 만일 방법을 강구하지 않으면 장차 멸문의 화를 당할 것이다" 하였다. 이때 이중열의 부친 이윤경은 승정원에 있었는데 아들에게 편지를 보내 책망하기를 "내가 항상 이휘는 일을 저지를 사람이니 사귀지 말라고 주의시켰는데도, 네가 내 말을 듣지 않더니, 일이 이 지경에 이르렀구나. 어찌한단 말이냐. 지금에 이르러 화가 눈앞에 닥쳤다고 해서, 어찌 친구를 팔아서 살기를 도모할 수가 있느냐" 하였다. 그러나 편지를 전달하던 아전과 길이 서로 어긋나서 그 편지를 미처 보기 전에 이중열이 숙부 이준경의 뜻을 따라 변명하는 글을 올리게 되었다. 가문을 구하기 위해서 친구를 배반한 것이다. 결과적으로 가문은 구했지만 자신까지 그물에서 빠져나올 수는 없었다. 어찌 됐던 이윤경, 이준경 형제는 사화의 피바람 속에서 집안을 위해 어느 정도 절개를 꺾어야만 했다. 이윤경은 겉은 온화하면서 안으로 꼿꼿하고, 이준경은 겉으로는 굳세면서 안으로는 겁이 있었다. 후에 이준경은 영의정을 지내며 선조가 등극하는 데 큰 역할을 하는 명재상이 된다. 그 한 살 위의 형인 이윤경은 생각이나 행동이 동생보다 나았다. 그래도 벼슬은 동생이 앞서갔다.

도승지 송세형은 이때 옛 친구들을 다 버리고 윤원형의 심복이 되어 내통하고 조정의 많은 사람을 죽이는 앞잡이가 되었다.

윤임, 유관, 유인숙은 추가로 시체를 참형하였고, 이덕응과 이휘는 참형, 계림군 이유의 아들 이시, 이형, 이후와 윤임의 아들 윤흥인, 윤흥례, 금이, 유관의 양자 유광찬 및 유인숙의 아들 유희민, 유희종, 유희맹은 교형에 처했다. 어미, 딸, 아내, 첩 그리고 나이 어린 아들들은 모두 종으로 삼고 재산을 적몰하였으며, 형, 아우, 숙부, 조카 등은 외방으로 귀양 보냈다.

박광우, 곽순, 정희등, 정욱은 장형을 당하다 죽었으며, 이임, 나식, 나숙은 멀리 귀양 갔다. 정원, 이약빙, 이약해, 김저, 노수신, 이중열은 관작이 삭탈됐고, 성세창, 권벌, 송인수, 한숙, 이진, 김진종, 심령, 이염은 파직되었다.

이때 위의 인물 중 멀리 귀양을 가게 된 참봉 나식은 부제학 나숙의 형이고, 사복시정 이약빙은 그의 둘째 아들 이홍윤이 윤임의 사위였으며 직제학 이약해의 형이었다. 승지 정원은 장령 정희등의 숙부였다.

송강 정철 집안도 화를 피하진 못했다. 그의 누나 한 명은 인종의 숙인이었고, 또 다른 누나 한 명은 윤임의 부인이었기 때문이다. 그의 아버지 정유침과 형 정자가 잡혀가 모진 고문을 받았다. 이때 곤장과 단근질로 참혹하기가 말할 수 없었지만 정유침은 체신을 잃지 않고 있었다. 그런데 아들이 곤장을 맞으며 고문당하자 정유침이 머리를 기둥에 부딪치며 하늘을 우러러 "내 자식은 아무 죄가 없으니, 하늘이 내려다본다" 하며 호소하였다. 보는 사람의 콧대가 모두 시큰거렸다 한다. 결국 정철의 집안은 풍비박산이 되었다. 그래서 열 살 난 정철은 아버지를 따라 전라도 창평으로 낙향하여 살게 되었다.

이 외에 거론된 사람들도 형장에 목숨을 잃거나 유배되었다. 관직에서 쫓겨난 사람들도 많았다. 여기에는 노수신, 유희춘도 포함되었다. 임백령은 유희춘과 인척도 되고 같은 고을에 살기도 했다. 그래서 임백령이 미리 만나 비밀히 말하기를, "위에서 태도가 준엄하니, 그대로 따르면 영화를 누릴 것이요 이를 거역하면 멸망할 것이니, 그대는 늙은 부모를 위해서라도 생각해 봐야 할 것이 아니냐" 하였다. 그러나 유희춘은 분노의 빛을 띠면서 한마디도 하지 않고 일어났다. 기가 질린 임백령이 문간까지 나와 전송하며, "부디 누설하지 말라" 하였다.

권벌은 그 강경한 직언에도 불구하고 큰 화는 면했다. 전에 찬성 진급 시에 이기에게 양보하는 말을 하여 이기가 고마워했기 때문이었다.

이때에 이언적은 취조관이었다. 곽순이 형을 받을 때 하늘을 쳐다보고 탄식하면서, "우리들이 복고(이언적의 자)의 손에 죽을 줄 어찌 알았으랴" 하였다.

이언적은 올바르고 학문이 깊었으므로 사림이 당세 제일가는 사람으로 존경하였다. 재주가 뛰어났으며, 경전이나 역사에 통할 뿐만 아니라, 과거 보는 문장을 공부하는 데도 힘들이지 않고 곧 이루었다. 또한 사람됨이 안정되고 무게가 있으며 단정하고 자상하였다. 이런 인물이 목숨을 아까워하지는 않았을 것이다. 다만 목숨을 걸기가 쉽지 않았을 것이다. 그래서 어쩔 수 없이 피하지 못하고 취조관이 되었는데, 죽어 가는 사람의 조롱을 받았다. 정말 창피하고 죽고 싶은 심정이었을 것이다.

정희등은 평소에 윤원형이 그의 재주와 명망을 존중하여, "일을 같이 하고 싶은데, 모난 성격을 죽이고 둥글게 지내며 강한 것을 억제하고 유한 태도를 취하라"는 뜻으로 편지를 써 보내 달래기도 하고 위협하기도 해 보았다. 그러나 정희등은 편지도 보지 않고 꾸짖기를 "언평(윤원형의 자)이 편지를 보낸 것은 일을 같이 하자는 것일 터이다. 차라리 바르게 죽을지언정 굽혀 가면서 살지는 못하겠다" 하였다. 이래서 윤원형이 크게 감정을 품었으므로 후에 살아남지 못했다.

곽순과 이임은 남명 조식이 칭찬하며 기대하던 친우들이었고, 나식은 참봉이지만 허균의 아버지 허엽이 가르침을 청할 정도로 학식이 높은 사람이었다.

10월 5일 윤원형 일당을 피해 도망하였던 계림군 이유는 강원도 안변의 황룡산 상봉 바위 밑에서 체포되었고, 이날 무지한 형장 아래 할 수 없이 무너졌다. 단근질을 모질게 하니 고통을 견딜 수 없었다. 거짓말로라도 자백하려 하였으나 무슨 말을 해야 할지 몰라 말할 수가 없었다. 이에 취조관이 할 말을 말해 주고 그대로 말했다. 죄는 윤임이 그를 왕으로 추대하고자 했고, 더불어 역모를 꾀하다 도망했다는 것이었다. 이에 문정왕후와 윤원형 일당은 그를 능지처참하여 3일 동안 효수하고 이어서 손발을 사방에 전하여 구경시켰다.

이렇게 피를 뿌리며 사냥을 했으니, 잔치판을 벌리지 않을 수 없다. 공신 잔치가 벌어졌다. 공신연이라 한다. 정난 위사공신, 난을 평정하고 사직을 보호했다는 뜻이다.

1등 공신은 이기, 정순붕, 임백령, 허자이고, 2등은 홍언필, 윤인경, 윤원형, 민제인, 최보한, 김광준, 임구령, 한경록이고, 3등은 이언적, 정옥형, 신광한, 윤개, 송기수, 최연, 송세형, 이윤경, 윤돈인, 만년, 최언호, 정현, 신수경, 조박, 박한종, 윤삼이었다. 이언적 등 몇 사람은 일부러 끼워 넣었다.

공신들은 피바람을 일으켜 적몰한 수많은 노비와 재산을 하사받았다. 또한 그들의 자식들은 이후 출세 가도를 달리게 된다. 이들은 자신이 죽인 자들의 가솔들을 종으로 받으면서 기뻐서 어쩔 줄을 몰랐다. 참으로 인면수심들이었다.

더욱 가관인 것은 공신 아래 등급인 원종 공신의 녹훈이었다. 녹훈이란 훈공을 문서에 기록함을 말하는데, 무려 1천4백여 명이나 되었다. 비판할 사람도 없으니 노골적으로 '인심의 화합'을 위해서 많이 선정했다고 둘러댔다.

'잠저에서 들어와 대통을 계승할 적에 수종한 사람들도 기록하라. 교자를 모신 별감, 잠저의 집주인 등도 녹훈하라' 하였다. 홍언필이 "주상의 분부가 지당합니다" 하고 이어 혼잣말로 "나같이 공이 없는 사람도 큰 공신의 대열에 참여되었는데, 가마를 맨 무리야 공이 과연 크지" 하였다. 또한 뇌물을 받고 한 사람이 20~30명을 녹훈한 경우도 있었다. 사실이든 무고든 고발한 사람들은 녹훈하도록 하여 고발을 장려하였다. 내시로 녹훈된 자는 100여 명이나 되었다.

득세한 공신들은 자기와 뜻이 맞지 않는 사람들을 쫓아내고 자기 사람 심기에 혈안이었다. 특히 이기가 그랬다. 어떤 공신은 '오늘날 청직에 있는 사람들은 불차탁용될 수 있다. 벼슬하기가 무엇이 어렵겠는가' 하였는데, 이는 승진시켜 준다는 명목으로 자신을 따르거나 뇌물을 바치라는 뜻이었다.

사관은 '한때의 명사가 거의 다 귀양 가고 죽어서 조정이 텅 비었다. 그러므로 이 사람들이 이 직을 제수받았으니 이른바 용이 죽고 범이 떠나자 송사리가 춤추고 여우가 휘파람을 분다는 격이 아니겠는가' 하고 논하였다.

이황도 표적이 되었다. 이기는 명망이 높거나 학문적으로 알려진 사람을 그냥 두고 보지 못했다. 45세의 이황은 홍문관 전한으로 종3품의 상당한 직위에 있었는데 이기가 이황의 삭탈관직을 청하여 윤허되었다. 그러나 그의 조카 이원록이 "숙부가 어찌하여 이러는가. 내가 이 사람의 무고함을 밝히지 않을 수 없다" 하고 눈물을 흘리며 간하자, 이기가 공론이 나쁠 것을 우려하여 몰래 다시 아뢰어 이황의 직첩을 돌려주도록 하였다.

이기는 율곡 이이의 아버지 이원수의 당숙이 되는 가까운 친척이었다. 이때 이원수는 낮은 한직에 있었으므로 자연히 권력자인 이기의 집에 자주 드나들었다. 그러자 부인 신사임당이 남편에게 정색을 하고 "숙질 사이이므로 찾아가는 것이 원칙상 잘못은 아니겠으나, 불의한 사람과 접촉해 관직을 구하는 것은 결코 바람직하지 않다" 하며 간곡하게 말렸다 한다.

진정 원한이 있다 하더라도 최고의 권력을 차지하였으니 그 모두를 먼 곳으로 귀양 보내는 것으로도 충분했을 것이다. 일말의 양심도 없이 모두 죽이고 연고자들 전부를 인간으로서는 감내하기 어려운 처지로 몰아내고 좋아들 하였으니 윤원형 일당은 인간 이하의 사람들이었음이 분명하다.

문정왕후는 독사와 같은 독기로 피를 불렀고, 윤원로는 독하지만 나서서 설치는 사람이었으므로 결과적으로는 이용만 당한 셈이고, 윤원형은 지독하고 음흉하여 전면에 나서지 않고 뒤에서 모든 것을 조종하였다. 이기, 정순붕, 임백령, 허자, 최보한은 늙어서 탐욕을 너무 부린 것이고, 김광준, 김명윤은 간사하게 단물을 빨아 먹었고, 진복창, 윤춘년은 윤원형의 수족으로 악명을 떨쳤다. 그 외에 권력의 끈을 잡으려는 부나비들은 수도 없이 많았다.

이렇게 을사년의 사화는 막을 내렸다. 그러나 피의 잔치는 이 정도로 끝나지 않는다. 피바람은 계속 이어지고 그 폐해는 20년을 이어간다.

이 외에 한 가지 더 사람들의 가슴을 아프게 한 것이 있었다. 이기 등이 인종은 1년을 넘기지 못한 임금이니 대왕의 예를 할 수 없다고 억지 주장하여 장례를 아주 박하게 하였고, 장사 후에 당연히 선 4대 왕의 신위가 모셔진 문소전에 모셔야 하는데 연은전에 따로 모셔 제사를 지내게 한 것이다.

더하여 이해에는 극심한 가뭄과 한달 여의 장맛비로 큰 흉년이 들었다.

을사년, 이해의 다른 일로는, 7월에 우참찬 신광한이 사량진의 변 이래로 절교해 온 대마도와 다시 교류할 것을 청했다. 우찬성 이언적도 이에 동조하였다. 전한 이황도 상소를 올려 대마도와 화친할 것을 간절히 청했는데, 천문에 병란의 조짐이 있다 하며, 남쪽과 북쪽에서 동시에 병란을 맞으면 어려우니 대마도와 화친하여 한쪽의 근심을 없애야 한다고 하였다. 그러나 영의정 윤인경 등이 반대하여 없던 일이 되었다.

이순신이 태어난 첫 해는 그렇게 저물어 갔다.

05
을사사화가 계속되다 :
명종 1년 (1546 병오년)

을사년이 지나고 병오년, 명종이 등극한 후 첫 새해가 밝았다. 그러나 현실은 암담하다. 사람 죽이는 일은 계속될 것이고, 권력을 잡은 자들에 의한 부정부패는 더욱 심해질 것이며, 문정왕후에 의한 분통 터지는 일도 계속될 것이다.

1월 중국 사신이 연이어 두 차례나 왔다. 인종의 상을 조문하는 조제사와 명종을 왕으로 봉하는 봉왕사였다. 중국 사신을 맞는 일은 늘 어렵고 까다로운데, 어린 명종은 힘든 날을 꽤 잘 보내 그 영특함을 인정받았다. 하지만 그것이 평온한 치세로 이어질 수는 없었다.

2월 14일 문정왕후가 근래에 재변이 심한 것은 반역을 꾀하는 자가 있기 때문이라고 일갈하였다. 보통 이러한 경우는 통치자 자신이 스스로를 탓하고 책임지려 하는 것인데 아전인수가 너무 심했다. 아마도 문정황후가 또다시 피를 뿌리려고 하는 모양이었다. 28일에는 공신들이라고 모아 놓고 잔치를 베풀고 저희들끼리 떠들고 신나게 놀았다.

2월 30일 윤원형이 윤춘년을 시켜 윤원로를 탄핵하였다. 적이 없어지면 내분이 일게 마련이다. 윤원로는 자신의 공이 제일 크다고 생각했다. 그런데 자신은 귀양까지 갔다 돌아왔는데도 공신에 들지 못하고, 모든 권력이 동생 윤원형에게만 쏠리자 분이 치밀기 시작했다. 그래서 형제간의 권력 암투가 벌어졌다. 그러나 형 윤원로는 이미 동생 윤원형의 상대가 될 수가 없었다.

윤원형은 최보한과 더불어 윤원로를 제거할 것을 꾀하였고, 윤춘년에게 상소를 올리게 하였다. 윤임에게 사용한 방식을 그대로 윤원로에게 옮겨 씌웠다. 상소의 내용 또한 극렬하게 꾸며 문정왕후를 심하게 자극하였다. 문정왕후는 이번에는 기꺼이 윤원로를 흥양으로 귀양 보냈다. 결국 권력다툼에서 밀린 윤원로는 문정왕후에 의해 흥양(전라남도 고흥)으로 다시 귀양을 가야 했다.

‖ 이순신 조부, 죄를 벗다 ‖

4월 6일 국내의 사정과는 별개로, 이순신의 집안에는 오랜만에 웃음꽃이 피었다. 아버지 이정의 적극적인 노력으로 할아버지 이백록의 억울한 죄안이 벗겨졌기 때문이다. 이 결과를 가져온 내용을 살펴보면,

의정부 정승들이 임금에게 아뢰기를 "삼가 이정의 진소를 보니, 그 아비 백록이 중종대왕의 국휼 때 주육을 갖추어 베풀고는 아들을 성혼시켰다고 잘못 녹안되었습니다. 그런데 그때 경상감사의 계본에는 주육을 갖추어 베풀었다는 말이 없었는데, 형조에서 함문할 때 주육설판이라는 네 글자를 첨가하여 아뢰어서 의금부로 옮기고는 곤장을 쳐서 복초한 것이라고 합니다. 그 계본을 상고하여 보건대 주육을 설판하였다는 말은 다만 여부인 이준에게만 언급되었고 백록에게는 언급된 바 없는데 필경 이것으로 중한 죄목이 씌워져 녹안까지 되었으니 과연 억울하다 하겠습니다. 성종께서 승하하시던 날 밤, 조사로서 그 자녀의 혼례를 치른 자가

죄는 입은 바 있으나 녹안까지는 가지 않았습니다. 위에서 재결하소서" 하니 시행하라고 일렀다.

　녹안이 되었다는 것은 범죄자의 명단에 들었다는 것이다. 그러면 자식들의 벼슬길이 막힌다. 보통 일이 아니다. 다행히 이순신 아버지의 노력으로 녹안에서는 벗어났다. 하지만 집안의 재산은 많이 허비되었을 것이다. 이때 도움을 준 사람은 우의정 이기였다. 그는 같은 덕수 이씨로면 친척이었다. 그러나 이기는 아무리 가까운 친척이라도 반드시 많은 뇌물을 바쳐야 되는 그런 사람이었다. 그러니 아버지 이정의 필사적인 노력과 함께 많은 재산이 투입될 수밖에 없었을 것이다. 어쨌든 이순신 집안에는 다행이었다. 이순신이 갓 돌을 넘긴 때였다.

　역시 자연재해는 끊이지 않았다. 전국에 가뭄이 심하더니 전염병이 크게 돌았다. 우박의 피해도 심했다. 보리가 많이 손상되고, 길 가던 말들도 상처를 입었고 소가 맞아 죽기도 해서 하늘에 대고 울부짖는 백성들이 많았다. 5월 하순에는 지진도 있었고 큰비가 내려 피해가 컸다.

　문정왕후가 신하들을 명소하여 회의를 하는데 재난에 대한 대책은 논하지 않고, 윤원로, 윤임 등의 옛날 일들을 다시 거론하였다. 자신의 말을 믿지 않는 것을 알았는지 변명하는 듯한 말이 많았다. 문정왕후가 뒤가 꺼리기는 했던 모양이었다. 사책에 쓴다면 악명을 면하지 못할까 걱정도 했다. 누가 뭐라 할 것도 없이 자기들 스스로 죄악을 자술하고 있었다. 그렇다고 자신들의 죄악을 인정할 사람들은 아니었다. 책들을 태워 없애라고 하지 않은 것만도 다행이었다.

‖ 악인은 죽어서도 사단을 일으킨다 ‖

7월 최고 공신 중 하나인 임백령이 죽었다. 사은사로 중국에 갔다 돌아오는 중에 병으로 죽었다. 죽기 직전, 애걸하는 모양을 지으면서 '누가 나를 죽이려 한다'는 말을 하고 죽었다 한다. 천벌을 받은 모양이다. 일 년도 더 살지 못할 것을 자자손손 영화를 누리기는커녕 자자손손 오명만 전하게 하였으니 이것이 인과응보라 할 수 있겠다.

임백령의 부음이 전해지자, 듣는 이들이 통쾌하게 여겼다. 그러나 악인은 죽어서까지도 큰 사단을 일으킨다.

8월 4일 임백령의 상가에 전성정(윤임의 친척)의 비녀가 들어가 비방하는 말을 마구 했다. 그러자 임백령 사촌의 비녀도 전성정의 집에 가서 원망하는 말을 많이 했다. 또 임백령이 하사받은 윤임의 집 북쪽에 심어진 방천목을 이웃에 사는 양록정의 집 사람들이 모두 뽑아 버렸다.

이것을 보고 받은 문정왕후가 대로하였다. 당초 대역죄인들을 단호하게 다스리지 않았기 때문이라 하며 "천고 이래 어찌 이 같은 일이 있을 수 있겠는가? 모름지기 기미를 보아 사전에 조처하여, 끝내 만연되어, 도모하기 어려운 데 이르지 않도록 해야 한다" 하였다.

결국 비방을 한 여종과 그 주인은 물론이고 연좌를 해 아들, 사위, 그 사위의 아들들까지 잡아들여 형장을 가했고, 형장하에 이름이 나오기만 하면 무조건 걸려들어 곤욕을 치렀다.

윤원형은 한술 더 떠 이미 벌을 받은 사람들 다수를 다시 거론하며 왕법을 바로잡아야 한다 하였다. 문정왕후가 기꺼이 따르며 살기를 토했다. "지난 가을에 간적을 다스릴 때 관전을 적용하여 그 괴수만을 벌하고 종범을 불문에 부친 것은, 반측하는 무리들로 하여금 잘못을 뉘우치고 바로잡아 국사에 전념케 하려 함인데 지금 듣건대 잘못을 뉘우치지 않을 뿐 아니라 실의한 여얼들이 도리어 군상을 능멸하는 마음으로 함께 성중에 있으면서 붕당을 선동한다. 예측하지 못할 화가 장차 조석에 박두하여 구제할 겨를이 없을 것이니, 왕법을 소급해 바루어 인심을 진정시키는 일을 그만둘 수 없다" 하였다. 한마디로 자신들에게 거슬리는 이들은 모두 쓸어버리겠다는 선전포고였다.

그 후 이임은 사사하고, 한숙, 나숙, 정원, 이약해, 김저, 이중열은 먼 변방에 안치, 성세창은 외방에 찬출, 임형수, 한주는 관작 삭탈, 성우는 추국하고, 윤여해는 서울에 있는 가장을 추고하라 하였다. 죄를 한 단계 더 높인 것이다.

이중열은 아버지와 작은아버지의 은덕으로 풀려날 수도 있었으나 이조정랑 때 윤춘년을 추천하지 않고 북쪽 지방의 찰방으로 보내려 한 일이 있어서 윤춘년이 감정을 품고 심하게 모함하여 끝내 빠져나오지 못하였다.

이때의 일에 적극적으로 나선 윤원형의 심복 중 진복창은 거짓으로 말을 꾸며 사람을 해치는 데에는 일가견이 있었다. '이덕응이 허위 진술하여 옥사를 만들었다'는 말을 퍼뜨렸다고 참봉 성우를 고변하여 장하에 죽게 하였고, 또 정흥종과 남기는, 그들이 문정왕후의 길흉을 점쳤다는 죄로 참형을 당하고 재산까지 적몰당하게 하였다. 모두 다 진복창이 욕심내는 대지를 팔지 않아 이렇게 모함당하고 죽은 것이었다.

허자가 이 일로 진복창을 탄핵하니 문정왕후는 오히려 진복창을 두둔하였다.

윤원형에게는 자기 심복이 아니면 공신도 필요 없었다. 대사헌이 된 후 사헌부 관원을 동원하여 허자, 신거관, 구수담, 이수경을 탄핵하여 제거하였다.

9월 5일 윤원형이 서두를 꺼내고, 문정왕후가 이를 윤허하니, 이기가 봉성군과 이언적을, 진복창이 허자를, 윤춘년은 윤원로를 극렬히 성토하였다.

이언적은 고향에 내려가서 병을 핑계로 사직을 청했는데 명종이 허락하지 않고 있었다. 그러다 이때 결국 이기의 뜻대로 훈적과 관작을 삭탈당하게 되었다. 그러나 이언적에게는 거꾸로 명예회복이 되는 다행한 일이었다.

봉성군 이완을 죽이라고 줄기차게 요구하니 강원도 울진에 귀양 보냈다.

10월 25일 양사가 지난 일을 또 거론하며, 난적들을 귀양에 그치는 것은 실정이라고 하고, 소급하여 왕법을 바로잡아야 한다 하니, 나식, 나숙, 정원, 이약해를 사사하라 하였다. 기어코 또 죽였다.

이즈음 윤원형 일당 최보한이 병으로 죽었는데, 병이 위독해 목숨이 촌각에 다다르자 '윤임아, 어찌 나 혼자 한 일이냐. 그만 괴롭혀라' 하고 헛소리를 하였다 한다. 그 역시 천벌을 받은 것이다.

위에 언급한 일 외에 다른 일들을 살펴보면,
1월 정토사의 어느 중이 발고하여, 내시로 하여금 그곳 절에 공부하던 유생들을 조사하게 하였다. 그 결과, 유생들이 모두 정거로 처벌되었다. 정거란, 과거 보는 것을 정지시키는 것으로, 입신양명을 사명으로 삼았던 유생들에게는 죽는 것보다 끔찍한 벌이었다.

6월 포도군사가 성균관에 들어가 관인들을 구타하자 그곳 유생들이 군사를 구금한 사건이 일어났다. 성균관은 포도군사들이 들어갈 수 없는 곳이었다. 그럼에도 포도대장 지세방은 문정왕후에게 일방적으로 거짓 보고를 하였다. 그는 이기의 가신이었다. 그러자 문정왕후는 유생 12명을 금부에 하옥시키라고 명했고, 이는 유림 전체에 큰 충격을 안겨 주었다. 신하들이 아무리 변명해도 소용이 없었다.

사실 문정왕후는 유생들을 무척 싫어했다. 그녀와 그녀의 세력들에게 좋지 않은 말을 많이 하고 있다는 것을 알았기 때문이다. 그래서 이 사건은 지난 1월의 정토사 사건과 더불어 앞으로 유생들의 수난 시대를 예고하고 있었다.

이에 대해 사관은 '통곡할 일이다, 통탄할 일이다, 탄식을 금할 수 없다' 하고 절규하였다.

문정왕후의 독단과 그로 인한 폐단으로 부정부패, 매관매직도 이어졌다.

우참찬 임권이 수령의 폐단에 대해 언급한 것에 의하면 무재만으로 수령이 된 자들이 백성을 탐학하는 폐단이 많다 보니, 변방의 백성들이 호지와 중국으로 도망가는 것이 문제였다. 하지만 이는 실제로 수령만의 문제가 아니었다. 오히려 재상들의 문제였다. 재상이 대부분의 모피를 변방 고을에서 거둬들이니, 수령으로서는 군졸들을 압박하여 이 물건들을 구할 수밖에 없는 상황이었고, 이때 저화 한 장으로 초피 한 벌을 징수하니 변방 백성들은 날이 갈수록 더 고달파서 달아날 수밖에 없었던 것이다.

청탁 쪽지도 난무하였다. 경연에서 수찬 김개가 쪽지를 받들고 다녀야만 관원 후보자를 추천하는 의망에 참여할 수 있는 현실을 지적했다. 물론 정승들은 쪽지 문제에 펄쩍 뛰었으나 이런 일이 이때보다 더 심한 적은 없었다. 김광준이 이조판서가 된 후 청탁과 쪽지에 의한 것이 더욱 많아졌다.

당시 문정왕후의 권력을 등에 업은 윤원형은 모든 일을 자기 뜻대로 자행하였다. 또 자신의 입맛에 맞는 사람만을 골라 천거했는데, 벼슬 후보자를 뽑아 올리는 날에는 청탁 쪽지를 공공연히 이조의 관청에 들여보냈다. 그러면 전조에서는 그 뜻을 받들어 행하기를 임금의 명령보다도 우선으로 하였다. 결국 정사를 맡아보는 백관이 대부분 그의 청탁으로 벼슬을 얻은 자로 채워지니, 그의 문전은 마치 시장처럼 붐볐으며 재물 짐바리와 수레가 끊이지 않았다.

명종은 문정왕후로 인하여 일반 정사에는 거의 관여를 하지 못하고 그 대신 문정왕후가 관심이 없는 군사 문제에 관심을 기울였다.

특진관 상진이 군정의 허술함을 말하니, 명종이 "무신을 한갓 활 쏘고 말달리는 재능만 취할 것이 아니라, 승정원 및 육조에도 번갈아 제수하여 문필을 알게 한 뒤에 장수로 등용하는 것이 온당할 것이다"라고 말하기도 했으며, "경관을 보내어 군장도 점고하라"고 지시하기도 했다. 모두 현명한 말이고 조치였다. 명종은 13세로 어렸지만 사실은 이렇게 영특한 자질을 지니고 있었다.

한편 왜적의 문제도 이어졌다.

9월 25일 전라 수사 김세한의 보고에, 첨사 김덕로가 왜선 3척을 물리쳤는데, 5명을 죽이고 도검 등을 노획하였다고 하였다. 그러나 왜적과 접전을 하였는데도 봉수에는 평시 안전의 봉홧불이었으므로 서울에서 방답에 이르는 일로의 봉수인을 차례로 추고하라 하였다.

10월 2일 일본 사신 안심동당과 소이전의 춘강서당이 왔다는 보고가 있었다. 변이 있은 앞뒤로는 꼭 사신이 왔다. 중종 39년 사량진변 이후로 대마도와는 교류를 끊고, 일본 본토의 사신만 받아들였는데, 일본 사신은 계속 대마도와의 화친을 요구하고 있었다.

11월 20일 강원감사의 장계에, 평해에 왜선 7척 중 1척이 상륙했는데 군사와 백성들이 거의 다 도망하여 대책을 세울 수가 없었다고 하였다.

이렇게 명종 1년은 계속 사람들을 죽이고, 매관매직과 그에 의한 탐관오리의 양산 속에 백성은 더욱 도탄에 빠져들며 나라를 어지럽게 했던 한 해였다.

06
양재역 벽서 사건이 있었다 :
명종 2년 (1547 정미년)

새해가 밝았다. 하지만 또다시 피를 부르는 한 해의 시작일 뿐이었다.

1월 13일 좌의정 이기가 '인심이 안정되지 않고 시비가 밝지 못하다'고 의도적으로 아뢰자, 양사가 대사간 권응정, 호조참판 권응창, 허흡을 탄핵하여 삭탈관작시켰다. 모두 윤원형, 이기, 진복창, 김광준 등과 사사로운 감정이 있어 모함을 당한 것이다.

당시 권응정은 절친인 이충남에게 충고하기를 '너는 좌상(이기)의 동서가 아니냐. 좌상은 오래지 않아 화를 당할 터인데 그렇게 되면 너에게도 어찌 화가 미치지 않겠는가. 조심해서 그의 문전에 출입하지 않도록 하라. 또 그 집에 가까이 살지도 말라' 하였다. 그러나 이충남은 오히려 이 말을 이기에게 참소하였다. 친구를 버리고 권력에 아부한 것이었다.

1월 29일 지중추부사 임준도 윤임의 심복이라고 탄핵하여 삭탈관작하였다. 사실 이때 삭탈관작 정도는 복을 받는 것이었다.

3월 13일 양사가 이중열, 성자택, 김저를 중죄로 다스릴 것을 청하니 사사하라 하였다. 기어이 또 죽였다. 이제 이들에게는 사람 죽이는 일이 일상사가 되었다.

6월 4일 문정왕후가 '조종조에는 실수한 대간들에게는 죄주었다'고 하였다. 문정왕후가 대간의 간언을 극히 싫어하기 때문에 이런 말이 나온 것이다. 성군도 싫은 때가 많을 터인데, 그녀로서는 어련하겠는가.

이에 헌부가 아뢨다. '신하로서 나라를 위하려는 사람은 적고 자기 몸을 돌보려는 사람은 많습니다. 입 다물기는 쉽고 서슴없이 발언하기는 어렵습니다. 절개를 세워 충성하기를 바란다면 반드시 이끌어 독려해야 합니다. 그렇기 때문에 묻지 않으면 말하지 않는 것은 신하의 절의를 다함이 아니며 꼭 맞지 않아도 죄주지 않음은 제왕의 큰 도량입니다' 하였다.

문정왕후의 입장에서 보면 헌부의 말은 꽤나 거슬리는 것이었다. 하지만 이번에는 문정왕후가 참았다. 옳은 말이어서 참은 것은 아니었다.

8월 25일 문정왕후가 재변에 대한 아픈 마음과 두려움에 대해 말하였다. 여기까지는 좋았으나 또 토를 달았다. 지난번 유생의 일을 거론하며 모든 일이 전도되어 이렇게 큰 재변을 불러일으켰다고 한 것이다. 그녀는 항상 이렇게 전도된 아전인수의 말을 토했다. 역시 피를 부르는 전조였다.

결국 '양재역 벽서 사건'이 발생했다. 피에 굶주린 자들이 또다시 피를 부르는 사건이었다.

9월 18일 부제학 정언각이 봉서를 올렸다. 시집간 딸을 전송하기 위해 양재역에 갔는데 그 벽에 붉은 글씨가 있기에 보았더니 국가에 중대한 내용으로 지극히 놀라운 것이어서 봉해서 올린다고 하였다.

그 봉서 내용은 '여주가 위에서 정권을 잡고 간신 이기 등이 아래에서 농간하고 있으니 나라가 망할 것을 서서 기다릴 수 있게 되었다. 어찌 한심하지 않은가. 중추월 그믐날'이었다.

여주, 그러니까 문정왕후가 정권을 잡고 그의 치맛자락 폭에서 간신들이 설치니 한심하기 짝이 없다는 말이었다. 이것을 명분 삼아 본격적인 살륙과 축출을 시작하게 된다.

먼저 문정왕후는 재변이 일어난 것은 이런 사론이 있기 때문이라며, 대신들에게 할 일이 있을 것이라고 살기 띤 어조로 말했다. 그러자 이것을 빌미로 윤인경, 이기, 허자, 김광준, 윤원형이 의논하여 준비한 살생부를 제출하였다.

살생부 서두에는 '당초에 역적의 무리에게 죄를 줄 적에 역모에 가담했던 사람을 파직도 시키고 부처도 시켜서 모두 가벼운 쪽으로 하여 법대로 따르지 않았습니다. 그래서 사론이 이와 같은 것입니다' 하였다. 이 악당들이 두고 쓰는 말이었다. 그리고 이어진 살생부 내용은, '봉성군 이완, 송인수, 이약빙은 일죄에 처하고, 이언적, 정자는 극변 안치하고, 노수신, 정황, 유희춘, 김난상은 절도 안치하고, 권응정, 권응창, 정유침, 이천계, 권물, 이담, 임형수, 한주, 안경우는 원방부처하고, 권벌, 송희규, 백인걸, 이언침, 민기문, 황박, 이진, 이홍남, 김진종, 윤강원, 조박, 안세형, 윤충원, 안함은 부처한다'였다.

거론된 사람들 대부분은 이름이 높아 시류에 아부하지 않은 사람들로서, 윤원형, 이기 일당에게는 눈엣가시 같은 존재들이었다. 그래서 이때 빌미를 만들어 제거하고자 한 것이다.

그중 봉성군 이완은 어리고 이미 멀리 귀양 가 있으므로 죽일 수 없다고 윤허하지 않았고 송인수, 이약빙은 사사하고 나머지는 그대로 처리되었다.

또한 방이 붙은 양재 찰방을 문초하니 의심나는 사람 3인의 이름을 써냈다. 언급된 이들은 무조건 치도곤을 치뤘다.

죄상을 발표한 교서에는 '사나운 올빼미가 어미를 잡아먹는 악행을 쌓았고, 미친 개가 주인에게 짖는 음모를 길렀으니, 이는 사람에게 용납될 수 없다. 진실로 그들의 털을 뽑아 계산하더라도 그 죄를 다 셀 수 없으니 그들의 가죽을 벗겨 방석을 삼아 마음에 통쾌하게 하고자 한다. 풀을 제거하는 데는 마땅히 그 뿌리를 뽑아 버리기에 힘써야 하고, 간흉을 없애는 데는 종자를 남기지 말아야 한다'는 무시무시한 말이 있었다. 함부로 지껄이면 역적으로 몰아 가족들까지 모두 몰살하겠다는 무시무시한 경고였다.

　당시 사사된 사람 중, 송인수는 착하고 효성이 지극하고 학문을 즐겨 사람들의 존경을 받았다. 이조판서로 재직 시에 충성스럽고 성실한 사람임이 입증되었고, 대사헌 때에도 공정하고 바른말로 명성이 높아 사림이 그를 의지하고 믿었다. 윤임이 형조판서로 임명되었을 때, 윤임은 무식한 무부라 안 된다고 여러 날 그를 탄핵하기도 하였다. 마음을 비워 사람을 대하고, 또 사세를 따지지 않고 이상사회를 구현하고자 하였다. 전라감사로 있을 때는 남평현감 유희춘, 무장현감 백인걸과 함께 마음이 맞아 매우 즐겁게 지냈다 한다. 그러나 인종 때 윤원형의 공조참판 임명을 극력 저지하여 막았다. 그러니 윤원형의 독침을 맞을 수밖에 없었다. 또 본래 이기와는 가깝게 지냈는데, 존경하는 김안국이 이기의 실상을 알려 주며 만나지 말도록 강력히 말하므로 발길을 끊게 되었다. 이래서 이기가 분개하고 유감이 깊어졌다. 이기는 이때 사람들에게 말하기를, '송인수가 왜 좋은 사람이 아니겠는가. 다만 큰일을 행함에 있어 작은 사랑에 얽매임을 당해서는 안 되는 법이다. 비유하자면 집을 짓기 위하여 터를 닦을 때, 그 지면에 아무리 좋은 화훼가 있더라도 그것을 제거하지 않으면 안 되는 것과 같은 것이다' 하였다. 돌이나 꽃은 치울 수 있는 것이지만 사람을 치우는 것은 있을 수 없는 일이다. 이렇게 사람 목숨을 파리 목숨처럼 대하는 무자비한 사람들이었다.

이때 송인수의 종제인 송기수는 송인수의 죽음에 동조하였다. 한 사람이 송기수에게 윤원형 등의 계획을 알려 주며, "인수가 화를 면하지 못할 것인데 어떻게 하겠는가" 하니, 송기수는, "동산에 가시덤불이 무성한데, 그 가운데 한 송이 매화가 있으면, 어찌 매화가 상한다고 가시덤불을 없애지 않겠는가" 하였다. 그리하여 마침내 송인수를 죽일 계획이 결정되었다. 또한 윤원형은 송기수에게, "인수가 죄명을 쓰고 죽으니, 마음에 참으로 미안하다" 하였다. 그러자 그가 답하기를 "특별한 곳의 매화가 어찌 오래 보존되겠소. 사람의 생사는 모두 운수가 있는 것이니, 무슨 한할 것이 있겠소" 하였다. 덕분에 송기수는 위사공신에 들었다. 그러나 사람들은 모두 형을 모함한 공신이라고 손가락질을 하였다.

전 이조좌랑 이약빙은 이홍남과 이홍윤의 아버지인데 아들 이홍윤이 윤임의 사위였으므로 제거되었다.

전 상주목사 송희규, 전 문경현감 안경우도 화를 입었다. 김광준이 같은 상주 출신이었는데, 자신의 과거 비행을 두 사람이 잘 알기 때문에 모함하여 제거한 것이었다.

정언각은 봉성군 이완을 중죄로 하라 하고 심영, 임형수를 더욱 모함하였다.

심영은 전하를 가리켜 '애기가 무슨 일을 할 수 있겠는가'라고 하였고, 자전을 가리켜서는 '고보살에게는 섭정의 권한을 맡길 수 없다'고 했다고 모함을 당하여, 지독한 형장으로 옥중에서 죽고 말았다.

임형수는 사사당했다. 임형수는 문장도 잘하고 활도 잘 쏘았다. 풍채가 좋고 기개가 매우 높아서 모두들 큰 인재라 하였다. 그러나 윤원형 일당은 임형수가 자신들의 편에 서지 않자, 처음에는 부제학에서 제주목사로 축출했다. 그후 그가 윤임의 앞잡이였으며, 윤원형을 죽여야 한다는 주장을 하였다고 모함하여 죽였다. 임형수는 죽을 때에 자식에게 '무과일 경우에는 응시할 만하면 응시하고, 문과는 응시하지 말라' 하였다. 또한 조금도 동요하는 표정이 없었으며, 약을 들고 마시려고 하다가 의금부 서리를 보고 웃으며 말하기를 '그대도 한잔 마시겠는가?' 하며 죽음에 초연했다고 한다. 또 어떤 이가 집안에 들어가 죽는 것이 좋겠다고 권하니, '나는 마땅히 천지의 신기가 둘러서 환히 보는 데서 죽을 것이다. 어찌 음침한 곳에 가서 죽겠는가' 하고 말했다고 한다. 이후 그는 약을 마시고 죽었는데, 듣는 이들이 모두 슬퍼하였고, 그의 죽음을 애석해하는 이가 많았다. 권벌은 적소에 있다가 임형수가 죽었다는 말을 듣고 술을 가져오라 하여 잔뜩 마시고 '이 사람도 죽었구나' 하며 목이 잠기도록 울었다 한다. 이황도 항상 임형수의 사람됨을 칭찬했었는데, "참으로 재주가 기이한 사람이었는데 죄 없이 죽었으니 정말 원통하다" 하며 슬퍼하였다. 임형수는 이황과는 함께 호당에서 사가독서하였으므로 서로 잘 알았다.

이언적은 강계로, 권벌은 삭주로 귀양지를 옮겨갈 적에 벽제역에서 운 좋게 서로 마주쳤다. 권벌이 농담으로, "이 이상과 권 이상의 행차가 어찌 이다지도 빛나느냐" 하였다. 이는 농담이 아니라 사실이었다. 이들의 행차는 역사에 빛났고 마음은 홀가분하였다.

정자는 광양에서 함경도 경원으로 배소가 옮겨졌는데 동대문 밖에서 어머니를 만났다. 작별할 때 어머니가 자기 속옷을 벗어 아들에게 입히면서 "옛말에 이르기를 사랑하는 자식이 전장에 갈 때에 어머니의 속옷을 입고 가게 하면 빨리 돌아온다더라" 하고 가슴을 치면서 통곡하니, 길 가는 사람들도 눈물을 흘렸다 한다. 정자는 송강 정철의 형이다.

이염은 이휘의 사촌이라 하여 연좌죄로 극변에 안치되었다. 김충갑, 한호를 삭탈관작하여 문외 송출하고 박승임과 유경심은 파직하였다.

겸사복 허황이 고변을 했는데 무고로 밝혀졌다. 무고는 사형에 처하는 것인데 형을 감해 주고 무고당한 사람들은 혐의가 있다고 하여 죄를 받았다.

윤9월 5일 구례현감 양윤온은 전 온양군수 신건에 의해 모함을 당했다. 윤임과 혼인한 집안으로 역적모의를 함께 했다고 고변하였다. 이는 거짓이었으나 윤원형 일당의 마수를 벗어나진 못했다. 결국 양윤온도 추문당하고 귀양 보내졌는데 후일 정언각이 다시 고변하여 장하에 죽었다.

직강 박영은 탄핵당하고 삭탈관작되었다. 박영이 윤인서 등에게 '자네들은 좋은 벼슬을 잘도 하네. 나도 50세 후에는 이런 황금 띠를 두르게 될 것이네' '나는 좋은 벼슬을 할 수 없으니 죽기나 잘하면 되지' 하였다 한다. 그는 다행히 죽지는 않았다.

황박은 본래 장원 급제한 사람으로 기질이 강하고 바르며 재기가 뛰어났다. 을사·병오년 사이에 이기의 잘못한 일을 말하였는데, 이를 이기가 알게 되어 깊은 감정을 품었다. 또 최보한을 불충·불효한 사람이다 하였는데, 최보한이 이 말을 듣고 역시 감정을 품었다. 당시의 분위기에서 죽임을 당하지 않은 것이 천만다행이었다. 그는 귀양에서 돌아온 후 20년 동안을 후학을 양성하는 것을 업으로 삼았다. 유명한 대신들이 그의 문하에서 많이 나왔다 한다.

문정왕후를 비롯한 운원형 일당은 그동안 교형에 처하고 사사한 사람들, 또 장형에 죽은 사람들 모두의 가산을 적몰하였다. 이제 윤원형 일당에게는 사람을 죽이는 것이 또한 재산을 불리는 수단이 되었다. 그리고 백관을 거느리고 신무문 밖에서 하늘에 제사를 지내고 사냥한 짐승의 피를 나눠 마시는 회맹제를 지냈다. 죽일 사람 죽이고, 쫓아낼 사람 쫓아냈고, 가질 거 다 가졌으니 잔치판을 벌리는 것은 정해진 순서였을 것이다.

이때에 이익을 노리는 간사하고 악독한 무리들이 많았다. 그들 역시 사사로이 감정을 품고 재물을 탐하여 허위 사실로 고소하기도 하고 익명으로 투서하기도 하니, 큰 옥사가 연달아 일어났다. 형장이 난무하고 죄 없는 사람이 억울하게 당하니, 모두가 두렵고 불안해서 사람 사는 것이 사는 것이 아니었다.

윤9월 16일 문정왕후는 봉성군 이완을 '위리안치시켜 자처하게 한다' 하였다. 즉 자살을 명한 것이다. 결국 그를 죽였다. 봉성군 이완은 정말 아무 죄도 없었다. 죽이기를 좋아하는 자들이 몇 년을 두고 죽이라고 졸라 댔다. 그러나 문정왕후도 봉성군은 자기가 친아들처럼 사랑했기에 계속 들어주지 않았으나 이제 와서 죽인 것이다. 봉성군 이완 또한 중종의 자질이 우수한 아들로 태어난 것이 죄였다. 그의 나이 21세였다.

10월 11일 문정왕후가 대신들과 또다시 윤임 등의 모반에 대해서 논하였다. 그때 윤인서가 역적들의 죄를 세상에 알리기 위해 《속무정보감》을 발행하자고 아뢰니, 문정왕후가 지당하다고 하였다.
잘 결정한 일이었다! 그들의 의도대로만 되지는 않을 것이다. 그들의 의도와는 정반대로 그들의 간악하고 무자비한 행실이 천추에 빛날 것이다. 이 영악한 자들이 자기들 손으로 자기들의 죄악을 만천하에 영원히 남기게 된다는 것을 생각하지 못한 것이 천만다행이라 하겠다.

11월 28일 윤원형 일당이 《속무정보감》 찬집을 위하여 시정기를 꺼내 보고자 하니, 사국의 관원들이 반대하여 막았다. 그러나 이기가 다시 아뢰어 허락을 받았다. 시정기는 조정에서 매일 행한 일 중, 역사적으로 남을 만한 중요한 것을 사관이 발췌 기록한 것으로, 후일 실록을 편찬하는 자료로 사용하기 위해 춘추관에 보관하는 사초였다. 사초는 임금도 볼 수 없었다. 그런데 이기는 기어이 이를 보고자 했다. 그 이유는 자명하다. 자신들의 일을 사관이 어떻게 기록했는지 궁금하고 염려스러운 데다가, 을사년에 안명세의 동료 사관이었던 한지원의 밀고가 있었기 때문이다. 그래서 이기가 기를 쓰고 보고자 하여 허락을 받았다. 결국 그 일은 또다시 파란을 일으키고 사람들을 죽일 것이었다.

이날 인종을 모셨던 환관 이승호, 김승업을 추국하여 장하에 죽게 하였다. 오로지 인종을 모신 죄였다.

12월 26일 윤원로를 사사하였다. 윤원형 일당은 윤원로를 죽이라고 줄기차게 요구하였다. 독한 문정왕후도 친동생을 죽이는 데는 주저하지 않을 수 없었는데 결국 이날 허락하였다. 이런 늑대들은 권력 앞에서는 피도 눈물도 없었다.

이해에는 명종 때 크게 두드러지는 문제들이 본격적으로 나타나기 시작했다.

문정왕후의 비호하에 내수사 환관들의 횡포가 본격화됐다. 그 시작은 나주목사 하억수가 남형으로 파직을 당한 것인데, 이는 내수사 환관 윤만천이 모함한 것이었다. 문정왕후는 거짓을 고하는 환관의 말만 듣고, 조정 전체의 공론은 완강히 거부했을 뿐만 아니라 변명까지 하였다.

그러자 장령 우상이 '간악하고 교활한 무리가 남의 물건을 속임수로 빼앗아 반드시 여러 왕자군이나 내수사에 팔아넘겨, 빈궁한 백성으로 빼앗긴 사람이 여럿입니다'고 아뢨다. 또 사헌부는 '왕자나 부마는 사사로이 갖고자 하는 물건들을 모두 내수사의 종들에게 찾아 내오게 한다' 하였다.

문정왕후가 섭정한 이후로 이런 공정하지 못하고 억울한 처사가 많아졌다. 심지어 사람을 벌주거나 옥에 가두는 경우에도, 그의 인척이나 아부하는 사람들은 극력 돌보아 주었으며, 대간과 시종들이 아무리 번갈아 논계하여도 전혀 소용이 없었다.

숭불이 심해 양인과 천인이 신역을 피해 중이 되니, 군액이 줄어드는 폐단이 심하게 되었다. 문정왕후는 원각사를 수리하면서 불도를 위한 것이 아니라고 변명하였다. 이에 주세붕이 추수 후부터 중들의 도성 출입을 금하라고 청했다. 그러나 들을 리가 없었다.

나라가 어지러우니 하늘마저 저버린 듯했다. 전염병이 크게 번졌고 굶어 죽는 자도 많았다. 도성에도 도적이 성했다. 3월에는 비가 오지 않아 파종을 못 하고 샘과 우물이 말라 버릴 정도로 가물었고, 4월에는 충청도 황해도 강원도 전라도 경상도에 때아닌 서리가 내리고 함경도에는 눈이 내렸다. 계속 가뭄이 심하여 농작물이 말라붙더니 6월 중순부터 한 달이 넘도록 비가 내리고 태풍도 겹쳤다. 전국에 걸쳐 수해가 극심했다. 하천과 강이 범람하여 떠내려가고 묻혔다. 어마어마한 수재로 수백 년 내에 없었던 재앙이라 했다. 조정에서는 대책이 없었다. 대신들이 오직 한다는 말이 '구황정책 외에 무슨 일을 거행할 수 있겠습니까' 하였다. 뒤에 구황책 22조목을 마련하였으나 제대로 될 리가 없었다. 극심한 흉작으로 무명 1필의 값이 쌀 한 되에 지나지 않았다.

이에 대해 사관은 '자전이 임조하고 간흉이 용사하여, 음이 성하고 양이 미약하니, 그 조짐이 저절로 나타난 것이다' 하고 논하였다.

사간원이 벼슬 청탁이 날로 심해지고 있으며 청탁하는 자의 높낮음만을 보기 때문에 모든 관사에는 직위에 알맞은 사람이 드물고 사람 수만 채우고 있다 하였다. 폐단은 생긴 지 오래였으나 김광준이 이조판서가 된 후부터 더욱 심하였다. 김광준은 '재상들의 발탁 천거에 의하여 등용하였다'고 변명하였다. 사헌부에서는 죄를 가려서 사면하기를 청하여 사면의 남발을 경계하기도 하였다.

이상은 명종 대에 나타나는 여러 문제점의 유형이었다. 사람 죽이는 것을 풀 베듯 하고, 불교를 보호하자 사찰이 횡포를 부리고, 과도한 군역을 피하고자 양인에서 중이 되는 사람이 많아 군액 자체가 줄어들었다. 또 내수사와 환관들이 득세하여 횡포가 심하고, 매년 가뭄 수재로 흉년이 계속되고, 전염병이 창궐하고, 못살겠으니 도적이 성하고, 왕자와 부마 그리고 권세가들은 남의 재산 탈취에 혈안이고, 인사는 모두 뇌물과 청탁에 의하고, 그러니 탐관오리가 대부분인 그런 세상이었다. 백성들은 죽지 못해 살고, 뜻있는 선비들은 복장이 터지는 그런 세월이 되고 있었다.

이해 2월 13일에는 대마도와 화친을 위한 약조를 정했다. 거듭되는 일본 사신들의 요구와 뜻있는 신하들의 요청에 따른 것이었다.

그 약조는 다음과 같다.

세견선 25척 내에, 대선을 9척, 중선을 8척, 소선을 8척으로 하며, 각 배의 인원수가 본래의 수를 넘을 경우 유포량을 각각 절반으로 줄인다. 도서를 받거나 직첩을 받아 통래하는 배의 인원수도 역시 같다.

배에서 쓸 집물은 일절 지급하지 않는다.

풍랑이 순조롭지 않다는 핑계로 가덕도 서쪽에 와서 정박하는 자는 왜적으로 논한다.

50년 전에 도서를 받고 직첩을 받은 자는 임신년 약조의 예에 의하여 접대를 허락하지 않는다.

밤에 담을 넘거나 담을 헐고 나가 여염집을 왕래하는 자, 삼소의 배를 타고 몰래 여러 섬을 다니는 자, 칡을 캔다고 핑계하고 산에 올라가 멋대로 돌아다니는 자 등은 영원히 그 배의 접대를 허락하지 않는다.

모든 약속은 진장의 영에 따르고 이를 위반하는 자는 무거우면 3년,

가벼우면 2년간 접대를 허락하지 않는다.

그러나 이 약조는 잘 지켜지지가 않았다. 왜적의 욕심과 진장의 탐욕이 일치하여 제대로 될 수가 없었다.

문정왕후와 윤원형 일당은 사욕만을 채우기에 급급하였다. 온 나라가 수재로 난리가 나고 전염병이 창궐하여 백성들은 구렁텅이에서 헤매는데 오로지 사람 죽이고 쫓아내는 일밖에 하지 않았다. 심지어 친자식 같은 왕자도 죽이고 친형제도 죽였다.

이렇게 또 힘든 한 해가 저물었다. 그래도 세 살 난 이순신은 별 탈 없이 무럭무럭 자라고 있었다. 여섯 살의 유성룡은 벌써 증조부 유공석에게서 《대학》을 배우고 있었다.

07
시정기 사화가 있었다 :
명종 3년 (1548 무신년)

새해가 밝았다. 하지만 재앙의 어둠은 걷히지 않았다. 작년의 극심한 수재로 모든 농사를 망쳐 굶어 죽는 자가 속출하였다. 그러자 이해에는 정초부터 백성을 구제하는 문제가 심각하게 대두되었다.

1월 지평 남궁침은 호남을 다녀와서 흉년으로 심각한 백성들의 상황을 아뢨다. 목화도 흉작으로 옷을 해 입는 것도 걱정이라 하였다. 헌납 정종영은 평안도를 다녀왔다. 초식도 구하지 못하여 굶어 죽는 송장이 즐비하다고 하였다. 황해도에서는 백성들 중에 자녀들을 구렁에 버리거나 나무에 매어 두고 가 버리는 자도 있었다는 끔찍하고 서글픈 소식이 전해지기도 했다.

진휼사 민제인은 경성의 사족들 태반이 굶주리고 있고 떠도는 백성들도 늘어나고 있으니, 동서의 진제장을 열어서 구휼하고 상평창을 속히 열어서 백성들에게 나누어 주자고 하였다.

백성들이 굶주리는 문제는 어느 한 곳만이 아니라 팔도가 다 비슷한 상황이었다. 상황이 심각하므로 조정에서도 다방면으로 노력은 하였지만 크게 도움이 되진 않았다. 이는 지방 수령들이 중앙 관리의 눈속임에만 급급하고, 가렴주구도 심했기 때문이었다.

파주목사 조세봉이 체직되어 돌아올 때 읍민들이, "백성들은 굶어 죽을 지경인데 백성을 진구해 주지는 않고 이 관물을 훔쳐 어디로 실어 가느냐" 하였다. 이런 실정이었다.

이 와중에도 여전히 피바람은 불었다. '시정기 사화'가 발생한 것이다. 윤원형 일당, 특히 이기는 끈질기게 시정기 열람을 노려왔다. 사관들의 반발에도 전년 11월 28일 허락이 떨어졌고, 그들은 시정기를 보며 피를 볼 준비를 하고 있었다.

2월 12일 영의정 윤인경, 좌의정 이기, 우의정 정순붕, 우찬성 황헌, 이조판서 윤원형, 한성판윤 최연, 대사간 진복창, 좌승지 채세영, 우부승지 정언각이 빈청에 모여 을사, 병오년의 시정기를 검토한 결과를 문정왕후에게 아뢨다. 죄인들이 스스로 진술한 내용은 생략하여 기록하지 않았고, 역적들의 공초 밑에는 상서롭지 못한 말이 많이 적혀 있었다. 그래서 역적의 정상이 매우 뚜렷한데도 역적이라고 쓰지 않았다는 것이었다. 또 상께서 사슴꼬리를 좋아한다는 등의 글도 있다고 하였다.

이에 문정왕후가 답하기를, "이와 같은 경악스러운 일이 있으니, 이것을 후세에 전해 보일 수 있겠는가. 날짜별로 기록한 것에 대해 자세히 그날그날 기록한 사람을 찾아 궐정에서 추문한 다음 사실대로 개정하라" 하였다.

시정기 내용의 대부분은 안명세가 기록하였고, 사슴 꼬리 이야기는 손홍적이 썼다. 백인걸에 대한 이야기는 조박이 썼다. 결국 안명세는 당현에서 참하고, 그의 처자는 종으로 만들고, 가산을 적몰하였다. 손홍적은 정주에, 조박은 경원으로 귀양 보냈다.

시정기를 작성한 안명세는 을사년의 옥사를 사실에 의거해 바르게 기록하고 자기의 의견을 첨가하여 춘추의 뜻을 붙였다. 그의 사람됨은 단정하고 과묵했다. 처형에 임해서도 안색이 조금도 변치 않고 평소와 같앉으므로 사람들이 모두 장하게 여겼다. 그의 나이 불과 30세였다.

이때 윤결도 구사안으로부터 고발당하여 지독한 형장하에 죽었다. 구사안은 윤결의 죽마고우였다. 윤결이 구사안과 함께 남산 잠두에서 술을 마시다가 묻기를, "명세는 무슨 죄로 죽었는가?" 하였다. 이에 구사안이 윤결이 안명세를 두둔하고 그의 처형을 안타깝게 여겼다고 고발하였다. 성난 문정왕후가 윤결을 기시하라고 명하였다. 윤결이 끌려가는데 길에서 구사안을 만났다. 윤결이 큰 소리로 부르짖기를, "구군 이것이 정말 무슨 일인가?" 하였다. 놀란 구사안은 말에 채찍을 쳐 급히 피하려다 말이 놀라는 바람에 떨어져 즉사하였다.

토정 이지함은 안명세와 매우 친했는데, 안명세가 죽으러 가던 때 서로 손을 잡고 영결을 했다. 그리고 바로 옷을 찢어 발을 싸매고 급히 달아났다.

2월 19일 내친 김에 이기는 이언적과 권벌을 죽이려고 계속 졸라 댔다. 그러나 문정왕후는 윤허하지 않았다. 우찬성 황헌도 세력에 빌붙기 위해 밤늦도록 졸라 댔으나 듣지 않았다. 이는 윤원형이 이기가 제멋대로 하는 것을 견제하기 위해 미리 왕후에게 고했기 때문이다. 이언적과 권벌에게는 천만다행이었다.

당시엔 조금만 의심나는 일이 있으면 억지로 꾸며 고발하는 사례가 많았다. 이에 대해 문정왕후는, '국가에 관계되는 일을 미열한 말이라 하여 버려 두게 되면, 다른 날 실지로 반역의 사건이 있을 경우 반드시 고발하기를 좋아하지 않을 것이다' 하며 오히려 고발을 장려하였다. 그래서 죄 없는 사람들이 수도 없이 억울하게 당했다.

사관은 '간흉이 나랏일을 맡아 생살을 마음대로 하여 역적을 비호하였다는 이름만 붙이면 사람 죽이기를 풀 베듯이 하였다. 나랏일이 이 지경에 이르렀으니 망하지 않은 것이 다행이다' 하고 논하였다. 사관이 얼마나 속이 상했으면 '망하지 않은 것이 다행이다'고 토로하였을까.

하지만 이기 등은 잘못을 깨닫기는커녕 가정에 보관하는 사초에도 성명을 쓰도록 다시 고쳐 버렸다.

이렇게 한차례 피바람이 불어닥친 후 3월이 왔다. 3월은 보통 때에도 춘궁기인데 이때는 오죽했겠는가.

충청도 어사의 보고도, 경상도 어사의 보고도 한결같이 민간이 굶주리는 모습이 지극히 참혹하다 하였다. 굶어 죽는 사람이 즐비하고, 송피와 산나물 등으로 어렵게 연명하고 있으며, 약한 사람들은 쓰러져 있고, 버려진 어린아이들이 있어서 가는 곳마다 슬프게 울부짖는다 하였다.

또 주세붕이 아뢰기를, '서울 안에도 기민이 이처럼 심하니, 천리 밖은 상상할 수가 있습니다. 신이 또 들으니 어느 마을에, 부모가 굶어서 누워 있자 아들이 곁에서 지켰는데 부모가 죽자 그 옷을 벗겨 가지고 나갔는데, 그것은 그 옷을 팔아 밥을 사 먹기 위해서였다고 합니다. 또 굶어서 병든 사람을 자주 적간하자, 간교한 아전은 죄책을 받을까 걱정하여 밤을 틈타 산 사람을 이리저리 끌고 다니기까지 한다 하니 이런 일은 차마 들을 수도 없습니다' 하였다.

그러자 명종이 화를 냈다. "궁성 문밖에 굶어서 곧 죽게 된 백성이 있다 하니, 위에서는 그들을 먹여 살리려고 하여도 아래 사람이 전혀 받들고 시행하지 않기 때문에 이런 것이다" 하였다. 임금은 구황하라는 명령을 내려도 밑에서 시행하지 않는다고 화를 내고, 대신들은 중구난방 대책 없이 감사 수령들에게 미루고, 수령들은 어떻게든 회피하고 모면하려고만 하고 있었다.

충청감사 나세찬이 여역으로 죽은 자를 보고하자, 굶어 죽은 자와 구분하여 보고하라 하였고, 수령들에게 전교하여 떠돌다 죽은 자들을 묻어 주고 신상을 자세히 기록하라 하였다.

    수령들이 지급한 곡식에는 먼지와 흙을 섞은 것이 많아서 먹지 못하고 죽은 백성이 많고, 그렇다고 호소하면 형장으로 다스려 입을 막았다. 강원도에 오래 묵은 쌀 5~6백 섬을 실어 보내도록 하였는데, 뒤에 모래와 돌을 섞어서 지급하여 위에서 목숨을 잇도록 조치한 보람이 없었다. 심지어 평안도에 어사가 내려가니 황해도의 각 고을에서는 사람을 시켜 어사가 오는가를 망보게 하였다.

    명종은, '지난해부터 이미 흉년임을 알았으므로, 미리 조치하라는 뜻으로 하유하였고, 요즘 또 아침저녁으로 하서하였으나 한 사람도 받들어 행하는 자가 없다. 수령을 장벌하는 일은, 조정의 의논이 옳지 않다고 하지만, 품계를 강등하거나 군직에 붙이는 따위의 법은 전혀 두려워하지 않는다. 조종조에서 어찌 범연히 헤아려서 장벌을 썼겠는가. 지금부터는 그중 더욱 심한 자를 장벌하려 한다' 하고 강하게 하교하였다. 오죽하면 수령들에게 곤장을 치겠다고 했을까. 명종에게도 백성들에게도 참으로 답답한 상황이었다.

    게다가 설상가상으로 굶주림에 이어 팔도에 전염병이 극심하여 4월, 5월, 6월에 걸쳐 죽는 자가 속출했다. 전염병만으로도 수천 명이 죽었다.

    이 아수라장 속에서 이런 일도 일어났다.

    4월 19일 대사헌 구수담, 대사간 진복창이 이기를 탄핵하였다. 이는 생각지도 못한 일이었다. 탄핵 이유는 이기가 세력을 크게 만들어 위세와 권력을 독단하였고, 탐오하여 뇌물이 집에 가득하다는 것이었다. 또 이언적을 죽이고자 할 때 자전 앞에서 불평하는 빛이 가득하였고, 무반, 문음 및 염치없는 무사들이 문전에 가득하다 하였다. 그러니 파직하라는 것이었다.

문정왕후는 이기가 이치를 아는 대신이므로, 공론이 일어났으니 이후 마음을 돌릴 것이라며 탄핵을 윤허하지 않았다. 하지만 양사와 홍문관까지 계속 요구하자 마지못해 체직시켰다.

　이기가 비록 재상의 지위에서 면직되었지만 문정왕후의 은총이 없어진 것은 아니었다. 아니, 오히려 더욱 강해졌다. 그들이 즐겨 쓰는 표현대로 싹을 없애려면 뿌리까지 제거해야 하는데 건드리기만 했으니 훗날 피바람이 불 것은 불 보듯 뻔했다.

　이후, 시중에 '대신이 역류를 치죄함에 있어 지나친 일이 있었으니 탄핵을 받아 마땅하다'는 말이 떠돌았다. 이에 문정왕후가 "앞으로 역적을 보호하려는 자가 있을 때는 마땅히 역적과 같이 논죄하겠다" 하였다.

　한편 오래 살 줄 알았던 극악무도한 정순붕이 갑자기 죽었다. 사람들은 악인에게 화를 내리지 않고 안방에서 편하게 그냥 죽게 한 것을 섭섭해하였지만 사실은 곡절이 있었다. 정순붕이 유관의 재산과 노비들을 하사받았는데, 그중 어린 여종이 영특해 보여 시중을 들게 하였다. 그런데 이 여종이 신임을 얻은 뒤, 정순붕의 베개 속에 사람 뼈를 넣는 등 은밀한 저주를 하였고 그로 인하여 전염병에 걸려 죽게 하였다. 억울한 옛 주인을 위하여 속 시원하게 복수한 것이었다. 덕분에 이렇게 극악한 악인 한 명이 더 이상 오래 살지 못하고 잘 죽게 되었다.

6월 28일 윤원형 등이 민제인을 탄핵하여 삭훈하고 파면시켰다. 민제인은 안명세가 쓴 역사의 기록을 고칠 수 없다고 하여 윤원형 일당의 미움을 샀다. 실제로 민제인은 자상한 사람으로, 윤원형 등이 인정을 베풀어 좀 더 관대하기를 바랐다. 이에 사람들은 모두 애석하게 여겼다.

8월 11일 좌찬성 심연원을 위사공신으로 추록하도록 하였다. 심연원은 명종비 심씨의 조부이다. 그 아들 심강은 명종의 장인이므로 청릉부원군이 되어 있었고, 심강의 아들이자 명종비 심씨의 동생으로는 심의겸이 있었다.

을사년에 문정왕후가 윤임 등을 제거하기 위해 사돈인 심연원에게 밀지를 내리고자 하였으나 심연원이 '이런 일에 대해서는 신이 듣지 못했다'고 거절하였다 한다. 그래도 윤원형 등은 뒤에 이론이 있을까를 걱정하여 그를 공신에 추록하게 하여 동류로 만들고자 하였다. 심연원은 차마 이를 거절하지 못하였다. 그리고 공신에 녹훈된 뒤 집에 돌아와 부인과 마주 앉아 눈물을 흘렸다고 한다.

이 어려운 시기에 이들은 다행히 성품이 아주 좋은 사람들이었다. 이것은 뒤에 증명될 것이다.

10월 16일 《무정보감》의 속편 격인 《속무정보감》이 완성되었다. 원래 《무정보감》은 예종 때 편찬된 것인데 나라의 내우외환을 모두 정리하고, 이를 어떻게 진압했는지를 적은 책이었다. 윤원형 등은 이 《속무정보감》을 만들어 자신들이 저지른 일을 정당화하고자 하였다. 그러나 이것은 결과적으로, 자신들의 손으로 자신들이 저지른 악행을 손수 만천하에 알리고, 역사에 길이 보존하게 하여 후손 대대로 그 악명을 빛나게 한 것이었다. 눈앞의 권세에 눈이 멀어 앞을 보지 못하는 자들의 자업자득이 아닐 수 없었다.

문정왕후는 한심스럽게도 해당 관원이 조사한 것들을 환관을 보내 다시 살피게 하고 있었다. 이제 그 피해를 알게 될 것이다.

명종 3년도 어느덧 저물어갔다. 이해에도 너무도 많은 사람이 굶어 죽고, 병들어 죽었으며, 탐욕의 칼날에 사라져 갔다. 도적마저 성했다.

한 가지 다행인 것은 이해 가을 농사는 그런대로 잘 된 것이었다.

　한편, 이해에 이황은 1월에 단양군수로 나갔다가 12월에 풍기군수로 옮겼다.
　13세의 율곡 이이는 진사 초시에 합격해 주위 사람들에게 신동임을 재확인시켰다.
　7세인 유성룡은 글공부에 열중했으며, 이순신은 4세로 잘 뛰어놀고 있었다.

08

을사사화가 충주사화가 되다 :
명종 4년 (1549 기유년)

새해가 밝았다. 하지만 거센 피바람은 아직도 멈출 생각을 하지 않는다. 불교 문제와 더불어 유생들의 수난은 더 심해질 것이고 자연재해도 이어질 것이다.

2월 3일 유감과 이원록이 탄핵을 당했다. 유감은 《속무정보감》의 반포를 달갑게 여기지 않았다는 이유였고, 이원록(전에 이황을 구제한 이기의 조카이다)은 역당들을 가죄할 때 달갑지 않은 얼굴빛을 하였고, 숙부인 이기를 지목하여 멸족의 화가 있어야 한다는 말을 했다 하여 벌을 받았다. 모두 장 일백에 극변 안치토록 하였다.
또한 강원도사 정순우는 유배 온 윤강원을 관사에 불러 같이 술을 마셨다 하여 삭탈관작당했다. 진복창은 자기를 우습게 보는 무인 김문을 관물을 훔쳤다고 모함하여 형장에 죽게 하였다.

4월 18일 '충주사화'가 시작되었다.
이홍남과 이홍윤은 2년 전 양재역 벽서 사건 때 사사된 이약빙의 아들들로, 이홍남은 영월에, 이홍윤은 충주에 유배되어 있었다. 이홍남은 풀려날 기약이 없자 평소에 그와 사이가 좋지 않았던 동생 이홍윤을 모함할 계책을 생각해 냈다. 동생인 이홍윤은 윤임의 사위였으므로 구실이 좋았다. 그래서 이홍윤이 반역하려 한다는 정상을 교묘하게 꾸며 그의 처남 원호변과 동서 정유길을 통해 고발하게 하였다.

내용인즉, 함창에 사는 술사 배광의가, 온 조정 경상들의 점을 쳐 그 길흉을 말하는 과정에서 이홍윤에게, '금상은 사람 죽이기를 좋아하니 틀림없이 세조를 본받을 것이다'라고 말하자, 이홍윤이 '폐왕(연산군)의 살인이 갑자년과 을축년에 절정에 달하더니 마침내 병인년의 화가 일어났다. 금상 역시 오래 갈 수야 있겠는가' 하고 답했다는 것이다. 또한 그 밖의 원망하고 비방하는 말도 많았다고 고했다.

곧바로 이홍윤을 압송하여 무자비한 형장이 가해졌다. 또한 이홍윤이 형장을 견디지 못해 거론한 사람들도 모두 잡아들였다. 죽을 것을 안 이홍윤은 평소에 좋아하지 않았던 사람들을 많이 끌어들였는데 그 사람들은 영문도 모르고 지독한 형장을 받았다.

5월 1일 이홍윤, 배광의, 최대관, 이휘, 이무정은 능지처참되었다. 아버지와 16세 이상의 아들은 모두 교수형에 처해지고, 15세 이하 아들 및 어머니, 딸, 아내, 할아버지, 손자, 형제, 자매, 그리고 아들의 아내와 첩은 공신의 집에 종으로 주었으며 재산은 모두 적몰하였다. 그 외에 먼저 잡혀 와 형신을 받던 사람들은 장하에, 또는 옥중에서 죽었다.

문정왕후는 정말 역적을 잡듯이 기염이 대단했다. '충주, 음죽, 음성의 군사 가운데 초사에 거론된 자를 잡아 왔는가?' '문서를 위조하여 각 고을의 철퇴를 빼내어 묻어 둔 것을 감사에게 물어보았는가?' 등의 말도 하였다. 그리하여 무고한 사람들은 계속 잡혀갔고 형장은 5월 내내 계속되었다.

능지처참을 당한 자가 서른일곱 명이나 되었고, 장하에 죽은 자도 많았고, 귀양을 간 자도 많았다. 연좌제로 가족들은 종이 되고 집안은 멸망하였다.

토정 이지함의 장인인 모산수도 이때 연루되어 죽었다. 이지함은 처가살이를 하다가 이 액운을 예상하고 나와 따로 살고 있어서 화를 모면했다고 한다.

이홍남은 이렇게 친동생을 역적으로 몰아 죽이고 귀양에서 풀렸으며 벼슬까지 받았다. 이기는 이 사람들을 죽인 공으로 다시 영의정이 되었다.

문정왕후는 "이들이 무리를 모아 역모한 지가 3년이 넘었는데 고변자가 없었다. 전지를 받들어 팔도에 효유하라. 충주는 강등시키고, 목사와 판관은 파직하라" 하였다.

충주 고을은 쑥대밭이 되어 버렸다. 충청도를 고쳐 청홍도로 하고 충주를 강등시켜 유신현으로 하였다.

충청감사와 충주목사를 모두 파직하였고, 이해(이황의 형)를 청홍도 감사로, 이치를 유신현감으로 삼았다. 그러나 이들에게는 이것이 죽음의 길인 것을 이때는 알 수가 없었다.

진복창이 좌의정 황헌을 탄핵하여 파직하고 공적을 삭제하였다. 황헌은 윤원형이 첩 정난정에게서 태어난 자식을 위해 서얼허통하려 할 때 듣지 않았다. 그 때문에 중상한 것이다.

또 진복창이 윤인서를 탄핵하였다. 윤인서는 장문의 옥중 상소로 변명하였으나 더 악독한 자를 이기지 못하고 흥양으로 귀양 가게 되었다. 둘은 모두 윤원형의 심복이었다. 이야말로 소인이 소인을 친 것으로, 이는 소인들의 일상적인 작태였다.

무고도 끊이지 않았다. 많은 사람들이 생고생을 했으나 일단 걸려들면 죽지 않은 것을 다행으로 여겨야 했다.

이후 충주사화의 피바람이 그치니 폭풍우가 몰아쳤다. 7월에 늦장마가 계속되어 곡식이 병들더니 강력한 태풍이 몰아쳐 농사를 망쳐 버렸다. 추수할 가망이 없다 하였다. 올 초에는 쌀로 면포를 구입할 정도였는데 바로 흘러간 옛이야기가 되고 말았다.

‖ 중들에 대한 문정왕후의 비호가 노골화되다 ‖

가을에 접어드니 이제는 또 유생들의 수난이 이어졌다.

문정왕후는 오래전부터 불법을 독실히 숭상하였으므로 불교를 일으키려는 생각이 있었다. 그래서 자신의 생각을 헤아리고 실행해 줄 승려를 수소문하고 있었다. 요승 보우가 은밀히 그런 뜻을 탐지하고 금강산에서 봉은사로 와서 고승 행세를 하고 있었다. 내수사에서 그의 소문을 듣고 그의 이름을 문정왕후에게 알렸다. 문정왕후는 그를 봉은사 주지로 인정하였고 궁중에서는 그를 생불로 여겼다. 그리고 불교와 중들에 관한 일은 무조건 편을 들어주기 시작했다.

9월 8일 유생들이 정인사와 회암사에서 몹시 소란을 피워 사찰 내 전해 내려오던 많은 기물이 파손되는 일이 벌어졌다는 보고가 있었다. 정인사는 덕종대왕의 능침사이고, 회암사는 태종대왕의 능침사다. 자고로 선왕의 능침에 대한 일은, 잡인들이 출입할 염려가 있어서, 대내에서 적간하게 하고 있었다.

문정왕후는 '《대전》의 법에 유생으로서 사찰에 오르면 거기에 해당하는 죄가 있으니 법에 의하여 죄를 주라. 그중에서도 가장 심한 황언징은 식년 과거에 정거시키라' 하였다. 선왕의 능침사에 유생들이 난입해서 소란을 피워 되겠냐는 것이다. 이에 신하들이 가만히 있을 리 없었.

정원이 "유생이 절에 올라가는 것을 금지하는 법이 비록 《대전》에 실려 있긴 하나 조종조로부터 유생이 절에 가 독서하는 것이 풍습이 된 지 오래입니다. 조정 사대부 치고 가서 독서하지 않은 사람이 누가 있습니까?" 하며, 우선은 법을 먼저 세우고, 처벌은 그 이후부터 적용하자 하였다.

그러나 문정왕후는 완강하였다. 유생들이 독서하는 데는 사학과 성균관이 있으니 인재를 양육하기에 부족할 것이 없는데, 지금 거기를 두고 꼭 절간으로 가고 있다며, 지금으로는 옛 법을 신명할 뿐 결코 고칠 수는 없다고 하였다. 이어 "위에서 오도를 존숭하고 이단을 물리쳐야 한다는 것을 모르는 것이 아니다. 예로부터 중으로 총령을 삼았으므로 잡인들이 출입하는 일이 없었는데 지금은 총령이 없기 때문에 군역을 피하기 위하여 떼 지어 모여 도둑이 된 자들이 많다. 총령을 차임하여 맡기도록 하라" 하였다. 한술 더 뜬 것이다.

9월 20일 생원 안사준이 장문의 상소를 올렸다. 황언징의 구제를 청하고 불교 숭상으로 인한 폐단 등을 지적하였다.

임금은 시작부터 삼가고 부정한 데로 가지 않아야 한다 하였다. 그럼에도 현재 불공을 드리고 숭상하니, 백성들이 농사를 짓지 않고 중이 되는 것, 백성들은 억울해도 호소할 것도 없는데 중들은 궁중과 통하는 것, 이단인 사찰에서 조상의 제사를 모시게 하는 것, 이 세 가지 통곡할 만한 폐단이 나타난다 하였다. 또한 동시에 요망한 중 보우가 세상을 현혹시키니 그의 목을 베고, 부처를 받드는 정성을 오히려 선비를 배양하는 데 쓰라고도 했다. 아주 준열한 내용이었고, 매우 냉철한 지적이었다.

이에 명종이 답하기를, "유생이 절에 가는 것을 금하는 것은 조종조에서 만든 법이지 내가 새로 만든 법이 아니다. 요즘 중의 무리들이 추잡하기 때문에 자전께서 능침을 적간하기 위하여 간혹 내관을 보내기도 하였던 것인데, 황언징이 능침에서 폐단을 일으켰을 뿐만 아니라 심지어 절의 물건까지 훔쳐갔기 때문에 자전께서 놀랍게 여기고 그렇게 하신 것이지 내가 부처를 숭배해서 그렇게 한 것은 아니다. 또 봉은사 주지는 내전께서 능침을 위하여 이를 수호할 사람을 뽑은 것뿐인데 그것이 어찌 부처를 숭배하는 것이겠는가? 황언징은 사면할 수 없다. 그리고 죄 없는 중에게 어떻게 죄를 내릴 수 있겠는가?" 하였다.

문정왕후의 불교에 대한 마음은 굳어 있는데 아무리 통렬하고 좋은 말로 상소를 올린들 들어줄 리가 없었다. 연일 상소가 올라갔으나 명종은 문정왕후의 간교한 거짓 변명만 앵무새처럼 되풀이할 뿐이었다.

유생들이 통곡할 만한 일은 이제 시작이었다.

11월 8일 구수담이 정업원 터에, 인수궁을 짓는 것은 불당을 중수하는 길을 여는 것이라 하며 즉각 멈춰야 한다고 주장하였으나, 후궁을 위한 것이라고 둘러대며 윤허하지 않았다. 그 후에도 대간 홍문관이 몇 달을 두고 요청하고, 태학의 유생들도 여러 번 상소했으나 소용이 없었다.

승군을 역사에 동원하기를 청하니 윤허하지 않았다. 놀고먹는 중들에게 일을 시켜 중이 된 고통을 알게 해야 한다는 것이었는데, 이미 불교에 깊이 빠져 중을 편들고 있는 문정왕후가 들어줄 리가 없었다.

바다의 고기 잡는 곳을 왕자와 부마들이 절수받아 어부들의 생활 근거지를 박탈하고 있었다. 이런 폐단을 시정하도록 요청하였으나 문정왕후는 들어주지 않았다. 또 공한지를 사점하는 문제도 해결될 기미가 보이지 않았다. 백성들이 땔나무를 구하는 것조차도 힘들게 하였다. 그런데 혼사의 사치를 금하라는 청은 들어주었다. 이런 악인들이 잘하는 것 중의 하나가 겉보기에 자기들은 극히 검소하게 사는 것처럼 보이게 하는 것이었다.

그러나 이때에도 잘한 것이 하나 있었다. 그 와중에 서얼 허통을 하게 한 것이었다. 그러나 이마저도 사실 윤원형과 첩 정난정 사이에서 난 자식들을 위한 것이었기 때문에 후에 하나 마나 한 것이 되었다.

이런 폐단도 있었다. 의정부는 국가 최고기관으로 영의정, 좌의정, 우의정이 소속된 기관이다. 그 아래에는 사인이라는 정4품의 실무자 두 명이 있었다. 그런데 이들이 본연의 업무는 딴전이고 엉뚱한 권력을 행사하고 있었다. 바로 사람을 태우고 다니는 교자를 독점한 것이다. 그리하여 국상 같은 황급한 일을 당했을 때 원래 소속인 한성부에서 요청해도 잘 내주지 않았다. 그리고 사인사라는 일사가 되어 2백여 양이나 되는 교자에 멋대로 패를 발부하여 여기저기 차견하였다. 조금이라도 지체하면 즉시 그들의 처자를 잡아 가두는 등 횡포가 심했다. 이에 사헌부가 나서서 바로잡도록 청했다. 이에 대해선 문정왕후도 윤허하였다.

피바람은 계속되어 충주에서는 무고하게 많은 사람들이 희생되고 수재에 이어 흉년이 들었다. 불교 문제, 중들과 유생들의 문제로 계속 시끄러우며, 억울하고, 배고프며, 가슴 아픈 한 해가 저물어 갔다.

일본의 왜구들은 멀리 중국의 남쪽 절강성 일대를 공략 약탈하고 있었다. 명나라에서도 왜구가 아주 골칫거리였다. 비단을 비롯하여 먹을 것이 많은 중국을 노략질하느라 우리나라를 침범하지 않는 것이 우리에게는 다행이었다.

이때 이순신은 다섯 살이고, 8살인 유성룡은 아버지 유중영에게서 《맹자》 등문공편을 배웠다.

09
충주사화가 이어지고 양종이 복립되다 :
명종 5년 (1550 경술년)

해가 바뀌고도 정초부터 불교 문제, 내수사 문제로 나라가 계속 시끄럽다. 피바람도 그치지 않는다.

1월 생원 안사준 등이 다시 상소하여 보우를 죽이고 정업원을 수리하지 말라 청했다. 유생들도 한 달이 넘도록 계속 상소를 올렸으나 윤허하지 않았다. 2월에도 상소는 계속 이어졌다. 장령 이사필이 유생들의 불교 배척 상소를 받아들이라고 하였다.

좌참찬 임권은 더욱 직설적으로 강하게 아뢨다. "인수궁을 중수하라는 분부가 한번 내려지자 이단을 숭신한다는 의혹이 일어나, 유생들이 달을 넘기고 진소하고 이목의 관원이 해를 넘기며 논집합니다. 상의 분부는 정령하시나 별로 조치하는 바가 없이 한편으로는 자전의 명이라고 핑계하고 한편으로는 조종의 고사라고 둘러대십니다. 마땅히 광명정대한 도를 보여 여러 절에 세워진 금지 푯말을 뽑아 버리고 중들에 대한 복호를 허락하지 않으신다면 뭇사람들의 의혹이 저절로 얼음 풀리듯이 풀릴 것입니다" 하였다.

좌의정 심연원은 '지금 모든 백성들이 부역을 피하여 머리를 깎고 중옷을 입고 놀고먹으니, 이교가 성해지고 군액도 줄어듭니다. 어찌 한심하지 않습니까' 하였다.

좌찬성 신광한도, 불교의 일로 유생들의 사기가 떨어졌고 절에는 푯

말을 세우고 중은 내지를 휴대한다고 하니 이 폐단을 통렬하게 금하라고 하였다.

그러나 문정왕후는 어리석은 무리들이 뜬소문을 퍼뜨려 사람들을 현혹시킨다는 등 능란한 거짓말만 되풀이할 뿐이었다.

3월 4일 내원당을 제외한 모든 산의 사찰에 내지를 가칭한 공문이나 금지 푯말을 일절 금지하여 뭇사람의 의심을 풀리게 하라는 전교가 있었다. 오랜만에 시원한 전교인 것 같았으나 사실 이것은 하나 마나 한 것이었다. 중앙과 지방의 큰 절은 내원당이라고 지목하지 않은 곳이 없었다. 무려 70여 곳이나 되었다.

내원당이라는 이름을 일절 없애라고 한 달이 넘게 요청하였으나 끝내 윤허하지 않았다.

3월 15일 형조에서 강도를 추국할 때 승려가 반을 차지하였다.

임권이 아뢰기를 "만일 내수사가 금지 푯말을 세워 중들을 비호한다면 한갓 이교만 성하고 오도는 쇠망하게 될 뿐만 아니라, 또한 뭇사람들이 모여들어 도적이 되어 해독이 백성에게 미칠까 걱정됩니다. 중 보우는 극히 간사한 자입니다. 그를 따르는 자들은 재물을 빼앗기 위하여 사람을 살해하는 등 거리낌 없이 방자하게 굽니다" 하였다.

그러나 이미 보우에게 현혹된 문정왕후는 오히려 조정 신하들을 나무랐다. "보우가 뭇사람을 현혹시킨다는 일에 대해서는 알지 못하겠다. 능침의 수호 사찰 가운데 봉은사는 다른 절과 같지 않아 봉공하는 일이 매우 많다. 다투는 자가 많고 모함하여 해치기 때문에 위에서는 통분해하는데, 조정에서도 남의 말에 현혹됨을 면치 못하니 매우 옳지 못하다" 하였다. 도대체 말이 통하지 않았다.

내수사의 공문을 가지고 지음을 칭하는 중이 매우 많았다. 양사가, 관원을 능멸하기도 하고 민전을 강탈하기도 하여 폐단이 현저하니 일절 차임하지 말도록 청했으나 윤허하지 않았다. 오랫동안 아뢨으나 소용이 없었다.

3월 19일 문정왕후가 내지를 내려 예조로 하여금 내원당에 누락된 곳을 더 추가하라고 하였다. 그렇지 않아도 많은데 또 추가하라 하고, 더구나 전에는 비공식 내지였는데 이제는 공식화한 내지를 내렸다.

대사헌 조사수는 내원당이라는 이름은 무리라 하며 '천승의 임금이 어찌 중의 무리에서 복을 구할 수 있겠습니까' 하였다.

그 와중에 내수사의 담당 내시에게 당상인을 주기까지 하여 내수사의 권한이 막강해졌다. 그러니 먼 지방에 있는 사족의 노복들이 그 주인이 약하면 대부분 주인을 배반하고 내수사에 투속하고, 내수사에서는 심지어 그 주인의 전답까지 빼앗아 버리는 작태가 심해지고 있었다.

지난해의 흉년으로 춘궁기의 백성들은 계속 굶어 죽고 또한 전염병에 죽어 가고 있었다. 농사도 말이 아니었다. 누런 황무가 끼어 보리와 밀이 손상을 입고 있었다.

이런 상황에서도 악인들은 악인의 일을 계속한다.

5월 2일 부사용 김용이 '재변이 일어난 것은 수렴청정의 소치이다'는 말을 넣어 상소하였다가 난언율에 의해 교수형을 당했다.

유학 홍인이 진천군 이옥정을 고발하였다. 반란을 도모했다고 하며 함께 거론한 사람도 많았다. 그러나 대질 심문 결과 무고로 밝혀졌다. 홍인은 반좌로 참수당하고 재산은 적몰되었다. 그러나 이미 여러 사람이 억울한 형장에 치도곤을 치른 뒤였다.

이런 일들을 빌미로 진복창이 모사를 꾸미고 그에 따라 이기, 이무강 등이 구수담, 허자, 이준경, 이윤경, 송순을 모함하여 탄핵하였다.

구수담은 전에 이기를 탄핵하였으니 당연한 보복이었다. 허자는 을사년에 적극 가담하였지만 그 파장이 이렇게까지 극악무도하게 전개될 줄은 꿈에도 몰랐다. 뒤늦게 그 일을 깊이 뉘우치고 녹훈된 것을 수치로 여긴 것이 죄였다. 이윤경, 이준경은 명망이 높아 눈엣가시이므로, 전에 죽인 이중열의 아버지와 작은아버지인 것과, 이홍남의 고변을 잘못된 것이라고 했다는 죄를 씌웠다.

구수담과 허자는 관작을 삭탈하고 문외 송출했다가 귀양 보냈다. 이준경, 이윤경, 송순은 관작을 삭탈하였다.

구수담은 귀양 갔다가 다시 모함당하여 죽었다. 구수담은 이기의 5촌 조카였으나 이기의 흉특하고 음험함을 잘 알았기에 공개적으로 논박하기도 하고 지난번에 탄핵도 하였다. 이기가 이 때문에 기회를 봐서 꼭 죽이려고 하였다. 이때에 윤사익과 이무강을 동원하여 기어이 죽였다. 해남현감 박민헌은 이기가 논박으로 체직되었다는 소식을 듣고 박장대소하였다고 하여 파직되었다.

문정왕후가 사람을 죽일 때 항상 하는 말 중의 하나가 '당초 죄를 정할 때 위에서는 그 추종자들을 널리 다스리려고 하지 않았다'이다. 수많은 추종자들을 죽이고 귀양 보내고 종으로 삼고 재산을 몰수하고서도 이 말을 앵무새처럼 반복했다. 또한 윤원형, 이기 등이 정말로 악랄한 점은 반대파를 탄핵할 때는 말이 아주 그럴싸하고, 자신들에게 해당되는 사항을 거론하여 그것을 상대방에게 아주 교묘하고 간악하게 뒤집어씌우는 것이었다. 어떻게 보면 이미 자신들의 천벌 받을 죄를 알고 있는 것이었다.

대사헌 송세형 등이 진복창을 탄핵하였다. 윤춘년이 사람들이 진복창을 싫어하는 줄을 알고 사주하여 윤원형의 허락을 받은 것이다. 문정왕후가 공이 많아서 죄를 줄 수 없다 하였으나, 이기까지 나서서 죄주라고 하니 마지못해 삭탈관직하고 삼수로 귀양 보내라 하였다. 이리하여 큰 악인 하나가 저절로 제거되었다.

진복창은 표리가 부동하여 교묘히 남을 속이므로 모르는 사람들은 그를 강직한 선비로 알았다. 말을 잘하고 민첩하여 이기와 윤원형의 눈에 들었고 추종 세력이 되어 앞장서서 악하고 못된 짓을 많이 하였다. 남과 왕래한 서찰은 반드시 간직해 두었다가 후일에 모함할 때 이용하였다. 그가 귀양 가서도 그 고을 원의 과실을 기록하여 협박하고 모욕까지 하였다. 끝까지 독기를 부렸고 조금도 회개하지 않았다.

6월 하순에 전국에 큰비가 내렸다. 영산강과 낙동강이 범람했다. 곳곳에서 떠내려가고 산사태로 매몰된 사람들이 많았고, 전답은 내가 되고 모래로 뒤덮여 폐허가 되었다. 올해의 농사도 망쳤다. 그리고 또다시 피바람이 불었다.

8월 4일 전 유신현감 이치와 전 청홍도감사 이해를 추국하도록 하였다. 역모를 고발하려 한 자를 죽여서 역적을 비호했다는 죄였다.

이 사건의 전말은 이러하다. 충주 사람 최하손이 친형을 구타한 죄로 의주로 강제 이주되었었다. 그런데 지난해 도망해 와서 보복하려다가 붙잡혔다. 그러자 최하손은 "역모를 고변하려 했는데 수금당했다"고 하였다. 자초지종을 들어도 의심스러웠다. 그래서 감사 이해에게 첩보했는데, 이해는 "실정을 알 수 없는 일이니 사정을 봐주지 말고 형신하라" 하였다. 그래서 형신을 했는데 그만 최하손이 죽어 버렸다.

충주사화를 일으켰던 이홍남은 전 감사 이해에게 앙심을 품고 있었다. 죽은 동생 이홍윤의 적몰 재산을 차지하려는데 이해가 막았기 때문이었다. 그래서 기회를 엿보고 있었는데 이제 이 사실을 알게 되었다. 역모 고발을 하지 못하게 했다는 것으로 엮을 수 있는 좋은 구실이었다. 바로 자초지종을 이기에게 알렸다. 이기 또한 이치와 이해를 극히 미워하여 해칠 기회를 노리고 있었는데 드디어 기다리던 호기를 잡게 되었다. 즉시 심복을 시켜 고발하게 하였다.

혹독한 형장을 받고 이치는 장하에 죽고, 이해는 갑산으로 유배 가는 중에 죽었다. 그리고 최하손의 명단에 적혀 있던 충주 사람들은 또 한 번 된서리를 맞았다. 죽은 사람도 몇 되었고 형장에 혼난 사람도 여럿이었다.

뒤에 이홍남은 또 유신현의 역당의 잔당들이 아직도 남아 있다고 고변하였다. 관련자들은 모두 잡아다 국문하였다. 많은 사람들이 지독하게 혼이 났다.

지난 2월 풍기의 백운동서원(소수서원)에 편액, 서적, 토지, 노비를 하사받게 한 것을 끝으로 사직하고 고향에 돌아와 있던 이황은 형 이해의 시신을 수습해 조용히 장사 지냈다. 그때 이황의 마음은 오죽했으랴! 이후 이황은 도산에서 학문에만 전념하였는데, 그나마 안정적으로 지낼 수 있었던 것은 조정의 송기수, 민기 등의 적극적인 후원이 있었기 때문이었다 한다.

이때 유성룡의 아버지 유중영이 유신현감이었는데 이런 모의를 파악하지 못한 것으로 인책되어 파면되었다. 유성룡 가족은 서울로 돌아왔다.

조선시대는 숭유억불 정책으로 인하여 불교는 축소 위축되었다. 세종 때는 여러 종파를 통합하여 선종과 교종의 두 종파만 있게 하였고, 세조 때 호불 정책으로 발전적인 때가 있었지만 성종 때부터는 다시 억불 정책이 강화되어 도첩제가 폐지되었다. 연산군에 이르러 억불이 더욱 심해져 선종과 교종 본사도 폐지되었고 승과도 없애 버렸다. 중종 때는 이런 상황이 심화되었다. 그러나 그렇다고 불교를 믿는 사람이 없어진 것은 아니다. 일반 백성들은 계속 불교 의식으로 복을 비는 사람이 많았고 특히 궁중에서는 대비 이하 궁녀들의 숭불이 전통적으로 계속 이어져 내려오고 있었다.

문정왕후도 당연히 불교를 믿었는데 유독 집착이 심했다. 아무리 신하들이 반대해도 하고자 하는 일은 기어이 했다.

12월 15일 선종과 교종, 양종의 복립을 명하였다.

"양민의 수가 날로 줄어들어 군졸의 고통스러움이 지금보다 더한 때가 없다. 이것은 다른 까닭이 아니라 백성들이 4~5명의 아들이 있을 경우에는 군역의 괴로움을 꺼려서 모두 도망하여 중이 되는데 이 때문에 승도는 날로 많아지고 군액은 날로 줄어드니 매우 한심스럽다. 대체로 승도들 중에 통솔하는 이가 없으면 잡승을 금단하기가 어렵다. 조종조의 대전에 선종과 교종을 설립해 놓은 것은 불교를 숭상해서가 아니라 중이 되는 길을 막고자 함이었는데, 근래에 혁파했기 때문에 폐단을 막기가 어렵게 되었다. 봉은사와 봉선사를 선종과 교종의 본산으로 삼아서 《대전》에 따라 중이 될 수 있는 조건을 신명하여 거행하도록 하라" 하였다.

문정왕후는 어떤 사안을 역으로 이용하는 데는 일가견이 있었다. 백성들이 중이 되고자 하는 것은 군역이 힘들고 중을 보호하기 때문이지 통제하지 않기 때문은 아닌데 그렇게 말하고, 또 선종과 교종으로 보호하면 더욱더 중이 되려고 하는 것은 보지 않아도 뻔한데 이렇게 뻔뻔스럽게 거짓말을 했다. 그리고 이것은 조선 왕조의 근본 정책인 억불 정책에 반하는 명이었다. 가만히 있을 신하들과 유생들이 아니다. 이들에게는 아주 중대한 일이었다. 사헌부, 사간원, 홍문관, 승정원, 성균관 유생들이 번갈아 연일 양종을 복립하라는 명을 거둘 것을 청했다. 삼공도 병을 칭탁하고 사직을 요청하였다. 그러나 어린 명종은 어쩔 수 없이 문정왕후의 뜻에 맞는 말만 되풀이할 뿐이었고, 문정왕후는 꿈적도 하지 않았다.

이 일에 대해서 사관은 '어린 임금을 보필하여 청정하면서 위로는 중묘의 척사한 뜻을 어기고, 아래로는 부모로서 정치를 보필하는 도리를 잃었으니 통탄스러움을 금할 수 없다'고 통탄하였다.

불교 중흥을 위해서 선종과 교종을 복립하고 그것이 긍정적으로 지속된다면 더 이상 바랄 것은 없을 것이다. 종교란 억압한다고 없어지는 것이 아닌데, 유교를 국시로 하고 태어난 국가이기 때문에 불교를 이단으로 배척하는 것을 당연시하는 것이 문제였다. 그리고 백성들의 요역에 의해 부지하는 국가가 그 요역을 담당할 사람이 줄어드는 것을 방관할 수도 없었다. 그리고 불교를 이렇게 보호해 주면 그 구성원인 중들이 더욱 예의를 갖추며 본연의 일에 열중하는 행동을 보여야 할 것인데, 오히려 교만 방자해지고 백성을 침탈하는 폐해가 발생하는 것도 큰 문제였다.

이해에 왜적은,

대마도 왜인은 식량을 더 받아 가기 위해서 자주 술수를 썼다. 대마도의 왜인에게 19척의 양료만 주고 있는데, 그들은 이것에 불만을 품고 항상 '식량이 부족해서 끝내 동해를 지키기 어렵다'고 하였다. 그 말이 공손하지도 않았다.

7월 소이전의 서계에 '귀순해 오는 사행선이 풍우로 표류하여 어디로 갔는지를 알지 못합니다. 만약 귀국에 표착하게 되거든 모름지기 용납해 접대해 주십시오' 하였다. 조정에서는 그 속에 예측할 수 없는 술책이 있지 않을까 염려하였다.

왜적들은 우리가 공짜로 주는 식량을 저희가 우리를 해적들로부터 지켜 주는 대가로 말하고 있었다. 그리고 왜적들의 침범과 사신은 항상 약간의 시차를 두고 동시에 왔다. 그러면서 정보를 알려 주는 척 생색을 낸다. 실은 우리나라를 위협하고 공갈하려는 것이었다. 또 우리나라를 침범하는 왜적들은 대부분 대마도와 그 인근 섬의 작당된 해적들이었다. 이즈음 일본 사신이라고 오는 국왕전, 소이전, 전산전 등의 사신은 모두 대마도에서 가짜로 보낸 것이었다. 안타깝게도 조정에서는 의심은 하였지만 진위를 파악하려는 생각은 없었다.

이해에도 피바람이 계속 불었다. 또 재해로 인한 흉년도 이어져 굶주림에 시달렸다. 북방의 근심도 있어 2월에 대사헌 이준경이 변장에는 무예가 뛰어나고 명망이 있는 무신으로 하여야 한다고 하였다. 내수사 환관들의 세력이 확장되고, 선종과 교종이 복립되어 중들의 세력도 크게 신장되었다. 불교 문제로 시작해서 연말도 불교 문제로 어지러운 가운데 해가 저물었다.

6세인 이순신은 글공부를 시작하였을 것이다.
9세인 유성룡은 아버지를 따라 서울로 돌아와 있었고 공부를 계속하고 있었다. 유성룡과 이순신의 형 요신은 나이가 같고 같은 동네이므로 글공부 친구가 되었을 것이고 이순신과도 알게 되어 동생처럼 생각하게 되었을 것이다.

10
양종 복립을 반대하다 :
명종 6년 (1551 신해년)

해가 바뀌고도 불교에 대한 반대 상소는 몇 달을 두고 계속 날마다 이어진다.

이때에 삼사가 모두 사직을 했고, 유생들은 성균관을 나와 버렸고, 정승들은 백관을 인솔하여 간쟁하고, 육조의 관원들은 일을 폐지하였으며, 금위의 군사까지도 번갈아 소장을 올렸다.

좌의정 심연원이 의정부, 육경, 판윤 등을 거느리고 아뢰기를, "대간 시종과 유생에 이르기까지 대궐 문에 엎드려서 다투어 논한 것이 벌써 한 달이 넘었는데도 전하께서는 아직도 깨닫지 못하시고 고집을 돌이키지 않으시니, 인심이 흉흉하고 조야가 이반되어 가고 있습니다. 임금은 나라에 의지하고 나라는 백성에게 의지하는 것이므로 군중의 마음을 얻으면 나라를 얻게 되고 이를 잃으면 나라를 잃게 되는 것입니다. 무릇 두려워해야 할 것은 백성이며 잃기 쉬운 것은 민심인데 민심이 한번 흩어지면 수습하기란 매우 어렵습니다. 삼가 바라건대, 쾌히 공론을 따라서 민심을 안정되게 하소서" 하였다. 그러나 신하들의 간절한 말은 전혀 듣지 않았다.

직설로 수치심을 자극하고, 실록에 실리어 잘못된 처사가 후세 역사에 전하게 될 것이 두렵다고 하는 상소도 연이었다. 그래도 소용이 없었다. 좌의정 심연원은 계속 신하들을 거느리고 아뢰었다. 대사성 주세붕도 간절한 상소를 올렸다. 그러나 명종은 불가하다는 말만 되풀이할 뿐이었다. 복장이 터질 일이었다.

문정왕후와 대면하여 논의도 하였으나, 역시 같은 말의 반복이었다. 오히려 아예 결론을 내려 못을 박았다. '오늘의 책임이나 만세의 비난은 모두 나에게 있다' 하고, '나의 뜻이 이미 결정되어 끝내 고칠 수가 없으므로 오늘 굳이 내 뜻을 조정에 말하는 것이다' 하였다.

조정에서는 날마다 반대하는 상소를 올리고 성균관 유생들은 연이어 30여 차례나 상소하였다. 모든 태학의 유생들이 관을 떠났다. 명종은 유생이 관에 나오지 않음을 비난하는 전교를 내리며 임금을 협박하는 것이라고 화를 냈다. 또 '자전이 폐선까지 하였으니 나의 마음은 더욱 편안치 않다' 하였다. 문정왕후가 단식을 한다고 협박하는 것이다.

사관은 '자전은 대전에게 삼종의 도가 있고 독단하는 의는 없는 것이다. 그런데 상은 언제나 자전을 구실로 삼고 있으니 이미 답답한 일이다' 하고 답답함을 논하였다.

양사도 사직하고 물러갔다. 2월에 들어서는 개성부 유생들이 계속 반대하는 상소를 올렸다. 유생들의 상소에 '전하께서는 보우를 높이고 자전은 불교를 숭상함으로써 풍년 들게 하려고 한다'는 말도 있었다.

함경감사의 장계에 암탉이 수탉으로 변했다는 말이 있었다. 특진관 강현이 이것은 이교를 존중하고 양종을 설립한 때문이라 하며, 중 보우는 불측하고 간사한 사람으로 부처라고 자처하며 백성을 현혹시키니 내쫓으라 하였다.

4월 14일 함경어사 왕희걸이 서계하여, 보우가 안변의 황룡사에 있을 때 계림군 이유를 보호하고 기도하였다고 하였다. 정원과 헌부가 추국 치죄하기를 아뢰니, 떠도는 말을 가지고 결코 추문할 수 없다 하였다. 다른 사람이었으면 무조건 잡아들여 가혹한 형장으로 물고가 났을 것이었다. 문정왕후는 다른 중이 시기하여 해치려는 술책이라고 변명하였다. 계속 연일 치죄할 것을 청했으나 윤허하지 않았다.

백발의 두 노 재상 임권과 윤개도 나섰다. 임권은 몸을 돌보지 않고 보우의 처단 등을 극언으로 말하였고, 윤개도 간곡하게 되풀이하면서 정성스럽게 속말을 다 하였다. 고려 말 신돈의 일도 인용하여 후일의 거울로 삼아야 한다고 하였다. 그러나 문정왕후는 듣지 않을 뿐만 아니라 도리어 엄중한 말로 답을 내렸다.

윤원형 일당은 문정왕후가 불교를 숭상하는 것을 은근히 도우면서 겉으로는 반대하는 척만 하였다. 그러니 일이 풀릴 수가 없었다.

사관은 '국가의 일을 말하려 하니 한탄만 나올 뿐이다' 하고 통탄하였다.

5월 22일 결국 양종과 보우의 일을 거론하는 것을 중지하였다. 윤원형이 지시하고 윤춘년이 주도하여 중지시켰다. 반년 가까이 끌어왔으니 힘도 빠졌을 것이다. 다른 왕 같았으면 아무리 옳은 일이라 하더라도 이렇게 오랫동안 온 조정 백관, 모든 사대부들이 반대하는 전방위 압박을 이기지 못한다. 나라를 사랑하고 신하들을 사랑하는 왕이라면 더욱 그렇게 하지를 못한다. 지독한 문정왕후는 꿈쩍도 하지 않았다. 18세의 명종은 중간에 끼어 문정왕후의 말을 신하들에게 앵무새처럼 말해야 하는 처지에 부끄러움과 비참함을 느꼈을 것이고 남모르게 눈물도 많이 흘렸을 것이다. 모두들 이런 통한의 세월을 15년을 더 살아야 했다. 긴 세월이었다.

5월 28일 원자가 탄생하였다. 탄생 축하 사면도 있었다. 문정왕후는 불공을 드린 덕분으로 생각했을 것이지만 두고 봐야 알 일이었다.

‖ 보우를 불교의 수장으로 임명하다 ‖

6월 16일 양종의 주지에게 직첩을 주라고 명령했는데 아직까지 시행하지 않고 있다고 재촉하였다.

6월 25일 드디어 특명으로 보우를 판선종사 도대선사 봉은사 주지로, 수진을 판교종사 도대사 봉선사 주지로 삼았다.

벼슬을 판사로 하고 조관으로 예우하니 보우는 높은 관원으로 자처하여 머리에는 옥관자를, 허리에는 붉은 띠를 둘렀다. 나아갈 때는 인도하는 승려들이 쌍라를 불어 길을 확보하면서 앞뒤로 옹호하였다. 모든 승려들이 임금처럼 우러러보며 달려 나가 맞이하고 보내는 등 예우하니 승왕처럼 행세하였다. 또 문서를 만들어 열읍에 통보하면서 공공연히 관사의 체제와 다름없이 하였다.

사관은, '온 나라의 장정들을 팔도의 산사로 몰아넣어 간승을 받들게 하고 잔단 일까지 다 궁금 안을 통하고 있으니 그 말류의 폐단을 이루 다 말할 수 있겠는가' 하고 탄식하였다.

사헌부가 중들의 행동을 규제하는 것을 수령도 하게 하자고 요청하니 양종에서 알아서 규제하고 불법자를 색출할 것이라고 하며 윤허하지 않았다.

7월 19일 중에게서 정전(丁錢)을 받아야 한다고 하니, 명종이 답하기를, 걸량하는 중에게도 다 정전을 받게 된다면 반드시 떼 지어 도둑이 될 것이라며 결코 할 수 없다고 하였다. 그 대신에 내년 6월을 기한으로 하여 불경을 시송시켜서 만약 외우지 못하면 이미 중이 되어 있는 자라도 다 군정으로 충정하고, 지금부터는 승도로 하여금 제멋대로 삭발하지 못하게 하여 제멋대로 중이 되는 것을 금하게 하였다.

그러나 명종은 이렇게 하고 싶겠지만 제대로 될 리가 만무했다. 문정왕후가 그대로 방관만 할 리가 없었다.

8월 12일 내원당에 소속시킬 지음은 선과를 치른 뒤 양종이 천거하여 의망케 하라 하였다. 지음을 뽑아야 할 절이 4백여 곳으로 중국 같이 큰 나라도 4백은 많은 수였다. 그런데 명종은 각 고을에 통령할 사람을 두어야 도적을 금할 수 있고, 양민이 마음대로 중이 되지 못할 것이라 하였다.

임권이 보우가 내수사를 총섭하는 것을 반대하였다. 당시에 가장 강하게 숭불을 반대하며 문정왕후를 거스른 사람으로는 임권을 꼽았다.

대사헌 송세형은 "과거장에서 수색할 때에 유생들의 옷을 벗겨 수색하기도 하고 머리카락을 잡아당겨 찾기도 하는 등 여러 가지로 곤욕을 주니, 이에 유생들이 '중의 무리는 날로 번성해 가는데, 우리들은 어찌하여 이 지경에까지 이르렀는가' 하고 있는데 이는 미담이 아닙니다" 하였다.

근일의 보우의 일, 양종의 설치, 내수사 환시의 폐단 등은 모두가 윤원형이 찬조하고 인도하여 일어난 일이었다.

9월 18일 윤원형이 우의정에 임명되자 사직을 청하니 좌찬성으로 하였다. 점쟁이가 정승이 되면 수명이 짧아질 것이라 하여 임명되지 않으려 한 것이었다. 오랫동안 조정의 권세를 잡고 있으니 뇌물이 몰려들어 주체하기가 어려웠다. 그 부가 왕실과 근사할 정도였다. 도성 안에만 큰 저택이 13채나 되었는데, 그 사치스럽고 웅대함이 극도에 달하였고, 전답을 많이 점유하여 열읍에 널려 있었다. 그러니 일찍 죽고 싶은 마음은 추호도 없었을 것이다.
 이기는 중풍으로 일어나지 못하여 체직되었다.

9월 24일 홍문관에서 이기를 탄핵하였다.
 '둔전은 군국의 경비를 충당하는 것인데 양전을 많이 점유하여 자신의 사물로 삼았으며, 방납은 백성을 좀먹는 간특한 술책인데 주군에 청탁하여 자신의 이익으로 삼았고, 또 관작은 국가의 귀중한 그릇인데 오직 뇌물이 들어오고 분경하는 사람들이 문전에 가득하며, 양민은 국가에서 부리는 것인데 사반이 수백 명에 이르렀고, 남의 노비를 탈취하고도 본래부터 자기에게 있던 것처럼 하고 주군에 끝없이 징색하고, 전조의 장관이 조금만 자기 뜻에 어긋나면 무고로 중상하고, 청의를 가진 선비가 자기의 실수를 논하면 죄로 조치하는 등등이 날이 갈수록 심해지고 해가 갈수록 더했다'는 것이었다.
 가장 큰 죄인 무고한 사람들을 많이 죽인 죄는 거론하지도 않았다. 명종은 다 알고 있었다.
 답하기를, '이 풍습은 일조일석에 이루어진 것이 아니고 그 유래가 이미 오래되었다. 어찌 이기만이 그러하겠는가' 하였다. 지당한 말씀이었다. 윤원형 일당 모두 다 그러하였다.
 양사에서도 이기를 탄핵하였다. 그러나 마찬가지로 허락하지 않았다. 이기가 사람들을 모함하여 죄주고 쫓아낸 사실들을 아뢰자, 상은 역적을 비호한 자들을 죄주었는데 이것을 사사로운 혐의 때문이라고 한다면 후일에 바른말을 하는 대신들이 없을 것이라고 하였다.
 계속 몇 날을 두고 이기를 탄핵했으나 허락하지 않았다. 그나마 이기가 입을 열 수가 없어서 다행이었다.

11월 2일 문정왕후가 대신들을 인견하여 많은 말을 하였다. 다행히 누구를 죽이자고 하는 말은 없었다. 불심에 빠졌으니 더 이상 살생하기는 어렵고 심심해진 모양이었다. 나라가 병들었다 하고 국법을 지키지 않는다 하고 청렴한 자를 등용해야 한다 하였다.

항상 말은 침도 안 바르고 바른말을 한다. 그러나 나라가 병든 것이 누구 때문인가? 국법을 지키지 않는 자들이 누구인가? 청렴하지 못한 사람을 쓰는 자가 누구인가? 자신을 돌아볼 생각은 전혀 하지 않고 남의 탓만 하는 사람에게 무슨 해결책이 있을 것인가.

∥ 내수사의 횡포가 무소불위로 심해지다 ∥

11월 17일 다시 내수사와 중들의 문제가 이어진다. 배천 강서사의 종이 내수사에 소장을 올렸다. 주지승 도오가 유생 조응규에게 구타를 당했다는 내용이었다. 화가 난 문정왕후가 "토호의 강포함이 지금보다 심한 적이 없다. 중이 비록 지극히 미약하나 이 역시 백성인데 국법을 무시하고 함부로 구타했으니, 본도 감사에게 하서하여 가두고 추문하게 하라" 하였다.

그리고 "지금 대소의 신하들이 군신의 분의에 밝지 못하다. 내수사 관원이 매우 미천하나 공사로 인하여 나갔는데 열읍의 관원들이 거역하여 내치고 대우하지 않았으니, 이는 사체를 알지 못한 것이다. 만약 재상이 보낸 사람이라면 이렇게 하지는 않았을 것이다. 청홍도의 병사 수사와 부여 등의 고을에서 승전한 공사를 봉행하지 않고 도리어 왕명을 받든 사람을 끌어 내쳤으니, 사체를 알지 못한다는 뜻으로 이문하여 추고하라" 하였다.

내수사의 내시(환관)들이 무소불위의 권력기관이 되어 그들의 횡포가 본격적으로 시작되고 있었다. 문정왕후가 내시들에게 지시를 내리면 이것이 곧 왕명이 되고 내시들은 그것을 빙자하여 지방의 수령이나 백성들에게 교만 방자하게 무리한 요구와 횡포를 일삼기 시작했다. 그들의 요구를 조금이라도 받아들이지 않으면 교묘하게 말을 만들어 문정왕후에게 보고하고 문정왕후는 명종을 닦달하여 상대를 죄주게 했다. 신하들의 말은 전혀 듣지 않았다. 게다가 내수사의 내시가 내려가 형장으로 다스리기까지 하였다. 기가 막힐 일이었다.

배천 유생 조응규는 중을 때린 죄로 이미 곤장 80대를 맞았다. 그런데도 다시 국문하려 하자 양사가 안 된다고 하였다. 그러나 명종은 나랏일이 이러하니 호령이 시행되지 않는 것이다 하며 윤허하지 않았다.

또, 내시가 고한 것을 가지고 병사 수사를 추고하라고 명했다. 내시가 잘못한 것이 아니라고 할 수도 없는데, 그 내시의 소장으로 인하여 2품 재상을 추고하라 명하니 놀라지 않는 자가 없었다. 이에 사간원이 명을 거둘 것을 청했으나, 내수사 공사를 각 고을에서 봉행하지 않는 것이 많다 하며 내시 편만 들고 윤허하지 않았다.

이에 홍문관에서도 나섰다. 사안을 조리 있게 아뢰었으나 소용이 없었다.

11월 22일 양사가 내시가 조응규의 발바닥을 곤장으로 때렸다 하며, 이는 놀라운 일이고, 그 기탄없이 방자한 행동이 성덕에 누를 끼치게 되었으니 마음 아픈 일이라 하자, 명종이 만약 그렇다면 어찌 상처가 없겠는가 금부에 잡아들여 검사하라 하고, 그 말의 출처를 묻도록 하라 하였다.

도오는 부역을 도피한 적민이었고, 항거하다가 맞은 것이었다. 더욱 가관인 것은 명종이 조응규가 발바닥을 곤장으로 맞은 것을 내시를 모함하려고 허위로 말을 꾸며 대간에게 전파한 것이라며 이것으로 죄를 주라고 한 것이다. 신하들이 간절하게 간하였으나 명종은 같은 말만 되풀이하였다. 좌의정, 우의정이 계속 아뢨지만 마찬가지였다. 한 달이 넘도록 계속되었다.

12월 3일 사간원이 아뢰기를, "신들이 삼가 살펴보건대, 전하께서는 조응규의 일에 관하여 이미 내관을 보내어 다스리게 하셨고 또 감사로 하여금 재차 추국하게 하셨으며 또 금부로 잡아오라 분부하시되, 일개 땡추중을 위하여 원한을 갚듯 하시어 성명의 덕에 누가 되게 하시고 신민의 소망을 크게 잃으니, 무릇 혈기 있는 자라면 그 누가 울분해하지 않겠습니까. 전하께서는 비록 내관이 공문을 가지고 가서 국문했다 하나, 그 공문이란 것은 무슨 공문이며 이른바 그 공문에 유생을 묶어 놓고 구타하라는 전지가 있었습니까? 내시의 말은 옳다고 믿고 조정의 공론은 사실이 아니라고 지적하시니, 이는 조정을 도리어 일개 내시만도 못하게 대하는 것입니다. 내관이 있고 배천군수도 있으며 집장한 사람도 있으니, 금부에 잡아들여 추문한다면 허실이 저절로 판명되어 죄가 돌아가는 데가 있을 것입니다. 빨리 금부에 내려 귀결 지으소서" 하였다.

울분에 찬 강력한 내용이었다. 그러나 소용이 없었다. 문정왕후가 어떤 사람인가. 명종은 매우 부끄러워 울고 싶었을 것이다. 육조에서도 계속 아뢰었다. 우찬성 신광한 등이 아뢰니, 명종이 '조정에서는 유생을 아끼지만 나는 백성을 아낀다' 하였다. 말은 맞지만 실정에 맞지 않으니 말이 아까울 뿐이었다.

양사가 "예로부터 나라를 멸망시키는 것 중에 불교가 하나요, 내시가 하나요, 사기가 없는 것이 하나인데, 이 중 하나만 있더라도 멸망하지 않은 나라가 없는데 이 세 가지를 다 겸하게 되면 어떻게 되겠습니까, 이것이 신들이 눈물을 흘리며 통곡하지 않을 수 없는 바입니다" 하고 비통하게 아뢰었다. 성균관 유생들도 상소하였으나 소용이 없었다. 오히려 빨리 결장하라 성화를 부렸다.

12월 7일 양사가 사직하고 물러갔다. 재차 불렀으나 또 사직하고 물러갔다. 이조판서 송세형이 전하께서 진실로 뉘우칠 줄 아시고 하교하여 개과천선하는 뜻을 보인다면 사기는 북돋우지 않아도 절로 떨치게 될 것이라 하니, 전교하여, '내 마음이 어찌 편안하겠는가. 이같이 아뢰니 매우 가상하다. 어찌 굳이 뉘우치지 않겠는가' 하였다. 명종이야 뉘우치겠지만 문정왕후가 뉘우칠 리가 있겠는가. 이 건은 대간이 임금의 잘못을 통렬히 지적하는 것으로 마무리하였다.

문정왕후는 사람을 믿지 못했다. 이것도 악인의 한 가지 특성이다. 그래서 이곳저곳 작게는 각사의 숙식과 음식에서 군졸의 파수, 공역의 근만, 능침 수선의 여부 등 극히 미세한 일과 간단한 행사까지도 내시를 보내어 적간하게 하였다. 역마가 항상 대궐 문에 대기해 있고 명을 받은 자들이 사방을 분주하게 왕래하며 살폈다. 그러나 하면 할수록 더욱 해이해졌다. 믿을 수 없는 내시들에게 일을 시켰으니 제대로 되겠는가. 도리어 내시들의 세상이 되어 버렸고, 그들의 횡포에 의한 억울한 피해만 커지고, 임금은 그들의 간교하고 교묘한 거짓말에 놀아날 뿐이었다. 이 내시들은 갈수록 방자해져 임금의 공사 출납도 임의로 지체하고, 종친에게 맞대고 욕을 하고, 계사를 올리는 일도 핑계하고 재촉해도 나오지 않고, 각 사에서 진상하는 물건에 뇌물을 요구하고, 관원을 종같이 치부하고, 심지어는 각 사와 각 고을에서 내수사에 공물을 바칠 때도 가로막고 트집 잡아 횡포를 부리며 뇌물을 요구하는 등 그 권세가 막강하여 기탄없이 사대부 관리들을 능멸하였다. 중국의 역사에서 보면 이러한 현상은 나라가 망할 징조였다.

사관은 '나라가 망하지 않은 것이 다행이다'고 논하였다.

이해의 다른 일들을 살펴보면,

흉년이 심했다. 지난해의 흉년으로 굶주림이 심하니, 감사나 수령이 구황과 권농의 일을 하리에게만 맡긴다고 명종이 화를 냈다. 가뭄이 극심하였고 뒤에는 태풍으로 또 농사를 망쳤다.

도둑의 무리가 성행하였다. 전라도의 연산 진산 사이에 도적의 소굴이 있는데 그중에는 머리를 깎은 자가 많았다. 고산현에는 도적의 수효가 60~70명이나 되었다. 경상도 전역은 도둑이 극성하여 길이 막혔다. 경기도의 장단 적성 지역에서는 대낮에도 마을에 출입하면서 음식을 강요하고 사족의 처녀들을 빼앗아 가고 사람들을 죽이기까지 하였다. 도둑을 잡으라고 무신으로 수령을 삼았는데, 오히려 도둑을 두려워하여 백성들을 동원하여 관아를 지키게 하고, 많은 민폐를 끼치며 불쌍한 백성들만 잡았다.

청탁과 뇌물은 공공연히 행해졌다. 외부의 소문은 인사 결과가 나오면 소문과 똑같았다. 뇌물을 받고 수령을 임명하니 모두 탐관오리가 되어 수탈이 극심했다. 둔전이 묵어서 황폐해졌다고 핑계하고는 입안을 작성하여 자기들 소유로 만들기도 하였다. 옛날 부유하던 고을도 다 피폐되었다. 명종이 부민 고소를 허락하고자 하니 이기 등이 반대하여 하지 못했다.

전라도, 경상도에 감군어사를 실시하니 효과가 있었다. 군민들은 실제 혜택을 입었고, 첨사, 만호, 군관이 되는 자들은 그 두 도에 가기를 싫어했다. 그러나 몇 년도 못 되어 다시 폐단이 심하게 되어 폐지되고 만다.

동전 사용에 대한 논의가 있었으나, 우리나라에서는 동이 나오지 않는다고 반대하였다. 저화를 사용할 것을 말하니 시중 상인들이 반대한다 하여 미포와 겸하여 사용하기로 하였으나 그래도 계속 반대하여 흐지부지되고 말았다. 동전 사용은 사실 시급한 일이었으나 사대부들은 상인들의 세력이 커질 것을 우려하여 반대하고, 조정과 관리들을 믿을 수 있는 신용사회가 아니었으니 상인들은 저화는 한갓 종잇조각으로 생각되어 반대할 수밖에 없었다.

신분 차별에 대한 논의도 있었다.

참찬관 남응운이 아뢰기를, "우리나라 법이 천녀 소생은 어미 신분을 따르고 양녀 소생은 아비 신분을 따르므로 사천은 날로 많아지고 양민은 날로 줄어듭니다. 이는 실로 고려 말엽에 정권을 잡은 권신들이 국가를 병들게 하고 사가를 살찌우기 위한 폐단이었습니다. 만약 기한을 정해 놓고 양녀의 소생을 어미의 신분을 따르게 한다면 수십 년이 못 가서 양정이 날로 증가되어 군액이 줄어드는 것을 점차로 충당할 수 있을 것입니다. 대체로 국가에 대사가 있으면 그 계책을 경사와 모의하는 것이 옳은 일이나, 이것은 공에 유리하고 사에 해로우니, 상께서 결단하여 시행하셔야지 정신들에게 널리 의논할 필요는 없습니다" 하였다.

전근대 국가이니 노예제도가 있는 것까지는 뭐라 할 수 없을 것이다. 그러나 가부장적인 사회에서 어미의 신분을 따르면서 또 양녀 소생은 아비 신분을 따르게 하여 천인을 양산하는 쪽으로만 결정한다는 것은 말이 안 되는 것이다. 남응운의 주장은 시대를 앞선 생각이었다. 그것을 반대할 것이 뻔한 신하들과 상의하지 말고 왕이 단독으로 결정하라는 것도 대단한 요구였다.

이에 대해 사관은, '귀천의 질서가 문란하지 않은 것은 이 자그마한 명분 때문이다. …… 남응운이 한 개인의 의견으로 천만 년 전해오던 법을 폐지하기 위해 상께 자문하지도 말고 독단으로 시행하라고 권하였으니, 그 역시 잘못이다' 하였다. 사관이 논한 것은 그 시절 사대부들 대부분의 공통된 생각이다. 귀천 제도 때문에 나라가 유지되어 왔다는 말이 한심스러울 수밖에 없다. 국가의 지도자들이었던 사대부들의 생각이 이러했으니 국가가 부강해질 수는 없었다. 만약 남응운의 생각을 받아들이는 사회였다면 우리 역사는 다시 쓰였을 것이다.

이해에는 양종의 설립을 몇 달을 두고 전면적으로 반대하였으나 되지 않았다. 보우가 판사의 높은 직책을 받고 승려들의 왕처럼 행세하게 되었으니 사대부들의 복장이 터졌다. 내수사의 횡포도 심해지고 있었다. 흉년은 또한 연례행사로 이어지니 도적도 들끓었다. 탐관오리의 수탈과 왕족들의 절수에 따른 횡포도 더해만 간다. 이렇게 이해도 저물었다.

16세인 율곡 이이는 어머니 신사임당을 여의고 상심에 젖어 있었다. 율곡의 어머니 신사임당은 48세의 나이로 갑자기 세상을 떠났다. 율곡은 해운판관인 아버지를 따라 세상 구경을 나섰다가 어머님 임종도 보지 못했다. 그 슬픔은 말로 표현할 수 없었다.

이해에 이순신은 7살로 공부도 하겠지만 동네 애들과 어울려 놀기도 좋아하였을 것이다. 10세인 유성룡은 글공부에 열심이었다.

11
불교로 인한 갈등이 심화되다 :
명종 7년 (1552 임자년)

해가 바뀌면 무언가 달라지는 것이 있을까? 기대하기에는 아직 너무 이르다.

선종의 보우는 이미 4백여 명이 한 사람도 빠지지 않고 경을 외웠다고 시취한 상태였다.

1월 7일 명종이 시취한 양종의 중들에게 도첩을 발급하라고 한 지가 한 달이 넘었는데 어떻게 되었는가를 물었다. 정원이 근본을 조사한 후에 발급할 것이라고 답하니, 이미 보고된 자는 속히 도첩을 발급하라 하였다. 그런데 한 명의 탈락자도 없이 수백 명을 합격시킨 것을 신하들이 순순히 따를 리가 없었다.

1월 10일 사헌부가 강력히 아뢰기를, '당초 양종을 설치할 적에는 폐단을 구제하기 위한 것이라 하였는데, 그때 상의 정녕한 분부가 귀에 쟁쟁합니다. 그런데 지금 와서 보니 상의 뜻이 어디 있는지 모르겠습니다. 승도로서 도첩을 받은 자가 점점 증가하여 평민의 10배나 된다면, 전하께서는 장차 누구와 더불어 나라를 지키겠습니까? 이와 같이 계속한다면 앞으로 위망의 화가 있을 것이 틀림없습니다. 이미 시험을 마친 자를 막론하고 해조로 하여금 공문을 가지고 자세히 상고하여 사목에 의해 시행하게 하소서' 하였다.

사간원도 경을 시험한 승도가 7백여 명에 이른다 하며, 다시 시험을 보이고 도첩을 발급할 때에는 본 고을의 공문을 상고하여 그 근각을 조사하게 함으로써 혼잡한 폐단이 없게 하자고 하였다. 그러나 모두 윤허하지 않았다.

1월 18일 병조에서는, 각 고을의 수령들이 그 경내의 승인들의 아비 이름 속명 관향 나이를 자세히 조사하게 하고, 그 용모까지 기록하여 책을 만들어 올린 후 강경을 허락하고, 강경을 할 때에는 구례에 따라 예관으로 하여금 참여하여 듣게 하고, 문의를 해득하는 자에게만 도첩을 발급하게 하여 중이 되는 길을 약간 어렵게 하면 군정이 무너지지 않을 것이라고 하였다.

그러나 승인이 이름 쓰기를 좋아하지 않아 도망쳐 숨는 폐단이 있을 것이라는 웃지 못할 핑계를 대며 윤허하지 않았다.

1월 27일 양사가, 지음과 주지가 있는 절이 처음에는 99사였는데 새로 2백96사가 추가되어 무려 3백95사가 되었다며, 시험도 다시 보이고 절의 숫자도 줄이자고 하였다. 그러나 윤허하지 않았다.

이런 식으로 여러 달 논쟁하였으나 윤허하지 않았다. 그러다 말로나마 이 후로는 예조 관원과 양종이 함께 시취하고, 시취할 때 그들의 용모와 신체, 거처하고 있는 곳을 상세히 조사하여 분변하라고 하였다. 그만한 것만도 다행이었다.

2월 5일 대사간 김주 등이 임금의 잘못을 지적하는 차자를 올렸다.

'경악의 신하와 대간의 직을 가진 자가 의논드릴 경우, 받아들이지 않을 뿐만 아니라 또 자만스런 안색을 지으면서 준엄한 말로 거절하고 맙니다. 귀척이나 내시에 관계되는 일은 1년이 넘도록 논집하여도 끝내 윤허하지 않고 있습니다. 군자·소인의 진퇴와 오도·이단의 소장에 이르러서는, 이야말로 치란과 존망의 큰 계기임에도 불구하고 한 가지도 받아들여지는 일이 없으므로, 조정이나 사림들이 주먹을 불끈 쥐고 길이 탄식하지 않는 사람이 없습니다.

　승도가 날로 늘어나고 있으니 대책을 강구하지 않을 수 없는데, 도승의 액수가 정해지지 않아서 주지가 있는 사찰이 4백여 군데에 이르므로, 나라 사람들은 전하께서 사정에 대해 명백치 못하신 것인가 의심하고 있습니다.

　또 국가의 저축을 소모케 하는 것이 제일 큰 탐관의 행위인데 속임수로 이득을 취하는 것이 대부분 귀척과 인아에게서 발생합니다. 그럼에도 불구하고 이를 금하지 않으므로 나라 사람들은 전하께서 의리를 분간하지 못하시는 것인가 의심합니다.

　하민이 고할 데가 없음을 염려하시어 진소하게 하셨으니 참으로 어진 분이라 하겠습니다. 그러나 기강이 무너져 도리어 고알이 풍습을 이루었으니, 그 어짊이 결국 고식적인 타성에 젖게 하였습니다.

　백관들의 해이함을 염려하여 늘 적간하시니 과연 밝게 살핀다고 할 수 있습니다. 그러나 아랫사람들의 소소한 일까지 간섭하는 것은 역시 임금의 법도가 아니니, 밝게 살피는 것이 도리어 잗단 간섭이라는 실수를 범한 것입니다' 하였다.

　답하기를 "비록 옛날 제왕이라 할지라도 어찌 모든 말을 다 따랐겠는가. 적간에 관한 일은 경연 석상에서도 말한 자가 있었다. 비록 유사가 있다고 말하지만, 만일 전교를 받들어 적간하게 되면 사람들이 모두 두려운 생각을 갖게 된다. 옛날에도 그리하였기 때문에 그대로 한 것이다" 하였다.

몇 가지 들어주는 척하는 것들도 있었다. 잔폐한 사찰로 선종 소속 20개소, 교종 소속 36개소를 없애라 하였다. 또 백성들 중에 중으로 숨어드는 사람이 많다 하며 양종으로 하여금 엄히 경계하여 금지시키라고도 하였다.

중이 노상에서 말을 타고 가던 유생을 끌어 내려 온갖 곤욕을 가한 일이 있었고, 외방 중들이 응시차 떼 지어 왕래하면서 무관의 말을 쫓아 버리고 궁시를 분질러 버리는 등의 행패도 있었으며, 광덕사 주지승은 품관을 도둑으로 몰아 발바닥을 때린 일까지 발생했다. 모두들 이 지경에 이르렀으니 국사가 끝내 어떻게 될지 모르겠다고 하였다.

2월 21일 정언 김규가 아뢰기를 '유생이 승도를 구타했다고 내수사가 보고하면 위에서 믿어 의심치 않고, 승도가 유생을 구타한 경우에는 재상, 대간이 말하여도 믿고 따라 주지 않습니다. 위에서 하시는 처사가 모두 승도를 두둔하고 유생을 억압하는 일이 아닌 것이 없으니, 어찌 승도가 치성하지 않을 수 있겠습니까' 하였다.

이에 대해 명종은 '전파된 말은 믿을 수 없다' '선비가 유도에 의해 행동하면 승도 또한 망령된 짓을 하지 않을 것이다' 등의 말만 하였다.

사관은 '애석한 일이다' 하고 탄식하였다.

삼정승이 도승의 수를 한정할 것을 청했으나 윤허하지 않았다.

문정왕후와 윤원형은 스스로 죄악이 쌓이고 넘쳐 반드시 천벌이 있을 것을 두려워하여 부처에 빌어 복을 구하려 하였다. 그래서 숭불함에 있어 하지 않는 짓이 없었으니, 조정의 신하들이 구구한 말로 간쟁한다고 될 일이 아니었다. 그에 더하여 요승 보우가 현란한 말로 문정왕후를 사로잡고 있는데, 한번 미혹에 빠지면 빠져나올 수가 없는 것이다.

사관은 '이미 악한 짓으로 인하여 화 입을 것을 알았다면 어찌 선행을 하여 복구할 줄을 몰랐단 말인가. 여정을 어기고 이교를 받들어 온 나라가 모두 부처의 명령을 따르게 함으로써 복으로 만들려 하였으니, 하늘을 과연 속일 수 있겠는가. 부처가 과연 그럴 힘이 있겠는가?' 하였다.

‖ 양종의 중들을 시경하다 ‖

4월 12일 드디어 예조정랑 양응태와 이언경을 봉은사와 봉선사 두 절에 보내 중들을 시경하게 하였다. 시경할 때에 이언경이 보우가 오만 무례하게 장상에 걸터앉으려 하자 이를 허락하지 않았고, 대좌하려는 것도 허락하지 않았고 그를 남향하여 앉게 하여 예사 중처럼 대우하였다. 시경하는 중들에 대해서는 혹 한 글자만 틀려도 곧바로 내쫓았는데 비록 다시 시험하기를 굳이 청해도 따르지 않고 한결같이 법대로 하였다. 그래서 대부분 떨어뜨리고 선종 21인과 교종 21인만을 뽑았다.

그러자 분을 품은 보우가 즉시 문정왕후에게 알렸고, 이에 문정왕후는 노발대발하였다. "지금 유사가 뽑은 것을 보니 그 숫자가 매우 적다. 삼분의 일도 뽑지 않은 것이 틀림없으니, 이와 같다면 도승의 일을 유사가 헛되게 만드는 것이다" 하였다. 그리고 다시 양종에서 뽑도록 해 버렸다.

5월 7일 장령 어계선이 장통방 근처에서 1백여 명이 새로 만든 불상을 설치하고 불사를 크게 벌이므로 5~6명을 체포하였고 향교동에서도 4~5명을 체포하였다고 하였다. 경성 안에서는 불사를 금하기 때문에 문정왕후도 드러내 놓고 말을 하지는 못했다.

이때 이황은 성균관 대사성으로 부름을 받고 어쩔 수 없이 올라와 있었다. 석강에서 왕도를 행하기 위해서는 불교를 멀리 하라고 하였다.

문정왕후는 계속 안하무인이었다. "사찰을 수직하는 종이 와서 '사찰을 철거한다'고 하기에 내관을 보내 살펴보게 하니 헌부가 새로 짓는 사찰을 철거하라고 팔도에 행이 하였기 때문에 매우 소란한 폐단이 있다 한다. 철거하지 말게 하라" 하였다. 정원이 법에 따라 하였다 하니, 그렇다고 아뢰지도 않고 철거해야 되겠는가 하였다.

대사헌 원계검이 "사찰을 금하는 것은 법전에도 실려 있고, 새로 짓는 것을 금단하는 일은 전하께서도 일찍이 명하셨습니다. 사찰을 금하는 것은 법에 이미 있으니, 법관이 법을 살펴 봉행한 것이지 멋대로 한 것이 아닙니다. 천한 하인의 말을 듣고 법관의 책무를 동요시킨다면 이는 전하께서 법관을 이목으로 삼는 것이 아니라 도리어 천한 하인을 이목으로 삼는 것입니다' 하였다.

명종이 답하기를 '아뢰지 않고 했으니 멋대로 한 것이다' 하고, '가국은 동일한 것인데 어찌 노복의 말이라 하여 듣지 않을 수 있겠는가. 비록 천례이지만 자전께서 수직을 명하였으니, 그 노자의 소임 역시 살피는 일이다' 하였다.

시킬 자격이 있는 사람에게 시켜야 된다는 사실은 아예 생각조차도 하지 않았다. 그 후에 또 사자암은 본시 내원당이니 다른 예와 같이 고을에서 잡역을 시키지 말라 하였다. 신하들이 간하는 말은 듣지 않고 계속 속만 상하게 하였다.

근래 천재지변이 겹쳐서 일어나고, 한발과 기근이 잇달아 굶어 죽은 시체가 골짜기를 메웠다. 처자가 서로 이별하고, 호구가 줄고, 군액이 줄어 나라의 근본이 약해지고 있었다. 그런데 요역과 세금을 가볍게 하여 백성을 편하게 하려는 조치는 없이 오로지 승려들의 불편만 염려하고 있었다.

이때 여러 절에 불공을 드리느라 소모된 비용이 수만금이었고, 내시들이 내원당 등 사찰을 오가느라 내수사의 경비가 고갈되었다. 그래서 왕자의 제궁에서도 비용을 조달하였다. 또한 수령으로 있는 척리들도 사적으로 진상하였고 먼 인척들 역시 본받아 사적으로 진상하였다. 그런데 이러한 것들은 모두 힘없는 백성들에게서 수탈한 것이었으니 민생의 곤궁은 모두 문정왕후가 불사에 힘쓴 데서 비롯된 것이었다.

사관은 '백성을 사랑하는 마음은 어째서 이토록 가볍고 승려를 보호하는 마음은 어째서 이토록 무겁단 말인가. 애석한 일이다' 하고 탄식하였다.

7월 3일 예조에서 아뢰기를, "이번 각 도에서 보고한 승려들의 근각에 대한 내용과 양종의 내용이 서로 어긋난 곳이 매우 많으므로 사실에 의거, 분류하여 서계합니다" 하니, 어릴 때부터 역을 피해 산림으로 들어갔으니 어떻게 근각을 살필 수 있겠는가 하며 억지 핑계를 하였다. 그리고 이미 시경한 자에게는 이달 중으로 속히 도첩을 주라고 하였다.

정원에서도 아뢰니, 이미 아비 이름을 물었으면 근각을 조사했다고 할 수 있다고 답했다. 양사가 여러 달 논계하였으나 윤허하지 않고 단지 승전대로 속히 도첩을 지급하라고만 하였다.

근각을 조사하다가 착오 난 자가 많아지자 이를 불문에 부친 채 도첩을 주라고 하고, 한 번 예관을 보내어 합격자가 적자 예관을 보내지 말고 승려들이 맡도록 했고, 또 배우지 못한 승려가 경을 외지 못할까 염려되자 시경하는 법을 정지하고서 명분 없는 역사를 일으켰다. 밤낮으로 생각하는 것이 모두가 승려를 보호하려는 계책 아닌 것이 없었다.

8월 6일 선종의 판사 보우의 공문이 정청에 이르렀는데 바로 회암사 주지의 망이었다. 주지의 삼망을 마치 조정의 예와 같이 갖추어 답인하고 서명하였다. 하리가 단자를 가지고 입계하여 낙점을 받았는데 한 노리가 있다가 '이런 일은 일찍이 듣도 보도 못한 일이다' 하고 탄식하였다.

사관은 '보는 자들은 상심할 뿐이었다' 하고 할 말을 잃었다.

8월 8일 육조 당상이 울분을 토했다. "오늘날 승도의 우두머리 된 자가 일세를 힘써 꾀어 어리석은 백성을 고무시키고 있습니다. 참으로 승도들이 군액보다 많게 되면 고려 때처럼 그 무리들을 끼고 난을 일으키지 않을 줄을 어떻게 알겠습니까. 온 조정이 이 점을 두려워하여 해가 지나도록 논집하는데도 윤허받지 못하고 있습니다. 그런데도 양종의 혹세무민하는 설이 도리어 조정을 동요시키고 있으니, 신들은 분하고 억울한 마음을 이기지 못하겠습니다" 하였다.

사관도 분통이 터지는 심정을 글로 적었다. '보우는 간활한 적으로 장광설을 가지고 있었으므로 사류들 중에도 교유하는 자가 있었는데 그가 때를 얻었기 때문이었다. 그래서 그의 세력이 이 정도에 이르렀고 마침내는 국정이 문란해지는 뿌리가 된 것이다. 아, 이것이 어찌 보우 홀로 한 것이겠는가. 보우에게 그렇게 하도록 만든 것은 하늘인 것이다. 당시 사람이 「재상 진복창, 내시 박한종, 상문의 보우 이 가운데 한 사람만 있어도 족히 나라를 해칠 수 있다」고 하였는데 더군다나 세 간인이 있었음에랴!'

8월 10일 신하들을 모아 놓고 회의를 가졌다.

대사헌 원계겸이 아뢰기를 "지금 군적을 만들고 있는데 이를 피해 모두 승려가 되면 남북의 변란은 누구와 함께 막을 것인가. 전적으로 양종에게만 맡겨 백성들이 모두 승려가 되면 남은 자들은 역을 감당하지 못하여 떼 지어 도적이 될 것이다" 하였다.

문정왕후가 답하기를, "대저 백성들은 곤궁에 시달리다 부득이 승려가 되는 것이다. 조정이 청렴을 숭상하여 백성들로 하여금 함부로 역을 당하거나 함부로 빼앗기는 걱정을 하지 않게 한다면 승려들도 환속할 것이다. 어찌 처자와 이별하고 승려가 되려 하겠는가" 하였다.

정말 맞는 말이었다. 관리들이 모두 청렴하여 어진 정사를 펼쳐서 백성들이 살기 편하다면 누가 중이 되려 하겠는가. 그러나 항상 그렇듯이 말만 맞았다. 백성을 곤궁하게 하는 것이 누구이며, 청렴하지 못한 자가 누구이고, 함부로 빼앗는 자가 누구던가? 복장이 터질 일이었다.

대사간 김주와 도승지 권철도 간절하게 말하였으나 소용이 없었다. 이날 명종은 끝내 한마디도 하지 않은 채 논계가 끝나자 물러갔다.

양사가 사직하였다. 승정원이 이를 아뢰니, '조정이 이처럼 위협을 가하니, 재변이 이 때문에 온 것이다' 하였다.

8월 13일 삼공이 육조 당상을 거느리고 아뢰니, 답하기를 '행할 만한 일이면 굳게 간쟁해야 하겠지만 이번 일이 심히 불가한 줄을 알고도 이렇게 하면 조정에 변이 있을까 염려된다' 하였다. 이제는 아주 협박까지 하였다.

대간은 계속 사직하고 나오지 않았고 삼공이 여러 번 아뢰었으나 윤허하지 않았다. 아무리 청해도 소용이 없었다.

8월 25일 대간은 할 수 없이 다른 일을 핑계하고 직에 나왔다.

9월 2일 보우가 어좌의 방석을 가져다가 개인 사실에서 쓰고 있다는 말이 있었다. 이에 이조판서 송세형이 보우의 본심을 헤아릴 수 없으니 그 소행을 살펴 조짐을 막으라 하였다. 12일 조강에서 다시 아뢰기를, "선왕의 능침을 어찌 꼭 보우가 지켜야 합니까? 보우가 범한 일은 이루 다 말할 수가 없습니다. 난폭하고 무례한 보우가 나라의 은혜가 무거운 것을 믿고 있으니, 끝내는 어느 지경에 이를지 모릅니다" 하였다. 신광한과 정유도 중들의 반역 사례를 말하며 보우를 비호하지 말라고 아뢰었다.

이에 답하기를 "보우의 일에 대해 조정에서 온갖 방법으로 말하다가 마침내 반역으로 말하니, 매우 놀랍고 한편으로는 가소롭다. 반드시 간사한 술책을 부리는 사람이 보우를 모함하고자 하여 헛된 말을 조작한 것이지, 어찌 조정에서 다 목격한 일이겠는가" 하였다. 가소로운 답이었다.

10월 16일 그래도 신하들이 들고 일어난 보람은 있었다. 정원에 전교하여 양종의 숫자를 정하지 않으면 너무 많이 뽑을 것이니 숫자를 정하라 하였다.

평안도 함경도는 각 1백 명, 전라도 경상도는 각 5백 명, 황해도 청홍도는 각 4백 명, 경기도 강원도는 각 3백 명, 도합 2천6백 명인데 이 숫자를 양종으로 나누었다.

‖ 왜적이 제주도에 상륙하다 ‖

이해의 왜적의 일을 보면,
5월 30일 왜적이 제주도에 상륙하였다는 제주목사의 보고가 있었다. 상당 기간 농성하고 전투가 있었다. 원군을 청했는데, 상륙을 막지 못했다고 애꿎은 목사만 갈아 치웠다. 그리고 남치근을 목사로 보냈다. 전라 우수사 원준량(원균의 아버지)은 제주의 왜변을 듣고도 구원하지 않아 파직되고 유배를 당했다.

얼마 전에 왜 삼전(국왕전, 전산전, 무위전)의 사신들이 왔었다.

사간원이 아뢰기를, "지난번 일본 국왕의 사신과 부관이 혹 대내전 상관, 혹 전산전 상관이 되어 오기도 했으므로 당시에도 이미 의심하여 대마도의 왜가 부험을 절취하여 와서 우리나라를 속여 이익을 얻으려 한 것이라고 여겼었습니다. 이번에 무위전이 보낸 의춘서당은 바로 소이전 사신 춘강서당으로, 해마다 우리나라에 온 자입니다. 전산전과 무위전은 우리나라와 교통하지 않은 지가 근 1백 년인데 서로 잇달아 왔습니다. 또 소이전과 무위전은 서로의 거리가 가깝지 않으니 결코 타도 사람을 상관으로 삼아 사신으로 보낼 리는 없습니다. 더군다나 예조 낭청이 힐문할 때에 말이 어긋났으니 속인 것을 의심할 나위가 없습니다. 나라에서 그들의 속임수를 몰랐다면 그만이지만, 이미 속임수를 알았으니 결코 접대해서는 안 됩니다. 청컨대 엄하게 거절하여 돌려보냄으로써 그들로 하여금 자신의 죄를 알게 해야 합니다. 그리고 이 후부터는 타도의 사송이 되어 온 자는 비록 도서와 부험이 있더라도 일절 접대하지 말아야 합니다" 하였다.

대마도 왜적의 속임수가 이러했다. 이때 일본 본토는 각 지방의 영주들이 서로 세력 다툼을 하는 데에 정신이 없었다. 그래서 우리나라에 사신을 보낼 여유가 없었다. 그 와중에 대마도에서 가짜로 여러 사신을 만들어 보내고 있었다. 조정에서는 의심은 하고 드러나기도 하였지만 엄하게 하지는 않았다. 제주도를 범한 왜적에 대해서도 대마도와 작당한 왜적으로 의심하면서도 중국 복건성을 왕래하는 상인으로 간주하였다. 이때의 왜구들은 명나라 해안을 침략하기도 하고 중국 상인과 작당하여 밀거래하는 데 힘을 쏟고 있어서 다행히 우리나라에는 피해가 별로 없었다.

12월 왜 사신이 자기들 요구를 다 들어주지 않는다는 이유로 전별연에 참석하지 않겠다고 떼를 썼다. 조정에서는 강하게 들어줄 수 없다고 하였다.

이해의 다른 일들을 살펴보면,
2월 29일 이기의 비행을 비호하고 조정을 기만한 광주목사 임구령의 파직을 청하니 체차하고 추문하라 하였다. 후에 광주에 임구령이 비호한 이기의 사반이 10인이나 있다는 전라감사의 보고를 듣고 파직하라 하였다.

4월 10일 또 다른 골치 아픈 간신이 될 이양이 문과에 뽑혔다. 이양은 명종의 처 외숙이다. 지난해 정시 때 정사룡이 미리 시제를 보여 주고, 또 알고서 장원으로 뽑아 전시에 직부하였던 것이다.

4월 28일 이기가 죽었다. 77세였다. 그 당시로는 너무 오래 살았다.
사관은 '다행인 것은 숨이 끊어질 지경이 되어 그 흉악한 입이 닫혀 말할 수 없었다는 사실이다. 만약 그가 입을 열어 한마디라도 하였다면 예측하지 못한 화가 그의 죽은 후에 일어났을지도 모른다. 이기는 인품이 흉패하고 모습은 늙은 호랑이 같았으므로 외모만 보아도 그 속마음을 알 수가 있었다. 모든 화복은 그의 희노에 좌우되고, 은혜를 갚고 원수를 갚음에 있어 사소한 것도 빼놓지 않았다. 자신을 의논할 경우 처음에는 알지 못하는 것처럼 하다가 끝내는 철저히 보복하여 전후 살해한 사람이 매우 많았다. 사방에서 실어 오는 물건이 상공보다 많았으며 귀천이 마구 몰려들어 그 문전은 마치 저자와 같았다. 그의 자제, 희첩, 비복, 배종 등이 배경을 믿고 작폐한 것은 이루 다 기록할 수 없었다. 평소 무사를 많이 길렀는데 나라에 화를 심고 사류를 죽이고 생민을 해쳤으며, 그의 사반이 나라의 반을 차지하고 있었다. 이런 사람에게 임금의 은총이 끝까지 쇠하지 아니하였으므로 나라 사람들이 모두 분개하여 그의 고기를 먹고 그의 가죽을 깔고 자지 못하는 것을 통한하였다'고 하였다.

그의 극악한 죄는 대부분 70이 넘은 후에 저지른 것이었다. 이 늙은 악마에 대해서 사람들이 얼마나 원통했으면 그 고기를 먹지 못한 것을 통한해하였을까.

5월 사간원이 근래 재변이 생기는 폐단을 지적하였다. 사실은 내수사의 폐단을 말한 것이었다.

세력이 있는 자들이 오로지 남의 전답을 빼앗는 것으로 일을 삼고 있는데 억지 송사를 일으키고 문서를 위조하는 등 갖가지 술책을 다 부려 못하는 짓이 없었다. 심한 자는 허위 사실을 날조하여 죽을 곳에 빠뜨리기도 하고 혹 관리를 위협하여 말을 조작하기도 하기 때문에, 빼앗긴 자들은 죽음을 면한 것만을 다행으로 여겨야 했다. 그리고 관리들은 시간을 끌어 세월 가는 것만을 좋은 계책으로 여겼다.

내수사의 경우에는 주인을 배반하고 신역을 피한 무리들이 모여 갖가지 헤아릴 수 없는 교사를 부리는데, 세력이 없는 주인은 있는 전답까지 내수사에 빼앗겼다.

그중 정직한 송관이 있어 공정하게 판결하면 바로 해독을 입게 되므로 공정하게 처리하기도 어려웠다. 이런 등등의 내용이었다.

이에 대한 명종의 답은, '폐단을 고치지 못하니 마음이 아플 뿐이다. 내수사의 노비 중에 남의 집에서 도망하여 노비가 된 자가 어찌 없겠는가. 유사가 시비를 명백히 가리면 억울한 일은 저절로 없어질 것이다' 하였다.

　유사가 할 수 없으니 아뢴 것인데 남의 일 보듯이 말하고 말았다.

　내수사의 무소불위한 작폐는 모두 박한종이 교사한 것이었다. 박한종은 환관으로 문정왕후의 환심을 사고, 윤원형 무리를 도와 공신이 되었고 또 내수사의 우두머리가 되었다. 그렇기 때문에 그 세력이 당당하여 아무도 그를 건드리지 못했다. 그의 방자하고 교만한 태도는 전례가 없을 정도였다. 또한 본능적으로 아주 교활하고 잔인했다. 이조에서 박한종의 처벌을 청하기도 했지만 윤허할 리가 없었다.

　7월 27일 이준경을 북도 순변사로 하였다. 함경병사 김순고가 오랑캐가 경흥 땅 서수라에 침입하여 40여 명이 죽었다고 하고 경흥부사 김수문이 추격해 들어갔다고 하였다. 북방의 여진족이 말썽을 부리기 시작하고 있었다.

　9월 3일 호조판서 정세호는 탐관오리의 전형이었다. 양사가 그를 탄핵하였다.

　"모리하는 무리들과 함께 방납하여 그 이익을 나누는가 하면, 시장 사람들과 함께 모의하여 각 고을에서 곡식 받아들이는 것을 달게 여겨 부끄러움을 모릅니다. 예빈시 전복을 왜관의 창고지기로 만들어 주고는 은냥을 마구 징수하였으며, 그 뜻에 차지 않으면 다른 사람으로 개정하여 반드시 뇌물을 바치게 하고야 말았습니다. 국고의 물건을 도둑질하면 정해진 율이 있는데도 뇌물을 받으면 죄를 벗겨 주었고, 무릇 관원의 해유 때에는 번번이 그 값을 받고는 훼손되고 모자란 양의 다소는 묻지 않고 오직 뇌물의 많고 적음에만 따랐습니다. 역관 18인의 포흠채가 사면으로 이미 면제되었는데도 그들에게 뇌물을 받고자 하여 큰소리로 공갈하니, 역관들이 두려워하여 뇌물을 바쳤습니다. 왜관에서는 잡인들의 무역을 일절 엄금하고 있는데도 그와 사적으로 아는 자에게 무역을 허가하여 이익을 나누는가 하면, 형조의 죄인으로 유배된 자의 집에서 일찍이 뇌물을 받았다가 그 사람이 마침 죽어 처자가 뇌물을 돌려줄 것을 요구하자 '죄인은 비록 죽었더라도 자손은 그것을 이어받아야 하는 것이다'고 공갈하였으므로, 그 처자가 더 이상 말하지 못한 채 지금까지도 원통하고 분하게 여기고 있습니다. 이 사람의 탐독한 작태가 물론에 시끄럽게 전파된 것이 하루 이틀이 아닌데도 더욱 멋대로 하고 있어서 사람들이 모두 통분해합니다" 하였다. 다행히 이로써 파직되었다.

사관은 '어찌 정세호뿐이겠는가. 죽이려 해도 다 죽일 수 없을 정도인데, 세호가 그 우두머린저!' 하였다. 그렇다. 탐관오리들은 죽여도 다 죽일 수 없을 정도로 많았다. 그런 나라였다.

9월 25일 대사헌 이명과 심연원이 방납의 폐단에 대해 말하였다.

"외방 수령이 더러는 이미 납부한 공물을 거듭 징수하기도 하고, 더러는 견감한 것을 다시 징수하기도 하고, 지금 부상대고 및 각사 사람들이 편히 앉아 먹으면서 사치한 의복까지 입는 것은 모두 방납에 의한 이익으로 인한 것입니다. 그렇기 때문에 열읍을 나누어 맡아 자기 물건처럼 여겨서 그 이익을 대대로 전하고 있습니다. 또 서울의 물가가 매우 비싸기 때문에 시정의 모리배들이 모두 방납에 관여하고 있으니, 수령된 자가 그 값을 절충해 정해서 함부로 민간에서 거두지 못하게 해야 합니다. 그런데 방납하는 사람들로 하여금 스스로 민간에서 징수하게 하니 그 폐단이 적지 않습니다. 이는 다름이 아니라, 수령이 자신의 해유가 이루어지지 않을까 두려워하여 쉽게 납부하는 것을 좋아해서 검찰하지 않기 때문입니다. 경관도 헐뜯는 말을 들을까 두려워하여 세도가의 청을 따르기 때문에 역시 억제하지 않으므로, 중외의 폐단을 입으로는 다 말하기 어렵습니다" 하였다. 이 고쳐져야 할 폐단은 두고두고 고쳐지지 않고 백성들을 괴롭힌다. 그런 나라였다.

전년의 흉작으로 한 필의 베 값이 조 두어 말에 해당될 정도였다. 그런데도 사치한 습관을 버리지 못하고 날마다 연회를 일삼아 곡식을 주식에 허비하고 있었다. 그래서 병술을 가지고 다니는 것을 일절 금하자는 말이 있었다.

금년 봄에는 파종할 때 비가 넉넉히 왔고 중간에 가물었지만 뒤에 비가 알맞게 오니 추수가 제대로 될 것으로 기대했다. 그런데 그 후 6월에 가뭄이 극심하여 산천에 제사를 지내고 성문을 닫고 저자를 옮겼다. 삼공이 아뢰기를 가뭄이 너무 심해 전혀 추수할 가망이 없다 하고, 재변을 막기 위해 형옥의 일을 억울함이 없게 하고 소방하게 하자고 하였다. 그러나 7월에는 한 달 내내 흙비가 내려 기청제를 지내야 했다.

이렇게 백성들은 계속된 흉년에 굶주리고, 수령들의 가렴주구, 방납에 의한 폐단은 도를 넘어서는 가운데, 불교 문제로 신하들의 억장이 무너지며 또 한 해가 갔다.

이순신은 여덟 살이었다. 글공부도 하고, 동네 꼬마 친구들과 어울려 병정놀이도 하고 있었을 것이다.

선조는 갓 태어났다. 선조는 11월 11일 태어났는데 이름은 균이고 아버지는 중종의 7번째 아들인 덕흥군 이초이고, 어머니는 정세호의 딸이었다. 아버지 덕흥군은 행실이 좋지 않다는 실록의 평이 있고, 외할아버지인 정세호는 위에서 본 바와 같이 호조판서를 지냈으나 지독한 탐관이었다.

12
문정왕후, 수렴청정을 거두다 :
명종 8년 (1553 계축년)

문정왕후가 수렴청정을 거두지만 그렇다고 권력의 끈을 놓지도 않는다. 내수사와 중들의 문제는 심도가 더해 가고, 권력자들과 그 추종자들에 의한 부정부패도 극심하다. 어려운 현실은 계속된다.

1월 1일 일식이 있었다. 사관은 '일식의 변은 음이 양을 위협하고 신하가 임금을 침범하는 형상이다. 역적 윤원형이 을사년의 일을 가지고 자전을 동요시켰는데 이에 대해 의견을 달리하는 사람이 있으면 곧 큰 옥사를 일으켰다. 주상을 위협하여 거의 제 뜻대로 행하였는데 만약 조금이라도 제 뜻대로 되지 않으면 번번이 자전에게 일러서 주상을 꾸짖게 만드니, 하늘이 경계를 보이는 것은 이에서 연유한 것이 아니겠는가' 하고 논하였다.

1월 10일 문정왕후가 내원당의 잡역을 면제하는 일을 각 고을이 거행하지 않고 중들을 괴롭혀 절을 비우게 한다 하였다. 이미 내시를 시켜 내수사의 공문을 가지고 각도로 가서 중을 보호하게 하였다. 여러 고을들이 쓸리듯이 다 따랐으나 중화군수 김덕룡만은 명을 거행하지도 않고 또 봉명 내시를 대접하지도 않았다.

2월 1일 중을 추쇄할 때 수령이 혹 군사를 일으켜 엄습하여 잡기 때문에 중들이 절을 버리고 산속으로 도망하여 끝내 도적 떼가 된다는 보고가 있었다.

이에 전교하였다. "당초의 사목에 따라 지역의 역사에서 호패를 받은 자와 일찍이 주지, 지음의 첩을 받은 자와 도첩을 가진 중과 50세 이상 15세 이하인 자는 추쇄하지 말고, 기타는 모두 추쇄하여 실제 있는 자를 정역하되 3년을 기한으로 복호하라. 그리고 추쇄할 때 군사를 일으켜 절에 들어가지 말고 각 읍의 이정으로 하여금 수색하게 하여 소요를 일으키지 말 것이며, 몸 붙일 데 없이 빌어먹는 중은 정역하지 말 것을 팔도 관찰사와 추쇄 경차관에게 하유하라" 하였다. 추쇄하지 말라는 말이었다. 이번에는 양사가 여러 날 반대하니 취소하였다.

한관과 중들의 폐해가 계속 보고되고 있었다.

청홍도 복천사에 어떤 환관이 내사라고 지칭하고, 살고 있는 백성들의 전답을 절의 소유라 하면서 백성들의 우마를 다 빼앗아 갔다. 성주의 어떤 중은 영산으로 가서 과부의 집에 머물면서 백성들이 사전에서 오랫동안 농사를 지었다고 하며 무리를 모아 온갖 수단으로 백성을 괴롭혔다. 또 각도로 내려간 환관들이 겉으로는 중을 추쇄한다 하면서 중들에게서는 종이를 거두고 각 고을에서는 말을 내게 하여 수송하여 원성이 높았다.

시강관 임내신이 "지난번 중화군수가 추고 당한 뒤로는 외방에서 중사의 접대에 추호라도 잘못이 있을세라 온갖 정성을 다하므로 환시와 중들이 방자해져서 여염의 백성들을 괴롭히고 있으니, 이런 일들을 각별히 추핵한 뒤에야 중간에서 폐단을 일으키는 일이 없어 민심도 쾌하게 여길 것입니다" 하였다.

또 전경 김진이 아뢰기를 "각 고을에 사사전을 추쇄하는 일로 내관이 내려가서 함부로 하인을 모아 가지고 사전을 무단 점유했다는 핑계로 백성들을 괴롭혀 가산을 모두 빼앗는다고 합니다. 지난해부터 바람과 비가 심하여 양맥이 다 말라 죽어 백성들이 살아갈 수 없게 되었는데, 또 이러한 폐단까지 있으니 매우 한심합니다" 하니, 폐해를 끼치는 내관은 먼저 파면시킨 다음 추고하라 하였다.

그러자 사간원이 아뢰기를, "지금 경연관이 경상도에서 피해를 끼친 환관의 일을 아뢰자 상께서 먼저 파직하고 뒤에 추고하라고 특명하였으니 이와 같은 명단에 누가 감격하지 않겠습니까. 신들이 듣기로는 환관 5~6명이 공문도 없이 내려가서 각 고을을 출입하며 조금만 뜻대로 되지 않아도 매를 치므로 온 도가 떠들썩하여 그 폐가 경주의 도적보다도 심하다 합니다. 감사에게 하문하시어 시끄럽게 폐해를 일으킨 자의 죄를 끝까지 다스리도록 하소서" 하였다.

이에 답하기를, "환관들의 일은 공론이 이와 같으므로 내시부로 하여금 아뢰도록 하였다"고 하였다.

이런 일에 내시부의 보고를 어떻게 믿을 것인가. 이미 환관들과 중들의 세상이 되어 버려 억울한 백성들만 고통을 받게 되었으니 아무리 보아도 살 만한 세상이 아니었다.

3월 14일 성균관 학유 유세무가 전주 귀신사 앞에서 말에서 내려 절에 들어가 잠시 쉬려고 하였다. 그런데 그 절의 지음승이 몽둥이를 든 무리를 거느리고 나와서 유세무의 멱살을 잡고 초립을 찢으며 구타하려 하였다. 유세무가 그 중에게 '너는 어찌하여 이런 곤욕을 주는가?' 하니 그 중은 '네가 문관이지만 나도 왕작이 있다' 하고, 유세무의 종을 구타하여 머리가 터졌다.

이 사실을 사헌부가 알았다. 대사헌 김주가 아뢰기를 "신들은 이 말을 듣고 경악을 금치 못했습니다. 감사에게 하서하여 그 사유를 물어 각별히 치죄하소서" 하였다.

후에 유세무가 중들에게 모욕을 당하였으므로 의관 대열에 있을 수 없다고 사직을 청했다. 명종이 달래기를 "흉패한 중이 조정을 무시하였으니 놀랍기 그지없다. 중을 죄줄 것이니 사직하지 말라" 하였다.

이때 박한종을 내수사 제조로 삼아 인을 새겨 주어 2품의 반열에 끼게 하고, 승정원을 통하지 않고 직접 임금께 아뢰게 하며 내수사의 노비와 승도를 전담하게 하였다. 그러자 박한종은 스스로 지방으로 보내는 공문서를 만들었다. 그래서 한관들이 역마를 타고 횡행하고, 사찰을 적간하고 보살펴 줄 일로 사명을 받들고 군현을 출입하면서 수령을 능멸하였다. 제 뜻대로 되지 않으면 참소가 뒤따랐다. 중과 노비의 일 때문에 파직된 수령과 갇히거나 곤장을 맞은 서리들이 많았지만 정원에서는 알지도 못하고 대간에서는 감히 말하지도 못했다. 이렇게 별도로 한 개의 조정을 형성하니 국가의 장래가 심히 걱정되었다.

3월 15일 봉선사의 중 불각이 도둑질을 하다가 세 사람을 죽였는데, 양주 포천에서 그를 체포하려 할 때 봉선사 주지 수진이 '불각은 그날 불사 때문에 외출하지 않았다'고 하였다가 그 정상이 탄로 난 뒤에는 다시 '불각은 연전에 이 절에서 떠났으므로 있는 곳을 알 수 없다'고 하였다. 경기감사 권찬이 이 사실을 서장으로 올리며 "그 전후의 말이 지극히 황당합니다" 하였다.

이에 전교하기를 "작은 죄도 아닌 살인을 한 중죄인을 교종에 숨겼을 리가 없다. 내관과 선전관으로 하여금 척간하여 사대문을 닫고 수색하게 하고, 또 절의 중들을 점검하도록 하라" 하였다.

봉선사 주지 수진을 하옥하라고 양사가 거의 한 달 동안을 아뢰니 겨우 허락하였다. 그러나 와주율로 죄를 주지 않으므로 율대로 처벌하기를 계속 청했으나 끝내 윤허하지 않았다.

3월 22일 검토관 이언충이 아뢰기를 "근일 사명을 받들고 나간 환관들이 사체를 해친 것이 많습니다. 그동안 군명이라고 사칭한 것이 매우 많았고, 또 외방 사찰의 전지를 추쇄하는 것이 성덕에 크게 누가 되었습니다" 하였다.

조상의 계약서나 매매 문서가 사찰과 관계가 있는 것이라면 시기와 다소를 따지지 않고 중들이 빼앗아 가는데, 더 나아가 이를 중사가 독려하므로 수령도 감히 말하지 못하고 감사도 장계하지 못하였다. 그런데 4백 군데나 되는 내원당이 모두 전지를 갖도록 하고자 하니 이런 일이 도처에서 일어났다.

사관은 '짐승을 몰아다가 사람을 잡아먹게 하는 것을 이루 다 탄식하겠는가' 하였다. 탄식할 힘조차 빠졌다는 말이었다.

3월 25일 덕산에 사는 내수사의 종 희손이 도적 와주로 잡혔는데 현감 이문형이 신문할 때 그 발바닥을 쳐 죽게 하였다. 해미현감 양응태가 검시관이었는데 병사로 처리하였다. 그런데 내수사에서는 별도로 다르게 보고하여 두 사람이 죄를 받았다.

내수사의 종들은 아무리 작은 일이라 할지라도 저에게 불쾌한 것이 있으면 말을 만들어 바로 내수사에 호소한다. 내수사 제조 박한종은 제 마음대로 임금께 아뢰어 조금도 꺼리는 바가 없었다. 임금도 이들의 말을 받아들여 주현의 관리를 추고하고 치죄하여 반드시 중한 벌을 내리니, 간사한 무리들이 이를 믿고 방자하여 침해와 보복을 제 마음대로 하였다. 그러므로 내수사의 종과 관계된 일에는 수령도 감히 상관하지 못하고 피하니 내수사는 죄를 짓고 도망 다니는 무리와 신역을 피해 다니는 무리들의 소굴이 되어 별개의 구역을 이루고 있었다. 기가 막힐 일이었다.

윤3월 1일 정언 김귀영이 아뢰기를 "근래 외방 중들의 행패가 날로 심하여 심지어 신역이 있는 사람을 이끌고 산사로 들어가도 수령이 감히 묻지 못하고, 또 길에서 유생을 만나면 핍박하여 가무를 하게 하며 '전에 너희들이 우리를 괴롭혔으니 오늘은 우리가 너희를 괴롭히는 것이다'고 하니, 이런 일들을 사책에 쓰는 것이 어찌 부끄럽지 않습니까" 하였다. 명종은 속으로 부끄러워하겠지만 문정왕후는 부끄러워할 사람이 아니었다.

윤3월 22일 내수사의 환관 김충보는 민간에 폐단을 일으켜, 사사전을 경작하는 것을 빌미로 민간의 전답 우마를 빼앗았으니 추고하여 조율하자 하였다. 하지만 그 물건만 돌려주게 하고 김충보는 형문하지 말고 조율하라 하였다.

5월 15일 내시 임계종이 자전의 뜻을 받들어 군위 지방의 월영사에 불 놓을 곳을 살피다가 품관 이광준의 조상 분묘가 있는 것을 보고도 그곳에 불을 놓아 다 태웠다. 이광준의 아우가 허둥지둥 불을 끄자 임계종은 도리어 외람되고 무례하다고 하며 끌어다 결박하고 가두어 뇌물을 바치게 한 뒤에 또 죄를 결단하여 곤장을 쳤다. 그리하여 이광준이 그 원통함을 와서 호소하므로 헌부가 임계종을 신문하였으나 자복하지 않으므로 다시 형신할 것을 청하였다. 그러나 명종은 우선 형신은 멈추고 군위 고을의 회답을 받은 후에 다시 추고하라 하였다.

사관은 내시들이 득세하면 나라가 망했던 중국의 역사적 사실을 돌아보며 정말로 나라가 망하지 않을까를 걱정하고 있었다.

'엄시의 환란은 예전부터 있었으니, 크게는 군부를 폐립하고 작게는 권병을 훔쳐 멋대로 하였다. 이것은 오로지 인주가 지나치게 믿고 부렸기 때문이니 당나라의 멸망이 어찌 충분한 경계가 되지 않겠는가. 지금 안으로는 환시가 악행을 저지르고 밖으로는 중이 횡포를 부려 백성의 피해가 극도에 달했다. 이토록 백성들이 곤궁하고도 그 국가가 편안했던 적은 없었다' 하고 논하였다.

5월 26일 문정왕후는 유생들을 싫어하므로 성균관에 소속시켰던 어전을 도로 빼앗아 버렸다.

이에 사간원이 '근래 모든 사사의 토지를 다 도로 찾아 주면서 학궁에서는 어전까지도 도로 빼앗아 가므로, 주상의 마음을 모르는 자들은 중들에게는 후하고 유생에게는 박하게 한다고 잘못 생각합니다. 그리하여 사림이 모두 저상하여 있습니다' 하였다. 명종이 뒤에 김포의 속공전을 대신 하사하였다. 이에 이황이 전을 올려 사례하였다.

5월 29일 동래 효의사 주지 원감이 특지를 가칭하여 세력을 과장하고 많은 폐단을 일으켰다. 이에 죄주기를 청했는데 이번에는 순순히 그리하라 하였다.

6월 2일 중 일관이 보우의 방자한 소행을 사헌부에 고발하였다. 이에 명종이 보우를 해치려고 꾀하는 짓이라고 하였다. 사헌부가 일관이 고발했으므로 보우와 대질시키자고도 하고, 또 고발한 일관만 금부에 내려 죄를 물으려 하는 것은 부당하다고 오래도록 간했으나 듣지 않았다.

6월 6일 대사헌 김주 등이 중들과 환관들의 폐단을 강하게 성토하였다.

"오늘날 중들이 불어나서 얼마가 되는지 알 수 없는데 은총을 빙자하여 기탄없이 방자하게 굴어, 심지어 선비나 관리까지도 능멸하여 구타하고 욕설하며, 도적의 괴수를 고의로 놓아주고 숨겨 주니 해악스러움이 이보다 큰 것이 없습니다. 그런데도 전하께서는 마음에도 두지 않고 끊임없이 보호하고 아껴서 마침내는 대악을 저지른 곤수로 하여금 국가의 상형까지 면하게 하였으니, 이것이 바로 신들이 이른바 음이 성하고 양이 쇠해졌다고 하는 그 첫 번째 증거입니다.

오늘날 한관의 무리가 선량한 자는 적고 간교한 자가 많아 좌우에서 가까이 모시면서 기회를 보아 임금의 뜻에 영합합니다. 한 내관이 영수가 되어 내수사의 제조로 내고의 일을 관장하고 있습니다. 옛날에는 내수사에서 인신을 사용하거나 직접 공문을 발송하는 일이 없었는데 지금은 있어, 마치 왕명을 출납하는 것이 정원과 같고 이문을 보내고 받는 것이 육조와 같아 대단한 기세로 멋대로 행하고 있습니다. 내수사의 노비가 비위가 틀리는 일이 있어 와서 호소하면 즉시 고하여 임금의 귀를 더럽히고 임금을 격노시키므로 견책을 받고 군읍에서 파직된 자도 있고 내수사 노비를 힐책하였다가 서울로 잡혀 와서 신문을 받은 자도 있습니다.

그리하여 자전의 뜻을 받들어 산사를 순시하는 자가 권세를 빙자하여 열읍을 횡행하며 수령을 위협하여 만 가지로 요구하고, 사사전이라 핑계대고 민간의 전답을 겁탈하며 농작물의 수확도 징수해 가므로, 원망이 떼로 일어나 하늘을 향해 울부짖으니, 이것이 바로 신들이 이른바 음이 성하고 양이 쇠했다는 그 두 번째 증거입니다" 하였다.

그러나 소 귀에 경 읽기였다. 복장이 터질 일이었다.

6월 23일 군적에 들었으면 당연히 승적에서 삭제하고 군역을 하도록 해야 할 것인데 거꾸로 가고 있었다.

정원에 전교하여 "자전께서 전라도의 내원당을 적간하라고 하였는데 호패와 도첩을 받은 승려에게도 모두 군역을 배정하여 도내의 사찰이 빈 곳도 있다고 한다. 승려의 명단이 모두 예조에 있으니 뽑아서 군적도감으로 보내 군적 초안에 이미 군역이 정하여져 있더라도 그 명단을 참고하여 삭제할 것으로 군적도감에 이르라" 하였다.

나라는 누가 지킬 것인가. 실로 한심하였다.

7월 8일 정원에 전교하여, "여러 군가에서 내지를 가칭하여 지음을 차송하기 때문에 용렬한 승려들이 이를 빙자하여 폐단을 짓는다 하니, 차첩을 거두어 모아서 올려 보내도록 각 도에 하서하라" 하였다. 왕족들도 이런 짓을 하고 있었다.

내지를 가칭하는 자들도 오히려 폐단을 짓는데, 실지로 내지를 받드는 자들이 짓는 폐단은 어떠하겠는가.

사관은 '그 가칭하는 것은 제거하려고 하면서 실지로 내려지고 있는 내지는 그대로 두니, 이것은 겉병을 고치면서 속병은 그대로 두는 것이다' 하였다.

우선 겉병이라도 고치려고 하는 것이 진일보한 것이다. 조금 나아지는가?

불교와 내수사에 관한 지금까지의 명종의 말은 모두 문정왕후의 말이었다. 명종은 앵무새처럼 전달만 했을 뿐이다. 20세인 명종도 자질이 영특한 임금이어서 사리를 모르지는 않았다. 워낙 효성이 지극하여 독한 어머니 문정왕후의 뜻을 거역하지 못하고, 신하들과 어머니 사이에서 괴로운 세월을 보내고 있었다.

7월 12일 문정왕후가 수렴청정을 거두었다. 수렴청정 기간을 꽉 채웠다. 명종은 20세로 즉위 9년이 되었다. 문정왕후는 앞으로는 다시는 정사에 참여하지 않겠다고 했는데 이 말은, 말은 바르다 해도 속뜻은 다르다. 이제부터는 수렴청정이 아니고 내실청정이 될 것이다. 하고 싶은 일은 환관을 시켜 전하기만 하면 된다. 명종은 이제는 핑계대기도 어렵게 되었고, 불려 다니는 수고를 해야 할 것이며, 매번 혼나고 서러운 눈물을 흘릴 것이다. 그런 세월을 12년은 더 해야 한다.

수렴청정을 거두고 친정을 하게 되니 조금은 변한 것 같다. 사헌부가 내수사의 폐단을 고하고 내수사의 고소로 간성의 색리를 서울로 잡아온 것의 부당함을 아뢰니 윤허하였다. 경상감사의 계본에 내시 임계종이 내지를 사칭하여 폐단을 짓고 있다는 것을 말하였다. 그러나 답변은 적간하는 일로 내지를 받들고 갔으니 사칭한 것이 아니라 하였다. 그러나 내시와 중을 형조로 하여금 추국하게 하라 하였다.

7월 27일 신광한이 양종의 설치를 개혁하라 하고, 내수사의 폐단을 연산군 때를 거론하며 눈물을 흘리면서 아뢨다.

"지금 내수사의 일은 끝내는 반드시 큰 폐단을 일으키고 말 것이니, 상께서는 깊이 살피소서. 소신은 연산조의 혼란이 먼저 내수사로부터 시작되었다는 말을 들었습니다" 하였다.

9월 14일 경복궁에 불이나 다 타버렸다. 화재의 책임을 물어 박한종의 삭탈관작을 요청하나 윤허하지 않았다. 계속 요청하니 '삭탈관작하는 것은 너무 무거우니 파직만 시키도록 하라' 하였다.

박한종은 교만 방자하고 악독하여 못하는 짓이 없었다. 그러나 문정왕후는 박한종이 을사년에 공로가 있다고 하여 총애하고 신임하기를 대신과 다름이 없이 하였다. 그러니 박한종은 더욱 교만하고 방자한 마음을 갖게 되었다. 예로부터 임금이 환관을 총애하고 신임하여 그의 말만을 따라 주면서 권한이 아래로 옮겨짐을 알지 못하게 되면, 결국은 임금을 폐위하고 국가를 망하게 하였다. 역사가 분명하니 징계 삼을 수 있는데도 전혀 생각하지 않았다. 역사에 대한 통찰이 없는 사람들에게 바랄 수 있는 것이 아니었으리라.

사관은 '환관들이 교만하고 방자한 것은 조종조 이래로 오늘날보다 심한 적이 없었으며, 조정의 기강이 없음도 오늘날보다 심한 적이 없었다. 이와 같고서 나라가 망하지 않는 것을 아직 보지 못하였다' 하고 논하였다. 실로 보통 심각한 상황이 아니었음을 말한 것이었다.

성균관 유생들이 상소하여 양종의 문제를 강력하게 주장하고, 이제 정사를 직접 보게 되었으니 고쳐야 된다고 하였다.

명종이 답하기를 "우리 유가에서 이단을 물리치는 것은 당연하다. 불교의 일은 그 유래가 오래 된 것이니, 자전께서 옛 법규를 회복하셨을 뿐이다. 내가 어찌 신봉할 리가 있겠는가. 이 때문에 재변을 불렀다고 하는 것은 알 수 없는 일이다. 내가 부덕한 사람으로 하늘의 인애로운 꾸지람에 보답하지 못하였기 때문에 이 화재의 큰 변고를 만나니, 두려워서 몸 둘 바를 알지 못할 뿐이다. 제생들은 이 점을 알아야 할 것이다" 하였다.

직접 자신의 말을 하게 되니 말이 많이 부드러웠다. 그리고 문정왕후의 눈치를 볼 필요가 없는 사안은 신하들의 청을 들어주었다.

11월 2일 간원이 중들에게 부역시킬 것을 아뢰었으나 윤허하지 않았다. 다만 도첩이 없는 중들을 부역하게 하고 일이 끝나도 도첩을 주지 말라 하였다.

11월 10일 내수사 노비의 폐단을 말하니 이를 따랐다. 또 사헌부가 내수사 노비의 복호에 대한 것을 말하니 아뢴 대로 하라 하였다.

그러나 아직은 독단할 수가 없었다. 상원사 주지와 장무승이 전지를 빼앗고 민가를 협박하여 철거케 하려고 거짓 계를 올린 사건이 있었다. 내수사의 서리들이 다시 측량하여 사위전이라 하며 중을 편들어 점거하고 백성들에게 중죄를 가하려 하였다. 이에 이들의 치죄를 청했는데 오히려 두둔만 하였다. 이렇게 문정왕후가 관여하는 사안은 어쩔 수가 없었다.

이때 사람을 등용하는 권한은 오로지 권력자들에게 있었다.

윤원형이 국정을 담당하게 되어서는 기탄없이 문을 열어 놓고 뇌물을 받아들이니 재상 대신들도 이를 본받아 조금도 부끄러워할 줄 모르고 마구잡이로 뇌물을 받았고, 가신, 첩족 등 잡된 무리를 여러 관직에 벌여 놓았다. 아무리 가까운 친척이라도 노비나 전답을 받고서야 벼슬을 주었다. 그 외에 심지어 환관과 외척들까지도 '회천의 힘을 가졌으니 낙점을 받으려면 나에게 잘 보이라'고 어처구니없는 말을 하고 있었다.

이조, 병조에서는 다만 천거한 사람의 지위와 권세에 의해 차례를 정했다. 심지어 사사로이 문부를 만들어 천거한 사람의 성명을 기록하여 두었다가 의망할 때면 그 문부에 따라 하였다. 그래서 아무리 재질이 탁월한 사람이라도 그 문부에 없으면 의망에 끼지를 못했다.

사간원이 병조의 폐단을 말했는데, 선전관, 부장을 삼는 것과 수령, 병사, 수사를 삼는 것이 모두 사청에 의하여 이루어진다고 하였다. 그러므로 그들이 부임한 뒤에는 자신을 천거 발탁해 준 사람의 은혜를 후하게 갚는 데에만 몰두하게 되며, 백성의 재물을 긁어 들이는 자는 현달하고 정직한 사람은 버림을 받는다고 하였다.

윤춘년은 '지금 사람들의 말에, 찰방의 값은 세목으로 8동, 별좌의 값은 6동인데, 그 값을 노비나 전답으로 대신 치르려면 노비는 7~8명, 전답은 15섬지기라 하니, 이로써 보면 세도를 알 수 있습니다' 하였다.

지금 군적은 되어 있지만 사람들이 벌 받을 것을 두려워하여 죽은 자를 살았다고 한 것이 많았다. 상진은 말하기를 비록 군액에는 정해졌다 해도 실제는 허황하게 벌여 놓은 것으로, 5천 명 중에서 정병을 뽑는다면 2천도 차지 않을 것이라고 하였다.

지금 수군이 괴로운 것은 봉족은 주지 않고 봉족의 역까지 부가하기 때문이다. 군적을 만들 때 봉족을 채워 준다고 하지만 부유한 자들은 뇌물을 주고 빠지고 가난한 자는 견디지 못하고 도망한다. 국가는 봉족을 주었다는 명분을 빙자하여 또 봉족의 역을 부가할 것이니, 수군의 고통은 차라리 봉족을 주지 않는 때가 덜하다. 그것은 대체로 봉족을 주면 봉족의 역을 겸해야 하고 봉족을 주지 않으면 봉족의 역도 없는 것인데, 군적도감에서는 수군의 실정을 살피지 않고 한갓 헛이름뿐인 봉족을 더하고자 하니 이는 백성을 속이는 것이다. 이것도 백성들에게는 죽지 못해 살아야 하는 기가 막힌 현실이었다.

사간원이 이렇게 수군의 폐단을 말하고 또 그 번서는 것에 대한 대책을 말하였다. '수군의 법은 호수 1인에 봉족 3인 도합 4인인데, 좌우령으로 만들면 8인이니, 4번으로 나누어 각 2인씩 1개월간 입역하면 1개월 입역하고 3개월 휴식하니 크게 무거운 것이 아니다. 그런데 실제로는 봉족이란 말뿐이어서 천명 가운데 한 명도 없다. 그러니 1인 2교대로 한 달씩 서야 하는데, 가는 데 10일 오는 데 10일을 빼면 집에서 체류할 시간은 10일뿐이다. 그리하여 파종과 추수의 철을 놓치고 휴식할 날짜도 없어서 부모 봉양 처자 양육을 못하여 굶주리고 얼어 죽게 된다. 만일 3령으로 나눈다면 1인 3교대로 하면 40일을 집에 있게 되니 여유가 있다' 하였다.

근래에 왕자와 공주의 집에서 전결이나 묵은 땅의 값이라 칭하기도 하고, 혹은 납곡의 값이라고 칭하기도 하면서, 심지어는 망망대해까지도 모두 사사로이 점유하고서 바다의 어전까지도 모두 입안을 만들어 버렸다. 어선이 바다에서 고기를 잡고 돌아오면 자기가 입안한 곳에서 고기를 잡았다 하며 위협하고 공갈하여 탈취하였다. 이 때문에 5~6년 전부터는 어상이 내지를 다니지 못하여 바다 고기와 소금 값이 매우 높아져 성안의 사람들이 고기를 먹지 못하게 되었다. 심지어는 각 고을의 어전까지도 탈취하여 관청에서 쓰는 어물도 백성들에게 나누어 배정하여 징수하게 되었다.

이에 사헌부가 이러한 궁가들의 폐단을 아뢨다. "백성들이 견디지 못하고 계속해서 유리하고 있으니 그 피해를 이루 다 말할 수 없습니다. 각처의 어전과 바다를 입안한 것을 모두 해조로 하여금 환수하게 하여 가난한 백성들의 생업을 마련해 주시고, 전결과 묵은 땅에 대한 값도 적당히 조치하게 하소서. 계속하여 폐단을 일으키는 자들에게는 그들의 노비를 전가사변시키며 소소한 개천과 암석 등의 입안을 받은 자들도 또한 사점시장율에 따라 죄를 다스리소서" 하니, 모두 아뢴 대로 하라고 시원하게 답하였다. 그러나 그대로 될 리가 없는 세상이었다.

황주, 안악, 봉산, 재령은 땅이 바다에 인접하였으며, 토지 또한 염분이 많고 저습하여 농사를 짓기 어렵고 오직 갈대만이 무성하였다. 그래서 이곳에 사는 백성들이 이 갈대를 이용하여 삿갓과 삿자리를 만들어 살아가면서 유리를 면하여 온 지 오래되었다. 그런데 몇 년 전부터 권세가들이 묵은 땅이라고 칭탁하여 입안을 하고는 이곳에서 생산되는 갈대를 가지고 도리어 그곳 백성들에게 팔아서 많은 이익을 얻고 있었다. 그곳 백성들은 앉아서 생업을 잃었고 유리하는 사람까지 생겼다.

이에 사간원이, 그 입안을 환수해서 생업을 잃은 백성들로 하여금 이익을 함께 하도록 하자고 청했다.

　상이 즉시 입안의 허실을 호조에 물어서 환수하도록 하라 하였다. 그러나 아직은 때가 아니었다. 곧이어 "지난번에 제 군가에서 어전을 입안한 일은, 대간이 아뢴 바대로 해조에 명하여 환수하라고 할 때에 분명히 말하지 않았다. 사사로운 입안 이외에 선왕조에서 하사해 준 곳은 환수하지 말도록 하라" 하였다.

　당시에 상언으로 인하여 절급한 것도 있다며 계속 반대하였으나 끝내 윤허하지 않았다. 아직은 문정왕후의 그늘에서 벗어날 수가 없었던 것이다.

　이미 생업을 잃은 백성들이 도적이 되는 것은 어쩔 수가 없었다. 황해도의 유명한 도적 임꺽정은 이래서 생겼다.

‖ 양천 문제와 서얼 허통에 관해 논의하다 ‖

　윤3월 14일 윤원형이 아뢰기를, 공사천이 양녀를 얻을 수 있는 법을 그대로 두고 고치지 말고 양남으로 하여금 반드시 양녀를 얻게 하여 집집마다 본처가 모두 양녀라면 양남이 낳은 자식은 모두 양정이 될 것이라 하였다. 그리고 또 양민이 법을 어기고 천녀를 얻어서 본처를 삼는 자가 있으면 사면에 관계없이 전가사변시키자고 하였다.

　안현은 천인이 종량할 수 있는 길을 넓히자고 하였다.

　5월 20일 삭령의 진사 김사악이 상소하였는데, '문재나 무재가 있는 서얼이 몇천만이나 되는지 알 수 없는데 벼슬길을 열어 주지 아니하니, 이것은 그들을 인간에 끼워 주지 않고 버리는 셈입니다. 하늘이 현능한 재주를 낼 때는 적자와 서얼을 구분하지 않았는데 국가에서 사람을 쓸 때는 적자와 서얼에 구별을 두니 이 어찌 하늘이 재주 있는 사람을 내는 뜻이겠습니까? 하늘의 뜻을 어기고 재앙이 없기를 바란다면 될 수 있겠습니까. 온 나라 신민 중에 서얼만큼 오랫동안 금고당하는 원통함과 민망함이 있는 자가 없을 것이므로 감히 이것을 위에 들려 드리니 받아들여 주소서' 하였다.

답하기를 "우리나라는 적자와 서얼의 구분이 엄중하고 분명하다. 서얼을 금고하는 일은 조종조로부터 법으로 세운 지 이미 오래이니 한 사람의 상소 때문에 바꾸어서는 안 된다' 하였다.

9월 29일 전교하여 '서얼 정대운, 한석 등이 문무과에 응시하도록 허락해 줄 것을 상소하였으니 바쁘지 않은 날에 궐정에서 의논하라' 하였다.

10월 17일 대신들과 서얼 허통에 대하여 논의하였다.

삼정승 심연원 상진 윤개와 윤원형은 '대소인원이 양가의 여자나 사대부의 서녀를 취하여 첩을 삼은 자에게서 난 자손과 천첩의 자식으로 속신하여 양민이 되어 양가의 여자를 취하여 아내로 삼은 자에게서 태어난 자손은 문무 양 과와 생원, 진사시에 응시하여 벼슬을 할 수 있도록 하되 청현직, 중직은 주지 말며, 과거를 거쳐 출신한 자가 아니면 동서반의 정직을 주지 못하도록 하는 것이 맞을 듯합니다' 하였다. 정사룡 이준경도 이에 동조하였다. 신광한, 김광준, 안현 등은 법을 경솔히 고칠 수 없다 하며 반대하였다. 주로 명망 있는 사람들이 반대하였다.

이황은 국속을 갑자기 변경할 수 없고, 대방을 갑자기 허물 수 없다는 것을 들어 반대하였다. 그래도 사안별로 그때그때 변통하자 하였다.

대방은 예절을 말하는 것으로 적서의 명분과 귀천의 질서를 말하는 것이다. 이 대방을 허물 수 없다는 이황도 그대로 옛날 사람이었다.

　삼정승과 윤원형의 의견이 더 좋은 것은 확실하다. 그런데 윤원형은 첩 정난정과의 사이에서 난 자식들 때문에 이 문제에 적극적이었으니 그 의도가 불순하였다. 그렇다 하더라도 이 문제에서만은 그의 의견이 좋았고 다행히 일부는 수용되었다.

　명종이 전교하기를 "서얼을 허통할 수 없다는 것이 비록 조종조의 성법이라고는 하지만 국가의 인재를 아끼는 뜻에서 볼 때 변통하지 않을 수 없다. 대체로 삼공의 의득에 의하여 양첩의 아들로서 양처를 취했을 경우에는 손자에 이르러서 허통하고, 천첩의 아들로 양처를 취했을 경우에는 증손에 이르러 허통하되, 현직에는 서용하지 말아 적자를 능멸하는 일이 없도록 할 것을 예조로 하여금 상세하게 절목을 마련케 하라" 하였다. 신하들이 계속 반대하고 근거를 들이대고 청하니 양첩의 자손만 허용하라 하였다.

　전 근대 사회이기 때문에 노비는 어쩔 수 없다 하더라도, 가능한 한 천인을 줄이는 방향으로 정사를 했어야 했다. 또한 서얼을 법으로 차별하는 것은 특히 말이 되지 않는다. 특히 국가를 이끌어 가는 사대부들이 적극적으로 반대하여, 자기가 난 자식을 자기 손으로 천하게 만들고 차별하고 있으니 명분은 적서와 귀천의 질서를 말하나 실제로는 하늘의 질서를 어기고 있었다. 이런 사대부들이 이끌어 가는 국가 사회가 잘 유지될 수는 없는 것이다.

　이해에도 흉년으로 인한 백성들의 고통은 계속되었다.
　1월부터 경상도 일대에서는 백성들이 기근을 견디지 못하고 유리하는 실정이었고, 겨울 가뭄으로 보리농사도 기약하기 어렵고 도둑 또한 성행하였다. 3, 4월에는 비가 오지 않아 기우제를 지냈다. 이러한 가뭄과 뒤이은 수재는 반복되어 올해도 흉년이었다. 11월 19일 경상도의 흉년은 전고에 없던 흉년이니 방물을 올리지 말라 하였다.

이해의 다른 일들은,
2월 5일 이준경을 병조판서로 하였다. 탁월한 선택이었다.
김인후를 성균관 전적으로 불렀다. 그러나 응하지 않았다. 유중영을 사헌부 장령으로 하였다. 강직하고 명철하며 번거로운 일을 능숙하게 처리하는 재주가 있어서 유신현감 때에 정치를 잘한다는 명성이 있었다.

3월 30일 사간원이, '근래에는 신래를 괴롭힘이 너무 지나쳐서 썩은 흙을 당향분이라 하여 얼굴에 바르고 음설된 말을 하며 종일 동안 일어나서 춤을 추게 하는데 그 사이의 온갖 무리한 일들은 낱낱이 들기가 어렵습니다. 어떤 신래자는 이로 인하여 병을 얻어 평생 동안 폐인이 된 경우도 있습니다. 또 승문원 성균관 교서관에서는 2~3일 후에 허참례를 행하고 4~5일 후에는 면신례를 행하는데 그 사이에 연회를 요구하는 폐단이 있고, 기타 새로 배속된 인원이 있는 곳에 신래를 침학하는 사례가 있습니다' 하였다. 재미있는 풍속이어야 할 것이 정말 재미없는 폐단이 되고 있었다.

윤3월 10일 대마도 태수 종성장이 상서하여 '근년에 귀국 해변이 평안한 것은 신들의 힘입니다. 금년에는 서융이 수천 척의 배를 몰고 명나라로 갔다는 말을 듣고 변측에 매복하였으니 귀국의 해변이 보호받을 수 있는 것입니다. 지금 일본의 소망을 다 들어주신다면 기쁜 마음으로 섬을 지켜 서해를 진압하여 충절을 바칠 수 있습니다' 하였다.

대마도 왜적은 세사미를 더 타고 무역을 더 많이 하기 위해서 어디인지도 모르는 서융이 침범하려는 것을 막아 보호해 주고 있다는 제멋대로의 자찬까지 하고 있다. 왜와 절교하고 싶었으나 후일을 생각하지 않을 수 없었기 때문에 조정에서는 적당한 선에서 양보하고, 약속을 잘 지키라고 온건하게 답할 뿐이었다.

이준경이 아뢰기를, "대마 도주의 글 중에도 불공한 말이 있었으니 후일의 변이 진실로 염려됩니다. 신의 생각에는 저들이 적왜의 변을 미리 말한 것은 저들이 이미 후일의 뜻을 가졌기 때문에 미리 말한 듯한데, 우리나라의 방어는 허술하고 전라도 연해의 6포와 청홍도 이상은 방어할 수 있는 방법이 없습니다. 만약 왜노가 이곳으로 쳐들어오면 아마도 제어하기 어려울 것입니다" 하였다. 을묘왜변을 정확하게 예측하는 말을 하고 있었다.

그러나 어떻게 대비할 것인가. 불과 몇 척의 소소한 왜적에게도 쩔쩔매고 당황해하는데, 수십 척의 왜적이 침범할 경우 어떻게 할 것인가. 어느 누구도 특별한 대책은 생각도 하지 못했다.

4월 30일 화폐를 사용하자는 깨어난 사람도 있었다. 한학훈도 방광측이 상소하여, "미곡은 일용하는 음식이 되는 것이고 전폐는 물품을 유통시키는 것입니다. 국가에 비축한 동철의 수가 매우 많으니 이것으로 전폐를 만들어 민단에 흩어 쓰게 한다면 국가에 유리하고 백성에게 편리할 것입니다. 성상께서는 사람을 가지고 말을 폐지하지 말고 낭묘에 명을 내려 상의하여 시행한다면 진실로 우리 백성들에게는 갱생하는 시기가 될 것입니다" 하였다. 그러나 호조가 동은 우리나라에서 나지 않는다며 반대하였다.

5월 29일 제주 주민 고윤호가 다리를 공물로 바치는 것에 대해 육지의 각도에 배정할 것을 청하니 2년을 한정하여 감하라 하였다.

9월 13일 명종이 춘당대에 나아가 관혁으로써 출신하지 못한 무인들을 시험하고 삼공에게 전교하기를, "문무를 아울러 쓰는 것이 오래갈 수 있는 방법이다. 지금 출신하지 못한 무사들도 과거를 보여 뽑는 것이 어떠하겠는가?" 하니 삼공이 무사도 마땅히 문의를 해독하는 자를 뽑아 등용하여야 한다 하였다. 명종은 또 "무재가 있는 사람은 미리 배양하여 등용해야 한다" 하였다. 이렇게 명종의 무를 중시하는 생각은 남달랐다.

9월 20일 사헌부가 아뢰기를 근래에 백성들의 곤궁함은 연번군(상여호송군) 조묘군 교자군 등이 가장 큰 고초를 겪고 있습니다' 하였다.

11월 30일 회재 이언적이 배소 강계에서 졸하였다. 향년 63세였다.

이렇게 극심한 내수사의 횡포 속에서 사대부들의 속은 썩어 들어가고 권력자들의 무한한 가렴주구로 백성들은 피가 마르면서 이 한 해도 저물어 간다. 다행히 문정왕후가 수렴청정을 거두어 조금은 변화의 조짐이 보이지만 아직은 때가 아니었다.

이순신은 9살이었다. 이때쯤이면 병정놀이에도 재미가 붙었을 것이다.
12살이 된 유성룡은 부친 슬하에서 공부에 열심이었다. 부친 유중영이 사헌부 장령으로 임명되는 경사도 맞았다.
18세의 이이는 여묘살이 중이었다.

13
흉년은 연례행사로 대책이 없다 :
명종 9년 (1554 갑인년)

해가 바뀌어도 백성들의 삶은 나아질 조짐은 없고 더욱 어려워지기만 한다.

해마다 흉년이 연례행사처럼 들었지만 이해는 그중에도 아주 극심하였다. 이런 와중에 불타 버린 경복궁을 다시 짓는 토목공사를 한다.

1월 24일 대사헌 윤춘년이 구황하는 방법으로 납속을 건의하였다. 곡식을 받고 벼슬을 주자는 것이다. 벼슬길이 혼란해질 염려가 있지만 따질 때가 아니었다.

봄에 큰 기근이 들었는데 연해 각 고을은 그 피해가 더욱 심했다. 지난해 가뭄으로 인하여 최악의 흉년이었기 때문에 올해는 더욱 어려웠다. 진제 경차관이 죽을 준비하여 고을을 순방하며 여염을 드나드는 동안에도 구렁에 구르는 시체는 부지기수였다. 진휼하러 온다는 소리를 듣고 나오는 중에도 힘이 없어 땅에 쓰러졌다. 그리고 그 얼굴들은 이미 부황이 들어서 비록 몇 되의 쌀을 준다 해도 연명하기 어려웠다.

사관은 '슬프다 우리 백성들이여! 어찌하여 이 지경에 이르렀는가' 하고 울부짖었다.

4월 27일 안동의 생원 이포가 백성들의 극심한 고통을 상소하면서 고생하는 모양을 그림으로 그려 올렸다.

"신은 초야의 외로운 한 사람이나 시사에 개탄하여 늘 가의와 같은 분개한 마음을 품어 온 지 오래였습니다. 오늘날 백성을 해치는 폐를 조목조목 진술하니 헤아려 주소서.

민생의 초췌와 호구의 감소, 군졸의 유망, 전야의 황폐가 지금보다 심한 적은 없었습니다. 문음의 사람은 대부분 권귀의 자식이거나 뇌물을 바친 사람인데 대부분 수령이 되어서는 법을 어기고 제멋대로 거두어들여 우리 백성들을 해치는 것을 이루 다 거론할 수 없으므로 우선 그 심한 것만을 들어 말하겠습니다.

첫째, 호피입니다. 요즘 수령들이 산행해서 잡은 것을 모두 제 소유로 만들고 공물은 대신 시중에서 사서 바치는데 호피 한 장의 값이 쌀로는 30여 석이요, 무명으로는 7~8동이나 됩니다. 이 쌀과 무명을 백성들에게 할당하고 기한을 정하고 독촉해서 며칠 안으로 거두어들입니다.

둘째, 주포입니다. 요즘 수령들은 탐욕이 심하여 명주발을 아주 곱게 하도록 하고 길이가 50척이 되지 않으면 수납하지 않고 있습니다.

셋째, 취칠입니다. 수령들은 공전의 칠은 모두 사용으로 하고 상납하는 칠은 백성들에게 분정해서 기한을 정해 독촉해서 생산을 다 쓸어갑니다.

넷째, 완초입니다. 왕골은 공전이 있으니 백성들에게 거두는 것이 부당한 일인데도 관에서는 민간에게서 그 값을 거두는 것을 항식으로 정해 놓고 있습니다.

다섯째, 호적입니다. 호적에 사용하는 종이 값은 인구의 수를 계산하여 백성에게서 거두면서 또 호적의 역을 시키니, 어느 것 하나 착취의 요건이 아닌 것이 없습니다" 하고,

그 외에, 흉년으로 공물을 감하라는 명도 받들지 않고, 요구 물품을 내지 못한 자는 줄줄이 엮어 옥에 가두고 매질하고, 논 팔고 집 팔아 유

리하게 되고, 백성을 구제하라는 성상의 하교는 받들지 않고 날마다 잔치나 하고, 경차관이 올 때 되면 쌀을 조금 나누어 주어 미봉하며, 양민이라는 허울하에 군액은 부실하고, 수령의 식솔이 너무 많고 뇌물을 공공연히 받으며, 기인의 공물이 한 달에 16필이나 되고, 일족과 이웃에게서 징수하며, 악공 선상을 감당하기 어려우므로 도망하고, 진상할 때 권세가와 자기 집에 보내는 것이 10배나 된다 하였다. 그리고 찰방은 시종 중에 정직한 사람으로 해야 하고, 수군만호의 횡포와 방수하러 갈 때 창과 칼이 아닌 쌀과 간장만 가지고 가는 것, 어사가 내려오면 주군이 서로 알려 주고, 어사 및 그 하인에게 인정을 베풀어야 하고, 향교는 신역을 피하려는 무뢰배들이 교적에 오르고, 사장의 자격미달과 감사가 상소문을 개봉하여 보는 폐단 등을 간략하나 절실하게 기술하였다.

마지막으로, "귀로 듣는 것이 눈으로 보는 것만 못하므로 신이 백성들의 고생하는 모양을 만분의 일이나마 취하여 그림을 그려 올리는 바입니다" 하였는데, 명종이 눈물을 흘리며 상소를 읽었다.

그리고 전교하기를, "즉위한 지 이제 10년이 되었다. 그동안 조정 상하가 늘 백성을 구제하는 데 마음을 다했는데 지금 이포의 상소는 차마 볼 수 없는 지경이다. 신하들 중 개심하여 봉공하는 사람이 하나도 없는 것이 어찌 지금 같은 때가 있겠는가. 요즘 수령들은 굶주린 백성들을 구제하는 일은 치지도외하고 백성에게서 긁어내는 것만을 일삼아 나라의 근본이 날로 병들어 가니 어떻게 나라를 유지할 수 있겠는가. 이 상소를 대신들에게 보인 뒤에 해조에 내려 실행할 수 있는 것을 회계하라. 그리고 예전에는 감사가 수령의 현부를 살펴 매우 어질지 못한 자는 교서에 의해 벌을 주었고, 또 부민들이 고소하는 법이 있었기 때문에 수령들이 조금은 두려워하는 마음이 있었는데, 지금은 그 법을 폐하고 행하지 않으므로 폐해가 매우 심하다. 고소하는 법을 언제 폐지하였는가? 상고하여 아뢰라. 그리고 식솔을 많이 거느리지 못하도록 금한 법이 근간에는 행해지지 않고 있으니 다시 밝혀 시행하라는 뜻을 법사에 말하라. 또한 팔도의 감사가 봉여를 봉송하지 못하도록 이미 법으로 정했는데 지금 봉행하지 않고 있으니 확인하여 그렇게 하지 말도록 할 것을 팔도에 하서하라. 그리고 이포의 인물됨이 쓸 만한지의 여부를 물어보아 속히 아뢸 것을 감사에게 하유하라" 하였다.

뒤에 사헌부가 부민고소법을 상고하여 아뢰었다. '종사에 관계되는 것과 법에 의하지 않고 멋대로 사람을 죽인 것 외에, 이전·복예가 그의 관원을 고발한 자와 품관·이민이 그의 관찰사나 수령을 고발하는 자는 모두 그 고발을 받아 주지 않고 장 일백 도 삼 년에 처하고, 남몰래 타인을 사주하여 고발장을 내게 한 자도 죄는 이와 같다. 그리고 자기소원자는 경청하여 심리하고 무고자는 장 일백 유 삼천리에 처한다' 하였다. 법이 이렇게 변질되어 있으므로 백성들이 악덕 수령을 고발할 수가 없었다.

4월 30일 주인을 배반한 종들이 내수사에만 투탁하는 것뿐만이 아니라 세도가 큰 집에 투탁하는 자들도 많았다. 여종 모자 4명이 도망하여 다른 집에 숨었는데 정소하려 할 즈음 덕흥군 이초의 종 10여 명과 정세호의 종 10여 명이 함께 치고 때리며 빼앗아 갔다. 이에 사헌부가 덕흥군과 정세호를 추고하기를 청했다. 명종이 아뢴 대로 하라고 하였다.

5월 14일 현실의 어려운 상황과 폐단에 대하여 임금이 분발할 것을 사헌부가 강력하게 아뢰었다.

"안으로 각사의 관리와 밖으로 여러 고을의 수령들이 부형의 세력을 빙자하여 제 마음대로 자행하는데, 한편으로는 전복과 통하여 그 이를 함께 나누어 가짐으로 해서 창고를 텅 비게 하고 한편으로는 백성들을 침학하여 사욕을 채우기에 급급하여 촌락을 폐허로 만듭니다. 이런 짓이 날이 가고 해가 갈수록 더욱 심해져서 온 나라 사람들이 모두 위망의 화가 조석간에 박두했다고들 하고 있습니다. 그런데 상께서는 시폐가 이 지경에 이른 것을 모르지 않으시면서도 명령 한번 내리거나 정책 한번 실시하여 온 나라 사람들의 간담을 뒤흔들어 그들로 하여금 개심하고 생각을 고치기에 겨를이 없게 하지 못하고 하는 일이라고는 흰 종이에 글줄이나 써서 역마나 피곤하게 하고 실속 없는 말에 붙여 탄식하고 눈물을 흘리는 데 불과할 뿐이니, 그렇게 해서 과연 폐습을 고치고 위망을 구할 수 있겠습니까? …… 상께서는 치지도외하고 전혀 생각하지 않으시어 평상시에 힘쓰시는 일은 오로지 내수사와 내원당의 일뿐입니다. 양응태는 이미 내수사의 노비를 치죄한 까닭으로 파직이 되었고 성영도 지음승을 치죄한 까닭에 파직되었습니다. 이것이 인명이 지극히 중하기 때문이라면 종 한 사람, 중 한 사람의 죽음만은 가엾게 생각하시고 천만인이 구렁에서 죽어가는 것에 대해서는 전혀 마음을 움직이지 않으시는 것은 무슨 까닭에서입니까? 이 때문에 온 나라 사람들이 모두 중은 중하게 여기고 백성은 가볍게 여기는 것입니다. 그렇다면 어떻게 온 나라 사람들의 의심을 통쾌하게 풀어주어 그들의 마음을 열복시킬 수 있겠습니까" 하였다.

이에 대해 명종도 강력하게 의정부에 전교하기를 "아 너희 공경 및 관찰사들은 나의 지극한 뜻을 체감하여 각기 그 책무를 다하여 공도를 세우고 사정을 쓸어버려 마음의 바름을 밝히고 선량한 사람을 포장하고 탐학스런 무리를 물리쳐 부탁하는 편지에 끌리지 말고 쌓인 폐단을 하루빨리 고쳐 모든 공적이 이루어지게 하라. 진실로 구습만을 따르고 고치지 않는다면 일절 물리치고 용서하지 않을 것이다. 더구나 수령이 식솔을 많이 데리고 가는 것은 국가의 법전에 금지되어 있으니 8월까지 모두 올려 보내게 하라. 만약 그대로 머무르게 하여 국법을 무시하는 자가 있으면 감사와 도사는 이를 적발 치죄해서 공도를 밝히고 은혜가 아래로 궁한 백성들에게까지 고루 미칠 수 있도록 중외에 두루 유시하라" 하였다. 정말 좋은 내용의 전교였다. 그러나 말뿐이었으므로 따르려는 자도 없었다.

수령들은 재상을 잘 섬기는 일에만 힘쓰고, 탐욕스러운 풍조는 조정에 있는 사람들이 더 심했고 염치도 없었다. 국가의 지도층인 사대부들이 나라를 부강하게 하여 백성들을 잘살게 하겠다는 생각은 전혀 없었다. 오로지 자기들 배부를 것에만 신경을 썼고 백성들은 겨우 배고픔만 면하게 하는 것을 지상 과제로 삼았다. 그러나 그것도 되지 않았다.

6월 장마가 길어지고 수재가 발생하고 전염병이 돌았다. 이때 혜성이 나타나니 명종이 구언 교서를 내렸다.

7월 임보신, 이언경, 이수철, 김규를 4도에 암행어사로 보냈다. "해야 할 일들은 모두 봉서에 있다. 미행할 적에도 폐단이 없게 하라" 하였다. 그런데 뒤에 영송할 때의 폐단 때문에 어사가 적발한 수령들을 바꾸기가 어렵다고 하여 우선 추고만 하기로 하였다. 이래서 어사를 보낸 의미도 없어졌다. 영송의 폐단이 있으면 그 폐단을 바로잡아야 할 것인데, 알고도 하지 않는 것이 문제였다.

7월 14일 호조에서는 올해의 흉황이 심하여 구황할 모든 일을 미리 앞당겨 조치해야 하니, 먹을 수 있는 곡식 잎, 채소 잎, 산삼, 길경, 해체 같은 것들을 제때에 거두어 모아 가을과 겨울에 대비해야 하고, 서울의 사족 중에 굶주리는 사람들은 우선 추수 때까지 기다려 보고 겨울과 봄 동안에는 소속 부로 하여금 듣고 보는 대로 구제하게 하자고 하였다.

9월 3일 전교하기를, '올해는 8도가 모두 흉황이다. 이런 때에 국가의 저축이 부족한 것 때문에 백성이 유리하는 것을 앉아서 보기만 해서는 안 되니 자세히 살펴서 전세와 공물을 견감하라' 하였다.

9월 9일 경상감사 권철이 구황에 대비하여 조치할 사항들을 자세하게 구체적으로 말하였다. "지나간 해에 거두지 못한 노비 신공과 올 갑인년 조목의 면포·저화를 모두 조로 바꾸어 주창에 바치게 하고, 각 고을에 남아 있는 노비 신공의 면포·마포를 시가에 따라 곡식으로 바꾸고, 내년 을묘년 춘등의 환자의 대포를 무신년의 예에 의해 조로 바꾸어 주창에 바치게 하고, 근수노와 차비노의 대가는 사섬시의 면포로 대신 지급하고, 청홍도의 노비 신공 및 선상가포도 모두 조로 바꾸어 차례차례로 옮겨 가며 진구하게 하고, 현재 왜료로 남겨둔 7만여 석 중에서 2만여 석을 전세 미두로 전용하여 계축년의 예대로 상납하지 말게 하고, 안동 등의 고을에 남겨둔 계축년의 전세 미두 1천7백여 석도 아울러 상납하지 말도록 하고, 올 갑인년 조의 선세·어세·염세도 조로 바꾸어 주창에 바치게 하고, 서울의 각사에서 행이하여 일체의 수속을 상납하지 말게 하고 각기 그 고을로 하여금 조로 대신 수납하게 하여, 위의 곡식과 포를 옮겨다 예비하였다가 구황할 거리로 해야 합니다. 더 심하게 실농한 고을에는 공물과 잡역을 일절 감해 주어 죽게 된 백성들을 보호해야 합니다. 이런 뜻을 대신 및 해사에 내리어 함께 의논하여 재결하게 하소서" 하였다. 권철은 침착하고 곧으며 말이 적고 일에 임해서는 치밀하여 관리로서의 행정을 잘 하였다. 후일의 영의정이고 권율의 부친이다.

12월 25일 경상도 구황 경차관이 아뢰기를 '떠돌아다니는 사람이 별로 없는 것은 고향을 떠난 후 살아 돌아와 생업을 가진 사람이 하나도 없기 때문에 이제는 관가의 구제나 바라다가 차라리 본도에서 죽겠다고 생각하기 때문이다' 하였다. 어렵기는 팔도가 다 마찬가지였기 때문에 갈 곳이 없었다. 근년 이래로 계속 흉년이 심해 공사가 모두 고갈되었으므로 내년 봄의 구황에는 할 수 있는 대책이 없었다.

이렇게 어려운 와중에도 내수사 환관과 중의 문제는 계속되었다. 이 해의 환관들과 중들의 일을 보면,

1월 18일 황해도의 어떤 거센 종이 내수사에 투탁하므로 그 주인이 사람을 시켜 불러오게 하자 도리어 그를 구타했는데 강상에 관계되므로 추국토록 하였다.

3월 4일 비인현감이 중에게 형장을 가했다는 말에 '중도 하늘이 내린 백성인데 인명을 중히 여기지 않고 이렇게 함부로 매를 때리는 것은 매우 잘못된 일이다. 비인현감의 남형한 이유를 심문하라. 사죄가 아닌 중에 대해서는 아뢴 뒤에 수금하라' 하였다. 반대하였으나 윤허하지 않았다.

7월 5일 승전색이 오만하고 방자하여 정원이 독촉하여 청하여도 못 들은 체하고 제때에 나오지도 않고 입계하지도 않으며 날이 저물게 하였다. 이에 파직하라 청했으나 오히려 두둔하였다.

8월 6일 임권이 또 아뢰기를, "흉년에 죽어가는 사람들은 모두 농사짓느라 부지런히 고생한 백성들이고, 손발도 까딱 않고 놀고먹는 중들은

배를 두드리며 앉아 있고, 백관의 녹봉은 줄였어도 양종의 허비는 줄였다는 말은 듣지 못했습니다" 하였다.

8월 12일 사헌부가 노비들이 내수사와 권세가에 투탁하는 폐단을 시정할 것을 간곡하게 청했다.

답하기를, "지금 사대부의 노비가 내수사에 투탁하였다면 본주가 관에 정소하지 않겠는가. 어찌 딴 사람의 노비가 내수사에 투탁할 리가 있겠는가. 다만 각 사의 노비는 투탁한 것이 사실인지 아닌지 실로 알 수 없지만, 차사원이 시비를 분명하게 가리는 사람이라면 공초의 진위를 살펴본 다음에 성안하였을 것이니, 어찌 모두 터무니없는 일이겠는가" 하였다. 복장이 터지는 말의 되풀이였다.

뒤에 사헌부가 다시 아뢰니, 투탁하여 내수사에 소속된 노비들을 전부 서계하도록 하고, 진고한 노비는 해사가 다시 더 신중하게 살펴서 해야 한다 하였다.

9월 28일 환관을 3품에 올린 것에 대해 윤의중이 중국의 고사를 들며 거울삼으라 하였다. 양사에서도 환관의 폐단을 고사를 들어 자세하게 아뢰었다. 진나라, 한나라, 당나라가 환관 때문에 망한 것을 거울삼아야 한다고 한 것이다.

이때에 수령들은 반드시 내수사 공물을 모두 바친 다음에야 해유를 받도록 했기 때문에, 박한종이 권세를 믿고 방종하여 청탁을 들어주는 일이 많았다.

사관은 '선유의 말에 환관이 저지르는 화는 여알보다 심하다 했다. 대개 환관들이란 민첩한 데다 말 잘하고 지혜로워 사령을 맡겨도 어기지 않는다. 예의 없이 대하고 버릇없이 하나 임금의 뜻에는 순종만 하고 거역하지 않는다. 임금은 구중궁궐 깊은 곳에서 조석으로 같이 있으면서 지나치게 친하게 지내므로 스스로 멀리하지 않으면 서서히 배어들어 오는 참소와 절박하게 피부에 와닿는 호소가 그 사이에 쉽사리 행해지게 된다. 나라를 망치고 가문을 망치는 화가 일찍이 이로 말미암지 않은 적이 없다' 하고 논하였다.

10월 9일 선기라는 중이 성균관에 들어가 보우의 죄악을 조목조목 들은 소장을 보이고 유생들도 알아야 한다고 하였다. 그 내용에 보우가 외람되고 간악한 짓을 한 것이 이루 말할 수 없었다. 사간원이 유사에게 넘겨 조사해서 죄를 바루자고 하였다. 그러나 오히려 보우를 해치려는 술책이다 하면서 윤허하지 않았다. 꼭 지난번 일관 때와 같았다.

11월 6일 사간원이 자수궁 증축에 대해 진지하고 신랄하게 아뢰었다. 홍문관에서도 선기의 일과 자수궁 일을 신랄하게 아뢰었다.

12월 3일 내수사와 중에 대하여 신하들의 요구는 들어주지 않고 박한종의 직첩을 다시 주도록 하였다. 신하들이 반대하나 계속 들어주지 않았다.
아직 명종은 문정왕후의 그늘을 벗어날 수가 없었다.

‖ 군사의 일도 총체적으로 부실하였다 ‖

1월 7일 이윤경을 전주부윤으로 하였다. 결과적으로 탁월한 선택이었다. 이윤경은 성주, 의주에서 선정을 베풀어 그가 간 후에도 못 잊어 했었다.

1월 17일 북병사 이사증이 호인 토벌한 사실을 보고하였다.

2월 3일 전라수사 김경석이 조정의 명에 따라 흑산도를 수색하려다가 12척의 배를 표실해서 4~5백 명을 수장시켰다.

2월 8일 간원이 비변사 혁파를 주장하였으나 윤허하지 않았다. 한심한 문인들은 국가가 그냥 지켜지는 것으로만 알았다. 그렇게 태평한 세월이면 아예 군대를 없애라고 해야 하는 것 아닌가. 그나마 명종이 국방의 일에는 적극적이어서 다행이었다.

2월 26일 감군어사를 혁파하였다. 감군어사에 대해서 좋게 여기는 사람은 백성이고 나쁘게 여기는 사람은 권력가인데 그것이 어찌 없어지지 않을 수 있겠는가. 점점 옛날 같지 못하고, 대접만 받고 사정을 잊지 못하여 도리어 폐단만 일으키므로 마침내 없애지 않을 수 없게 되었다.

3월 10일 무위전의 부관 평장행이 알리기를, 금년에도 역시 배들이 많이 중국으로 갈 것이니 전처럼 이곳으로 표류하여 닿는 일이 없지 않을 것인데, 만일 잡아 죽이지 않는다면 조용히 바람을 기다려 돌아갈 수 있을 것이라고 하였다. 왜적들은 장차 난을 일으키려고 이렇게 복선을 깔았다.

5월 25일 제주목사 남치근이 왜선 1척을 물리쳤다고 하니 비변사가 논상하지 않을 수 없다 하였다. 그러나 명종이 정확한 말을 하였다. 물을 긷기 위해 배에서 내린 자들을 죽였다면 사리에 맞지 않다는 것이었다. 사실 배가 난파되어 상륙한 왜인과 중국인이었다. 그러나 남치근은 왜인과 중국인을 모두 죽이고 배에 있던 금은보화와 비단들을 비밀리에 독차지하였다. 이 물건들은 남치근이 앞으로 출세하거나 위험한 순간에 요로의 뇌물로 쓰일 것이었다. 조정에는 왜적 12급을 참하였다고 거짓 보고하였다.

6월 5일 함경감사가 여진족 골간이 조산보를 포위하고 크게 싸우다 물러갔다고 보고하였다. 사헌부에서는 이때 구원하지 않았다 하여 북병사 이사증 등을 율에 따라 죄를 주라고 청했다.

죄는 정확하게 파악하여 죄를 졌을 때에 주어야 한다. 적이 두려워 제대로 대처하지 못하는 우리 변방의 장수들도 문제이지만, 아무 대책도 세울 줄 모르고 나아가 싸울 줄도 모르는 조정 대신들이 오로지 장수를 죽이자고만 하는 것도 큰 문제였다. 앉아서 입으로 적도 아닌 우리 장수를 죽이는 데는 선수들이었다.

6월 9일 사헌부가 "요즘 무반 사람들은 재상들을 잘 섬겨 북방에서는 초피를, 남방에서는 세포를, 서방에서는 세주를 바치고 있습니다. 그래서 좋은 자리면 온갖 수단을 다해서 보내려 하고 사지이면 면해 주고 있습니다. 전자에 제주의 변이 창졸간에 일어나 빈청에 모여 목사를 가려 보낼 때 서로 친한 사람을 보호하느라 한낮이 되도록 결정하지 못하다가 이정이 적당하지 않음을 알면서도 억지로 차견하였으므로 온 나라 사람들이 통분하지 않는 이가 없었습니다.

국가에서 평상시에 무사를 양성해 두고 많은 녹을 주며 높은 벼슬로 빛내 주는 것은 급한 때에 쓰기 위해서입니다. 그런데 평시에는 재상들의 노예가 되어 군졸들을 침학해서 그 마음을 기쁘게 하고 위난한 때에 미쳐서는 온갖 수단으로 면하려고만 할 뿐 국가의 존망과 국경의 안위에 대해서는 생각지도 않고 있으니 신들의 생각에는 국가의 근심거리는 골간이 난을 일으키는 데 있는 것이 아니라 무부들이 피하려는 데 있다고 여겨집니다" 하였다.

한번 재상의 추천을 받으면 당장에 초탁되기 때문에 무반 사람들은 재상들에 붙어 출세할 계책으로 삼고 재상은 뇌물을 탐하여 시은하는 대상으로 삼았다. 따라서 권관, 만호, 첨사 등에도 모두 정가가 있는데, 하물며 수령, 부사, 목사의 직임과 수사, 병사의 직은 말할 것이 없었다.

사관은 '수레와 말에 뇌물을 가득 실어 공공연히 보낸다. 초서에게 가죽이 있음으로 해서 북쪽 변방의 병졸들이 고달프고 명주는 몸에 편함으로 해서 서남의 백성들이 피곤하다. 이처럼 어리석은 백성들만 참혹하게 수탈당하고 거칠고 사나운 무사는 빛나는 영광에 태연자약하다. 변방에서 급보가 오고 위난이 박두하게 되면 죽음을 각오하고 의분에 떨며 적에게 나아가지는 않고 도리어 피할 길만을 찾아 오직 편하려고만 하여 국가의 일이 고질병과 같아 고치기 어려우니 어찌 통곡하고 눈물을 흘리며 크게 탄식할 일일 뿐이겠는가. 헌부의 아룀은 폐단을 잘 지적하였는데 지금의 재상은 듣는가, 못 듣는가' 하고 울부짖었다. 의분에 쌓인 절규였다.

군적을 작성하는데 각 고을 수령들은 한결같이 감고색리에게 위임하고 감고색리는 또한 권농색장에게 위임하는데 권농색장이 민간에 돌아다니며 가혹하게 뇌물을 징수하여 배를 불렸다. 한정을 결정할 적에도 뇌물의 다소에 따라 하니, 감고색리 한 사람이 얻는 것만 해도 우척, 마필, 포단, 전결이 수없이 많았다. 그러니 군적에 기록되어 정해진 사람은 모두 가난하고 잔약하거나 근거 없이 떠돌아다니는 자들이었다. 수령들이 살펴보지도 않은 것을 병영과 수영에서는 그대로 결정하여 올리고 도감에서도 그대로 마감하였다. 이래서 군적은 국가에는 도움이 없고 색리들만 부자로 만들었다.

7월 27일 윤원형이 군적에 대해서 '색리들이 뇌물을 많이 받고서 산 사람을 죽은 사람으로 해 놓기도 하고, 죽은 사람을 산 사람처럼 해 놓기도 하며 한 사람을 두 가지 군역에 매겨 놓기도 한다' 하고,

헌납 이지행은 '각 고을의 초안이 부실하여 겹쳐 기록된 것도 있고, 형제의 순서가 바뀐 것도 있고, 실제는 없는데 이름만 기록된 것도 있고, 누락되어 숨어 있는 것도 있고, 또 나이를 올려 기록한 것도 있다' 하였다.

이렇게 군적을 만들 때에 아랫사람들이 가지가지 술책을 부려 단지 죽은 사람을 산 사람으로 산 사람을 죽은 사람으로 만들었을 뿐 아니라, 중병에 걸렸거나 병신이 된 사람까지도 모두 군역으로 정해 놓았기 때문에, 본부에 소장을 내는 사람이 끊어지지 않았다. 사헌부가 아뢰어 병부로 하여금 허실을 가려 법대로 개정하게 하였다.

그런데 군적에 오른 유생들 중 입격한 자는 제대시키자고 하였다. 바로 윤허하였다. 솔선수범해서 책무를 다해야 할 사대부들이 먼저 빠지니 군적이 제대로 될 리가 없고 나라가 제대로 될 수가 없었다. 정말 한심한 일이었다.

12월 18일 왜인 신장이 조총을 제공하였다. 사실 이때 우리나라에 최초로 조총이 전래된 것이다.

비변사가 '왜인 신장이 만든 총통은 정밀하기는 하지만 화약 구멍에

불을 붙이기가 쉽지 않고 총알이 힘 있게 나가지 않았습니다. 그가 화약이 좋지 않기 때문이니 내년에 다시 와서 시험해 보겠다고 하였습니다' 하였다.

아쉽게도 아직 조총의 성능이 미흡한 모양이어서 큰 관심을 가지지 못했다. 안타까운 일이었다. 신장은 또 내년 봄에 살마주 왜인이 병선을 출동하여 명나라를 침략하겠다고 하는데 실은 탐라도에 뜻이 있는 것이라고 하였다. 계속 침범이 있을 것이라는 암시를 주는 것이었다.

이해의 다른 일들을 살펴보면,

1월 10일 영천위 신의는 문정왕후의 사위로 아주 개망나니였다. '성품이 본래 우망하고 광패해서 사람을 마구 때리되 칼날도 가리지 않으므로 맞아 죽은 사람이 한둘이 아니었고 무뢰한들을 거느리고 다니면서 바둑·장기나 두고 술이나 마시다가 어두운 밤이 되면 몰래 돌아다니면서 남의 재물을 빼앗는 등 저지른 못된 짓은 일일이 들어 말하기조차 어려웠다. 그러나 문정왕후가 그의 나이가 아직 어리다고 모든 것을 용서하고 죄주지 않았다. 신의는 이것을 다행으로 여겨 더욱 방자해져 꺼리는 것이 없게 되었다. 얼마 전 가벼이 꾸짖어 파면하고 공주의 집에는 왕래를 할 수 없도록 하였다. 그래도 조금도 뉘우치지 않고 도리어 역심을 품어 공주의 의복을 억지로 벗겨다가 간음한 기생에게 주고 공주와는 서로 잘못을 따지며 입에 담을 수도 없는 말을 하였다. 그래서 통천으로 귀양 보내라 하였다.' 문정왕후가 딸을 생각하여 유일하게 크게 다루지 못한 자였다.

3월 17일 한경록은 문정왕후의 또 다른 사위다. 즉 명종의 매형이다. 금주령을 적발하는 사헌부의 서리를 한경록이 결박하고 심문한 것을 아뢰었다. 그러나 한경록의 거짓말만 비호하고 오히려 사헌부 서리가 거짓말한다고 하였다. 대사헌 윤춘년이 거짓이 아님을 강경하게 말하며 사직을 청하고, 양사가 여러 번 아뢰자 한경록을 추고하라고 하였다.

3월 30일 이양이 서서히 전면에 등장할 준비를 하고 있었다. 한관 정번은 총애받는 환관인데, 이양이 명종에게 총애를 받게 되자 서로 결탁하여 심복이 되어, 임금의 동정을 이양에게 내통하기 시작하였다.

5월 19일 원자가 4세가 되었으니 교육하는 일을 인종의 예에 의하여 하라 하였다.
낭비가 심한 곳은 내원당이니 숫자를 줄이자는 청이 있었고 호조의 비모 공사는 비모율이 한 말에 한 되나 되니 실행하지 말자 하였다.

6월 1일 성영의 직첩을 돌려주었다. 사관은 '상의 이 일은 참으로 훌륭하지 않은가. 성영이 남형했음을 듣고는 바로 법에 의해 이를 징계하려 했고, 성영의 무죄를 알고는 바로 그의 직첩을 돌려주라 명하였다'고 하였다. 이것도 변화의 조짐으로 보인다.

8월 2일 윤춘년을 사헌부 대사헌으로 하였다. 그가 건의한 일들은 모두 윤원형에게 품하고 한 것이었으며, 윤원형이 하는 짓은 모두 협조하여 성취시켰다. 인심이 복종되지 않고 임금의 형세가 날로 고립되게 된 것은 모두 이들을 치우치게 믿었기 때문이었다. 언사와 외모만 가지고 사람을 취하는 것은 크게 경계해야 할 일이나 명종은 그렇게 할 수가 없었다.

8월 8일 경복궁을 완성하고 감독한 사람들을 논상하였다. 사관은 이러한 때에 토목공사를 일으켜 백성들의 힘을 더 고갈시킨 것을 한탄하였다.

10월 30일 석강에서, 명종이 중국 고사에서 후창업 맹소도가 간하다 죽었다는 말에 이르러 '나라를 흥하게 한 임금은 자신의 허물 듣기를 즐겁게 여기고 나라를 망친 임금은 허물 듣기를 싫어한다. 나랏일이 이렇게 되었으니 어찌 망하지 않겠는가. 후세에서 보면 매우 아름답지 못하다' 하였다.
　사관은 '진실로 맞는 말이다. 그러나 지나간 행적을 보기는 매우 쉬워도 자신이 하는 일을 알고 반성하기란 매우 어려운 것이다'고 논하였다.

11월 10일 시장이나 초장을 사사로이 점유하는 자는 장 팔십에 처한다는 율을 적용하여 나무하고 풀 베는 것을 백성들에게 돌리자 하였다.

11월 18일 사간원이 방납의 폐단(꿩 한 마리 값이 쌀 8두, 생선 한 마리가 10두나 됨), 수군을 침해하는 폐단(입방하면 영선의 책임, 궐군에 대한 징수, 쌀 베 등을 받아 내는 책임을 지움, 진무를 보내 독촉, 본인이 없으면 족징 및 인징), 도총부가 상번군사 적간 징속, 관원들이 아속을 거느리고 사행하는 폐단 등을 말하였다. 당면한 현재의 폐단은 너무 많아 이루 다 들 수가 없었다.
　각 고을의 진상이 토산이 아닌 것이 매우 많아 백성들이 매우 원망하고 고통스럽게 여기는 것을 조정에서는 알고도 어쩔 수 없는 일로 치부하고 있었다. 답답해서 가슴을 칠 일이었다.

이렇게 또 한 해가 저물어 간다. 여전히 보우를 필두로 한 중들이 활개를 치고 무소불위의 권력기관이 된 내수사의 횡포는 기승을 부렸고 부정부패는 끝이 없고 가렴주구는 그렇지 않아도 흉년으로 굶주린 백성들을 더욱 죽음으로 몰아넣었다. 어김없이 가뭄과 수재로 흉년이 들었고 전염병이 창궐하여 많은 목숨을 앗아갔다. 겨울부터 구황 소동이 있으니 내년은 어떻게 될까 두려워진다.

이순신은 10세로 글공부도 하겠지만, 동네 꼬마들과 함께 병정놀이도 신나게 하고 있었을 것이다. 이때쯤에는 또래 병정놀이에서 대장 노릇을 하였을 것이다.
유성룡은 13세로 벌써 동학에 입학하였다.
19세의 율곡 이이는 3월에 마음을 잡기 위해 금강산에 들어갔다. 그가 입산한 이유는 정확히는 알 수 없지만, 부친 이원수가 그 시절 사대부로서는 특이하게 불경을 좋아했으므로 그 영향을 받아 불교에 입문하는 것에 거부감이 없었을 것이고, 어머니 신사임당의 죽음으로 복을 빌고자 하는 마음과 함께 생사에 대한 회의와 의문이 있었을 것이다. 또한 서모로 인한 가정 내의 불화로 도피하고 싶은 마음도 작용했는지도 모른다.

14

을묘왜변이 일어나다 :
명종 10년 (1555 을묘년)

전라도에는 대규모의 왜적의 침입이 있게 된다. 이른바 을묘왜변이다. 가뜩이나 어려운 백성들의 삶은 삶이 아니게 된다.

1월 4일 전에는 임백령의 부모 무덤과 김인손의 부모 무덤이, 이번에는 윤인서의 부모 무덤이 파헤쳐졌다. 원한이 맺힌 사람이 분풀이를 한 것이다.

1월 11일 제주도 방비를 위한 양식 확보에 대해서 말하는데, 보관된 양식에는 쭉정이와 모래가 많이 섞여 있다 하였다. 다행인 것은 그동안 목사들이 탐오하고 난폭한 자가 대부분이었는데 이번에는 김수문을 제주목사로 하였다. 이것도 아주 탁월한 선택이었다. 뒤에 그 능력을 볼 수 있을 것이다.

1월 28일 윤원형이 중들의 폐단을 말하며 자전에게 간곡하게 간해야 한다 하였다. 항상 자신의 죄를 다른 사람의 죄인 것처럼 말하는 것이 이 악마의 특기였다. 윤원형은 자기 자신도 남에게 뒤질세라 부처에게 복을 빌고 있었다. 내실 안에 금불상을 안치해 놓고 아침저녁으로 예배하고 제삿날에는 중들에게 밥을 먹이고 비단 옷을 보시하며 기장과 조를 실어다가 산과 물속에 뿌렸다. 문정왕후가 부처를 지극하게 받든 것은 오히려 윤원형의 권유와 인도에 의한 것이 많았다.

2월 2일 명종이 양종이 준행해야 할 기존 법조 및 조건 등을 거듭 밝혀 중들이 사족들을 능멸 모욕하는 짓을 하지 않도록 하라 하였다. 양사는 더 나아가 내원당을 모두 혁파할 것을 청했다. 그러나 그것은 윤허하지 않았다.

2월 24일 임권이 지금 사찰 중들의 말이 연줄을 타고 구중궁궐에 통하고 있는데 그 까닭을 알지 못하겠다고 하였다. 그리고 상께서는 더욱더 내외를 엄숙하게 하여 간사한 말이 들어갈 수 없게 해야 한다 하였다.

예조가 죄를 지은 지음 등은 본조에 신고하여 죄를 다스리고, 해마다 2차례씩 잡승을 추쇄하여 군역에 정하며, 은닉해 준 자는 잡아 가두고 죄를 다스려야 한다 하였다. 그러나 명종은 그렇게 하면 긴요하지도 않은 일로 침해하여 지음승들을 가두고 죄를 다스려 사찰들이 텅 비게 될 것이라며 윤허하지 않았다.

주지는 반드시 대선승으로 하고 지음은 모두 호패 도첩의 유무를 논하지 말고 나이 33~34세 이상의 경을 알고 도를 통한 자를 천거하라 하였다.

신하들이 명종의 변화를 감지하고 중들에 대한 대반격을 시도하지만 아직 때가 아니었다. 문정왕후가 아직은 팔팔하고 윤원형의 득세가 가시지 않았으니 될 일이 아니었다.

3월 20일 대마도주의 서계에 '끝없는 동해를 맡아서 방비하고 있으니, 배 5척 감한 것을 도로 허락해 주시고, …… 일본국 서융들이 지난

10월부터 올봄까지 대명을 침략하기 위해 다투어 건너 간 것이 수만 척이라고 하는데, 그 음모를 들어보면 귀국 바다를 경유하는 것이 가까우니 먼저 귀국 바다로 건너가야만 대명을 침략할 수 있다고 한다니, 만약 우리 바다를 지나게 된다면 모조리 죽여 충성을 바치게 될 것입니다. 이 일은 헛된 말이 아닙니다. 단단히 연해변을 신칙하여 병비를 갖추게 해야 할 것입니다' 하였다.

대마도 왜적들은 사실을 말해 줘도 조선에서는 하는 일이 없다는 것을 잘 알았다. 어떻든 이것은 침략할 것이라는 경고였다. 그동안에 하는 짓을 면밀히 검토했다면 침략은 충분히 예견할 수 있는 것이었다. 2년 전에 이준경이 이것을 예측하여 아뢴 적도 있었다. 그러나 통상적인 대비에 그치고, 그 규모가 상당한 것이 될 줄은 아무도 몰랐다. 조정에서는 '연해 도서에 왜적의 배가 없는 것을 도주가 저희들의 공으로 여기고 있고, 일본의 적왜들이 비밀히 모의한 말을 신보하여 우리로 하여금 미리 방비를 하도록 했으니 미미하나마 성의가 없지 않다' 하여 특은으로 30석을 더 주게 하였다.

4월 10일 심연원이 편전은 적을 막는 데 있어 가장 긴요한 것이니 확대 사용하자고 하였다. 윤허하였다.

명종이 이르기를 "싸움을 잊어버리면 반드시 위태롭게 된다는 것은 옛사람이 경계한 바이다. 하물며 지금은 변방 지경에 근심거리가 있으니 연병의 친열을 늦출 수가 없다. 관사를 3일 동안 잇달아 한 것이 오늘날 시작된 것이 아니라 조종조에서도 또한 그렇게 하였었다. 활 쏘는 힘이 강한지 약한지를 시험해 보려면 반드시 여러 날 한 다음에야 알 수 있다." 또 "문과 무를 병용하는 것이 국가가 오래갈 수 있는 길이다" 하였다. 맞는 말이었다.

4월 20일 경상도에 큰비가 내리고 광풍이 휘몰아쳤다. 낙동강이 범람하여 논밭이 대부분 물에 잠겼으며 큰 나무들이 많이 뽑히고 보리가 모두 쓰러졌다. 올해는 간신히 양맥이 여물기를 기다렸는데 참혹하게 되어 버렸다.

4월 23일 봉은사에서 유생 조인이 작폐를 부렸다는 보고에 문정왕후가 내시를 보내 다시 알아보고 비밀히 잡아오도록 하였다. 계속해서 몇 날을 비밀히 잡아온 것이 잘못됐다고 하였으나 윤허하지 않았다.

이때 보우가 하고 싶은 일이 있으면 바로 문정왕후에게 서신을 보내는데, 누가 감히 무어라고 하지 못했다. 또 양종의 중들이 입을 바지나 버선을 모두 궁중에서 만들어 주었고, 인수궁의 여승이 방문하면 문정왕후가 반드시 자리를 같이하고 말하기를 '부처는 받들지 않을 수 없다' 하였다. 명종도 사찰의 중들에 관한 일에 있어서는 어머니 뜻을 따라 보호하고 치우치게 비호하였다. 그래서 대신에서부터 천한 백성에 이르기까지 높이 받들고 조심하고 공경하는 사람이 매우 많았다.

사관은 '아아, 나라가 망할 날이 얼마 안 남았다. 중의 무리가 직접 궁금에 주달하기를 기탄없이 한다. 통탄스럽기 그지없다' 하고 절규하였다.

5월 4일 기어코 유생 조인을 결죄하라 하였다.

사관은 '이단은 날로 성해지고 오도는 날로 쇠퇴하므로 식견 있는 사람들이 한심하게 여긴 지 오래이다. 하물며 유생의 의관을 한 사람이 중에게 제압을 받고 심지어는 옥에 갇혀 있으며 혹독하게 형장 심문을 받으니, 선비의 세상살이가 고생스럽다 하겠다. 아아, 더 무슨 말을 하겠는가' 하고 할 말을 잃었다.

홍문관 부제학 정유길 등이 정사의 잘못됨과 조인을 형장한 것 등의 잘못을 논하였다. 명종은 변명만을 일삼았다.

　사관은 또 '나라가 망하지 않은 것만도 다행한 일이다' 하며 몹시 슬퍼하였다. 하늘의 경계도 소용이 없고, 시종들의 충성스러운 말도 받아들이질 않으니 슬퍼하지 않을 수 없었다.

　그리고 을묘왜변이 일어났다.
　5월 11일 왜선 70여 척이 달량(완도 입구) 해안에 침입하였다. 최소한 3천 명이 넘는 대규모 침입이었다.
　가리포첨사 이세린의 급박한 보고를 받은 전라병사 원적은 전라감영과 각 고을에 알리고, 자신은 군사 2백여 명을 거느리고 장흥부사 한온, 영암부사 이덕견과 함께 구원하러 갔다. 그런데 왜적들이 생각보다 대규모였다. 그래서 원적 등은 일단 달량성으로 들어갔는데 불운하게도 곧바로 포위되었다.
　다음 날 왜적들은 병력을 나누어 일대는 달량을 공격하고 일대는 이진 쪽을 공략하였다. 원적은 소수의 병력이지만 용감하게 잘 싸우고 있었다. 해남현감 변협이 전라우수사 김빈에게 구원하러 가자는 뜻을 알렸는데 머뭇거리고 나오지 않았다. 겁이 나서 나서질 못한 것이다. 그래도 변협은 무장현감 이남과 함께 구원하러 달려가서 왜적과 싸웠다. 중과부적으로 이남은 죽고 변협은 겨우 빠져나와 해남으로 돌아갔다.

　이날 조정에서는 남쪽의 왜변은 아직 알 수가 없었지만, 대마도가 서계에서 언급한 남해안의 왜적 침범 우려를 논의하였다. 윤개는 군졸들이 모두 굶주려 변방 방비가 허술한 점과, 책임을 맡을 적임자가 없다는 말을 하고, 만약 사변이 있게 된다면 방어할 계책이 없이 두려워만 할 것이라고 하였다. 비변사는 비어 절목을 대략 정했다 하고 오늘 다시 모여 의논할 것이나 특별한 것은 없을 것이라고 하였다.

이에 명종이 "적을 방어하는 계책은 반드시 병사를 익숙하게 아는 사람을 구하여 조치를 잘해 가도록 한 다음에야 공을 이루게 되는 것이다. 오직 일마다 예비해야 하니, 준비를 해 놓으면 걱정이 없게 된다" 하였다.

언제 어떻게 무엇을 준비해야 하는가. 구체적인 내용은 없이, 준비하라, 준비한다 하면서 세월만 갈 것이다. 대마도가 서계로 알려 준 것에 침략 의도를 느꼈다면 이미 대대적인 전쟁 준비를 했어야 했다. 또한 적을 알아야 적을 물리칠 것인데 적에 대해 아는 것이 없다. 그렇다고 병사들이 있는가. 있는 병사들이 싸울 줄 아는가. 장수들이 병법을 아는가. 군사를 이끌 줄 아는가. 장수가 싸울 줄을 아는가. 전략을 아는가, 비변사가 전략을 아는가. 아는 것이 아무것도 없었다. 명종은 그래도 무를 중히 여겼기 때문에 준비를 하라고는 하였다. 그러나 중히 여기기만 했지 어떻게 어떤 규모로 해야 할 지 알 수 있는 경륜은 아직 없었고, 준비를 한다고 해도 때는 이미 늦었다. 지금 조금 걱정스럽게 그렇지만 한가롭게 준비를 논하는 이때에 이미 남쪽 전라도 해변에는 대규모의 침략이 시작되어 달량은 함락되고 있었다.

5월 13일 변협 등이 구원하러 간 것을 안 우수사 김빈은 진도군수 최인과 함께 뒤늦게 구원한다고 왔으나 전열도 갖추지 못하고 경계도 하지 않은 상태에서 적의 복병에게 기습을 당해 크게 패하고 성에는 접근도 못했다.

포위된 달량성에서 원적은 정말 열심히 싸워 잘 버텼지만 원군도 없고 화살도 떨어지고 힘도 다하여 중과부적으로 함락되고 말았다. 원적과 한온은 전사하여 목이 잘렸다. 영암부사 이덕견만은 살려주면서 편지를 전하게 하였다. 다른 왜적들은 어란포는 물론 진도의 남도포와 금갑포까지 유린하였다.

5월 15일 왜적들은 강진 쪽으로 북상하면서 주변을 노략질을 하고 있었다. 해남현감 변협은 남도포만호 송중기와 함께 해남을 지키면서 군사지원을 요청하는 한편 기회를 보아 노략질하는 적을 치기도 하였다. 다행히 적의 주력은 해남 쪽으로는 오지 않았다. 변협은 달량에서 살아 도망해 온 사람의 이야기를 듣고 조정에 달량이 함락되고 원적이 죽은 내용을 보고하였다.
조정에서는, 명종이 17일에 관무재 할 예정이었는데 신하들이 만류하고 있었다. 명종은 방비에 관한 일은 강습하지 않을 수 없다 하였다. 옳은 말이었다. 남쪽에서는 왜적의 침입으로 아비규환인데 조정에서는 알 수가 없었다. 태평한 조정의 문신들은 군사 훈련하는 것조차도 반대를 하고 있었다.

5월 16일 전라감사 김주는 영암으로 달려왔으나 사실 어떻게 할 줄을 몰랐다. 다행히 주위에 조언하는 이가 있어 영암의 중요성을 알게 되고, 믿을 만한 사람 전주부윤 이윤경으로 하여금 영암성을 지키도록 하였다. 이윤경이 군사를 이끌고 영암성으로 들어갔는데 그중에는 광대들이 있었다. 이들은 민첩하여 일반 병사들보다 더 나았다.
감사 김주의 지시로 광주목사 이희손이 구원하러 내려갔으나 여지없이 패하고 겨우 목숨만 부지하여 강진으로 물러났다.

이날에야 비로소 달량의 왜변이 조정에 보고되었다. 전라감사 김주의 장계가 도착했는데, '11일 왜선 70여 척이 달량 밖에 와서 정박했다가 이진포와 달량포에서 동쪽과 서쪽으로 나누어 육지로 상륙하여 민가를 불태우고 성을 포위했다'고 하였다.

조정의 조치는 빨랐다. 그동안 명종이 관심을 쏟았기 때문이다. 이준경을 전라도 도순찰사로, 김경석을 우방어사로, 남치근을 좌방어사로, 조안국을 전라병사로, 조광원을 경상도 도순찰사로, 김세한을 좌방어사로, 윤선지를 우방어사로, 장세호를 청홍도 방어사로 하였다. 두 전라 방어사 김경석과 남치근은 즉시 떠나도록 하였다.

대신들과 대책회의를 하였다. 이준경이 군관에 합당한 사람이 모자라니 상중인 사람도 가려서 데려가고, 충군된 사람도 다시 쓸 수 있도록 해 달라고 하였는데, 요량해서 처리하라 하였다.

이때의 장수와 재상들은 전전 긍긍하며 두려워하고만 있었다. 국가에 변고가 있을 것은 전혀 생각하지 못하고 안일과 영화의 즐거움만 누리고 오직 탐욕만을 멋대로 부린 이들이다. 이제 변방의 경보가 이르렀는데 아무런 조치도 취하지 못하고 있었다.

사관은 '내부에는 예비하여 방어해 갈 계책이 없고 외부에는 공격하여 싸울 만한 준비가 없었으므로, 도적의 칼날이 향하는 곳마다 꺾이지 않은 데가 없어 무인지경에 들어오듯 하였으니 통탄스러운 마음을 견딜 수 있겠는가?' 하고 거듭 통탄하였다.

5월 17일 사헌부가 상중의 무사를 전원 기복시키는 것을 반대하였다. 국가의 위급한 때를 당하여 생각하는 것이 이 모양이니 어떻게 적을 무찌르겠는가. 상중이면 적이 죽이지 않는가. 상중이면 싸워서는 안 되는가. 나라는 누가 지킬 것인가. 더구나 삼년상 기간은 만 2년이나 된다.

삼공 및 비변사가 구원하지 않은 수령들을 비난하였다. '주장이 포위

되면 수령은 달려 나가 구원하기를 마땅히 불에 타는 사람과 물에 빠진 사람을 구원하듯이 해야 하는 법인데, 감사가 독촉하여 나가서 구원하도록 했는데도 더러는 여러 날을 머뭇거리면서 즉시 나가서 구원하지 않았다'는 것이다. 그러나 자신들을 돌아보면 남을 비방할 처지는 아니었다. 평소에 많은 녹을 먹으며 좋은 벼슬에 영화나 총애를 누리던 자들이 이렇게 국가가 위급하고 어려운 때에 몸 바쳐 순국할 생각을 가진 자는 하나도 없었다.

5월 18일 감사 김주는 강진으로 피해 들어가 있는 광주목사 이희손을 가장으로 하여 강진현감 홍언성, 나주판관 김기 등과 함께 지키게 하였다. 병영은 유사를 가장으로 하였고 이수남을 장흥 가관으로 하여 함께 지키게 하였다.

조정에 김주의 다음 장계가 올라왔는데, '13일에 외적이 달량을 포위한 상태에서 성안의 양식이 떨어져 병사 원적이 항복을 표했는데 왜적들이 넘어 들어와 성을 함락하였습니다. 원적과 한온은 살해되고 이덕견은 항복을 청하여 살아 돌아왔습니다' 하였다. 간단한 내용이었지만 '항복'의 표현은 이 세 사람에게는 치명적인 것이었다.

이준경은 전한 심수경과 이조좌랑 김귀영을 종사관으로 하고 배사하였다. 군관 김세명과 정걸 두 사람을 먼저 내려보내 깊은 지역의 각 고을들로 하여금 미리 군마를 정돈하고 대기하도록 하였다. 그리고 군법대로 하려고 하면 반드시 권세에 줄을 대어 훼방을 받을 것인데 이를 헤아리지 않고 하겠다고 다짐을 받았다.

그런데 사관은 이준경이 임금을 협박했다 하고, 성공하지 못할 것을 여기에서 미리 알 수 있다고 논하였다. 그러나 미리 다짐을 받아 두어 외부 입김을 차단한 것은 아주 잘한 일이었다. 이준경이 무인도 아니고 싸움을 해 본 사람도 아니니, 사관도 이준경이 최선을 다해 적을 물리칠 것을 기원해야지 엉뚱한 말꼬리를 잡아 잘못될 것을 논하는 것도 정도는 아니었다. 사관은 문신들이니 평화 시에는 무를 중히 하는 것을 아주 반대하고, 사변이 일어나면 무인들이 나가 죽지 않는 것을 나무라는 이중 행태를 보이고 있다. 저는 죽을 생각을 추호도 하지 않으면서 남만 나가 죽으라고 하는 것이다. 사대부의 생각이 이러니 큰 문제가 아닐 수 없었다.

사헌부가 아뢰기를 관찰사 김주를 잡아다 국문하여 죄를 다스리자고 하였다. 김주의 계본에 단지 역마를 내보내 전달하였다고 했을 뿐, 어느 고을 수령이 머뭇거리고 달려오지 않았기 때문에 죄를 주었다고 하지 못했으니, 이렇게 된다면 어느 누구도 죽음을 두려워하지 않고 도적의 소굴에 나아가려고는 하지 않을 것이라는 이유였다.

명종이 답하기를, 새 감사를 차출하여 교대한 뒤에 잡아오라고 하였다. 그러나 홍문관에서 다시 아뢰어 난이 평정된 뒤에 죄를 주자 하니 따랐다.

사간원에서는 공사천 중에서 날래고 용맹스러운 사람들을 뽑도록 했으니 모든 사찰의 강장한 중들도 뽑자고 하였다. 강장한 자들은 적에게 달려가게 하고 노약한 중은 양식을 준비하도록 한다면, 수많은 승군은 강한 군사가 되고 군량 준비도 잘 될 것이니, 창졸간의 사태에 도움이 될 것이라 하였다.

5월 19일 왜적이 이덕견에게 주어 보낸 서계에 군량 30섬을 요구하고, 또 '너희 나라가 우리들과 교분이 매우 두터웠는데 요사이 3~4년 동안에 우리나라의 죄도 없는 사람들을 많이 죽였으니 이제는 원수가 되었다'고 하는 등 공갈하고 위협하는 말이 많았다. 삼공 및 육경과 비변사를 명소하고 전교하였다.

"요사이 변장들이 무어를 합당하게 하지 못하여 북 변방의 변을 가져 왔고, 조정은 오랑캐 대우를 너무 경솔히 하다가 또한 남쪽 지방의 환란을 가져왔다. 지금 계본을 보건대, 왜구들이 원한을 맺은 지 이미 오래되어 복수하고자 하여 대거 출동하여 오게 된 것이다. 심지어 '서울까지 올라가겠다'는 말을 하여 우리나라를 공갈, 위협하기까지 하였으니 국가의 치욕이 이보다 더 클 수가 없다. 간원이 아뢴 승군을 뽑자고 한 일을 시급히 조치하라. 근년 이래로 바다를 지나가는 왜선들을 모두 공격하여 살해하였으므로 그들의 원망이 깊어진 것이다. 이것을 평상시의 예대로 여겨 조치해서는 안 될 것이다. 또한 대마도주의 서계로 보면 대마도 또한 꼭 알지 못한 것이 아니다" 하였다. 또 "우리말을 아는 자가 있었다고 하니 이는 반드시 왕래하던 대마도의 왜인일 것이 분명하다. 승군은 수령이 뽑도록 하라" 하였다. 그리고 정원에 전교하여 "승군을 뽑을 때에 간사한 관리가 농간을 부려 반드시 일족을 침학하는 폐단이 있을 것이니, 드러나는 자는 엄중하게 죄를 다스리라. 전라도 청홍도에서 우선 뽑고, 능침이 있는 곳의 절의 중들은 뽑아내지 말라" 하였다. 또 중외에 유언비어를 금하도록 하라 하였다.

사헌부가 아뢰기를, "전라 우수영은 달량과의 거리가 극히 가까우니, 수사 김빈이 달량이 포위된 것을 알았을 때에 즉시 군사를 거느리고 달려가서 힘을 다해 싸웠다면 포위를 풀 수도 있고 적들을 부술 수도 있었을 것입니다. 급히 나아가 구원한 상황이 없는 것도 이미 놀랍거니와, 접전하다가 패배하여 기를 빼앗긴 일도 숨기고 계문하지 않았습니다. 군기를 그르친 것과 속이고 사실대로 계문하지 않은 것이 분명하게 드러나 의심스러울 것이 없습니다. 잡아다가 추문하여 율대로 다스리도록 명하소서" 하였다.

　남쪽에서 왜적들은 마을을 노략질하고 고을을 초토화시키고 있는데, 조정의 신하들은 오직 하는 일이라고는 왜적과 대처하느라 정신이 없는 변방의 수령과 장수들을 잡아들이라 하는 것이었다. 적을 몰아내고 평정된 다음에 논공도 하고 처벌도 하면 되는 것을 입만 살아 있는 문신들은 장수들을 죽이자고만 하였다. 실로 한심한 조정이었다.

　5월 20일 왜적들이 강진을 압박하고 있었다. 강진을 지키는 장수가 된 이희손과 홍언성 등은 이미 겁에 질려 도저히 싸울 생각이 없었다. 오히려 군사들이 모두 나가서 싸우자고 하였다. 이희손이 들어주지 않으므로 군사들이 화가 나서 하는 말이 '싸워 보지도 않고 죽음만 기다리는 것이 어찌 나가서 살기를 도모하는 것만 하겠는가?' 하며 난동을 부리려 하였다. 영암성에 구원을 요청했는데 소식도 없었다. 이희손 등은 두려워서 모두 도망해 버렸다. 장수들이 도망을 갔으니 군사들은 싸우고 싶어도 싸울 수가 없었다. 후에 이희손, 홍언성 등은 군졸들이 다 흩어져 싸울 수가 없었다고 거짓으로 보고하였다.

　5월 21일 모두 도망해 버려 빈 성이 된 강진에 왜적들은 그냥 들어와 군량을 모두 가져갔다. 병영 가장 유사도 도망해 버려 병영이 싸움도 없이 점령되었다. 이때 좌우 방어사 김경석과 남치근은 영암에 도착해 있었다. 강진에서 구원을 요청해도 나가지 않았고, 병영은 영암에서 멀지 않으니 당연히 달려가 싸워야 했지만 그들은 그럴 생각이 없었다. 조정에서 최고의 장수로 인정하고 선발해 보낸 장수들이 이 모양이었다.

　장흥 가관 이수남도 성을 버리고 도망하였다. 왜적들이 들어와 관사를 불태우고 노략질을 자행하였다. 왜적들이 여염으로 들어가 집들을 불태우고 재물을 약탈을 하는 등 무자비한 만행을 하므로 사민들이 산골로 도망하여 숨었다. 이때 마을에 들어온 적이 겨우 3~4명인 경우에도 감히 대항하는 사람이 없었고 연해의 진과 고을들이 한결같이 텅 비어 버렸다.

이날 도순찰사 이준경이 나주에 도착하였다. 상황을 파악한 이준경은 영암성에 두 방어사가 함께 있을 필요가 없으므로 남치근을 불러냈다.
영암성에서는 이윤경이 방어 계획을 세워 군졸들을 무마하고 있었다. 병기를 갖추기에 온 힘을 다하고, 막아낼 방법을 지극하게 하지 않는 것이 없으므로 성안의 사람들이 믿고 의지하고 있었다. 이날 이준경이 형 이윤경에게 전주부윤은 싸우는 장수가 아니니 영암성에서 나오라고 하였다. 형을 보호하고자 한 것이다.
그러나 이윤경은 듣지 않았다. 벌벌 떨고 무엇을 해야 할지도 모르는 방어사 김경석을 믿을 수가 없어 나올 생각을 할 수가 없었다. 이날 신임 전라병사 조안국도 나주에 도착하였다.

조정에서는 원적은 항복한 장수이니 삭탈관작하고 가산몰수, 이덕견은 참수, 김빈은 패한 장수, 최인은 성을 버리고 도망하였으니 삭탈관작에 강등할 것으로 말하니 허락하였다. 할 일이 없으니 사람 죽이는 일이나 한 것이었다.
부제학 정유길이 원적을 옹호하고 나섰다. "옛적부터 주장이 패전하여 죽은 뒤에는, 살기만을 꾀하여 흩어져 도망한 사졸들이 으레 자신의 죄를 면하려 하여 이미 죽은 장수에게 죄를 돌리는 수가 많았습니다. 이번에 원적이 화친을 청한 사실은, 특히 이덕견 및 그의 배패의 입에서 나온 말이고, 명백히 의거할 만한 증거가 없어 사실인지 허위인지를 앞질러 정하기 어려운 일입니다. 성급하게 항복한 율을 적용하여 가산을 몰수함에 처함은 그 사이에 원통하게 되는 일이 없을 수 없을 듯합니다. 외로운 성이 포위된 지 거의 며칠이 되고 적의 기세는 날로 치열해지는데 구원할 군사는 오지 않았습니다. 낭패할 적에 비록 그의 처사가 어떠했었는지를 알 수 없기는 합니다만, 힘이 다해 성이 함락되고 쌓인 시체 위에 몸을 버리게 되었다면, 그의 죽음은 또한 나랏일에 죽은 것이라 할 수 있습니다. 머뭇거리며 방관만 한 장수나 나라를 팔고 항복을 청한 수령이나 진을 버리고 앞질러 도망한 장수에 비하면 그의 죄는 차이가 있습니다" 하였다. 정말 맞는 말이었다.

원적은 열심히 싸우다 죽은 것이 죄였다. 원래 상진과 윤개는 처음에는 원적의 일은 지극히 애매하다 하였다 그러나 가산을 몰수하자는 의견이 윤원형에게서 나온 것을 알고 말을 바꿔 윤원형에게 동조하였다. 원적의 죄는 가산 몰수에 해당될 수가 없었는데 대신들이 가산을 몰수하기로 죄를 정한 것은 감히 윤원형의 뜻을 어기지 못해서였다. 원적의 집이 원주에 있고 윤원형의 첩 정난정의 아비가 또한 원주에 살았는데 그와 틈이 있었기 때문에 윤원형이 기필코 가산을 몰수하려 한 것이었다.

원적은 부자가 함께 적의 칼날에 죽었는데, 도망쳐 온 군졸들의 말로 인하여 관작을 삭탈하고 재산을 몰수하였으니, 사람들을 격려시키는 일은 아니었다.

이덕견은 적에게 포로 된 죄에다 적의 서신을 가지고 나온 죄가 더해진 죄였다. 옛적에도 거짓 항복하였다가 귀국한 사람이 있었다. 이덕견이 진실로 오랑캐에게 항복했다면 어찌 즉시 돌아왔겠는가? 이덕견을 참형함으로써 사로잡혔던 사람들이 다시 돌아오는 길을 막은 것은 더욱 해서는 안 될 일이었다.

총통 주조용 철재가 부족하니 성 위의 버려둔 종으로 총통을 만들자 하였다. 그러나 이미 철재를 사들이도록 했으므로 윤허하지 않는다 하였다.

이날 이준경은 적이 장흥으로 들어갔다는 말을 듣고 곧바로 남치근을 장흥으로 가서 구원하게 하였다.

5월 24일 남치근이 영암에서 나와 면대하여 의논할 일이 있다고 하면서 장흥으로 가지 않고 먼저 나주로 왔다. 이준경은 명령대로 따르지 않은 것 때문에 화가 나서 입견을 허락하지 않고 엄중 힐책하였다. 그래도 남치근이 면대하여 의논할 것을 굳이 청하므로 입견하였더니, 눈물을 머금고 '이 적은 군사를 거느리고 어떻게 싸울 수 있겠습니까' 하므로, 이준경이 '그대는 대장이 되어 어찌 그런 말을 하는가. 대장이 이런 말을 하기 때문에 인심이 놀라고 두려워하는 것이다. 이 군사를 가지면 좀도둑 같은 왜적은 포획할 수 있다' 하였다.

그보다 먼저 남치근이 내려와서 나주에 도착했을 때 나주목사 최환이 병중으로 마중인사를 하지 못했다. 그러자 화가 난 남치근이 최환을 붙들어 왔는데 부장이 뾰족한 쇠를 앞부리에 박아 넣은 가죽신을 신고 걸어차서 고꾸라뜨리고 또 장을 쳤다. 최환은 병이 악화되어 죽었다. 남치근은 적과 싸우는 장수가 아니라 우리 사람 잡는 장수였다. 이준경이 적을 치라 하자 싸울 능력이 없는 그는 병력이 적다는 것을 핑계하며 곧 죽어 가는 인상이었으니 알만 하였다. 이준경이 병력을 더 주고 바로 장흥으로 가게 하였다.

이날 왜적이 영암성을 포위하였다. 그런데 김경석은 적이 매우 번성한 것을 보고서 두려움에 사지의 힘이 빠져 감히 나가서 싸울 생각을 하지 못하였다. 왜적들은 약탈한 재물을 소와 말에 나누어 싣고 영암 향교로 들어가 진을 친 후, 기탄없이 촌락에 나와 노략질을 하였다. 밤중에 군사들이 놀라서 성안이 소란하였다. 이윤경이 촛불을 켜고 대청에 나와 앉아서, "헛되이 움직이지 말라" 하고 안정시켰다. 이와 같이 서너 번 반복하다가 얼마 뒤에야 안정되었다.

신임 병사 조안국은 영암이 가까운 곳에 진을 쳐 성원할 생각은 하지 않고 겨우 먼 곳에 의병을 설치하고 있었다.

5월 25일 새벽에 이준경은 적이 영암성 아래에 크게 모였다는 말을 들었다. 곧바로 남치근에게 장흥으로 가지 말고 영암으로 가서 구원하라고 하였다.

영암성을 포위한 왜적들은 조선군이 싸울 의사가 없다고 판단하고 패를 나누어 대부분 인근을 약탈하러 나갔다. 이윤경이 살펴보니 적이 허술하여 싸울 만하다는 생각이 들었다. 그래서 나가 싸우기를 주장했다. 그러나 김경석이 허락하지 않았다. 재차 청해도 계속 허락하지 않다가 군교들이 '만일 군사가 패하게 되면 혼자 죄를 받아야 한다'는 말까지 하자 할 수 없이 나가 싸우라고 허락하였다. 하지만 자신은 성안에 있을 뿐 군사를 거느리고 나설 생각을 하지 않았다. 분개한 장사들이 이윤경의 지시를 받고 결전하였다. 날래고 용맹한 군사를 뽑아 나가 싸우게 한 지 한참 만에 왜적들이 도망하여 흩어지며 더러는 향교 안으로 들어가자 우리 군사들이 승세를 타고 공격하여 향교 안으로 들어가 적의 머리 1백4급을 베었고 왜적들은 도주하였다. 도망하는 적을 추격하여 6급을 더 베었다. 이날 나뉘어 나가 주변과 나주 지경의 촌락을 약탈한 적들이 늦게 향교에 와 보니 그의 무리들이 모두 사라졌으므로 놀라 정신없이 도망갔다. 이에 이윤경이 또한 군사를 내어 끝까지 추격하기를 요청했으나 김경석이 듣지 않다가 강청해서야 들어주어, 겨우 몇 급만 베게 되었다.

이때 남치근은 영암을 구원하러 가는 길에 노략질하는 왜적 11급을 베었다.

5월 26일 조안국과 남치근이 영암에 이르렀다가 강진까지 추격했지만 왜적들이 이미 배에 올라 버려 미치지 못했다.

5월 27일 육지에서 물러난 왜적들은 왜선을 이끌고 가리포에 와서 정박하였다. 첨사 이세린이 외롭고 약하여 지탱할 수 없겠다고 여기고 성을 버리고 나가 10리 밖 바위굴에 숨었고, 군량 1백여 석을 꺼내 배에 실어 놓았다가 적에게 빼앗겼다. 다음 날 적이 성안으로 들어와 대청 및 창고들을 모조리 불태우고 병선을 태웠으며 나포하기도 하였다. 또 왜적들이 회령포로 옮겨가 공략하니 권관 노극정은 성문 밖으로 나가 그들의 선봉을 피했다. 적들이 성을 세 겹으로 포위했다가 넘어 들어가 약탈하고 불태웠다.

이날 이준경은 왜적들이 녹도를 침범하려 한다는 보고를 받았다. 바로 남치근과 조안국에게 군사를 이끌고 녹도로 달려가게 하고 김경석은 영암을 지키게 하였다.

조정에서는 경상도 방어사 윤선지와 김세한으로 하여금 각기 5백 명씩 거느리고 전라도로 달려가도록 하였다.

김경석은 싸움에는 머뭇거리고 두려워하여도 공을 내세우는 데는 용감하고 재빠르다. 김경석이 군관 남정을 보내 장계를 올렸는데 자기 공을 알리려는 것이었다. 영암에서 이긴 것은 김경석의 공이 아니었다.

이날 왜적들이 녹도를 포위하였다. 흥양현감 신지상 및 권관 김헌이 함께 성을 지키며 즉시 병사 조안국 및 방어사 남치근에게 치보하였다. 이때에 날이 저물지 않았는데 조안국 등이 흥양에 있으면서도 모두 그날로 달려가 구원하지 않았다.

다음 날 평명에 남치근과 조안국이 군사를 거느리고 당도하자 적들이 드디어 포위를 풀고 도망하였다. 조안국은 도리어 신지상과 김헌이 성문을 열고 나가 도망하는 적을 치지 않았다고 장형을 하였다. 적을 칠 줄은 모르면서 아랫사람에게 큰소리나 치고 장이나 치며 책임 전가나 하는 그런 용서받지 못할 장수들이었다.

녹도에서 포위를 풀고 도망한 왜선 28척이 금당도로 물러가 정박하였다.

나라가 위급한데도 자기 종들이 전장에 나가 공을 세워 양인이 되는 것을 염려하여 못 나가게 막는 상전이 있었고, 심지어는 상전을 배반한다고 지목하고서 그의 가산을 몰수하는 자도 있었다.

이에 사헌부가 "한 사람의 노비 세 사람이 싸움에 나가 그중에 한 노비가 공을 세울 경우 그 사람은 양인을 만들어 주고 주인에게는 벼슬을 상으로 준다면, 징계와 권장이 서로 어그러지지 않고 같이 행해질 것입니다. 개국 이래 없던 변인데도 녹을 먹는 가문들이 말 한 마리도 내놓지 않아 군졸들이 탈 말을 빼앗아 마련하고 있으니 부끄러운 일이 아니겠습니까. 당상관 이상은 각각 말 한 마리씩 내고 당하관 6품 이상은 2명이 한 마리씩 내게 하여 위급을 구원하는 데 조금이라도 도움이 되게 하소서" 하였다.

전라감사 김주가 장계하여 이윤경의 공적을 알렸다. "전주부윤 이윤경이 군사 3천여 명을 거느리고 영암에 진을 치고 지키면서 명령이 분명하고 은혜와 위엄을 다 같이 보이므로 성에 있는 군졸들이 한결같은 마음으로 호응하며 의지하고 믿었습니다. 순찰사 이준경이 나주에 이르러 형제간이라 절제하기 어렵겠다고 여기고는 영암에 이문하여 나오도록 했었는데, 이윤경이 '국가의 후한 은덕을 받았으므로 마땅히 죽음으로

써 보답해야 하니 의리상 나갈 수 없다'고 답하고서 그대로 영암에 있으며 군사들을 진정시켰습니다. 왜적들이 성 밖의 민가들을 불태우고 장차 성을 포위하려고 하자 성안의 장사들이 서로 돌아보며 기색을 잃어 적들을 부술 계획이 없었습니다. 그런데 이윤경이 앞장서서 의리를 주창하며 거느린 장병을 뽑아내어 방어사와 함께 힘을 합쳐 참획하여 적의 기세가 크게 꺾였습니다. 대체로 방어하고 포획한 공은 오직 이윤경이 제일입니다" 하였다.

명종이 매우 가상하다, 마땅히 포상해야 한다 하였다.

6월 3일 남치근이 병사 수사와 함께 전함 60여 척을 셋으로 나누어 60여 리까지 추격하자, 왜선 26척이 먼저 패주하고 2척은 그 뒤를 막아주며 대항하였다. 우리 군사들이 난사하자 왜적들이 거의 모두 화살에 맞아, 한 배에 합쳐 타고 1척은 버리고 도망갔다. 우리 군사들은 날이 저물어 그대로 돌아왔다. 그 뒤 적선이 백량·보길 등에 많이 정박해 있다는 말을 듣고 즉시 병선을 모아 최호로 하여금 진격하게 하고 조안국으로 지원하게 하였으나 적은 이미 도망간 뒤였다.

6월 4일 능침의 중들도 군사로 뽑아 쓰자고 하니 허락하지 않았다. 그러자 양종의 우두머리 중으로 하여금 건강하고 씩씩한 사람을 뽑게 하여 직접 거느리고 가 방수에 붙이게 하자고 하였다. 오랫동안 여러 번 아뢰니 겨우 윤허하였다.

6월 10일 사헌부가 순찰사 이준경이 모든 절제를 잘못했다고 자급을 삭탈할 것을 말하였다. 말도 되지 않는 말이라는 것을 명종은 잘 알았다.

사간원은 군기를 그르친 남치근과 조안국을 순찰사가 엄중히 문책하도록 하자 하였다.

6월 12일 순찰사 이준경이 계본을 올렸다. 그동안의 상황을 알렸는데 그중에 '왜적들이 녹도에서 패했을 때 천자, 지자총통이 없어서 적선을 부숴 버리지 못하고 그대로 도망가게 만들었으니 통분스럽다'고 하였다. 매우 잘한 말이었다. 이 말 한마디로 조선은 화포 강국이 된다. 명종이 쇠를 사들여 화포를 만들라고 하였기 때문이다.

이런 판에 대마도주 종성장의 서계가 있었는데 '적선 1천여 척이 오도 등의 섬에서 도적질을 한 다음에 90여 척이 세 무리로 나누어 떠났으니 반드시 조선으로 향했을 것이다. 그 나머지 배들은 본국에서 굳게 금단하여 귀국으로 향하지 못하게 하겠다'고 하였다. 대마도 왜적들은 아주 우리나라를 가지고 놀았다. 저희들이 작당하여 저지르고 이렇게 낯부끄러운 말을 하고 있었다.

6월 16일 사은사 홍담이 명나라 강동 지방도 왜적으로 인한 피해가 심함을 말하였다.

6월 17일 남치근이 본도 사찰의 종으로 총통을 만들자고 하니 따르지 않았다. 삼공이 잡철로 만든 총통은 파열이 잘되니 절의 종으로 해야 한다 하였으나 윤허하지 않았다.

왜적들은 보길도를 거쳐서 21일부터는 제주도 앞바다에 나타났다. 모두 40여 척이었는데 드디어 이날 무려 1천여 인의 왜적들이 뭍으로 올라와 진을 쳤다.

김수문이 날랜 군사 70인을 뽑아 거느리고 진 앞으로 돌격하여 30보의 거리까지 들어갔다. 화살에 맞은 왜적이 매우 많았는데도 퇴병하지 않으므로 정로위 김직손, 갑사 김성조 이희준, 보인 문시봉 등 4인이 말을 달려 돌격하자 적군은 드디어 무너져 흩어졌다, 홍모투구를 쓴 한 왜장이 자신의 활솜씨만 믿고 홀로 물러가지 않으므로 정병 김몽근이 그의 등을 쏘아 명중시키자 곧 쓰러졌고, 이에 아군이 승세를 타고 추격하여 참획한 것이 매우 많았다. 천여 명의 왜적을 상대로 이렇게 싸울 수 있는 장수는 거의 없었다. 오로지 김수문만이 이렇게 할 수 있었다.

제주에 왜적이 나타났다는 김수문의 보고는 28일에야 조정에 도착하였다. 이준경에게 이세린을 제주에 보내 구원하게 하라는 명을 내렸지만 상황은 끝나 있었다.

7월 2일 군졸들이 주장의 호령은 듣지 않고 감군어사만을 우러른다 하여 혁파하라 하였다.

내수사의 공사에 총통을 만든다는 핑계로 사찰의 동기를 거두어 갔다 하였다. 이에 전라감사 김주에게 하서하여 그 사찰에 환급하라 하였다.

정원이 '옛 임금은 이런 때를 만나면 내장을 풀어 썼는데 하물며 이런 사찰의 물건이겠습니까' 하니 중의 물건이 아니라 국가의 물건을 빼앗겼기 때문이라 핑계하였다.

김주가 장계하여 '적선을 깨뜨리는 기구로는 대장군전보다 나은 것이 없으나 총통을 주조할 놋쇠를 준비할 방법이 없어서 이준경이 여러 사찰의 종을 거두어 총통을 주조하려 하였습니다. 이는 사찰의 무용지물로써 국가가 승전할 수 있는 병기를 만드는 것이니 매우 타당한 일입니다. 그러나 남치근이 일찍이 계청하여 윤허받지 못했기 때문에 거두어들였던 기물을 즉시 환급하게 하였습니다. 내원당의 종기는 그만두더라도 이름 없는 사찰의 종으로 총통을 주조하도록 하면 방비에 도움이 될 것입니다' 하였다. 답하기를 병화로 파괴된 사찰들의 유기는 가져다 써도 된다 하였다.

7월 30일 왜변 때 방비를 제대로 하지 못한 감사 김주를 파직하라 하였다.

8월 2일 김경석의 형신 문제를 논하였다. 명종은 마땅히 군법으로 처리해야 한다 하였다.

8월 10일 제주에 선로사 윤의중을 보내면서, "가서 모든 사졸들을 위로하라. 각별히 삼읍의 정황과 방비에 관한 일을 두루 살피고 돌아와 아뢰라" 하고, 또 제주목사 김수문에게 하서하여 "오직 경은 청렴 신중하고 신망이 두터워 해외의 관직에 제수되었고 사졸들과 한마음이 되어 방비에 힘썼음은 물론 힘을 다하여 조치함으로써 적병을 물리쳤으니, 그 공이 매우 크다. 그래서 이미 가자와 사의를 명하였고, 지금 또 특별히 시종신을 보내어 연회를 베풀고 술을 하사하여, 기뻐하며 위로하는 나의 뜻을 보이니, 경은 더욱 충성을 다하고 군졸을 어루만져 방비에 마음을 다하여 길이 해도의 고을을 보호하라" 하였다.
　김수문은 방비에 진력하고 전투에 용감하였다. 신중하고 지략이 있는 데다가 사졸의 마음까지 얻었다. 그래서 적이 변경을 침범하였으나 마침내 승리할 수 있었다. 보기 드문 장수였다.

8월 12일 동서반 종이품 이상을 명초하여 옹성의 필요 여부를 의논하였다. 신하들은 반대하나, 인가가 없는 곳은 수시로 수축하고 인가가 있는 곳은 시기를 기다려 하라고 하였다.
　이준경이 남쪽에서 돌아와 복명하였다.

8월 19일 사정전에 나가 이준경을 인견하였다. 이준경이 제장들의 그동안의 행태를 아뢰었다. "대부분의 제장들이 머뭇거리면서 두려워하였는데, 이는 적세의 허실을 몰라서 그런 것입니다. 그러나 기회를 타고 분연히 추격하지 못하여 왜적으로 하여금 멋대로 여리를 분탕하고 성읍을 함락하여 많이 살해하고 약탈하게 하였으므로, 모든 백성들이 그 원망을 장사들에게 돌리고 있습니다" 하였다. 그리고 "남치근·김경석·조안국은 모두 서로 각립하였고 그 휘하 군사들도 서로 헐뜯어 시비가 분분하였으며, 군정에 체계가 없어 민심이 통일되지 못하였으니, 매우 옳지 않았습니다" 하였다.

명종은 "태평한 지 오래되어 심상에 젖어 방비에 대한 제반 일을 조치하지 않고 있다가 갑자기 왜구의 변을 만난 것이다. 원적은 적은 군대로 작은 성에 들어갔다가 피살되기까지 하였으니 죽었어도 죄가 남는다. 김경석은 명령을 받고 나갔으니 마땅히 힘써 싸워야 했는데도 위축되어 영암에 주저앉았고, 머리 1백여 급 벤 것을 가지고 스스로 공이 많다고 여겼으니, 평소 총애하여 기른 의의가 어디 있단 말인가? 남치근의 경우는 경석·안국과는 차이가 있다" 하였다.

이준경이 완곡히 다시 아뢰어 원전과 이세린을 구제하고자 하였다. 그러나 명종은 들어주지 않았다.

일벌백계도 좋지만, 성을 지키다 죽은 사람은 작은 성에서 나오지 않고 죽었다고 하고, 중과부적으로 성을 나온 사람은 지키지 않고 나왔다고 하여 죄인으로 만드니 앞뒤가 맞지 않았다. 또한 제대로 된 군사훈련 한 번 한 적이 없으니 장수가 어떻게 싸울 줄을 알았겠는가.

8월 22일 사헌부가 궁각을 밀무역하게 하고, 또 역관으로 하여금 요동에서 동납을 밀무역하게 한 것이 부당하다고 금하라 청하니, 명종은 대신과 의논하여 처리하겠다고 하였다. 오직 했으면 밀무역까지 시켰을까. 절의 종이나 유기는 문정왕후 때문에 사용할 수가 없으니 궁여지책으로 밀무역까지 시킨 것이다. 명종의 군사의 일에 대한 관심은 이 정도로 상당하였다.

9월 5일 김경석과 조안국은 이미 세 차례나 형신을 받았다. 조안국 등은 특명으로 감사하였는데 사헌부가 다시 율에 따라 정죄하자고 하였다. 윤허하지 않았다.

머뭇거린 장수들은 모두 형장을 받았는데, 남치근만은 특별한 잘못이 없으니 형추는 그만두고 파직만 하라 하였다. 남치근은 스스로 죄를 받을 것을 알았다. 그래서 서울로 돌아오자마자 이언경을 보고 말하기를, '사인은 나를 살려 달라'고 하였고, 또 윤원형에게 많은 보물을 뇌물로 바쳤다. 그때에 양사에서 모두 차자를 올려 논하려고 하였는데, 윤원형이 무마하여 불문에 부쳤다. 윤원형이 이미 뇌물을 많이 받았을 뿐만 아니라, 남치근이 죽인 전 나주목사 최환도 을사인의 부류로 제거하고 싶었던 자였으므로 그가 죽은 것을 달갑게 여겼기 때문이었다. 이렇게 남치근은 형장을 면하고 가벼운 처벌을 받게 되었다.

명종은 남정 나간 장수들이 머뭇거리고 제대로 공격다운 공격도 해보지 못하고 적들을 물러가게 한 것에 무척 화가 났다. 그래서 의도적으로 대부분 중죄를 주었다. 그러나 그 장수들을 죽이지는 않았다.

9월 14일 대마도의 사신 평조광이 적선 4척 중 1척을 추격, 왜적 25명의 목을 베었고, 조선의 우산을 함께 가지고 왔다고 하였다. 예조에서는 그 진위는 헤아리기는 어려우나 그들이 적왜를 베어 가지고 와서 바치려 한다는 것을 명분으로 삼고 아울러 우리나라의 표지가 있는 물건을 보내왔으니, 접대하여 보내자 하였다. 명종도 허락하였다.

　대마도의 왜적은 이렇게 속이기만을 힘썼다. 저들이 이미 공모하여 노략질을 하고 또다시 죽은 자의 머리를 베어 가지고 와서 바치는 술수를 쓰고 있다. 그런데도 접대를 허가하여 상을 내리게 하니, 해마다 이런 버릇은 끊임이 없이 자행될 것이었다. 또한 백성들이 입고 먹어야 할 물건을 헛된 데에다 은혜를 베푸는 것이니 아깝기도 하거니와 화나는 일이 아닐 수 없었다.

　10월 30일 대마도의 사신 평조광을 당상관으로 하였으나 세견선과 세사미를 더하는 것은 허락하지 않았다. '도주에게 고하여 충성을 다하라. 우리 해변에 적선이 없도록 하면 상이 이에 그치지 않을 것이다'라고 말해 주었다. 그런데, 왜인 원승의 서계에 '명나라에서 노략질하던 왜적들이 내년 봄에 귀국으로 갈 것이다'고 하였다. 알려 주는 것이 아니라 공갈하는 것이었다. 또 왜인 원성만은 병부를 가지고 아뢰었는데 그 병부는 원적이 패사했을 때 잃어버린 것이었다. 속임수를 확인할 수 없으니 일단 원승에게 도서를 주고, 원성만을 상호군에 임명하였다.

　11월 25일 비변사가 공사천으로 다만 갔다가 그냥 돌아와 전투도 하지 않은 자를 일체 종량시키는 것은 불가하다 하였다. 참전했다고 상전에게 횡포를 당하는 공사천은 어떻게 조치해야 할 것인지에 대한 의논은 없었다.

　12월 2일 악독한 자들이 또다시 남정의 장수들을 율에 의해 정죄할 것을 거론하였다. 이미 죄를 받았고 시간이 많이 지난 사안을 다시 거론하는 것은 의도가 있는 것이다. 김경석은 윤원형이 자기를 죽이려 한다는 말을 듣고 백금 1백 냥과 명박 등 보물을 뇌물로 바치고 살아남았다. 장수들의 목숨을 담보로 이런 짓을 하고자 한 것이었다.

이해의 다른 일들은,
7월 24일 무장의 유생 안서순이 요승 보우의 머리를 벨 것을 상소하였다. 대단한 사람이다. 그대로 넘어갈 리는 없을 것이다.

9월 17일 내수사에서는 사람을 잡아다가 심문하고 형장을 가하는 초법적 행위까지 자행하고 있었다. 사헌부가 내수사에서 색리를 추국함이 불가함을 말하나 윤허하지 않았다. 양사에서 한 달이 지나도록 논계하였으나 윤허하지 않았다.

9월 16일 망원정에서 새로 만든 병선을 시험하였다.

10월 18일 비변사가 관찰사에게 순찰사의 소임을 겸하게 하여 미리 군졸을 정비하여 즉시 대응하도록 하자 하였다. 21일 이준경을 숭정대부 우찬성으로 하였다.

11월 19일 조식이 상소하였다. 단성현감 제수를 사양하면서 올린 간절하고 강직하며 충정이 담긴 상소였다. 그러나 '자전은 깊숙한 궁중의 한 과부에 지나지 않는다'는 말이 있어 명종이 심히 좋지 않게 생각하였다. 이때 좌의정 상진이 《송사》 영종기에서 구양수가 말한 '자전은 깊은 궁궐의 한 부인'이라는 말을 내놓고 변명하기를 "조식이 옛사람이 임금에게 고한 말을 인용하여 국가의 위태로운 형세를 지극히 말한 것이요. 거만한 말이 아닙니다" 하였다. 명종이 이해하고 결국 죄를 주지는 않았다.

이황이 조식의 상소를 보고 사람에게 말하기를 "무릇 상소는 직언을 하여 회피하지 않음을 귀하게 여기나, 모름지기 곡진하고 부드럽게 하여 뜻은 곧으면서 말은 순하게 하여 과격하고 불공한 병통이 없도록 해야 한다. 그런 뒤에야 아래로 신하의 예를 잃지 않고 위로 임금의 뜻을 거스르지 않는 것이니, 남명의 상소는 참으로 금세에 얻기 어려운 바이나 말이 지나쳐서 비방하는 데 가까우니 마땅히 임금께서 보시고 노하겠다" 하였다. 이것이 퇴계와 남명의 차이점이었다.

성수침은 조식과 서로 뜻이 같아 친했다. 이제신이 두 선생께서 서로 허여하고 중히 여기는 것을 알고 성혼에게 물으니, 성혼이 "가친이 남명의 단성소를 보고는 예봉이 너무 드러났다 하고, 말씀하시기를 '오랫동안 건중과 떨어져서 그가 크게 진보하여 이미 혼연일체가 되었으리라 여겼는데, 과연 이 말씨와 같다면 아직도 미진함이 있지 않은가' 하셨다"고 하였다.

윤11월 5일 사헌부가 이양을 탄핵하였다. 독서당만 삭제하도록 하였다.

12월 3일 박한종을 원자를 보위하게 하였다. 사헌부가 박한종의 서용은 불가함을 말하나 계속 윤허하지 않았다. 윤임의 자손이 적몰되어 종이 된 후 박한종에게 예속되었었다. 박한종이 그의 양자를 혼인시키던 날 저녁에 그로 하여금 말 앞에서 인도하도록 하였다. 아주 악랄한 짓이었다. 인성왕후가 그 사실을 알고 매우 슬퍼하였으며, 이로 인하여 병을 얻었으므로 듣는 사람들이 마음 아프게 여기지 않는 사람이 없었다.

그렇지 않아도 어렵고 살기 힘든데 남쪽 전라도에 대규모의 왜적이 침범하여 어려운 상황을 더욱 어렵게 하였다. 어려움을 겪었으면 조금이라도 달라져야 하는데 그럴 기미는 없었다. 이렇게 이 한 해도 저물어 갔다.

11세인 이순신도 왜적의 침입은 알았을 것이고 전쟁놀이를 하면서 적개심을 불태웠을 것이다. 훗날 유성룡이 회고하기를 '이순신은 어렸을 때 영특하고 활달하였다. 그는 여러 아이들과 함께 놀 때에도 나무를 깎아서 활과 화살을 만들어 가지고 거리에서 놀았는데, 마음에 거슬리는 사람을 만나면 그의 눈을 쏘려고 하였으므로, 어른들도 그를 꺼려 감히 그 군문 앞을 바로 지나가지 못하였다'고 하였다. 또래 아이들은 이순신을 대장으로 여기고 놀았다 한다. 대장의 군문 앞을 함부로 지나다니지 말라는 대장다운 행위였던 것 같다.

14세인 유성룡은 12월에 의주목사가 된 아버지를 따라 의주로 갔다.

20세인 율곡은 금강산에서 1년 반 조금 넘게 지내다 다시 강릉으로 돌아왔다. 그리고 외도를 반성하는 의미에서 '자경문'을 쓰고 다시 유학에 열중하였다. 율곡은 태생적으로 현실 도피보다는 현실 참여형이다. 그 시절 승려가 되기에는 너무 재기가 발랄한 사람이었다. 그러니 불교에 몸담을 수는 없었다.

선조는 4살이 되었다.

15
온갖 폐단과 횡포가 이어지다 :
명종 11년 (1556 병진년)

해가 바뀌어도 좋아지는 것은 없다. 오히려 온갖 폐단과 횡포는 더욱 심해진다. 그에 따른 백성들의 시름과 고통도 더 심해질 뿐이다.

1월 14일 황주, 봉산, 재령, 안악은 토지가 소금기가 많은 습지라서 갈대만이 무성한데, 주민들은 그것을 채취하여 삶의 바탕으로 삼아온 지가 이미 오래였다. 그래서 지난 계축년에 간원이 빈민에게 돌려줄 것을 청하여 이미 윤허를 받았다. 그런데 이것을 다시 내수사에 소속시키라는 명이 있었다. 그러자 주민 80여 명이 살아갈 길이 없다고 호소하였다. 헌부가 내수사에 소속시키지 말고 백성들에게 이익이 돌아가도록 하라고 청했으나 윤허하지 않았다.

이렇게 가난한 백성들의 생활 수단마저 빼앗아 가니 백성들이 도적이 될 수밖에 없었다. 내수사가 실제 도적이고 또 도적을 양산하는 곳이었다.

풍기 소수서원의 속공전도 내수사에서 빼앗았다고 하였다.

2월 11일 승군을 부리지 말라는 일에 대해 내수사가 임금의 분부를 받아 비변사에 서면으로 제출하였다. 내수사가 심지어 군사 뽑는 일까지 관여한 것이다. 또한 이것은 마땅히 승정원을 통해서 나와야 할 일이었다.

3월 7일 생원 안사준 등 5백여 명이 상소하여 명종의 잘못을 통렬히 논하였다. 양종을 설치하고 신하들의 반대를 묵살한 것, 조식의 상소가 시폐를 적중한 것인데 단호히 거절한 것, 박한종으로 하여금 원자를 보호하게 한 것, 재변을 범연히 여겨 자신을 뉘우치지 않는 것, 피전감선하면서 불공하는 비용을 줄이지 않는 것 등을 말하고, 부지런히 부처를 받들었는데도 흉년은 들고, 변방에 침략도 있어 백성이 어육이 되었는데, 어째서 부처의 힘이 상서로움을 오게 하지는 못하고 도리어 재변만 오느냐고 하였다.

이어 대사간 박민원 등이 또 차자를 올렸는데, 박한종을 서용하여 원자를 모시게 한 것, 비변사는 책임만 메우고 있으니 국가의 녹만 축낸다는 것, 경기수사는 조정의 걱정만 더하게 할 뿐이고, 군영의 둔전은 모두 권세가의 점유물이 되어 버려 경비 충당도 못하고 있고, 평사는 신설했으나 직질의 차이가 현격하여 규검하기가 어렵고, 명분 없는 군사를 풀고 있어 역로의 인마가 더욱 곤폐하고, 유언비어가 난무하여 피난 갈 차비까지 하고 있는 것 등을 말하였다.

윤원형은 '중종조는 난을 겪은 뒤에 추대된 임금이어서 아래에서 하는 말을 두렵게 여겨 쉬이 따랐으나, 지금은 중종조 때와 상황이 다르다'는 등의 말을 가지고 침윤의 참소를 하여 언로를 막았다.

3월 29일 정원에 내시들을 수용할 학사를 지어주도록 하라 하였다. 오래 논계하여 중지시켰다.

4월 2일 내수사 노비의 복호에 대해 한번 윤허한 것을 다시 고치는 부당함을 양사가 아뢨다. 그러나 고쳐야 할 것을 고친 것이라며 윤허하지 않았다.

충순위 안응두 형제들과 내수사 종들 간에 싸움이 있는데 형조가 제때에 판결하지 않고 있음을 아뢰었다. 명종이 내수사의 종을 편들기는 하였으나 형조에 분명히 판결하라 하였다. 이것도 예전에 무조건 내수사 편을 들어 양반을 형장을 가했던 것에 비하면 진일보한 것이었다.

내시 김세건은 늘 내지라고 말하며 기세를 부렸다. 백성의 땅을 정업원이 샀다고 내놓으라고 하고, 내수사에서 타량한다 하며 벼를 다 밟고, 전답을 잘라 한계를 만들어 땅을 빼앗고, 수확을 징수하는 등 약한 백성들을 괴롭히고 있었다. 사간원이, 백성들을 능멸함으로써 자신은 능력이 있다는 이름이 있게 하는 반면 원망은 위로 돌아가게 하고 있으니 추고하여 엄중히 다스리자고 하였다. 명종은 타량은 공명정대하게 하라 하면서도 추고는 허락하지 않다가 계속 요구하니 허락하였다. 그러나 몇 달이 지난 뒤 내수사의 서류만 보고 백성들이 침점한 것이 틀림없다고 하였다. 내수사와 관련된 것에서 문정왕후의 입김을 벗어나기에는 아직은 멀었다. 또한 환관들이 이렇게 제왕의 정치를 더럽히고 있었다.

또 피바람도 일었다.

안악 교생 장응규가 수군 윤순을 부도한 말을 한 것으로 고변한 사건이 있었다. 결과는 무고로 들어나 장응규는 참부대시에 적몰하였다. 역적으로 고발만 하면 법석을 떨고 형장을 가하는 짓은 여전하여 많은 사람들이 치도곤을 치렀다.

5월 3일 그런데 무장에 사는 유학 안서순이 상소를 올렸다. 놀랍게도 그 상소에는 을사년의 일을 무고라고 하였다. 전라감사가 그 상소를 보고 놀라서 안서순은 가두어 두고 보고하였다. 금부낭청을 보내어 급히 압송하게 하였다. 그리고 대신들을 불러 모아 경위와 죄를 논하고 역적이나 다름없다고 하였다.

안서순의 상소문은 죽음을 무릅쓴 용기 있는 글이었다. 그러나 너무 빨랐다. 아직은 문정왕후와 윤원형의 서슬이 시퍼렇게 살아 있었다. 안서순의 공초에 글씨를 써 준 사람 등 여러 명이 거론되었다. 또 거론된 자에 의해 거론된 여러 사람들이 모두 호된 형장을 받았고 안서순 외 몇 사람은 형장에 죽었다. 대질 심문에서 풀려난 사람도 있었다. 안서순과 정윤은 참부대시에 가산을 적몰하였다.

윤원형이 이 일로 김인후를 연좌시켜 사림의 화를 일으키려 하였으나 그리 되지는 않았다. 조정의 신하들은 윤원형의 위세에 눌려 감히 아무도 입을 열지 못했으나, 바른말과 공정한 논의가 매번 초야에서 나왔다. 그들을 다 죽일 수는 없을 것이다.

5월 5일 사예 김홍도가 올린 대책을 오활하여 번잡하고 절실하지 못하다 하였다. 그러나 그 대책문은 더 이상 절실할 수 없는 내용이었다.

대신은 자기 집만 이롭게 하고, 소신은 제 몸만 보존하고, 수령은 재상을 섬기는데 힘쓰고, 임금의 명이 신하들에 행해지지 않고, 조정의 영이 군현에서 시행되지 않고, 언로가 막혔으며, 부세가 가혹하고 따라서 무기를 든 도적이 많다. 이런 시국이니 두려운 마음을 가져야 한다 하였다. 그래서 곧은 말을 너그럽게 용납하고, 편안함을 구하지 말고, 총명을 자부하여 정사를 좀스럽게 하지 말 것이며, 잗단 예절을 자랑하지도 말고, 기이한 물건을 귀하게 여기지 말고, 뇌물 바치는 길을 없애 허위의 조짐을 막고, 형벌은 그 죄에 맞게 법에 의거하여 정죄하라 하였다. 그리고 "환관들이 제멋대로 날뛰는 것은 예부터 있어 온 걱정거리입니다. 내수사 제조를 설치한 이래로 그들의 간여가 사실상 많아지고 있습니다. 신은 바라건대 환관들에게는 소제하는 일만을 맡기기를 바랍니다. 이단의 흥행은 오늘날에 있어서 커다란 걱정거리입니다. 선종과 교종에 물들은 이래로 그들과 교통하는 조짐이 날로 심해집니다. 신은 바라건대 승려들이 맘대로 그 세력을 펴지 못하게 하기를 바랍니다. 바라건대 전하께서는 경계하시고 삼가소서" 하였다.

당시의 병폐와 임금의 잘못을 지적한 것으로 많은 생각 있는 사람들이 우려하는 일들이었다. 그러나 명종은 노골적으로 좋아하지 않는 낯빛을 보였다.

6월 5일 능침사의 위세를 지급하라고 하였다. 양사가 반대하나 따르지 않았다.

8월 공천 노비는 3년마다 속안을 만들고 20년마다 정안을 만든다. 정안을 만들기 위해 도감을 설치하고 경차관을 보내는데 폐단이 이루 말할 수 없었다. 풍년이 들면 하자고 하였다.

지돈녕부사 임호신이 졸하였다. 51세였다. 자상하고 청렴 검소하며 부지런하였다 한다. 그런데 장지가 회암사에 가깝다고 중들이 묘를 쓰지 못하게 하므로 부인 최씨가 조정에 하소연하였다. 명종이 장지로 택한 곳을 다시 살펴 금표를 당겨서 세우고 금표 밖에 장사 지내게 하라고 하였다.

봉은사에 유숙한 유생을 또 형장으로 다스렸다. 중들이 고하면 내수사에서 의례히 중사를 파견하여 적간하고 형조에서는 무조건 형장으로 다스렸다. 명종은 매번 자전이 하는 일이라고 핑계하였다.

12월 1일 전라도 나주, 영암, 진도에 거주하는 수군 정태강 등 20여 명이 본부에 호소하기를 '홍세정이 내수사의 서제를 데리고 내려와서 본래 공문서 내용에 있는 복소포와 와포는 조사하지 않고, 상관없는 강진

방축, 두음방포 방축, 잉읍 방축, 가호수 방축, 도시동 방축 등지의 정전으로 낙종 1백여 석의 땅을 소재지의 고을 수령의 입회 조사도 없이 사사로이 작성하여 올라가니 매우 민망하다' 하였다. 헌부가 시비를 분명히 가려 주기를 청하니 다행히 윤허하였다.

‖ 명종은 군사에 대한 관심이 컸다 ‖

이해에 명종이 군사의 일들에 관심을 가진 것들을 살펴보면,

1월 무과 복시에 대하여 '지금은 평시가 아니기 때문에 널리 무재를 뽑으려는 것이다. 2백 인을 뽑는 것이 좋겠다'고 하였다. 이준경의 건의를 따른 것인데 엽관 풍습을 완화하려는 의도도 있었다. 그런데 고쳐지지 않고 더 심해졌다.

삼공이 비변사의 인원이 너무 많고 시일만 지체하니 혁파하고 모든 군정을 병조가 관장하도록 하자고 청했다. 평시에도 갑자기 혁파할 수 없었는데 사변을 걱정하는 이때에 더욱 고칠 수 없다 하였다. 비변사는 중종 12년에 최초 설치하여 그 후 폐했다가 중종 36년에 다시 설치한 것이다.

4월 27일 사헌부가 재변이 있고 가뭄이 심함을 말하고 열무와 시재가 비록 지금의 급무이기는 하지만 어찌 경연에 나아가 치도를 강구하는 것만큼 유익하겠습니까 하며, 친행하여 열무하는 것을 중단하자 하였다. 그러나 명종은 지금은 변방의 흔단을 우려하고 있는 때이라서 열무는 바로 급선무이므로 친열을 그만둘 수 없다고 하였다. 문신들은 왜변을 겪고서도 정신을 차리지 못하고 있었다. 경연으로 국가를 지킬 수 있는가.

쓸데없는 일을 논하는 데 시간을 보내는 것보다는 한 시간이라도 군사 훈련하는 것이 훨씬 더 국가의 안위에 도움이 될 것이었다.

8월 12일 전라감사 권철과 경상감사 유강이 배사하며, 군량의 비축 문제를 말하고, 총통이 가장 절실한데 동, 납, 철이 전무하니 무역하여 기일에 맞춰 줄 것을 아뢰었다.

9월 5일 청홍도의 병사가 영노비가 부족하다 하여 보충하여 줄 것을 계청하였는데, 해조가 홍주에 있는 각 사노비 40구를 영노비에 충당하게 하였다. 그런데 그들은 병영 근처에 사는 사람이 아니고 혹 40리 밖에 사는 경우도 있었다. 그런데 강제로 이주하게 된 것이니 매우 원통하고 억울한 일이었다. 십분 잘 헤아려 시행하도록 하라 하였지만 잘 시행될 리는 없었다.

10월 2일 황해도의 실농이 심한데 연안성을 쌓느라고 민력이 곤폐한 데다가 또 전선을 만드는 역사로 백성들이 어려웠다. 그렇지만 이 연안성을 쌓은 것이야말로 국가의 장래를 내다본 것이었다.

10월 5일 이해에 총통에 필요한 쇠의 목표량이 10만 근이었다. 사헌부가 지난해에도 전선을 만들고 총통을 주조하느라 비용이 많이 들었으니 우선 반으로 줄이자고 하였다. 또 사간원에서는 폐사의 종을 녹여서 총통을 만드는 것은 거절하고 민간의 집기를 작년에 이어 올해에도 수집하니 원성이 크고, 쇠의 값도 시가에 맞게 해야 한다 하였다. 명종이 받아들였다. 이해에 사들인 철이 6만 근이 넘고 소비한 쌀은 7천여 석이 넘었다. 이로써 많은 총통을 만들 수 있었다.

이해의 왜적에 관한 일은,

2월 27일 전라우수사 최호는 왜적이 몰래 초도에 정박하였을 때 적의 선봉을 보고는 지레 겁을 먹고 후퇴하여 피하고 진격하지 않았고, 남도포 만호 정걸이 홀로 진격하여 힘껏 싸워서 전선의 왜적을 전부 잡았다. 그런데 최호가 보고할 때에 공을 모두 자기에게 돌려서 가선대부에 올랐으므로 남방 사람들이 통분해하였다. 이에 사간원이 탄핵하여 파직하고 충군하게 하였다.

대마도의 왜적은 계속 술수를 쓰고 있었다. 항상 저희들이 꾸미고 저질러 놓고 교묘하게 말을 조작하는 것이다.

2월 29일 대마도주가 일본의 적왜가 우리나라에서 도둑질하려 한다고 알려왔는데 그 내용 중에 '전에 중국을 노략질할 때에는 패하지 않았는데 지난해 초에 조선에 갔다가 패한 것은 대마도가 날마다 통신하여 조선에 알렸기 때문이니 지금 기계를 내어 먼저 대마도를 치고 동이, 서융의 용감한 자들을 모아 밤낮으로 조선을 노략한다면 어찌 성공하지 못할 리가 있겠는가'라는 글이 있었다. 속이는 말이 분명하였다. 그런데 이 말에 대한 유언비어가 난무하여 피난 갈 차비까지 하는 사람들이 있었다.

3월 22일 왜변과 관련하여 일본 국왕에게 알리는 방법을 의논하였다. 늘 '오도의 왜인들이 노략질을 하였다'고 해 왔으므로 모르는 일이라고 핑계할 것이 뻔했다.

4월 1일 대마도 왜인 조구와 문답한 내용에는, 지난해에 노략질한 왜적은 사주와 오행산 지역에 사는 자들이라 하고, 중국인 오봉이 교역하러 왔다가 결탁하여 왕래하며 노략질한다 하고, 지난해 왜적 중에 대마도 인은 죄를 짓고 도망한 자들이라 하였다. 도주가 늘 왜구 막는 공을 세웠다 하나 실제 공이 없다고 하자, 도주가 그들에게 '조선에서 활을 잘 쏘는 사람 천오백여 명을 보내어 대마도와 함께 힘을 합하여 막을 것이다'고 드러내 놓고 말하였으니 저 적왜들이 반드시 들었을 것이라고 답하였다. 그리고 알려 주었으니 상을 달라 하였다. 쌀 30석을 상으로 주었다.

4월 19일 정원이 아뢰기를 왜인 안국이 사로잡혀 간 우리 동자들을 쇄환해 왔는데 거절할 수는 없지만, 또 좋아하는 기색을 보여서도 안 된다 하였다. 대신들은 이것은 우리나라를 시험해 보려는 계책이라 하며 변장이 받게 하자 하였고, 이준경은 끊임없이 요구할 것이므로 거절하고 받아들이지 말자 하였다. 명종은 받아들이고 약간의 상을 주자 하였다. 그런데 뒤에 쇄환한 동자도 우리나라 사람이 아니고, 전일에 목을 베어 바친 것도 적의 머리가 아닌 듯하니 대마도의 간사한 뜻을 나무라자 하였다.

명종은 이르기를, "지금 이 일은 우리나라를 속인 간교한 술책이 매우 심하다. 대저 이 적을 대하는 방도는 치지도외하고 넌지시 얽어매어 둘 따름이요. 굳이 낱낱이 꾸짖어 그들의 노여움을 살 필요는 없다. 쇄환하는 길 역시 막아서는 안 된다" 하였다. 그리고 완곡한 말로 대마도주에게 서신을 보냈다.

그러나 매번 이렇게 얌전하게 해서 반성하고 좋아질 그들이 아니었다.

6월 14일 제주목사 김수문이 왜선 4척을 붙잡았고 목을 벤 것이 제

주 33인, 정의 31인, 대정 33인이라고 보고하였다. 군관 강여와 이선원도 논상하라 하였다.

7월 8일 전라 좌우수사가 각 왜선 1척씩을 나포했다고 하였는데, 명종이 적을 맞아 싸웠는데 어찌 상해를 입은 사람이 한 사람도 없느냐며 사실대로 알리라고 하였다. 15일 김수문이 또 왜선 2척을 나포하고 75급을 베었다고 보고하였다. 17일 황당선을 잡지 못한 태안군수와 소근포첨사를 잡아다 추고하라 하였다.
전라병사 남치근이 왜선 1척을 나포하려는데 권관 신종우가 갑자기 징을 쳐서 놀라 도망가게 하였다고 보고하니, 군기를 그르쳤으니 잡아다 추고하라 하였다. 뒤에 적선을 빼앗고 베기까지 한 공이 있다 하여 잡아오지 말라 하였다.

10월 19일 일본 국왕의 사신 천부동당을 접견하였다. 우리나라의 서책과 병기 등을 가져와서 말하기를 '지난해 귀국에 와서 노략질을 하던 자가 증도에 정박했다가 모두 섬멸되고 오직 이 물건들만이 남았기에 가지고 왔다' 하였다. 또 유황도의 태수 칙충의 서계에, '금년 4월 적선 1척을 만났는데 그 배에 실린 무기가 모두 귀국의 물건이었다. 귀국에서 우리에게 도서를 준다면 우리가 적선들을 못 들어가게 막아 주겠다' 하였다.
예조가 '지난해 우리 배에서 도둑질 해간 무기를 여러 섬의 왜구들이 나누어 감추었다가 서로 잇달아 와서 바치면서 자기들이 적왜에게 빼앗았다 하며 중상을 바라는 것이 아닌지 의심스럽다' 하였다. 의심스러운 것이 아니라 확실한 것이지만 어떻게 할 수 있는 방법이 없어 답답하므로 그저 모른 체하고 넘어갔다.

11월 1일 중국에서 '왜구를 제압하기 어려워 당신네 나라에 칙서를 내려 일본에 유고를 전달하려고 사은사를 기다린 지 오래이다' 또 '돌아오는 봄에 조정이 조선을 시켜 일본을 치라는 의논이 있을 것이다'고 하였다는 말이 있었다.

이때 명나라도 왜구 때문에 골머리를 앓고 있었다. 중국인과 작당하여 밀무역하는 것도 골치가 아팠지만, 소수의 집단으로 돌아다니며 잔인하게 살인 약탈을 저지르고 있어 절강, 복건의 해안 지역은 왜구의 공포에 질려 있었다. 1백여 명의 왜구 한 집단만으로도 수십일 간의 약탈과 살륙에 무려 민간인 수천 명을 살해하였다 한다. 그것도 아주 극악무도한 잔인한 방법으로 죽이고, 죽이는 것을 즐겼다 한다. 이런 집단이 매우 많아 겨우 한 곳을 힘들게 진압하면 다른 곳에서 또 난리를 쳤다. 오합지졸의 명나라 관군으로는 이 왜구들을 근절하기가 힘들었다. 그래서 궁여지책으로 조선의 힘을 빌리려는 생각까지 하게 되었던 것이다. 가능한 말은 아니었다.

이해의 또 다른 일들을 살펴보면,
1월 2일 역관이 검은 비단 70필을 들여오다가 적발되었는데 의혜공주(한경록의 부인)의 집에서 혼사 일로 사오도록 한 것이라고 하며 죄를 주지 못하게 하였다.

2월 4일 양첩의 아들은 손자에 이르러 과거를 허락하는데 조모의 어미 신분까지 조사하여 논의가 있었다. 조모가 양인인지 여부만 조사하게 하였다.

3월 19일 곡물을 납부하고 영직을 받는 것은 군대에 편입되지 않으려는 것이었다. 곡식을 받고 관직을 제수하는 일은 어쩔 수 없었다 하더라도, 국가가 신의를 잃는 일까지 있으니 인심을 열복시키고 큰 효과를 거둘 수는 없었다.

경강의 격군을 징발하는 폐단으로, 뇌물을 끝없이 받고, 세도 있는 자는 청탁하고, 모두 힘없는 자만 도목장에 기재되어 원성이 크고 불평이 많다 하였다.

3월 24일 백관의 녹에, 특별히 감독하지 않으면 흙먼지가 섞이거나 쌀과 콩이 반반이 되기도 하였다. 쓸 수 있는 곡식을 받으려고 하는 자는 반드시 조사의 편지를 받아 가지고 청탁해야 하니, 이런 폐단을 없애자고 하였다.

7월 2일 영천위 신의를 다시 통천으로 귀양 보내어 종신토록 살게 하였다. 신의는 악독하며 도리에 어긋난 일을 많이 저질렀기 때문에 전일 통천에 귀양 보내어 징계하였는데, 방면되어 와서도 조금도 잘못을 뉘우치지 않고 독기를 마음대로 부렸다. 공주가 마음을 쓰다 병이 들었는데 병이 든 것을 기화로 빨리 죽게 하려고 놀라게 할 일을 저질렀는데 안 하는 짓이 없었다. 심지어 공주가 보는 곳에서 계집종을 희롱하여 공주로 하여금 화병이 더하게까지 하였다. 지난 5월에 공주가 다른 집에 피해 있었는데 신의가 밤중에 두 여자와 악공들을 데리고 돌입하여 공주가 자는 방 밖에서 악공에게 음악을 연주하게 하고 침실에서 여인을 데리고 잤다. 마루 안에서 바로 문을 열지 않았더니 계집종을 때려 거의 죽게 만들기도 하였다. 어떻게 감히 공주에게 그런 짓을 할 수 있을까 싶을 정도로 심한 악질 중에 대악질이었다. 문정왕후의 잔인하고 표독스러움으로도 자신의 사위는 이기지 못한 모양이었다. 명종도 못 견디게 통분스러워하면서도 어쩔 수 없이 귀양만 보냈다. 뒤에 위리안치하게 하였다.

8월 23일 정언각이 죽었다. 말에서 떨어져 얼굴을 밟혀 상처를 입고 앓다 죽었다 '천도는 돌려주기를 좋아한다' 하였다. 즉 천벌을 받은 것이다. 사람들은 이 말을 악인을 죽인 말이라 하여 '의마'라고 불렀다 한다.

11월 2일 부경통사들이 은냥을 많이 가져가서 불법으로 무역을 하므로 중국 조정에서 비방을 많이 받았다. 지난해 동지사 임내신과 서장관 김명윤을 파직하도록 요청하여 윤허하였고, 이번 심통원의 행차 때 짐바리가 너무 많다는 소문이 있었으니 추고하라 하였다.

또 한 해가 간다. 7월에 명종이 "이 몇 해 이래로 매년 흉년이 들어 백성들이 살아가기가 어렵고 괴로웠는데 올해는 봄과 여름에 비가 알맞게 내려 거의 추수할 기대가 있었다. 그런데 6월 보름부터 폭풍이 불고 장마가 계속되어 지금까지 그치지 아니한다. 각 고을에 풍수의 재난이 있다고 하니, 불쌍한 우리 백성들이 앞으로 어떻게 살아가겠는가" 하였다. 그리고 이어 가을장마도 심했다. 올해도 흉년이다. 중들의 세상은 이어지고, 내수사는 완전히 막강한 권력기관으로 자리를 잡아 그 악랄하고 교활함에 백성들은 멍들어 간다. 수령들의 가렴주구는 여전하고, 백성들의 배고픔도 여전하다. 대마도 왜적의 간사하고 교활한 속임수도 계속 이어져 그것을 알고 참는 것도 힘이 들었다. 명종은 변화의 조짐은 보이지만 아직은 때가 아니고 그래도 국방에 힘을 써 많은 총통을 제작한 것은 다행한 일이었다.

12살의 이순신은 글공부도 열심히 하겠지만 여전히 군사놀이도 즐겨 하였을 것이다.

15세의 유성룡은 의주목사가 된 부친을 따라가 의주에 있었는데, 사신으로 갔다 오던 심통원이 버린 짐바리에서 양명학에 관한 책을 볼 수 있었다. 양명학은 주자학을 위주로 하는 당시 조선에서는 금기시된 것이지만 한번 읽어볼 가치는 충분하였다. 필사본도 해 두었다.

21세의 율곡 이이는 강릉에서 서울로 돌아왔다. 가을에는 한성시(초시)에 장원하였다.

선조도 벌써 5살이 되었다.

16
온갖 착취로 이루어진 나라였다 :
명종 12년 (1557 정사년)

해가 바뀌어도 백성들의 삶은 계속 힘들다. 온갖 폐단이 쌓이고, 부역에 더하여 탐관오리들의 수탈과 횡포도 더해만 간다.

1월 1일 동지사 심통원이 돌아오는 길에 황제가 포상으로 내린 물건을 잃어버렸다. 중요한 것을 잃어버렸으니 당연히 문제가 되었다. 사적인 물건도 너무 많아 검열을 피하기 위해 많은 물건을 버리기도 하였다. 중국의 우전은 운반에 지쳐서 우리 사신 일행을 되놈 장사치라고 욕하였다 한다.

황섬이 부경하는 행차에 공무를 시키지 말자고 하였다. 윤원형은 공무를 시키지 않더라도 간사한 짓을 막을 수는 없을 것이라고 하였다. 명종은 "법을 세워 간사한 짓을 막아야 된다" 하였다. 이에 황섬이 공무를 하는 작태를 말하였다. 그러자 윤원형이 황섬이 아뢴 말을 이어받아 공무를 하지 않으면 폐단을 없앨 수 있다고 하였다.

윤원형은 사행이 있을 때마다 통사들에게 강제로 값을 떠맡겼다가 본값의 배로 받아들였다. 그가 재물을 탐하는 마음은 끝이 없었다. 그런데 임금에게 아뢸 적에는 이렇게 말했다. 변함없는 철면피였다. 근래 제궁과 세력가의 집에서 중국의 물건을 다투어 무역해서 복식에 쓸 뿐만 아니라 장사꾼들처럼 모리하고 있었는데 윤원형이 가장 심했다.

1월 10일 내수의 물품은 가려들이라는 전교가 있었다. 환관들이 이를 빙자해서 폐단을 일으키고 서민들은 해를 입을 것은 보지 않아도 훤했다. 위에서 좋아하면 아래에는 더 심한 자가 있는 법이다.

사관은 '내수사라는 관서를 따로 세움으로써 정당한 조공을 국비로 쓰는 것 외에 또 재물을 전수하는 관아를 두었으니 이것이 무슨 관작이란 말인가? 개탄을 금할 수 없다'고 한탄하였다.

내수사가 하나의 아문이 되면서부터 안에서 임금의 전지를 얻어 명을 외부에 시행하였다. 그리하여 육조에 바로 전하기도 하고 팔도에 이문도 하였는데, 만약 어기는 경우가 있으면 수령도 파직당하고 조정 관리도 견책을 받았다. 제멋대로 방자하고 기탄이 없었다. 내수사는 바야흐로 나라의 커다란 근심거리였다.

1월 24일 선천군수 이흔이 관비가 자기의 명령을 따르지 않았다고 형장하여 관비는 그날로 죽고 그 남편은 다음 날 죽었고 그 어미는 겨우 살았다.

백성의 목숨은 수령에게 달려 있는데 수령이 탐욕스럽고 잔인한 것이 이때보다 심한 적은 없었다 한다. 가혹하게 거두어들임이 날로 심하며 기한을 정해 놓고 독책하는 것이 성화보다도 급하기 때문에 가족을 이끌고 떠돌기도 하고 자결해서 죽기도 하였다.

사관은 '울부짖는 고아들과 통곡하는 과부들의 맺힌 원한이 하늘에까지 사무쳐 화기를 손상시키니, 수재와 한재가 거듭 이르고 나라의 근본도 날마다 병들어 갔다. 어찌 형장 남용 한 가지뿐이겠는가' 하고 탄식하였다.

사관의 탄식은 계속 이어진다. '강욱을 당상에 올린 것은 이치에 능하다고 해서였는데 한번 고을살이에 나가자 부자가 되었으니 비루한 짓을 한 것이 분명하다. 강욱을 능하다고 임금에게 계달한 자 또한 너무도 허위가 심하지 않은가? 선비들이 빈궁한 가운데서는 청백함을 스스로 지키다가도 한번 벼슬길에 나서면 갑자기 생업에 급급하게 되어 지탄을 받게 되는 자가 어찌 강욱뿐이겠는가' 하였다.

　모든 인사는 뇌물에 의해서 하고 사람에 의해서 하지 않았다. 이미 뇌물을 주고 벼슬을 했으므로 욕심을 충족시키기 위해 백성들에게 장사치들이 빚 독촉하듯 착취하는 것이 끝이 없었다.

1월 25일 군적을 점검한 실태는 이러하였다. 수군 5백 명이 방수하는 곳에 겨우 1백 명이 있을 뿐이었고 그 나머지는 본 고을에서 오지도 않았다. 입방자에는 어린이도 있었고 또 어미가 병든 아이를 안고서 대신 입역하는 자도 있었다. 전구가 아무리 갖추어졌더라도 이와 같은 군졸로는 적을 막을 수는 없는 것이다. 군적을 만들 때 수군과 육군을 채울 수가 없어서 이름만 있을 뿐 실제는 없는 경우가 많았다. 장령 성의국이 아뢰기를 "본역 외에 또 다른 부역이 있고 일족에게 관련된 부역은 침징하지 않는 것이 없었으므로 그 괴로움을 견디지 못하여 도망하여 흩어져 그렇습니다" 하였다.

2월 23일 근래 흉년이 잇달아 더욱 심해진데다가 변경에 일까지 있어 마구 쓰는 것이 수백 가지여서 국고가 거의 고갈되고 있었다. 양종에 속한 위전들에 대해서 호조의 문서를 가져다가 살펴보니 각각 정해진 수가 있었다. 그런데 내수사가 양종의 청탁을 받아서 해조가 잘못 계산했다고 속여 보고한 것들이 많았다. 이에 간원이 내수사의 행수 장무관을 추고하여 통렬히 다스리자고 하였다. 그러나 따르지 않았다.

2월 29일 호패와 도첩이 있는 중은 역사시키지 말라는 명이 있었다.

이에 헌부가 "역사는 폐할 수 없는데 중들은 역사시키지 않는다면 곤궁한 백성만 일방적으로 고통을 받게 되니 어떻게 생활해 갈 수 있겠습니까? 위에서 불쌍하게 여기는 염려가 중들에게만 미치고 백성에게는 미치지 않는데 나라의 근본이 먼저 시드는 것을 우려한다는 말은 역시 거리가 먼 것이 아니겠습니까. 종신토록 놀고먹는 중을 일년 내내 공역에 봉사하는 백성과 비교하면 수고롭고 편안하기가 아주 다른데도 곡진히 비호함으로써 날짜가 많이 소요되지 않을 역사마저 아울러 폐하게 된다면 군정이 더욱 의혹하고 중들은 더욱 과장하게 되어 역사를 피하는 백성이 더욱 많아져서 장차 막을 수 없게 될 것입니다. 하서를 멈추시어 사람들의 의혹을 없애게 하소서" 하고 강력하게 아뢨는데, 처음에는 따르지 않았으나 계속 오래 아뢰니 따랐다.

뒤에 성세장이 사찰의 위전에 대해서도 거듭 아뢰었다. 그것도 오랜 시간 뒤에 마지못해 거승위전의 세를 주지 말라고 하며 따랐다.

사관은 '상이 좌도에 미혹되지 않은 것이 분명한데도 오히려 위전의 세에 대한 아룀을 거절하는 것은 자전의 뜻을 억지로 따라서가 아니겠는가? 뒤에 이를 살피는 자는 상세히 음미해야 할 것이다'고 하였다. 명종이 아니라 문정왕후 때문이라는 거였다.

이런 상황에서도 위사공신을 모아놓고 잔치를 벌이고 가무를 즐겼다. 저들의 세상이니 말릴 수는 없지만 통탄스럽지 않을 수 없었다.

4월 7일 친열을 중지하자 하니 "금년에 몇 번이나 관무재를 했다고 이렇게 아뢰는가? 경회루 아래에서는 기사와 기창을 할 수가 없다. 짐작해서 하는 것이므로 중지할 수 없다" 하였다. 명종에게 박수를 보내고 싶다.

그런데, 사관은 '관무재에 대한 일은 큰 급무가 아닌데 이미 대간의 아룀을 굳게 거절하니, 엄하게 거절할 줄만 알지 거스르지 않고 받아들이는 아름다움은 없다' 하였다. 문신들은 어떻게 할 수가 없었다. 그렇게 커다란 변란을 겪고서도 돌아서면 또 잊어버렸다.

4월 21일 영의정 심연원, 좌의정 상진, 우의정 윤개, 영중추부사 윤원형, 좌찬성 안현에게 전교하기를 "왜인이 나타나면 변장이 으레 섬멸, 생포하는데 이는 변장으로서 마땅히 해야 할 일이다. 그러나 변경을 침범하는 배는 섬멸해야 하지만 표류선까지도 다 섬멸한다면 이 때문에 맺어지는 원한을 염려하지 않을 수 없다. 이제부터는 형세를 잘 살펴 만약 무기를 가지고 싸울 계획으로 변방에 침범한 배는 섬멸할 것이요, 화물만 싣고 무기가 없이 곤궁하게 된 왜인일 경우에는 육지에 올라오지 못하게만 하고 급히 치계하여 조정의 조처를 기다린 연후에 선처하도록 하는 것이 어떠한가? 다만 이와 같이 하면 변장들이 이를 빙자하여 잡아야 될 배도 잡지 않고 또 해중으로 깊이 추격하지도 않을 것이니 의논해서 아뢰라" 하였다. 그리고 서반 정2품 이상과 동반 종2품 이상을 명초하여 수군을 정상으로 회복시킬 계책에 대해 궐정에서 의논하게 하였다.

우찬성 이준경이 군사가 유망하는 폐단에 관해 아뢰기를 "진실로 수령들을 가리고 변장들을 신중히 뽑아서 무양하는 방법을 제대로 하게 하면 반드시 유망하는 폐단이 없어질 것입니다. 변장들의 경우는 오로지 군사들에게 긁어내어 자신을 살찌우기만을 힘써 온갖 방법으로 군사들을 들볶아 무슨 물건이든 다 판출하게 합니다. 이런 일들이 모두 궐액과 유망의 근본인 것입니다. 군사가 유망하면 일족과 절린이 침해를 입는 것은 바로 목전에 닥친 급한 일입니다. 반드시 현재의 폐단을 구제하고자 한다면 수군·육군이 도망해서 절호된 경우는 그 도의 관찰사가 각 수령들에게 사실대로 초출하게 하여 일일이 군적을 만들게 하여야 합니다.

도망한 수군에게 일족이 없는 경우에는 원액을 감하여 실제 숫자대로 하기도 하고 육군의 여외 숫자로 옮겨 보충하기도 하되 채우지 못한 액수는 각 고을로 하여금 한정을 뽑아 점차적으로 보충함으로써 한때의 급함을 펴게 해야 합니다" 하였다. 답하기를 해조로 하여금 절목을 자세히 마련해서 시행하게 하라 하였다.

4월 29일 병조판서 이준경과 정유길에게 전교하기를 "유군을 진열에서 빼낸 것은 뜻하지 않은 변을 막기 위한 것이니 책임이 중한데, 방어를 하지 않았다. 습진을 끝낸 후에 유군장을 의금부에 내려 추고하라" 하였다.

연습은 실전처럼 하라는 말을 그대로 엄하게 적용한 것이다. 잘 한 일이다. 이런 군사 문제에서 명종의 판단은 상당히 예리하였다.

5월 7일 백성들에 대한 착취가 얼마나 심하고 그 폐단이 얼마나 극심한가를 보여 주는 상소가 있었다. 단양 군수 황준량이 상소를 올려 민폐 10조를 진달하였다.

"조그마한 고을이 완전히 피폐해져 전혀 어떻게 할 수가 없는데 이제 부역을 면제해 주어 그 항목을 모두 없애고 10년 동안을 기한으로 즐거이 살면서 일하게 하여 백성들에게 태평스러운 삶을 누리게 함으로써 인의의 은택에 젖어 들게 한다면, 원근에 유산되어 있던 백성들이 모두 돌아오기를 원할 것은 물론 거칠어진 1백 리의 땅이 다시 살기 좋은 낙토로 변해서 근본이 이루어질 것이니, 이것이 상책입니다.

만약 그 땅에 매겨져 있던 조공을 다 면제해 줄 수 없고 10년 동안 늦출 수 없다면 차라리 군을 혁파하고 강등시켜 현으로 만들어 아직 흩어지지 않은 백성을 큰 고을에 들어가게 하여 참혹한 해를 면하게 하는 것이 그 차책입니다.

　백성을 병들게 하는 것 가운데 바로 눈앞의 급함을 우선 구제하는 것으로 그 항목이 열 가지가 있는데 다음과 같습니다.

　첫째는 재목에 대한 폐단입니다. 각 관사에 공납해야 될 크고 작은 재목이 연재가 4백 개에 이르고 산목이 거의 수만 개가 되니 이미 감당할 수 없는 많은 숫자입니다. 40호에서 거만의 재목을 가지고 험한 산을 넘고 깊은 골짝을 건너 운반하자면 남녀가 모두 기진맥진하고 소와 말도 따라서 죽게 되어 온 고을의 농가에 수십 마리의 가축도 없으니, 백성의 고생이 극도에 이르렀습니다.

　둘째는 종이의 공납에 대한 폐단입니다. 종이를 만드는 어려움은 다른 부역보다 배나 심한데 종이를 공납하는 것이 유독 이 고을에만 많아서 백성들이 시달리다가 지탱하기 어려운 지경에 이른 지가 오래입니다.

　셋째는 산행에 대한 폐단입니다. 지금은 짐승의 사냥을 오로지 백성에게만 의존하고 있습니다. 그래서 그물과 활을 가지고 숲속을 달리는데, 새 한 마리도 잡기가 어렵습니다. 결국 저축해 놓은 곡식을 털어서 몇 곱의 값으로 사들이는데도 오히려 때에 늦은 죄를 면치 못하여 다시 속포의 벌을 받게 되니, 한 고을의 민생들이 오래전에 이미 죽은 상태입니다. 1년의 공물에 노루가 70이고 꿩이 2백이 넘습니다.

　넷째는 야장에 대한 폐단입니다. 처음에 2명을 정했는데 모두 걸인들로, 이제 액수는 그대로 있고 사람은 없으므로 아울러 민간에게 책임지우고 있습니다. 따라서 6개월의 입번에 대한 2명의 번가를 이미 몇 해 동안 궐했으니 이자가 불어나서 가포가 80필에 이르렀는데 앉아서 침색을 당하고 있습니다. 살을 저며 내고 피를 말리는 참상은 차마 말할 수 없는 지경입니다.

　다섯째는 악공에 대한 폐단입니다. 외방 고을에서 충원된 자가 아직

재능을 익힌 것도 아닌데 6개월씩 부리므로 다른 역사보다 더 괴롭습니다. 그런데 잔폐한 고을에다가 4명을 충원하게 하였으니 이미 지나친 것입니다.

여섯째는 보병에 대한 폐단입니다. 본 고을에는 보병이 26명이니 많은 것은 아닙니다. 지금은 겨우 13명만 남아 있는데 그것도 보솔이 없는 단신입니다. 보병의 신역에는 으레 가포가 있으니 현재 있는 13명은 모두 이웃과 일족의 힘을 빌리고 있는 상황이고 그 나머지 1백여의 가포는 어떻게 공납할 수가 없어 민간에게 나누어 배정하므로 한번 보병의 가포를 겪고 나면 온 고을이 탕진되어 솥이 남아 있는 집이 몇 안 됩니다.

일곱째는 기인의 폐단입니다. 아전 50명 중에서 1명을 정하는 것이 나라의 법입니다. 그런데 본 고을은 늙고 쇠약한 아전이 20명도 못 되는데 기인의 액수는 1명 반이 됩니다. 10여 명의 아전이 80명의 역사에 이바지해야 하는데 대포의 숫자는 1백 필이 넘으니, 잔약한 아전들로서는 척포의 저축도 없는데 장차 어디서 판출해 낼 수가 있겠습니까.

여덟째는 피물에 대한 폐단입니다. 병영의 방물로 소록과 장피의 공납이 있는데 이를 유신현과 아울러 배정하였고, 또 대록과 황우의 대가가 있는데 상공한다는 명목을 핑계로 그 선택을 최고로 하여 소록은 사슴의 중간치로 하고 장피는 사슴 가운데 작은 것으로 합니다. 다른 도도 모두 그래서 이미 폐습이 되어 있습니다. 그런데다가 10여 가지나 되는 잡색의 세금을 모두 백성에게 배정하였으므로 점퇴와 유보에 대한 비용은 포함시키지 않아도 내야 할 정목이 1백여에 이르니, 이 또한 큰 폐단입니다.

아홉째는 이정한 데 대한 폐단입니다. 본 고을의 조공도 오히려 견디기 어려운데 다른 고을의 부세까지 더 이정했으니, 공주의 사노비, 해미의 목탄, 연풍의 연재, 영춘의 봉판, 황간의 기인 등 다섯 종목이 그것입니다.

　열째는 약재에 대한 폐단입니다. 약 이름도 모르는 무지한 촌백성들에게 생판으로 판출하여 내게 하므로 포목을 가지고 가서 사게 되니 하소연할 데 없는 불쌍한 백성들이 감내할 일이 아닙니다. 그중에서도 가장 어려운 것은 웅담과 사향, 백급과 인삼, 복령과 지황입니다. 1백 필의 포목을 가지고도 이 약재 한 가지를 준비하기가 어려운 데다가 거기에는 모두 인정물까지 있으므로 힘이 미치지 못하는 실정입니다.

　이상 열 가지 폐단은 가장 해가 심한 것으로 전체의 숫자로 계산하여 본다면 겨우 10분의 2쯤 됩니다. 흩어진 백성을 되돌아오게 하려면 마땅히 모든 역사를 감해 주어야 하는데 이 10분의 2에 대해 하나라도 어렵게 여기고 다 개혁하지 못한다면 소생시키려는 계책은 어긋나고 말 것입니다.

　그리고 청밀의 공납이 2석이 넘는데, 백성은 적고 땅은 거칠어 그 숫자를 채울 수가 없습니다. 젓갈용으로 쓸 눌어의 배당도 1백 마리가 넘는데 물이 맑아서 큰 것이 없으므로 먼 지역에 가서 사가지고 오니 또한 폐단이라 하겠습니다. 제원 1명이 이에 종사한 지가 이미 오래인데, 역사와 독책의 괴로움이 야장의 폐단과 다를 것이 없고 세공을 위해 한 사람을 배정하여 그것으로 먹고 살게 했으나 역사를 도망하는 폐단이 악공과 같습니다. 그 나머지 20개의 각사에도 모두 공물이 있고 삭선·월령에 대해서도 각각 도회가 있는데 크고 작은 폐단이 없는 곳이 없습니다. 그러나 감히 낱낱이 거론하여 성총을 더럽히지 않겠습니다. 채택해서 취사하시기만을 바랍니다.

　신은 지극히 어리석고 미천한 몸으로 아둔한 소견을 두서없이 함부로 진달하였으니 그 죄 만 번 죽어 마땅합니다. 그러나 임금을 사랑하고 나라를 걱정하는 정성은 소원하다고 해서 다른 것이 아니니, 한 고을의 폐단을 진달함에 삼우를 아시기 바랍니다. 삼가 전하께서는 신의 어리석음을 가엾게 여기시어 참람됨을 용서하여 주소서. 신은 두려움을 견디지 못하겠습니다. 삼가 상소를 받들어 올립니다" 하였다.

명종이 답하기를 "이제 상소 내용을 보건대 10개 조항의 폐단을 진달하여 논한 것이 나라를 걱정하고 임금을 사랑하고 백성을 위하는 정성이 아닌 것이 없으니, 내가 아름답게 여긴다" 하였다.

인간의 폐부를 찌르는 사실 그대로의 내용이었다. 목이 메어 글을 다 읽을 수가 없을 정도다. 미루어 보면 이런 폐단은 단양 한 고을에 그치는 것이 아니고 팔도 3백60고을에 다 해당될 것이었다.

대신들이 의논하여 단양군의 공부와 잡역을 10년 동안 감면하기로 하였다. 단양군은 황준량이라는 군수를 잘 만나서 이런 혜택을 볼 수가 있었다. 살면서 이런 때도 있어야 하는 것이다.

사관은 '당시 국가의 형세가 큰 병을 앓는 사람과 같아서 천 가지 처방과 만 가지 약이 하나도 효험을 보이지 않아 원기가 날로 쇠해져 거의 지탱할 수 없는 지경에 이르렀으니, 어찌 한심스러운 일이 아니겠는가' 하고 논하였다.

5월 16일 사온서 봉사 김대관은 본래 기술이 있어 총통을 감독해서 제조해 온 지가 이제 3년이나 되었는데 모든 기계의 제작이 지극히 정교하고 또 임무에 마음을 다해 시종일관 게으르지 않았으니 군기시의 적당한 자리를 주라 하였다.

병조가 '수군의 자손으로 역사를 피해서 중이 된 자는 비록 삼경을 외는 시험을 거쳐 도첩을 받았더라도 아울러 쇄환하고 중노릇을 하면서 본 역을 거행코자 하는 자는 그 소원에 따르도록 하소서' 하였다. 연이어 아뢨으나 계속 허락하지 않았다.

이때 윤원형을 탄핵하려는 사람들이 있었다. 보통 강심장들이 아닐 것이다. 김홍도, 김계휘, 이귀수 등이다. 김홍도가 윤원형을 탄핵하려는 소를 윤춘년과 상의하였다. 윤춘년을 믿을 만한 사람으로 잘못 안 것이었다. 윤춘년이 김여부에게 알렸고 김여부는 윤개를 통하여 윤원형이 이 사실을 알게 하였다.

5월 21일 양사가 김규를 극렬하게 탄핵하고, 관련하여 청주목사 김홍도와 좌랑 이귀수 김계휘 등을 탄핵하여 파직토록 하였다. 윤원형이 심복들을 시켜 김홍도를 제거하도록 계획을 짰는데 공격거리가 많은 김규를 먼저 탄핵하고 뒤이어 김홍도 등을 관련시켰다. 김규는 경원으로 김홍도는 갑산으로 귀양 보냈다.

또 양사가 박민헌을 김홍도의 무리라고 탄핵하여 삭탈관작하고 문외송출하였는데, 박민헌이 대사간 때 심통원을 매우 심하게 공격하였고 그 자제들도 또한 박민헌의 무리에게 많은 공박을 받았으므로 심통원의 집에서 박민헌을 원망한 지 오래였다. 이번에 박민헌을 치는데 그 형세가 자연 심통원 일가와 합치게 되니 그 처리가 아주 쉬웠다.

윤원형이 이번 일을 고맙게 여겨 김여부와 친해졌다. 김여부는 훌륭한 사람의 대명사 격인 김안국의 아들이었다. 그러나 부친의 후광을 입었으나 부친의 명성에 누를 끼친 자가 되었다. 이후로 김여부는 윤원형에게 붙어 함께 모의하여 평소 좋아하지 않는 자들을 배척했는데 이것이 만연되어 갈수록 심해지자 많은 사람이 속으로 불평을 품으면서도 두려워하여 감히 입을 열지 못했다. 그런데 영의정 심연원이 명종에게 그 옳지 못함을 아뢰었다. 그래서 최우, 김여부, 이명, 김진을 잇달아 체직시켰다. 덕택에 이양은 쾌재를 불렀다. 자기가 제거하려던 윤원형의 추종자들이 저절로 제거되었기 때문이었다.

7월 15일 윤원형이 이조판서 직을 사임하니 허락하지 않았다.

사관은 '윤원형이 이 직을 여러 번 하면서 벼슬을 팔고 뇌물을 받기를 마치 시장의 장사꾼 같이 하였다'고 논하였다.

그런데 삼공은 잉임하기를 계청하기까지 해서 그의 심사를 어기지 않으려 하였고, 윤개는 '원형이 전조의 장이 된 이래로 사람들이 그의 공정함에 심복한다'고 하면서 극도로 아첨했으므로 사림이 비웃었다. 인사가 만사가 아니라 망사라는 말을 잘 보여 주었다. 명종 때의 인사는 해도 너무한 점이 있었다.

8월 2일 원준량을 경상좌수사로 삼았다. 을묘왜변 때 전라좌수사로 순시 중 전주에서 달량포가 함락되었다는 소식을 듣고도 천연덕스럽게 술 마시고 웃으며 일부러 시간을 끌어 적의 형세가 더욱 커지게 하였다. 이준경이 거두어 서용하게 하였다.

8월 11일 조강에서 이준경이 각 역의 폐단을 아뢰었다. 각사의 조례·나장·제원은 그 역이 가장 괴롭기 때문에 외방의 무지한 사람이 번을 설 수 없어서 으레 번 드는 값을 준비하여 대신 번을 서는 사람에게 값을 지급하여 오는 것이 옛부터 그러한데, 값을 받을 적에 작폐를 부리므로 그 폐가 적지 않았다. 그러므로 병조로 하여금 번 드는 값을 받아 각처에 나누어 보내게 할 것으로 승전을 받았다. 그러나 상사 아문(의정부·충훈부·의금부 등)에서는 과거의 전례에 따라 받기 때문에 중간의 서리들이 농간을 부리고 있었다. 예를 들면 사복시 제원은 일 년 중에 여섯 달을 번을 드는데 한 달 번 드는 값을 으레 쌀 14~15말씩 받는다. 만약 인정을 쓰는 것까지 계산하면 적어도 20여 말은 되었다. 비록 부하고 실한 사람이라도 2~3년이 못 가 유리하여 도망가게 된다. 의금부 조례들이 번 드는 값으로 바치는 베가 처음에는 으레 3단이었는데 중간에 승전을 받은 후부터는 비록 줄었다고는 하나 무명의 승수를 골라 받는 것이 너무 세밀하여 이 폐단도 아주 심했다. 법이 문란해지는 것은 반드시 상사 아문에서부터 시작된다 하였다. 그리고 이제부터는 의정부·충훈부·의금부 등 아문의 조례들의 선상포를 받을 때는 으레 오승포로 하되 점퇴를 허락하지 않으며, 혹 전대로 저지른 자가 탄로 났을 때는 그 관아의 행수 장무관을 파직하자고 하였다.

9월 18일 이준경이 '육진의 수령을 문관으로 대간이나 시종 중에서 특명으로 뽑아 보낸다면 무슨 불가할 것이 있겠습니까. 오늘의 대간이나 시종은 곧 후일의 재상입니다. 재상이 변방의 사정을 잘 안 연후에야 정략을 잘 운용할 수 있습니다' 하였다. 옳은 말이었다.

9월 21일 병조의 규정에 외방의 교생으로서 고강에 불통한 자는 4조에 현관이 없으면 수군으로 채워 넣는다고 되어 있는데 사족들을 수군으로 책정하는 것은 온당치 않다 하였다.
장령 임윤이 '외방의 각 고을에는 선세 염세 망세라는 게 있는데, 소위 선세라는 것은 한때 배를 부리던 사람으로서 세안에 이름이 적혀 있으면 그 사람이 이미 죽고 그 아들이 배를 부릴 수가 없더라도 반드시 그에게 세금을 거두어들이고, 만일 자손이 없으면 그 일가붙이에게 거두고 만약 그도 없으면 그가 부치던 전답을 사서 짓는 사람과 절린에게서까지 징수하는데 염세 망세도 마찬가지여서 백성들의 원망이 아주 심합니다' 하였다. 정말 망할 놈의 세금이었다.

12월 20일 사관원이 시폐를 아뢰었다. 기가 막히는 내용이었다. '사람의 선악을 막론하고 한결같이 청탁에 따라(이때에 내외 벼슬자리에 결원만 생겼다 하면 삼공 이하 모두가 서면으로 청을 하거나 직접 부탁하여 자기가 부탁하는 사람이 전조에서 의망되기를 바랐다) 써서 시감을 맡기고 군현을 다스리게 하니, 공도는 사라져 없어지고 사의만 크게 행해집니다. 법이 있는데도 시행하지 않고 영이 내려졌는데도 따르지 않아, 형옥은 원리와 요체에 맞지 않게 오직 권력과 보복을 따르고 사송은 자세히 살피는 데는 뜻이 없고 오직 청탁과 뇌물로 결단하므로 창름은 바닥이 나고 헛되이 문권만을 떠벌려 놓습니다. 그런데 외방에서 군현을 다스리는 자는 가혹하게 세금을 징수하고도 전혀 기탄없고 집집마다 쇳조각을 거둘 때 군기 마련 때문이라 핑계 대고는 먼저 저의 집안을 꾸미는 데 사용하고, 집집마다 베붙이를 거둘 때 조사의 요구 때문이라 칭탁하고는 어느새 선물꾸러미나 뇌물감으로 돌리고 있습니다. 더구나 지금 남쪽은 외환이 다급하여 걱정이 되는데 섬 오랑캐는 마음이 이랬다저랬다 하니 예측하기 어렵고, 북쪽은 엉성하게 될 근심이 있는데 변경의 혼란이 이미 조성되어 있으므로 혹시라도 불화가 생길까 염려되며, 게다가 달자들이 창궐하여 곡식을 팔라는 요청이 절박하니 서방의 근심도 고려하지 아니할 수 없습니다. 그리고 흉년이 들어 백성들은 굶주리고 도적은 고을마다 일어나 떼를 지어 모질게 굴며 기전에서 약탈을 자행하여 길이 막혀도 감사나 병사는 쫓아 잡으려는 생각조차 아니하고 있습니다' 하였다.

 이때에 윤원형은 큰 집이 10여 채가 있었고 작은 집도 많았다. 늘 새로 짓거나 개조하거나 하여 토목 공사가 계속되었고 사방에서 보내온 뇌물이 그 문으로 몰려들었다. 그런데도 간원들은 두려워하여 지적해 말할 생각도 하지 못하고 있었다. 사실 통탄할 일이었다.

이해의 왜적과의 일을 살펴보면,

1월 15일 왜 객사가 임보신에게 써서 보여 준 것이 10조인데 말이 매우 패만스럽고 사나왔다. 그러나 치욕이 심하고 통분스럽다 하면서도 대부분 포용하고 그들의 요구를 들어주자 하였다.

이준경은 왜사의 요청은 오로지 세견선에 있으니 감한 5척을 도로 주고 또 서서히 50척을 회복해 주어 변방을 편안하게 하자는 의견이었다.

그러나 사관은 '이준경 또한 너무도 생각이 부족하다 하겠다. 예로부터 국가를 다스리면서 적국에게 뇌물을 준 자가 그 나라를 잘 부지할 수 있었던가? 육국의 중다함으로도 진나라에 뇌물을 바치다가 피폐해서 망했고, 송나라 왕실의 큼으로도 해마다 폐백을 더 주다가 망했으니 이는 고금의 밝은 귀감인 것이다'고 논하였다. 아주 올바른 사관의 말이다.

그런데 문제는 그럴 만한 힘이 있느냐이다. 중요한 것은 적을 알고 나를 알아야 하는데 우물 안의 개구리로 적도 모르고 나도 모르면서 떠들기만 하고 있으니 문제인 것이다.

또 왜사는 '사신을 한 사람 보내어 적을 방비하고 있는 실태를 확인해 보라'는 말도 했다. 그래서 명종은 통신사를 보내는 일을 의논하라 하였다. 대신들의 의견이 통신사를 보내자 하여, 명종이 통신사를 3월 안에 차견하라 하였다. 뒤에 반대가 심해 보내지 않기로 하였다. 안타까운 일이었다. 그래도 적진을 살필 수 있는 좋은 기회였는데 무산되고 말았다.

2월 4일 왜사가 요구조건이 충족되지 않았다고 서계를 받지 않았다.

3월 17일 대마도의 세견선이 나왔는데, 그 서계에 명나라의 관원이 일본에게 적왜들을 금하라 하였고 또 대마도에도 적왜를 금지하게 하라 하였다는 내용이 있었다. 그대로 믿기 어려운 말이었다.

　답하기를 '족하가 우리나라의 울타리가 되어 스스로 번신이라 하면서도 을묘년에 적왜가 왔을 때 해로를 차단하여 적봉을 꺾었다는 말을 듣지 못했고 단지 많지 않은 수급을 보내어 구차스럽게 죄책을 면하려고만 하였다. 스스로 공으로 여겨 말하여 마지않는데 바라는 바가 아니다' 하였다.

6월 7일 전라우수사 오흡이 왜선 1척을 쳐부수었다고 장계하였다.

7월 4일 전라감사가 장계하여 왜적과 교전한 상황을 말하였다. 왜선 2척과 교전하여 획득한 수급 18급과 화살 1백8개를 올려 보냈다. 다음 날 제주목사 김수문이 왜선 26척이 경내에 정박해서 대치하고 있다고 보고 하였다.

‖ 황해도에 도적이 심해지고 있었다 ‖

　1월 5일 영해부사 이선원은 지난번 황해도에 도적이 성했을 때 전도가 고각을 울리면서 나아갔으므로 도적이 기별을 듣고 모두 숨어버렸다. 이에 군기를 그르친 죄가 큰 것을 알았고 또 복명할 것이 없을까 두려워하여 평민들을 몰아붙여 옥석을 구분하지 않고 도적으로 몰아 어린아이들까지 살해하였다. 그런데 죽이는 것도 베어 죽이고 쳐 죽이는 등 극히 참혹하게 하였으므로 온 도내 사람들이 원통하게 여기지 않는 자가 없었다. 이것이 바로 잡으라는 도적은 잡지 못하고 백성들만 잡은 것이었다. 이러니 도적이 오히려 더 성할 수밖에 없었다. 조정에서 이를 알고 탄핵하여 파직하였다.

4월 1일 황해감사 계본에 사나운 무리들이 백주에 횡행하면서 관군에 대항하여 인마를 시살한다 하였다. 매우 놀라운 일이었다. 적당들이 치성한데 서흥, 우봉, 토산, 신계, 이천이 더욱 심하였다. 이 여러 고을 백성들은 도적에게 노략질을 당하여 흩어져 떠도는 자들이 매우 많다 하였다.

6월 8일 황해도의 큰 도적 오연석을 잡을 계책을 논의하였다.
신계 현령 이흠례는 부임한 후 도적을 체포하는 일에 마음을 다하고 있었다. 7월 초에 마침 도적의 괴수 오연석이 고을 경내를 지나간다는 것을 알게 되어 군사를 거느리고 추격, 접전하여 사살하였다.

이해의 다른 일들을 살펴보면,
2월 14일 영천위 신의가 배소 통천에서도 멋대로 행패를 부리며 민간에 큰 피해를 입히고 있다고 보고하자 절도에 안치시켜 출입하지 못하게 하라 하고 금지하지 못한 통천군수는 파직 후 추고하라 하였다. 애매한 통천군수만 문정왕후와 명종의 화풀이를 당한 셈이다.

3월 20일 식량도 부족한데 사치에 젖어 잔치하는 자가 즐비하다며 금주를 명하였다.

4월 3일 나주, 진도, 영암, 임피, 해남, 함평, 무장에 비바람이 크게 불고 해일이 일어나 뚝방이 무너져서 짠물이 들어와 벼 싹이 모두 말라 죽었다 하고, 판옥선 전선 등도 떠내려갔다 하며 논밭이 물에 잠겨 추수할 희망이 없다 하였다.

5월 20일 청홍도의 유생 오산두가 상소를 올렸다. 민폐와 수령들의 일에 대해 조목조목 진달하였는데 모두 사실이었다. 그런데 그중에 연소한 과부는 개가시켜야 한다는 말이 있었다. 그것 때문에 상소 내용이 난잡하다고 하였다. 그러나 그 시대에 그런 말을 할 수 있는 사람은 사람의 아픔을 아는 시대를 앞선 사람이었다.

6월 17일 좌참찬 임권이 졸하였다. 독한 문정왕후에 맞서 옳은 말을 많이 한 분이다. 사관은 '이런 사람도 얻기가 어렵다'고 하였다.

8월 17일 세자를 책봉하였다. 순회세자이다. 7세였다.

10월 6일 대명회전에 대해 종계변무하는 것에 관하여 진위사 파견을 의논하였다. 그 후 주청사 조사수가 종계의 개정에 관한 일을 보고하였는데, 반포하는 일은 당대에는 하지 않을 것이라고 하였다.

10월 19일 형조정랑 윤선철이 황해도사로 있을 때에 문과 초시의 시관이었는데, 창기를 함께 시장으로 들어오게 하여 필연을 공급한다 하며 알고 있는 유생과 서로 통하게 하였고, 과차할 때에도 함부로 사사로운 인정을 행사하였다고 하였다. 이에 파직하였다.

10월 24일 경상도 예천 지방에 사나운 무뢰배 50여 인이 작당하여 한 마을에 웅거하였고 그들에게 협종한 자가 무려 1백여 인이나 되는데, 타도의 교활한 자들과도 통하여 세력을 서로 규합하고 있었다. 민가를 약탈하고 수령을 위협하는데도 감히 묻지도 못한다 하였다. 세력이 더 불어나기 전에 처치해야 했다. 간원이 감사와 병사에게 글을 내려 비밀리에 처리하게 하였다.

12월 15일 춘추관 당상들이 모여 세초에 포폄하기 위하여 사관의 근만을 조사하였다. 정사룡이 묵묵부답 노엽고 원망스런 빛을 얼굴에 나타내니, 사람들은 고열한 책 속에 본인을 나무란 말이 많았던 게 아닌가 하였다.

또 한 해가 간다. 내수사의 문제는 더욱 심각하고 중들의 문제도 계속되고, 가렴주구는 여전하고, 윤원형 일당의 횡포도 계속되었다. 계속 흉년으로 먹고살기 어렵고 도적이 성한 것도 마찬가지였다. 대마도 왜적의 속임수와 교활함도 여전하고 변방의 근심도 여전하였다. 그러나 명종의 나이가 들수록 변화의 조짐은 보인다. 희망의 싹인가. 그러나 아직도 몇 년을 더 기다려야 할 것이다.

이순신은 13세가 되었다. 이제는 병정놀이는 접었을 것이고 형들을 따라 글공부에 열심이었을 것이다.
16세의 유성룡은 의주목사로 선정을 하고 있는 아버님 밑에서 1년을 지내고 봄에 경성으로 돌아왔고 가을에 향시에 합격했다.
22세의 율곡 이이는 한성시 복시에는 실패한 듯하다. 상심이 컸을 것이다. 그러나 성주목사 노경린의 딸과 결혼하여 새로운 인생의 서막을 올렸다.
선조는 6세가 되었다. 명석한 그도 이미 글공부를 시작하였을 것이다.

17
내수사의 횡포, 가렴주구는 계속되다 :
명종 13년 (1558 무오년)

바뀌는 것은 없었다. 내수사의 횡포는 여전하고 부정부패, 가렴주구에 흉년도 이어가며 백성들은 계속 고달프기만 하다.

이해에는 특기할 만한 큰 사건은 없었다.

1월 3일 장령을 지낸 사람을 자급을 7단계나 낮추어 이조좌랑에 제수하였다. 이조좌랑이 직급은 낮지만 인사권을 갖는 막강한 직책이니 이런 현상이 있었다.

1월 13일 내관 박세겸이 함경도 덕원 땅에서 명을 받았다고 하면서 역마를 타고 고을을 돌아다니며 마구 토색질을 하였다. 수령을 욕보이기까지 하며 욕심을 채웠다. 박세겸은 박한종의 양자로 그 세력을 믿고 이런 짓을 마구 한 것이다. 수령들은 두려워하여 그 청을 따르고 비위를 맞추려고 애썼다.

이에 간원이, 금부에 내려 추고하여 율문에 따라 죄를 다스리자고 요청하였고, 명종은 아뢴 대로 하라 하였다.

2월 24일 중국 사신이 왔다. 모화관에 거둥하여 칙서를 맞이하고 하마연을 베풀었다. 중국 사신들은 항상 바라는 것이 많았다. 상사가 욕심이 많아 몰래 물건을 더 주었고, 대량피와 수달피를 바라므로 무역하여 주라 하였다.

뒤에 전시의 책문 제목으로 중국 조정에 조공하는 것이 온당한지의 여부를 묻는 것이 있었다. 그러나 과거시험 답안 중 우수한 것은 역관들이 중국에 가지고 가서 팔고 있었다. 그러므로 그런 제목은 온당하지 못한 것이었다는 의논이 있었다. 이에 명종이 '상국에 대한 일을 글로 쓰게 하여 그만 잡다한 논란이 생기게 하였으니 과연 마땅치 않은 일이다. 생각이 모자라 잘 살피지 못하였는데, 이 역시 위에서 잘못한 것이다' 하였다. 명종이 중국 사신들의 극심한 횡포를 여러 번 겪었으므로 그런 시제를 용납하였던 것이다. 그러나 그 시대에 이런 생각을 한 것만 해도 가상한 일이었다.

3월 6일 윤춘년이 북경을 다녀와서 사행 길 주변의 처참한 상황을 말하였다.

요동에는 기근이 심하고 달적의 출입이 빈번하고 남쪽 변방에는 왜구가 그치지 않고 있다고 하였다. 또 83세의 각로 엄승이 전권을 휘두르고 있는데, 사람들의 위복이 그의 손에 달려 있고, 생살을 그 뜻대로 하고, 관작의 높음과 낮음이 은의 다소에 달려 있고, 아무리 작은 일이라도 뇌물이 아니면 성사되지 않고, 그러므로 원망과 비방이 하늘에 닿아 백성들이 드러내 놓고 욕하고 있다고 하였다.

중국은 우리나라보다 등치만 클 뿐이지 하는 일이나 일어나는 일은 거의 같았다. 똑같이 한심하였다.

5월 14일 내수사 별좌가 병조의 사령이 내수사 내에 불쑥 들어왔다고 아뢰자 육조의 사령을 내수사에 발붙이지 못하게 하였다.

이에 병조가 '환시, 서얼의 관원이 도리어 존엄해져서 이를 빙자하여 육조를 능가하는 조짐이 있을 듯합니다' 하고 아뢨다.

　명종이 답하기를 '내수사는 다른 각사와 같은 것이 아니고 바로 내탕과 같은 것인데, 사중의 노비가 상사의 위세를 두려워하여 관사를 비우고 죄다 달아났다고 하니 듣고 놀라우므로 말한 것이다' 하였다.

　내시들이 병조의 사령을 들어오지도 못하게 하고서 임금께 아뢸 때는 사령이 갑자기 들어와 위협하므로 모두 놀라 도망하였다고 하였다. 내수사 내시들은 항상 이런 식으로 임금을 속이고 농락하였다. 이후로 병조에서 '내수사에서 사람을 잡을 때에도 한결같이 다른 관사의 예에 따르게 하여 임금에게는 사가 없다는 뜻을 보이소서' 하고 계속 청하니 결국 따랐다.

5월 29일 석강에서 참찬관 심전이 백성들이 상소를 올리는 것을 폐단이라고 말하니, 명종이 '수령 중에 억울한 일을 신리하는 자가 없기 때문에 백성들이 정소하는 것이다' 하였다. 심전은 탐관오리로 제일가는 자이다. 그다운 말이었다.

6월 9일 상진이 아뢰기를 '근래에는 도둑에게 살해당하는 사족이 많이 있으니, 이것은 흉년이 들고 시골에 좋은 풍속이 없어서 조정이 있는 줄 모르기 때문입니다' 하였다.

윤7월 16일 공천의 추쇄를 시행하는데 소요스러운 폐단이 극에 달했다. 수령들은 도감의 공문을 핑계로 남녀를 가리지 않고 문안대로 책임 지우고 독촉하므로 백성들이 고통스러웠다. 5가구로 하나의 소통을 만들고 5소통으로 하나의 중통을 만들고 그 중통으로 하나의 대통을 만드는데, 50가구면 통의 명칭을 띤 자가 13이나 되므로, 한 고을을 합치면 통을 맡고 있는 사람이 매우 많았다. 그런데 그들 모두를 날마다 관가에서 기다리게 하고, 또 밀봉을 받아 이로써 적발하고 있으니, 모함하게 되고 억울하게 죄에 걸리는 사람이 없을 수 없었다. 더욱이 간사하고 탐심 많은 색리들은 자기의 사리를 채울 수 있는 호기였다. 그러니 불쌍한 백성들만 떠돌아다니다가 결국에는 서로 모여 도둑이 될 일이었다. 양민 중에 호적이 없는 사람들은 거실에 투속하여 고조, 증조에 관한 문권을 조작하는 것도 도처에서 자행되고 있었다.

간원이 "도감으로 하여금 폐단을 강구하여 다시 사목을 만들게 하고 아울러 대신들과 의논해서, 추수 뒤로 시기를 늦추어 백성들이 일분의 은혜라도 받도록 하소서" 하고 청하니, 아뢴 대로 하라 하였다.

8월 14일 변장들의 부정한 수탈을 바로잡으려고 감군어사를 보냈는데 처음에는 효과가 있었지만 얼마 지나지 않아 다시 옛날과 같아지므로 어사를 혁파했었고, 그 대신 또 평사를 두었지만 개선은 되지 않고 더욱 폐단만 심하므로 혁파하게 되었다.

사관은 '오늘의 폐단을 바로잡는 일을 사람에게 비유한다면, 병이 바로 심복에 있는데 모발의 힘을 치료하는 것과 같으니, 어찌 고칠 수 있겠는가?' 하였다.

8월 26일 서얼 박한무 등이 과거 시험장에 대해 상언하였다. 양첩의 손자는 이미 과거를 보게 하는 법이 세워졌었다. 그런데도 녹명할 적에 시관이 파계에 관한 문적의 고핵을 핑계로 과거의 응시를 허락하려 하지 않기 때문이었다.

이에 좌의정 상진이 '원통해하는 사람이 매우 많다. 해조로 하여금 시관에 유시하여 원통한 일이 없도록 해야 한다' 하였다.

9월 19일 재변 때문에 재상들을 접견했는데, 이준경이 '요사이 외방의 관노비들이 내수사에 투속하는 자가 매우 많고 사대부들의 노비도 또한 많이 투속이 된다고 하니, 국가의 지극히 공평하고 바른 도리에 방해가 있지 않겠습니까? 오늘날은 조정안에서도 공도가 행해지지 않고 사정이 크게 기승을 부려 풍속이 날로 투박해지니 진실로 작은 일이 아닙니다' 하였다.

10월 5일 전교하여 "근년 이래로는 정사하는 사이와 주의할 즈음에 정밀하게 가려서 하지 않는데 이것은 처음으로 그런 것이 아니라 그래 온 지가 오래다. 내 생각으로는 만일 온당하지 못한 것이 있다면 말하지 않을 수 없기 때문에 정원에 유시한다" 하였다. 정원이 이 전교의 말이 온당하지 못하다고 하였다.

다시 전교하기를 "군신 사이는 무엇보다도 심정이 통해야 하는 법인데 내가 생각하고 있는 것이 있어 말하지 않을 수 없기에 어제 우연히 나의 뜻을 말하였던 것이다. 신하가 생각하는 것이 있으면 마땅히 모두 진달해야 하고 나도 즐겁게 들어주어야 하는 것이다. 그러나 다만 그중에는 적절하지 않은 말도 많았고 또한 순수하고 올바른 도리도 아니었다. 내가 한마디만 하면 으레 언로에 방해롭다는 것으로 말하니, 임금의 입을 막아 버릴 조짐이 이로부터 시작될 것이다" 하였다. 옳은 말이었다.

헌납 김계가 나이 젊은 사람으로서 처음 사간원에 들어와 경연에서 아뢸 적에 경망하고 거친 태도가 있었고 공손하고 근신하는 행동이 없었다. 며칠 전 아침에는 적절하지 못한 말을 가지고 오랫동안 지루하게 아뢰었다. 그래서 명종이 광망하다고 책망하였다. 이에 정원이 또 온당하지 못하다고 하였다.

답하기를 '벼슬 이름이 간관이니 말을 다하는 것이 어찌 아름다운 일이 아니겠는가? 허심탄회하게 포용하지 못한 것은 곧 나의 과실이다. 그러나 군신의 분한은 엄격한 법이니 비록 간관의 반열에 있으면서 말을 다하는 사이에도 또한 어찌 행동을 공손하고 근신하게 하지 않을 수 있겠는가? 나이 젊은 사람들로 하여금 공손하고 근신하는 행실을 가지게 하려 한 것이지, 내가 듣기 싫어서 그런 것은 아니다' 하였다.

이렇게 간원들 중에는 행동이 올바르지 못하고 임금의 심기나 건드리는 자들도 있었다.

11월 12일 대궐의 별감들이 남산에서 술을 먹고 내려오다가 첨지 이탁의 집에 들어가 심한 행패를 부렸다. 이에 죄를 다스리도록 하였다.

12월 6일 이양은 정사룡의 문인이고 신사헌은 이양의 심복이다. 신사헌은 이양, 정사룡과 통하여 제목을 미리 알고 차작하여 급제했다가 문제가 되어 삭과되었다. 그런데 이날 신사헌의 건을 금부에 다시 내려 서로 통한 실정을 자세히 알아내라 하였다. 이양이 신사헌에게 과거 급제를 도로 주게 하려고 그의 아들을 시켜 원통함을 호소하게 했기 때문에 이런 재검토 명이 내리게 된 것이다. 결국 도로 받았다. 이제 이양이 활개를 치기 시작한 것이다.

이해의 왜적의 일들을 살펴보면,
2월 11일 대마도 왜인 원성만이 '적왜가 봄 2~3월에 먼저 대마도를 치고 이어서 귀국으로 향할 것이다' 하였다. 이에 경상도는 김수문을 도순찰사라 하고, 전라도는 남치근을 순찰사라 하여 내려 보내 대처하게 하라 하였다. 사헌부가 역로는 영송에 지치고 열읍은 지공에 고달파 인심이 요동할 것이라며 순찰사 파견을 반대하니, 순변사로 칭하게 하였다.

병란에 대비하여 내려가는데 무슨 영송 지공이란 말인가. 한심한 일이었다.

3월 16일 대마도가 적왜를 방어하려 하나 군량이 모자라니 6년간의 사미를 앞당겨 주기를 청하고 방비와 관련 없는 다른 물건도 요청하였다. 두 해 분의 쌀만을 주었다. 비변사가 대마도는 겉으로는 순종을 다한다 하면서 속으로는 반복하는 태도가 있고, 만족할 줄 모르는 요구를 들어주고 거절하는 사이에 반드시 성내고 말썽을 꾸미는 꼬투리가 생길 것이니 뒷날이 근심된다고 하였다.

7월 2일 비변사가 왜적을 처치하는 일에 대해서 아뢨다. '위험을 무릅쓰고 싸워서 상을 노리는 마음과 모험하다 죽을까 두려워하는 심정이 누구는 가볍고 누구는 무겁겠습니까? 험악한 파도를 헤치고 시석 속에 버티면서 요행히 살아남았는데 뒤따라 허물로 여긴다면, 누가 직책을 생각하여 위태한 데라도 들어가고 생명을 내던지고서 의리를 취하겠습니까? 신들은 적을 죽이지 않아야 한다는 논의가 한번 일어나서 장수나 군사가 모두 도적을 구경만 하고 제 몸 보호하는 계책만을 상습으로 여겨 도적을 보고도 못 본 체하게 된다면 비록 큰 도적이 오더라도 창졸간에 책려하여 쓰기는 또한 어려울까 두렵습니다' 하였다. 두고두고 깊이 새겨야 할 말이었다. 그러나 흘려들을 뿐이었다.

9월 20일 제주에서 왜인들을 잡을 적에 왜인들이 우리나라 사람을 많이 죽였다. 그런데 목사 민응서는 숨기고 보고하지 않았다. 화가 난 명종이 '군기에 관계된 중대한 일이니 시급하게 잡아다 추문하라' 하였다.

이해의 다른 일들을 보면,

1월 10일 남치근을 병조참판에 임명하니 거칠고 사나운 자라 불가하다 하여 갈았다. 청홍병사 정윤성을 체직하였다. 변란을 두려워하여 병을 핑계로 체직을 원한 것이었는데 도와준 것이 되었다.

6월 19일 심연원이 졸하였다. '심연원의 생존 시에 안으로부터 이미 정릉(중종의 능)을 이장할 계획이 있었으나 공이 말렸으므로 공의 생시에는 감히 발설하지 못하였다. 모든 관인의 사사로운 청탁은 일절 듣지 않았다. 항상 가문이 너무 융성함을 경계하였으며, 여러 손자의 이름은 다 겸(謙) 자로 짓게 하여 세력을 펴지 않도록 하였다. 공이 죽은 뒤에 다른 외척이 권력 떨침을 보고서야 사람들이 비로소 공의 어짊을 알았다.' 다른 외척이란 동생인 심통원과 조카인 심전을 말하는데 이들은 순 악질에 지독한 탐관오리들이었다.

11월 23일 이준경을 우의정으로 하였다. 이 소식을 들은 조식이 편지로 경계시키기를 "바라건대 공은 위로 솟기를 소나무와 같이 하고 아래로 뻗기를 넝쿨과 같이 하지 마시오" 하였다.

11월 26일 변방의 수령은 마땅히 문관과 무관을 섞어서 차임해야 한다 하였다.

12월 7일 이황은 윤7월에 상경하여 대사성을 제수받았다가 이때 다시 공조참판을 제수받았으나 계속 사양하고 있었다.

이해에는 별다른 큰 사건은 없었지만 5월 이후부터 7월 중순까지 석

달 동안 장마가 졌다. 흉년은 계속되고 가렴주구에 의한 백성들의 고통은 여전하였다. 중국 사신이 와서 홍역도 치렀다. 내수사는 여전히 무소불위의 행패를 자행하고 있었다. 또 다른 권력자 이양이 전면에 등장할 것 같고 도적의 성행은 임꺽정의 활동이 개시되었음을 말해 주는 것 같다.

이순신은 벌써 14세가 되었다. 계속 형들과 함께 글공부에 열심이었을 것이다.

17세의 유성룡은 광평대군의 후손 전주이씨와 결혼하였다.

23세인 율곡 이이는 도산의 이황을 방문하여 배움을 받았고 겨울에는 성균관에서 행한 별시에서 그 유명한 '천도책'으로 장원하였다. 그로 인하여 율곡은 더욱 이름을 크게 날렸으나 벼슬길은 아직 때가 아니었다.

18
임꺽정이 역사에 등장하다 :
명종 14년 (1559 기미년)

세월이 간다고 더 좋아지는 것은 아니다. 내수사의 횡포는 더 심해질 것이고 환관들은 이제 임금을 모시는 일조차 거스른다. 온갖 폐단과 가렴주구가 극도로 심해 가니 도적들도 극심해져 최고의 도적이 나올 터였다. 또 다른 간흉 이양의 득세로 나라는 더욱 어지러워질 것이다.

1월 3일 병조의 금란서리는 궐내의 잡인을 규찰하는 일을 맡아서 한다. 모든 봉물은 소인이 찍히지 않았을 경우에는 훔친 것으로 간주하고 잡아 고발해야 한다. 어떤 사람이 소인이 찍히지 않은 미대를 가지고 건춘문을 나갈 때에 금란서리가 붙잡아 서로 실랑이를 벌이다가 미대가 찢어져 물품이 땅바닥에 쏟아졌다. 이 일로 금란서리는 형조에 내려져 추고를 받게 되었다.

이에 병조판서 권철이 "금란서리에게 외람된 일이 있으면 차지 내관이 의당 정원에 고하여 추고하도록 하는 것이 옳은데, 내관들이 육조의 아문을 무시하고 제멋대로 금란서리를 잡아다가 공초를 강요하였으니, 사체가 매몰되었을 뿐만 아니라 끝없는 뒷폐단이 있을까 염려됩니다. 무상한 신들이 중요한 자리에 외람되이 앉아서 환관들에게 멸시를 받음이 이 지경에까지 이르렀고 사정 또한 상달할 수 없었으니, 단 하루라도 태연히 이 자리에 앉아 있을 수 없습니다. 신들을 체직하고 덕망이 있어 사람들의 존경을 받는 이들을 가려서 본조를 중하게 하소서" 하였다.

명종이 답하기를 "병조는 그 한 가지만을 알고 궐내의 사정을 생각하지 않으니, 그 의도를 알 수 없다. 서리들이 금란을 빙자하여 내사한 물품을 망가뜨리기에까지 이르렀으니, 매우 지나친 일이다. 모든 물품에 다 소인이 찍히기 마련인데, 어찌 그 미대에만 찍히지 않았을 리가 있겠는가. 중궁 내관은 궐내의 일을 사사로이 정원에 고할 수 없기 때문에 공초를 받아 아뢴 것이니, 이것 역시 이전의 전례이다. 만약 이를 잘못이라고 한다면, 간리들이 중간에서 작폐하는 습속을 금하기 어렵고 내관들은 말 한마디도 할 수 없게 되며, 내사하는 물품이 산실되는 폐단이 또한 이로부터 시작될 것이다. 경들의 사직은 온당하다고 볼 수 없다. 사직하지 말라" 하였다.
　권철 등의 사직은 환관들이 방자해지는 조짐을 막으려는 것이었는데, 명종은 스스로 깨닫지 못할 뿐 아니라 도리어 이전의 사례를 들어 준엄한 말로 책망하였다. 명종의 내심이 아니었을 것이다.

　1월 23일 조강에서 이준경이 근래 해의 이변은 병혁의 조짐일 뿐이 아니라 소인이 국정을 어지럽히고 환시와 궁첩이 국정을 간섭할 조짐이니 이를 경계해야 한다고 하였다.

　2월 8일 홍섬이 "근래 문사들은 활 쏘는 일을 고상한 운치로 여기고 문학에 노력하는 사람을 보면 도리어 비웃으며, 겨우 과거에 급제하면 즉시 궁전을 준비하여 날마다 무부들과 어울려 시간을 낭비하고 심지를 방탕하게 하니, 문학에 전력하는 자가 그 누구이겠습니까. 이것이 지금의 큰 병폐입니다. 지금 박계현·박순·이양·유전 등은 다 독서당 학사로 시사에 뽑혔으니, 이 어찌 사가독서시키는 본의이겠습니까. 이들에게는 시사에 참여하지 말고 문학에 전력하도록 하는 것이 옳습니다" 하였고 이준경은 아뢰기를 "홍섬의 주청이 지당합니다. 장래 유장이 될 사람에게는 무사를 익히게 해도 되겠지만 기타 문학에 능한 선비는 억지로 습사시켜서는 안 되고, 독서당 관원 역시 시사에 참여하지 못하게 해야 합니다" 하였다.

그러나 명종의 생각이 더 좋았다. 사대부는 나라를 지켜야 할 책임이 일반 백성보다 훨씬 더 큰 것이다.

2월 9일 지평 유승선이 천택, 어전, 시장 등의 폐단에 대하여 아뢨다.

"천택으로 말하자면, 해변의 이생지는 백성들이 농사를 지어먹고 사는 땅인데, 세력 있는 재상가에서 이를 모두 빼앗아 점거하고는 읍민들을 징발하여 둑을 막는 부역을 시키고 열군에서 거두어 들여 경비를 충당하니, 둑이 이루어지면 그 이익이 자기에게 돌아가고 이루어지지 못하더라도 자기의 재물은 소비되지 않기 때문에 너도나도 이를 본받아 근래에는 더욱 심해졌습니다.

왕자나 부마들이 대부분 어전을 받았는데, 그 하인들이 여러 가지로 작폐하여 오가는 어선에 대해 횡포와 위협을 일삼고 있습니다. 그러므로 바닷가 어부들이 안접하지 못하고 사방으로 흩어져 그 폐단이 적지 않습니다.

도미와 월계의 위는 경기 백성들이 땔감을 베는 곳이고 삼전도와 그 너머 쪽 정금원평은 조종조에서 열무하던 곳으로 주민들이 풀을 베어 마소의 먹이를 마련했었는데, 양종이 다시 설치된 뒤로 봉은사가 절의 땅이라고 자칭하고 금표를 세워 백성들이 드나들지 못하게 하고 있습니다.

또 강원도 어느 절 앞에 있는 개천, 이전부터 주민들이 고기를 잡아먹었는데 지금은 중들이, 재궁 가까이 있다 하여, 역시 금표를 세우고 고기잡이를 금합니다. 예부터 어찌 중들이 고기잡이를 금한 때가 있었겠습니까. 매우 한심한 일입니다.

이 같은 작폐에 대해 어리석은 백성들은 중간의 농간인 줄을 알지 못하고, 혹 위에서 명하신 일로 여길지도 모릅니다. 이 일들이 비록 사소한 것 같으나 정사를 해치는 데는 이보다 더할 수 없습니다" 하였다.

명종이 지금의 폐단과 백성의 억울함에 대해서 아뢴 뜻이 모두 마땅하다 하였다. 그러나 뒤에 다시 "봉은사 시장은 양종이 다시 세워진 뒤에 설치한 것이 아니라 능침사가 건립된 이래 있었던 것이다. 정금원평은 본시 공지이다. 중들이 어찌 주민이 풀 베는 것을 금할 리가 있겠는가. 강원도 어느 절에서 주민의 고기잡이를 금한다는 일은 내가 모르는 바이다"고 말하여 신하들의 복장이 터지게 만들었다.

2월 16일 대사헌 김개가 사천이 내수사에 투탁하는 문제와 환관들의 방자한 폐단을 다시 거론하였다. 명종은 주장관이 마땅히 조사해야 한다 하고 또 작폐한 사례를 말하라 하였다. 김개가 '지난 가을 금천에서 둑을 무너뜨리고 사가의 고기를 잡고 진상할 산 게를 탈취하고 풍악을 울리며 멋대로 마셨다' 하니, 마땅히 살펴 다스려 뒷폐단을 막겠다고 하였다.

4월 9일 유신의 보인 김유가 근정전의 뜰에서 격쟁을 하였다. 승지 오상을 시켜 하소연하는 까닭을 물었더니, 그의 노비 40명이 내수사에 투속하였다고 하였다.

이에 정원에 답하기를 "백성이 원통하고 답답한 일이 있을 적에 격쟁하여 하소연하는 것은 부득이한 것이다. 그러나 하지 못할 일을 가지고 억지로 격쟁한다면, 어찌 뒷폐단이 없겠는가. 요사이 백성의 원망이 많이 쌓여 격쟁하는 일이 습관화되었으니, 나는 몹시 한탄스럽다. 지금 김유의 노비에 관한 일을 보건대, 담당 관사에서 처리하는 것이 당연한데, 감사와 법관이 그의 소송을 받지 않은 것은, 반드시 어떤 뜻이 있어서 일 것이다. 그런데 감히 대궐의 뜰에 함부로 들어와 격쟁하였으니, 지극히 잘못된 것이다. 추고하여 치죄하라" 하였다.

박한종이 내수사 제조가 된 뒤부터 사대부의 전민을 탈취하고도 조금도 꺼리는 점이 없어서 내수사는 주인을 배반하고 세금을 포탈한 자의 소굴이 되었다. 임금은 이런 백성의 원통함을 풀어 줄 생각이 없고, 감사·법관은 아첨하고 순종할 뿐이니 일이 해결될 수가 없었다.

김유가 다시 사헌부에 소장을 올렸다. '조상 때부터 부리던 노비 40여 명이 주인을 배반하고 계획을 짜 내수사에 투탁하였다'고 고발한 것이다. 즉시 본도에 이문하여 본 고을로 하여금 그 진위를 조사하도록 하였는데 '위의 노비들이 전후에 말을 바꾸어 간사함이 드러났다'고 보고하였으므로 다시 끝까지 추문하여 귀일시키라고 하였다. 그런데 내수사가 본도로 하여금 다른 관아로 옮겨 분간하도록 하였다고 하였다. 그래서 내수사의 공문을 가져다 고찰하여 보니 '비록 법사의 공사일지라도 문서의 진위를 분변하지 않고 갑자기 형신하는 것은 공정하지 못하니 다른 관아로 옮기도록 하라'고 임금이 허락한 것이었다.

이에 대사헌 이몽량 등이 아뢰기를 "신들이 황공스러움을 이기지 못하겠습니다. 대체로 억울하여 소장을 올리는 일이 있으면 반드시 조회하여 조사하고, 만약 어긋나는 단서가 있으면 또한 반드시 두 번, 세 번 끝까지 힐문하고 형추한 뒤에 귀일시키는 것이 예입니다. 어찌 감히 그 사이에 불공평한 뜻을 두겠습니까. 신들이 모두 보잘것없는 사람으로서 법관이 되어, 내수사가 스스로 한 법사가 되어 함부로 계청하여 조치하게까지 하였으니, 신들은 관직을 너무나 욕되게 하였습니다. 신들을 속히 체직시키소서" 하였다.

답하기를 "이 노비들의 일은, 비록 법사의 공사이더라도 본 고을에서 문서의 진위도 분변하지 않고 갑자기 형추하려 한 것이 타당하지 못했기 때문에 범연히 허가한 것이다. 대체로 헌부에 올린 소장은 진위를 구별할 수가 없다. 본도로 하여금 먼저 문서를 보고 시비를 분명히 가리게 하여 과연 사천이면 끝까지 추문하는 것이 마땅하다. 사직하지 말라" 하였다.

양사가 한 달이 경과되도록 논계하였으나 윤허하지 않았다.

6월 28일 함경감사가 "정평 땅의 고기 잡는 포구에서 본궁이 함께 고기를 잡기 때문에, 진상하는 고기 수량이 부족합니다. 본궁의 고기 잡는 것을 금지시키고 본 고장으로 하여금 독점해서 고기를 잡아 봉진하도록 해 주소서" 하였다. 이에 이르기를 "함흥의 별차가 각 고을의 수량에서 함께 고기를 잡는 것은 오늘날에 시작한 것이 아닌데, 별차가 함께 고기를 잡을 수 없다면 각 전의 진공에 애로가 있을 터이니, 예전처럼 함께 고기를 잡게 하도록 해조에 말하라" 하였다.

이때에 본궁의 설치가 8도에 확산되어 널리 전야를 점유하고 한계의 푯말을 세웠다. 도민이나 반노들이 그 안에 모여들어 불순분자들의 소굴이 되었는데, 아무도 감히 건드리지 못했다. 게다가 수령을 업신여길 뿐만이 아니라 구타하는 일까지 있었으니, 그들의 참람하고 흉포함이 이러하였다. 사람들이 모두 조심해서 피할 뿐이었다. 함경도에는 또 양궁속이 있어 양민 중에서 부유한 사람들을 뽑아 본궁에 소속시켜 부려먹기까지 하고 있었다.

사관은 '임금에게 있어서 물선을 진어하는 데에는 본래 담당하는 유사가 있는데, 사사로이 사람을 별도로 파견하여 고기를 잡아 각 전의 수용을 삼았으니, 이것이 어찌 올바른 공진이겠는가. 궁노가 고기를 잡으면서 궁을 빙자하여 폐해를 끼치는 것은 다만 지엽적인 것일 뿐이다. 한탄스러움을 이루 말할 수 없다' 하며 심히 한탄하였다.

8월 9일 안동 봉정사 절터 안의 잣을 관인이 따지 못하게 하고, 푯말을 세운 곳이 넓어서 잣나무가 모두 푯말 안에 들었다. 전일처럼 따게 하고 중들이 침해하지 못하게 하자 하니 절에서 매우 가까운 곳은 따지 못하게 하라 하였다. 이렇게 산림에서 생산되어 진상에 충당하는 것까지도 중들의 사유물로 만들어 관에서 따는 것조차도 금하고자 하였으니, 웃을 수도 없는 일이었다.

9월 3일 상이 모화관에서 열무하였다. 환궁 때 말이 갑자기 놀라 미친 듯이 날뛰어 거의 떨어지려고 하였는데 선전관 이윤덕이 말을 막아서고 한담 등이 상을 안아 내렸다. 상은 잠저에 있을 때부터 말을 사랑하였고 또 말의 좋고 나쁨을 알았다. 행행할 때마다 질주하듯이 몰기를 좋아하여 어가를 호종하는 문무 관원들이 허겁지겁 달려가야 했다.

9월 25일 노익겸은 박한종의 양자이다. 성품이 교활하고 임금의 뜻을 잘 맞추어 여러 내시 중에서 은총을 가장 많이 받았다. 이때에 근친한다고 귀향했는데, 명종이 경동하신 뒤에도 곧 돌아오지 않았다. 그러자 명종이 "급한 일을 들었으면 당연히 즉시 황급히 달려 돌아와야 할 터인데, 노모의 병을 핑계하고 있으니 윗사람을 공경하는 뜻이 조금도 없다" 하고, 추고하여 엄히 다스리라고 명하였다. 그 뒤에 행공 추고하라고 하였는데 정작 그가 돌아오고 나서는 추고하지 말라고 하였다. 그런데 이번에는 중종의 혼전을 받들어 모시어 공로가 있고, 금중의 높은 계단 위에서 넘어질 뻔할 때에 곧 달려와서 붙잡아 구했으니 공이 크다 하며 가자하라 하였다.

내시들은 임금을 가까이에서 모시면서 은근히 속셈을 알아내고 조금이라도 자기들을 좋지 않게 여기는 것 같으면 갖은 아첨으로 동정을 구한다. 임금의 환심을 사는 데 못 하는 짓이 없어서 모르는 사이에 임금의 마음을 빼앗아 간다. 그래도 임금은 전혀 깨닫지 못하니 문제가 되는 것이다.

사관은 '희노는 삼가지 않아서는 안 되며 상벌은 분명히 하지 않아서는 안 된다. 아무리 크게 진노하였더라도 끝내는 죄주지 않고 죄를 주었다가도 바로 풀어 주면 가노들로 하여금 어떻게 임금의 위엄이 두렵다는 것을 알게 하겠는가. 명종조에 환관들을 대함이 대개 이와 같았으나 익겸의 일과 같은 일은 없었다. 슬프다. 죄는 내리지 않고 상만 뒤따랐으니 어떻게 환시들의 횡포를 꺾겠는가' 하고 심히 슬퍼하였다.

정원에 전교하였다. "친열·타위·배릉·관가할 때는 의당 말을 타야 하는데 어마가 길들여졌는지의 여부는 관계되는 바가 가볍지 않다. 지난번의 일을 다시 생각해 보니 참으로 한심스럽다. 조종조에서는 가까이 모시는 내관이 어마를 관장하는 경우가 없지 않았다. 그래서 지금 역시 내시부 상선 문계종과 상다 박종을 말을 조련하는 데에 함께 참여케 한다" 하였다.

전에 열무 때 말이 놀란 뒤로 내시들의 충동질하는 말을 믿고서 이런 전교를 한 것이었다.

사관은 '말을 모는 신하로 하여금 머리를 숙이고 초당에게 명령을 듣게 한 것이다. 뒷날 국가 안위의 기틀이 혹 여기에서 비롯되지 않겠는가. 슬프다' 하고 심히 애통해하였다.

10월 24일 경상도 의성의 민가에서 암탉이 수탉으로 변했다.

사관은 '천지 사이에 생명이 있는 물건은 태어날 때부터 암컷과 수컷이 정해져 결코 서로 뒤바뀌지 않는 것이니, 이는 음과 양의 바꿀 수 없는 정해진 이치이다. 의성 고을에서 암탉이 수탉으로 변해서 볏과 뒷발톱이 나고 수탉처럼 울기까지 하였다니 이변으로는 극에 이른 것이다. 《서경》에 '암탉은 새벽에 울지 않는다. 암탉이 울면 집안이 망한다'고 하였다. 암탉이 새벽에 우는 것도 오히려 집안이 망한다고 하였는데, 더구나 수탉으로 변해 볏과 뒷발톱이 나고 울기까지 하였음에랴. 당시에 모후가 안에서 국정을 잡고 외척이 밖에서 권력을 휘둘러, 임금은 위에서 고립되고 중들은 아래에서 날로 번창하였다. 음양이 뒤바뀌고 요얼이 거듭 이르는데도 군신 상하가 멍청히 두려워할 줄 모르니, 아, 통탄할 일이다' 하고 통탄하였다. 사관은 차마 나라가 망할 징조라는 말은 하지 못했다.

11월 9일 이제는 여러 궁가에서도 각기 사찰을 차지하여 별도로 원당을 만들고 있었다. 왕자를 칭탁하기도 하고 공주나 옹주를 칭탁하기도 하며 차첩을 만들어 주면서 붉은 도장까지 찍어 주었다. 중들이 이것을 빙자하여 곳곳에서 방자한 행동을 하고 있었다.

사간원이 "지금 성청이 바로 그 하나로서 간사함이 더욱 심합니다. 금원군 이영은 늘 요사스런 중들과 밤에 서로 내통하며 부처에게 복을 빌었으니, 성청이 자전의 언문 사찰을 위조한 것이 반드시 영에게서 말미암지 않았다고는 못할 것입니다. 영의 사악한 정상은 그 종의 공초에서 드러났으니, 집에만 있었기 때문에 알지 못한다고 말할 수는 없을 것입니다. 그를 파직시켜 나머지 사람들을 경계시키소서. 중외의 양종에 소속된 사찰 이외에 여러 궁가의 원당이라고 칭하는 사찰의 지음이나 유나 등의 중들을 각기 그 고을에서 잡아 가두고 추고해 다스리도록 하고 이제부터는 일절 금하소서" 하였다.

답하기를, "금원군의 일은, 어찌 파직시키기까지 해야 하겠는가. 추고하는 것이 옳을 것이다. 여러 궁가의 원당이라 하는 곳의 지음이나 유나 등의 중들을 일절 금단하는 일은 아뢴 대로 하라" 하였다. 영을 파직시키는 일을 여러 차례 아뢰었으나 윤허하지 않았다.

12월 22일 헌부가 능침사의 위세를 주지 말자 하고 선종의 주지 일웅이 해조에 대항하였으니 쫓아내자 하였다. 이에 명종은 '능침사의 위세는 이번에 시작된 것이 아니고 조종조부터 능침을 위해 제급해 오던 것인데 을묘년 왜변 이후에 우연히 폐지되었다. 영원토록 제급하지 않는 것은 옳지 않다. 일웅이 어찌 해조에 대항할 수 있었겠느냐. 추고한 말들을 보고 처리하겠다. 모두 윤허하지 않는다' 하였다. 양사가 오래 아뢨으나 윤허하지 않았다.

12월 29일 내시들은 조금이라도 마음에 맞지 않는 일이 있으면 곧잘 남모르는 술수를 부리니, 지혜가 있는 임금이라도 그 술수에 빠지지 않을 수가 없었다. 정원에 전교하기를 "일반적으로 대간이 올린 계사에 대해 결정을 천천히 하느냐 하는 것은 위의 재량에 달려 있는 것이지 승전색이 간여할 바가 아니다. 오늘 간원의 계사가 들어오고 얼마되지 않아서 승전색 최한형이 빨리 내주었으면 하는 기색이 있는 듯하기에, 내가 괴상히 여겨 캐묻자 '계사를 가지고 들어올 때 길에서 한 서리가, 성상소가 오늘 아뢴 것에 대해서는 빨리 결정을 알고 가고 싶다고 했기 때문입니다' 하였다. 성상소에서 만일 서리에게 이렇게 시켰다면, 또한 근고에 듣지 못하던 일이다" 하였다.

최한형은 승전의 책임을 맡았으니, 마땅히 부지런하고 조심스럽게 책임을 다해야 했다. 그러나 그는 임금의 결정을 중간에서 지체하여 곧바로 잘 알려 주지 않았다. 그의 이런 못된 행태는 이미 전부터 알려졌기 때문에 이중호가 언급을 한 것이었다. 이에 대해 최한영은 일부러 상이 의심하도록 말을 꾸며 내 사사로운 화풀이를 한 것이었다.

사관은 '내시들의 화란은 참혹한 것이다. 임금의 말씀이 한번 내리자 위아래가 놀라고 의혹스러워하니, 통탄을 금할 수 없다' 하였다. 정말 통탄하지 않을 수 없었을 것이다. 이런 세월이었다.

이후 사헌부가 내시 최한영을 파직하라 청했으나 윤허하지 않았다. 사헌부가 모두 사직을 청하고 다시 이중호의 체직과 최한형의 파직을 청하니 아뢴 대로 윤허하였다. 그러나 비록 헌부의 아룀을 따르기는 하였으나, 이중호를 사사로이 했다 하고 최한영을 곧다 하였다. 얼마 지나지 않아 최한영의 복직을 명해 신하들의 마음을 또 아프게 하였다.

이때 8도에 걸쳐 도둑이 성하지 않은 곳이 없었지만 그중에 황해도가 매우 심했다. 그만큼 상대적으로 살기 어려웠던 것이다. 황해도는 하삼도에 비해 크기도 작고 물산도 부족하였다. 그런데도 공물의 진상이나 군역은 더 심하니 어려울 수밖에 없었다.

공물의 진상은 지역에서 나지도 않는 것과 특이한 물품들도 있는데 이것들은 서울에 가서 사서 바쳐야 했다. 이전의 진상품이 밖에 나온 것을 되사서 바쳐야 하는 웃지 못할 일도 많았다. 그런데 이 진상품이 사옹원에 들어갔다 나왔다 또 들어가는 사이에 가격은 몇 배로 올랐다. 백성의 고혈이 마르는 웃기는커녕 통곡할 일이었다. 또 진상할 때 진상 받는 관원들과 하리들에게 인정을 써야만 통과되었다. 그래서 '진상은 꼬치로 꿰고 인정은 바리로 실린다'는 말까지 생겼다. 진상에 인정에 백성의 고혈을 빨아 갈 수 있는 대로 다 빨아 가니 백성들은 피골만 남았다.

황해도의 군역은 평안도 변경에 수자리(국경 경비) 살러 가야 하므로 정말 힘든 역이 되었다. 돌아가며 격년으로 수자리를 사는데, 수자리 살러 가는 곳이 멀고 가깝고 편하고 고된 곳이 있으므로 아전들이 이것을 가지고 농간하여 뇌물을 받고 배정을 하니 뇌물을 쓰지 않을 도리가 없었다. 또 수자리 살 곳에 가서도 층층이 바쳐야 하고 심지어 지역 토병들까지도 먹을 감으로 여겨 등골을 빼먹었다. 그래서 '수자리 한 번 살면 몸에 남는 것이 없고 두 번 살면 집에 남는 것이 없고 세 번 살면 목숨을 부지하기 어려웠다. 그래서 살다 못해 도망하면 피해가 일가에 미치고 이웃에 미쳐서 친척과 이웃까지 못살게 되었다.

거기다 권세가들의 침탈도 극심하여 심지어 저지대 갈대를 엮어 살아가는 사람들의 갈대밭까지 빼앗아 갔으니 불쌍한 백성들이 살 수가 없었다. 이래서 황해도 백성들은 죽기는 매일반이니 도적이 될 수밖에 없었다.

2월 24일 황해도에 도적이 성행하여 각관의 이민을 많이 살해하고 있으니 연안부사와 우봉현령은 도적을 막을 재략이 있는 사람으로 해야 한다 하였다.

3월 13일 삼공·영부사·병조·형조가 함께 의계하기를 "황해도의 적세가 흉포하여 사람을 약탈·살해할 뿐 아니라, 심지어 대낮에도 관문을 포위하고 수령의 나졸을 사살하며 옥문을 부수고 수감된 일당을 빼앗아 가는 실정입니다. 혹 선비나 관인이 그들의 종적을 말하면 모조리 잡아 배를 갈라 위엄을 보이고, 또 사신을 영후하는 관군을 살해한 뒤에 그 패자를 아문에 걸어 놓고 관에다 고발한 사람을 겁초하며, 서울에서 가까운 지역을 횡행하면서 일찍이 대장을 역임한 사람을 추축하는 등, 조금도 두려워하거나 꺼리는 빛이 없이 흉포가 극심하니, 그들을 모조리 잡아 죽여서 생령에게 해를 끼치지 못하도록 해야 합니다. 그런데 해지의 수령들이 이를 막지 못하고 그들이 출몰하는 대로 놓아두고 있으며, 살략의 환을 보고도 그들의 보복이 두려워 직무를 유기하고 도리어 숨겨주어 적세가 그처럼 창궐하기에 이르렀으니, 앞으로 제어하기 어렵게 되었습니다. 또 전략을 잘못 세워 양민을 몰아다가 적류에 빠뜨렸으니, 어찌 통탄할 일이 아니겠습니까. 추포하는 전략도 조금도 늦출 수 없지만, 회유하는 계책도 병행하여, 한편으로는 조정의 위엄을 펴고 다른 한편으로는 협종한 백성의 마음을 안정시켜야 합니다" 하였다.

또 도둑 잡기 위해서 수령이 해야 할 일과 도적을 회유하는 내용을 황해도 감사에게 하유하여, 힘껏 조치해서 군민을 효유하고 적당을 모조리 무마하거나 포착하도록 하고, 큰 길거리의 원우나 깊은 산 사찰에도 이를 해자로 써서 게시하게 하여, 적당으로 하여금 화복을 모두 알도록 하자고 하였다.

이렇게 황해도의 도적이 조정에서 거론될 정도가 되니 개성과 황해도 일원에는 비상이 걸렸다. 신계현령 이흠례가 도적 일당 다섯 명을 잡았는데 이들은 세력이 강한 청석골 도적의 중간 두목들이었다. 그래서 청석골 도적의 두목이 임꺽정이란 것을 모두 알게 되었다. 청석골은 개성에서도 가까우니 개성유수도 임꺽정 잡을 일에 신경을 쓰지 않을 수 없었다. 마침 그 밑에는 도적을 잘 잡기로 이름난 포도군사의 패두 이억근이 있었다. 이억근이 정병 백 명만 준다면 도적을 잡아 바치겠다고 큰소리를 쳤다. 큰소리치는 것이 미덥지 않아서 우선 군사 이십 명을 주며 적정을 염탐하라 하였다. 이억근은 용기는 있었지만 무모하였다. 이십 명의 군사로 청석골을 염탐이 아니라 들이치려고 깊이 들어갔다. 청석골 임꺽정을 너무 쉽게 생각한 것이 탈이었다. 들어오는 것을 파악하고 매복한 도적들이 화살 세례를 퍼부었다. 이억근은 화살 여러 대를 맞고 즉

255

사하였고 군사들도 대부분 죽었다.

3월 25일 조정에서는 황해감사를 갈았다. 황해도의 흉악한 대도의 무리는 그 숫자가 불어 피해가 더욱 심한데 감사 신희복은 그 부모의 무덤과 전장이 평산에 있어 힘을 다하지 않으니 체차하라 하였다. 그런데 정작 신희복은 그렇지 않아도 그만두고 싶은데 알아서 교대시키니 쾌재를 불렀다. 이탁을 황해감사로 하였다.

3월 27일 영의정 상진·좌의정 안현·우의정 이준경·영중추부사 윤원형이 함께 의논하여 "삼가 듣건대, 요사이 많은 강적들이 본부의 성저에 몰려들어 주민을 살해하는 일이 매우 많은데도, 사람들은 보복이 두려워 감히 고발하지 못하고, 관리들은 비록 보고 듣는 바가 있어도 매복을 시켜 포착할 계획을 세우지 못한다 합니다. 지난날 임꺽정을 추적할 즈음에 패두의 말을 듣지 않고 군사 20여 명 만을 주어 초라하고 서툴게 움직이다가 마침내 패두가 살해당하게 되었는가 하면, 바로 뒤를 이어 적을 끝까지 추격하지 않았다가 끝내 적들이 멋대로 날뛰게 하였으니, 매우 놀라운 일입니다" 하였다.

이렇게 임꺽정의 이름이 역사에 등장하기 시작하였다. 임꺽정은 본래 양주 백정이었다. 신체가 건장하고 재빠르고 용맹스러웠다. 그 밑의 중간 우두머리들도 모두 다 날래고 빨랐다. 세력을 이룬 도적이 되어 민가를 불사르고 소와 말을 빼앗기 시작했다. 만약 항거하면 살을 베고 사지를 찢어 죽여 잔혹함을 보이고 고자질한 자는 잔인하게 보복하여 본보기를 보였다. 장단, 개성에서 황해도에 이르는 지역의 일부 아전과 백성들이 그들과 은밀히 결탁하여 관에서 잡으려 하면 먼저 알려 주었으므로 잡기가 어려웠다. 본거지는 개성 가까운 황해도 지역 청석골 깊은 산 속이었다.

이 무렵 요동 지방에 달자가 성행하여 요동에서 우리나라에 안팎으로 협공하여 물리치자는 요청이 있었는데, 고단한 군사로 자체 수비에 겨를이 없는 데다가 기근까지 연속되어 군졸이 지쳐 있으므로, 비록 구원하고 싶어도 힘이 미치지 못한다고 답하자고 하였다. 국내 도적도 잡지 못하는데 외국 원정은 생각할 수도 없었다.

4월 19일 황해감사 이탁을 인견하고 도적을 체포하는 일을 당부하였다.

4월 21일 삼공이 아뢰기를, 이억근은 평상시 도적을 추적하여 체포하는 일에 힘을 다하였고 임꺽정을 추적하여 체포하려다 죽음을 당했는데, 이도 국사에 죽은 사람이므로 은혜를 내리는 특전을 시행하지 않을 수 없으며, 그 아랫사람으로서 그 난에 함께 죽은 사람도 특전을 시행해야 한다고 하였다. 또 도적을 고하여 체포하게 한 후 도적들의 복수로 죽임을 당한 자들도 모두 찾아내어 따로 표창하자고 하였다.

이런 일도 있었다. 한 백성이 적당을 고발한 일이 있었는데, 하루는 들에 나가 나무를 하다가 도적들에게 붙잡혀 적들이 살해하려 하였다. 그 아들이 산 위에 있다가 바라보고는 달려와서 적들에게 말하기를 '너희들을 고발한 것은 나이고 아버지가 아니니, 아버지를 대신하여 죽기를 바란다' 하였다. 적들이 곧 그 아비를 놓아주고 그 아들을 결박하여 촌가에 도착하여 밥을 짓게 하고는 둥그렇게 둘러앉아 배를 갈라 죽이고 갔다.

이에 '이 사람은 나라를 위하여 적을 고발했을 뿐만 아니라 그 아비를 위하여 대신 죽고 아비는 면하게 하였으니, 그의 충성과 효도가 지극히 아름답습니다. 본도 감사에게 아울러 찾아내어 치계하도록 하여 포상하소서" 하였다. 모두 아뢴 대로 하라고 답하였다.

11월 9일 장단부사 이홍남은 도적 잡을 생각은 하지 않고 술을 즐겨 본성을 잃었고 형벌은 기준이 없으며 호령은 가혹하여 관리와 백성들의 원망으로 온 고을이 떠들썩하였다. 이에 파직하였다. 충주사화를 일으켰던 바로 그 자이다.

11월 23일 청홍도 병사가 양남의 도적들이 기근으로 인해서 자기의 도로 떼 지어 몰려들 것이라 여기고 장수를 정하여 체포하겠다고 하였다. 그리고 모든 읍에다 도직을 설치하였다. 그런데 남쪽 지방의 백성으로 물품들을 가지고 청홍도로 팔러 다니는 이들을 도적으로 몰아 그들의 물품을 관에다 압수해 버렸다. 이들은 생계를 꾸리지 못할 뿐만 아니라 도리어 도적으로 몰려 죄인이 되고 있었다. 이뿐만이 아니라 도직을 둔 곳에서는 병사의 군관들이 척간한다는 핑계로 백성들을 침해하는 폐단이 매우 많았다. 또 잘 단속하지 못했다고 색리들을 잡아들이면 그 사이에 오가는 인정 물품은 모두 마을의 백성들을 독촉해 내게 하였다. 주려 배고픈 데다가 침해까지 당하여 백성들로서 원망하지 않는 이가 없었다. 이에 삼공이 아뢰어 본도의 감사와 병사에게 백성들의 원망을 사는 일이 없게 하도록 하라 하였다.

‖ 중종의 능을 옮기라고 하다 ‖

악한 사람은 못할 짓이 없다.

4월 23일 정릉(중종의 능)을 옮기라고 하여 파란이 일었다. 신하들이 몇 달에 걸쳐 오랫동안 불가함을 아뢰었으나 윤허하지 않았다. 여자의 시기심에도 분수가 있어야 하는데 문정왕후는 그러지 못했다. 중종이 장경왕후와 같은 능에 있는 것이 싫어서, 죽은 후에 자기가 같은 무덤에 묻힐 계획을 한 것이다. 요승 보우는 밖에서 주장하고, 간신 윤원형은 안에서 도왔다. 너무 심했다. 15년 동안이나 아무 탈 없이 잘 있는 능을 옮기는 것이 문정왕후에게 복을 줄 것인가. 이는 두고 볼 일이다.

6월 23일 명종이 승지를 임명할 때에 "내가 마땅히 요량하여 임용하겠다" 하여 기대를 했는데 이양을 승지로 하였다. 이양은 명종에게는 처외삼촌이다. 처음에 이양이 그 세력을 믿고 이조에 들어가려 하였으나, 이조 낭관 홍천민이 반대하였다. 이조 당상 중에 이양을 돕는 이가 있었으나 홍천민이 번번이 다른 사람을 천거하였다. 그런데 명종은 이조의 추천을 받은 자는 다 물리쳤다. 마음이 이양에게 있었기 때문이었다. 홍천민이 전적 박호원을 이조 낭관에 추천하니, 명종이 평안도에 흉년이 심하여 훌륭한 인재가 필요하다는 핑계로 호원을 용강 현령으로 내보냈다. 이양이 의정부로 들어가려 하였으나, 박대립이 사인으로 있으면서 매우 힘껏 거절하였다. 이에 명종이 이양을 응교로 승진시켰다가 바로 승지에 임명하였다.

이양이 처음 벼슬길에 나왔을 때 사림이 그를 비루하게 여겨 청반을 허여하지 않았다. 심강이 아버지 심연원에게 그를 홍문록에 들도록 하자고 청하자, 연원이 "너의 이양이 만약 청반에 들게 되면 많은 당류를 심어 나라를 그르치지 않겠느냐" 하였는데, 뒤에 과연 그 말대로 되었.

명종이 친 외삼촌인 윤원형에게 싫증을 느껴 처 외삼촌인 이양을 등용하여 그 권력을 분산시킬 생각을 하였다. 그래서 순서와 직위 및 품계를 뛰어넘어 직을 임명하였고, 크고 작은 정사와 진퇴를 모두 먼저 이양에게 은밀히 물어본 뒤에 처리하곤 하였다. 이양은 그 총애를 과시하고자 하여 일부러 사람들에게 자랑하였다. 그러니 사람들이 비루하게 여기지 않을 수 없었다.

8월 28일 취로정에 나아가 사가 인원들로 하여금 전강도 하고 제술도 하게 하였다. 선온하고 술잔도 내려 주어 실컷 마시도록 하였다. 파할 때 모두에게 등촉을 하사하여 잡고 돌아가게 하니 길가는 사람들이 손으로 눈을 씻고서 바라보며 세상에 드문 훌륭한 일이라고 하였다. 윤원형과 윤춘년은 모두 까닭 없이 참석하지 못하였다. 이양이 승지로 입시하여 총애가 매우 융성하였다.

11월 28일 이양을 홍문관 부제학으로 삼았다. 이양은 젊어서는 조행이 없어 음탕하고 비루하였다. 잠자리에서 부리는 음욕이 매우 추악하다는 듣기에 거북한 소문도 있었다. 뒤에 독서당의 선발에 뽑혔었는데 김규 등이 논박하여 삭제시켜 버렸으며, 이헌국이 정언으로 있으면서 이양을 논박하려 했었다. 이양은 이 모두를 가슴에 쌓아 두었다. 한번은 취해서 사람들에게 말하기를 '박계현이 장단 부사가 되자 사람들은 내가 밀쳐 낸 것이라고 의심하였다. 나를 죽이려던 사람도 내가 용서하여 주었는데 하물며 다른 사람이겠는가?' 하였는데, 헌국을 가리켜 한 말이었다. 헌국은 윤원형의 종질이었기 때문에 중상하지 못했다. 이양은 품성이 본래 어리석고 경솔하고 진실성이 없었다. 그러나 임금의 주위 사람들을 잘 대우하여 궁중 사람들이 모두들 그를 칭찬하였다. 또 꽃이나 새 같은 애완물들을 널리 구하여 임금께 바쳤으며 의복이나 음식까지도 바쳤다. 때문에 임금의 총애가 날로 굳어져 좋은 자리에 차례를 넘어 발탁하였다.

분수에 넘치는 너무 막강한 권력을 주었는데, 명종이 머리는 좋지만 아직 인생 경험이 미숙하기 때문에 이런 일이 생긴 것이었다.

12월 9일 이조 낭관에 김덕곤을 의망하니 명종이 잘못 천거하였다고 화를 냈다. 김덕곤은 품성이 강직하여 꺾일 줄을 몰랐다. 일찍이 정원으로 있으면서 이양의 수하 사람들을 논박하였다. 그래서 이양에게 잘못 보여 특명에 의해 평안 평사가 되었다. 또 평사로 있으면서 부경행차를 압록강에서 수색 검열하면서 금지시킨 물건을 많이 적발하고 그 역관을 잡아 가두었다. 그런데 그것이 문정왕후가 사사로이 부쳐 보낸 물품들이었다. 대왕대비인 문정왕후가 국법을 어기고 사사로이 불법 무역을 시키고 있었던 것이다. 명종이 먼저 김덕곤을 의망한 데 대해 화를 냈었는데 또다시 그를 의망하니 크게 진노하여 '왕의 말을 참고하지 않고 임금의 명령을 무시하였다'라는 말까지 하기에 이르렀고, 아울러 정색 낭청을 파직시켰다.

이해의 왜적의 일을 살펴보면,
4월 6일 대마도주 종성장의 서계에 '남해도의 적선 수십 척이 바다 가운데에 떠서 순풍을 기다리며 공공연히 명나라로 가려 한다고 하였는데 참으로 그렇게 할 것인지는 모르겠다. 비록 명나라로 간다고 하였지만, 만일 편풍을 만나지 못하면, 반드시 귀국으로 갈 것이니, 미리 방비하는 것이 좋을 것이다' 하였다. 사실 이때 왜적들은 명나라 절강, 복건 지역에 대규모 왜구를 투입하여 지방을 유린하고 살인, 약탈을 자행하고 있었다.

조정에서는 그 말을 다 믿기는 어렵지만 의논하라 하였다. 그리고 경기, 황해, 청홍도의 방비가 허술하니 여러 진을 순시하여 방비를 갖추지 않은 자는 추고 계문하고, 병영, 수영의 방비 상태도 적간하게 하였다. 또 외방에 있는 자를 서계하도록 하여 미리 조치해서 각각 서울에 올라와서 행장을 꾸려서 기다리도록 하고, 양남에 사는 사람은 본도에 머물면서 방어를 준비하게 하였다.

이렇게 해서 명종조에는 그런대로 형식적으로나마 무기와 인재가 갖추어졌는데 이것은 대마도의 교활하게 속이고 약 올리는 행태가 크게 일조한 것이었다. 명종은 계속 군사훈련에 관심이 많았다. 12일에 관가와 습진 열무를 동교와 제천에서 하였다.

5월 남치근을 시켜 전선 7~8척을 거느리고 기계를 꾸려 떠나게 하여 교동·강화·부평·인천·남양의 해로와 여러 섬들을 지나면서 살피게 하였다. 순시할 적에 경유하는 수영 및 전선을 보유하고 있는 각 관의 수령과 각 포의 첨사·만호 등은 각기 전선을 거느리고 길을 안내하면서 함께 운용을 시험해서 진장 및 군졸들에게 수전을 익히게 하도록 하였다.

6월 6일 왜선의 출몰이 여러 도에 간헐적으로 나타나니, 방비를 철저히 하도록 감사에게 하유하였다. 비변사 대신과 영부사가 함께 작성한 글이다.

'지금 각도에 나누어 정박한 왜선들이 비록 바람 때문에 표류하다 닿은 듯하나, 나타난 곳이 한두 곳이 아니고 육지에 내려와 싸우다가 백성을 살해하기까지 하였으니 내 마음이 매우 아프다. 대마도가 글을 보내와 변란을 통보해 준 것이 참으로 허황된 일이 아니었다. 더구나 전라도 구조도에서 싸우다 도망간 배는 용을 그린 큰 기를 세웠고 철환을 잘 쏘았는데 기계가 보통이 아니었고 배의 모양도 특이하였다. 우리나라의 전선을 만나도 조금도 놀라거나 두려워하는 기색이 없이 닻을 내리고 응전하였다. 우수사 최희효가 잡지 못하였고 군관과 뱃사공이 또한 철환을 맞아 즉사하여, 적선이 서쪽 바다로 달아나 버리게 되었다. 이는 틀림없이 적장이 탄 배였을 것이니 어찌 보통으로 조치하여 잡을 수 있었겠는가. 이뿐만이 아니다. 군산도의 외면에서 옥구현감 주세란과 만경현령 박위 등이 놓친 배와 삼도·저로·읍구미 등의 섬에서 박무·김응정 등이 뒤쫓아 잡지 못한 배들이 체제·기계·호령·진퇴 등의 모양이 모두 같았는데, 상·중·하 3도에 나누어 정박하였으니 그들의 음흉한 꾀를 더욱 예측하기 어렵다. 만약 육지에 내린다면 공략하고 겁탈할 것이니 그 환란을 염려하지 아니할 수 없다. 만약 또 놓쳐서 본토로 도망하여 돌아간다면, 바닷길의 멀고 가까운 상황 따위를 낱낱이 알았을 뿐만 아니라 또한 우리나라의 전투하는 기밀을 상세히 파악하였으니, 지금은 비록 물러간다 해도 적들의 마음이 간사하여 뒷날의 환란이 또한 꼭 없으리라고 보장하기 어렵다. 적선이 크고 튼튼하여 천·지자 총통을 쏘아도 쉽게 부서지지 아니하였으며 철환 역시 참나무 방패도 꿰뚫었다고 하는데, 나는 매우 이상하다고 생각한다. 믿어지지가 않는다. 박무가 탔던 배의 참나무 방패는 단단하고 두꺼워 철환이 꿰뚫지 못했다고 하였으니, 그 꿰뚫리어 부서진 것은 틀림없이 단단하고 두껍지 않아서 그렇게 되었을 것이다. 전선의 전후 좌우에 천·지·현자 총통을 설치하여 기계를 정비하고 사람들은 판옥 밑에 숨어 몸을 노출시키지 않고서 빨리 노를 저어 곧장 적선에 가까이 다가가 그 높낮이에 따라 동시에 일제히 발사했다면, 어찌 격파하지 못할 이치가 있었겠으며 사람들이 철환을 맞을 염려가 있었겠느냐. 장사들이 절제를 어기고 방어 기계들을 거의 정비 설치하지 아니하였고 겁이 많은 것이 습관이 되어 전투에 임하여 용맹이 없었기 때문일 것이다. 지금 남풍이 계속 불어 적선들이 틀림없이 막히어 되돌아가지 못하고 떠돌아다니다 여러 섬들에 정박하게 될 것이다. 경들은 장수들을 엄하게 단속하고 특별히 조치해서 속히 포획하여 되돌아가지 못하게 하라' 하였다.

좋은 내용이었다. 철환에 맞아 즉사한 사람이 있었다 하니 조총의 위력을 보게 된 것이다. 일본에 조총이 전래된 지 15년이 지났고, 이제 그 성능이 크게 향상되어 가공할 무기가 되어 있었다. 이때부터 우리도 조총에 대한 관심을 갖고 준비했다면 우리 군사력도 크게 향상되었을 것이다. 그러나 불행하게도 그런 생각을 한 사람이 한 사람도 없었던 것 같다.

6월 11일 제주에 나타난 왜구의 배를 돌아가지 못하게 하라고 하였다. 그러면서 무위전의 사신은 너그럽게 접대하여 화내지 않게 하라 하였다.

8월 9일 일본국 좌무위전의 사송인 이천서당 및 별견선의 평청구가 전후해서 나왔다. 모두 통사를 보내 서울로 맞이하여 왔다. 평청구는 부험이 없어 대접을 하지 않으려 하다가 후한 마음으로 이천서당의 일행으로 간주하고 대했다.

9월 25일 예조가 아뢰기를 "무위전의 사송 도선주 평강길에게 아비의 직임을 승습하도록 허락한다는 전교를 받고 본조의 등록을 상고해 보니, 정덕 무인년에 평귀덕이라고 하는 사람이 이라다라의 아들이라 자칭하며 아비의 직임을 승습하기를 청하였는데 그때 그 청에 따라 사맹의 직임을 제수하여 주었습니다. 이제 평강길이 또 직임의 승습을 청하고 있으나, 신들은 이라다라가 경오년에 객관에서 스스로 목숨을 끊었을 때 죄 없이 죽은 듯하여 이미 평귀덕에게 직임을 승습하게 해서 충분히 그 원통함을 풀게 하였으니 지금 거듭 시행해서는 안 된다고 생각합니다. 이라다라는 경오년에 죽었으니 이미 50년이 흘렀는데 전에 평강길의 용모를 보니 50도 채 안 되는 듯하였습니다. 이라다라의 아들이라고 자칭하는 것이 거짓인 듯한데 이제 만약 승습을 허락한다면 속임수에 넘어가는 것이 될까 염려스러워 감히 여쭙니다" 하였다.

명종이 답하기를 "이와 같다면 할 필요가 없을 것이다" 하였다.

이해의 다른 일들을 살펴보면,

1월 3일 이조가 흉년으로 인해 감원시켰던 관원의 복직을 청하였다. 실직한 자가 너무 많다는 구실을 붙여 복직을 주청하였지만, 복직된 자는 모두 권문세가의 사람이었고 실제로 억울하게 실직된 자는 전혀 복직되지 못했다.

1월 9일 고경명을 세자 시강원 사서로 삼았다.

2월 10일 노경린을 병조정랑으로 하였다. 율곡 이이의 장인이다.

3월 21일 특명으로 윤춘년을 이조판서로 삼아 즉시 정사하였다. 당시에 명종이 안으로는 문정왕후에게, 밖으로는 윤원형에게 핍박을 받아 계획을 어떻게 할 줄 알지 못하였다. 심통원에게 전형을 전담시켜 윤원형의 권한을 점차 깎으려 하였으나 문정왕후의 뜻에 거슬릴까 염려하여 부득이 윤춘년을 본직에 제수하였다. 윤춘년은 윤원형의 응견이었다.

5월 17일 재변으로 영의정 상진과 우의정 이준경이 사직을 청했다. 평안도에 우박이 내리고 폭풍우가 몰아쳐 논밭에 남은 것이 하나도 없다

하였다. 또 각도의 장계를 보건대, 지난번 태풍은 근고에 없던 것이라고 하였다. 한창 패는 곡식을 큰물이 휩쓸어 모조리 꺾이고 쓰러지게 되었다. 불쌍한 우리 백성들이 이해를 넘길 곡식이 없어진 것이다. 그러나 7월에는 또 가뭄이 심했다. 기우제도 소용이 없었다. 결과는 올해도 극심한 흉년이었다.

한편 명나라에서는 절강, 복건성에 침입한 왜적들을 물리치지 못하고 오히려 패하기만 하였다. 그래서 한편으로는 회유책을 쓰면서 다른 한편으로 공격할 준비를 하는데 장수로 척계광을 임명하였다. 탁월한 선택이었다. 척계광은 절강성에서 군사를 모집하고 먼저 군사훈련을 시작하였다. 오합지졸로는 왜적을 상대할 수가 없다는 정확한 판단하에 왜적의 약점을 파악하고 그에 대비하는 훈련을 시작한 것이다.

내시들의 횡포는 도를 더해가고, 중들이 제 세상을 만나 활개를 치는 것도 일상사가 되었다. 한재와 수재로 흉년은 계속되고 도적은 극성하여 드디어 임꺽정이 역사의 전면에 등장하였다. 대마도의 왜적들도 계속 교활하게 조정을 괴롭혔고 북쪽 변방의 근심도 있었다. 문정왕후는 시기심이 무덤에까지 미쳐 중종의 능을 옮기라 하고, 윤원형이 싫은 명종은 이양을 중용했는데 이것도 최악의 선택이었다.

15세의 이순신은 계속 글공부에 열심이었을 것이다.
18세의 유성룡은 조부 상을 당해 아버지를 따라 안동으로 내려갔다. 아버지 유중영은 여묘살이에 들어갔다.
24세의 이이는 이 무렵 많은 친구들을 사귀고 있었다. 성혼과 정철은 이미 사귄 지 몇 년이 되었고 특이한 친구로는 송익필 송한필 형제가 있었다. 이들은 본래 가계가 천출이었는데 부친 송사련이 주인인 안당 부자를 역모로 고발하고 그 공으로 양인이 되었다. 출신이 어떻든 이들은 이미 성리학에 조예가 깊어 이름이 났고 뜻이 맞아 친구가 되었다. 또 친구라고는 할 수 없는 선배인 토정 이지함과의 교류도 있었다. 이지함은 평생 율곡을 알아주고 아끼고 사랑하였다. 그래서 자연스럽게 3살 어린 이지함의 조카 이산해와도 친구가 되었다. 이이, 성혼, 정철, 송익필 형제와 이산해는 뜻이 맞아 친구로서 교류가 활발하였다.

    선조는 8세였다.

19
부패하고 병들고 해결책이 없는 나라였다 :
명종 15년 (1560 정묘년)

나라가 되어 가는 꼴은 말이 아니었다. 중들의 문제와 내수사 환관의 문제는 계속되고 부정부패, 가렴주구는 더 심해지고 따라서 도적도 활개를 친다. 그래도 세월이 오래되다 보니 변화는 오고 있다. 권력은 양분되고 그 종말은 가까워질 것이다.

1월 16일 고성군수 김한걸이 이런 기가 막힌 상황에 대하여 상소하였다.

"신이 지난 7월에 관부에 도임하여 민적을 살펴보니 원래의 호수는 3백71호였습니다만 세 곳의 역리·향화·내수사 노비·각사 노비 및 관노비, 그리고 도망하여 없어진 민호를 제외하면 부역할 수 있는 호수는 1백25호뿐이니, 보통 읍의 1개 면에 비교하여도 오히려 상대가 되지 못합니다. 그러나 이것은 대개 수년 전의 문구이고 지금 실정은 이에도 미치지 못합니다. 지난해부터 도망한 자가 이미 29호나 되고, 신이 부임한 지 5삭도 되지 않았는데 도망한 백성이 또 20여 호에 이르니, 이와 같이 계속된다면 이해가 다 가기도 전에 모두 비게 될 형편입니다. 이것은 참으로 신이 불초하기 때문에 일어난 일이기는 하오나 신의 수개월 폐정이 어찌 백성들로 하여금 갑자기 이 지경으로 유망하게야 만들었겠습니까? 이는 다름이 아니라 흉년이 생계를 곤궁하게 만들고 요역이 생업을 빼앗았기 때문입니다.

온갖 공물의 독촉은 모두 간신히 남아 있는 백성에게 집중되어 지난 번에 홉으로 내던 자가 이번에는 되로 내고, 지난번에 되로 내던 자가 이번에는 말로 내야 하니, 백성이 어떻게 곤궁하지 않을 수 있겠으며, 군이 어찌 피폐하지 않겠습니까? 백성의 곤궁과 군의 황폐가 이처럼 심각한 지경에 이르렀는데도 육시에 바치는 것과 칠감에 드리는 물건은 대개가 생산되지 않는 물건이라 모두 바닷물고기를 가지고 무역하여 공물을 마련하는 자본으로 삼고 있으니 그 폐단은 말로 다할 수 없습니다. 1백 호가 감당하지 못한 부세를 단 10호로 하여금 바치게 하고, 10호가 감당하지 못한 부세를 단 1호에게 바치게 하고 있으니, 형편상 유망하지 아니할 수 없습니다. 지금 만약 소복시킬 계책을 구한다면, 반드시 일체를 1년 기한으로 조세를 감면해 준 연후에야 가능할 것입니다. 만약 이대로 구제하지 않는다면 신은 생산되지 않는 물품을 바치지 못할 뿐 아니라 항상 생산되는 물품까지도 폐하게 될까 걱정입니다.

그리고 선상공포는, 노비들의 빈약하고 곤궁함이 요즈음 더욱 심하여 1년에 2필을 봉납하기도 오히려 어려운데 더구나 7~8년 치의 공납을 어떻게 하겠습니까? 본 군은 임자년부터 지금까지 8년 동안을 전혀 공납하지 못하여 누적된 것이 2백여 필에 이르는데, 반드시 현재의 관리에게 8년간 미납한 것을 납부하도록 요구한다면 그간에 죽거나 거처 없이 떠돌아다니는 자가 반이 넘을 것이므로, 현존한 자가 반드시 10배를 납부해야 될 것입니다. 자기 몫의 공포도 납부하지 못하여 이 지경에 이르렀는데, 어떻게 죽은 자와 떠돌아다니는 자의 공포까지 함께 납부하도록 재촉할 수 있겠습니까? 각 사의 공물 중에 사섬시의 것이 중한 것은 국용이 거기에서 나오기 때문입니다. 그러므로 해조에서도 중히 여기고 수령이 해유할 때에는 반드시 먼저 공포의 납부 여부를 상고하여 진퇴시키고 있는 것이며, 그래서 수령들은 못하는 짓 없이 가혹하게 독촉하는 것

입니다

그리고 수군의 고통은 타역에 비하면 더욱 심합니다. 수군은, 호는 모두 군에 속해 있고 몸은 포에 속해 있어서, 그 소속에 따라 온갖 부역이 모두 한 몸에 모이므로 군에서 도망한 절호가 많기로는 수군이 제일입니다. 한 수군이 도망하면 한 가족이 번갈아서 그 역을 대신하여 온 가족이 모두 피해를 입습니다. 군에 포를 설치한 것은 어느 때에 시작되었는지 백성은 전혀 병혁에 대해 알지 못하고 있습니다. 그래서 영서의 수군은, 입번하려 하지 않고, 번에 빠졌다는 통보가 있는 날은 관에 찾아가서 반드시 번가를 치러 역에 대신합니다. 만호도 번가를 이롭게 여겨 번서지 않는 것을 허락하기 때문에 사역할 일이 있으면 반드시 군에 거주하는 사람을 부리고, 진상할 일이 있어도 반드시 군에 거주하는 사람을 시키며, 심지어 영서의 팔관에서 발차하고 징궐하는 데까지도 군에 거주하는 사람을 부려서 출입하느라 쉴 겨를이 없습니다.

아! 곳집이 이와 같이 고갈되고 백성의 근심과 원망이 또 이와 같은데, 공부는 옛과 변함이 없고 요역 또한 옛과 같으며, 진상도 전과 같아서, 선상노는 도망가고 수군은 정처 없이 떠돌아다녀서 인가가 모두 여우와 토끼의 집으로 변하였으니, 반드시 다 비고야 말 형세인데, 텅 비어 가는 것을 앉아서 구경만 하고 구원하지 않을 수 있겠습니까? 이것이 신이 눈물을 흘리며 통곡하고 잠 못 이루며 길게 한숨 쉬는 까닭입니다" 하였다.

해결책이 있을 수 없었다. 게다가 내시들과 중들의 문제까지 겹쳐 나라가 나라가 아닌 이러한 나라였다.

2월 22일 석강에서 시강관 안방경이 아뢰기를 "신이 듣자오니, 산릉도감에서 수군의 가포를 1인당 2필씩 징수하고 있으므로 몹시 원통해하고 있는데, 승군에게는 절마다 모두 봉족이 있어서 식량을 제공하고 있는데도 국가에서 승군을 의탁할 곳이 없다고 하여 이미 양료를 주었고 또 상포를 주니, 어리석은 백성은 모두 '유독 승군에게만 후히 하고 우리 백성에게는 박하게 한다'고 말한다 합니다. 국가에서는 본래 누구에게도 후하게 하고 박하게 한 것이 없었더라도 백성들의 말이 이와 같으므로 감히 계달합니다" 하였는데, 명종은 답하지 않았다.

3월 9일 주강에서 명종이 환관 두 사람을 처벌하라 하였다. 한 사람은 자기 부인을 간음한 일로 격쟁하고 잡스런 말을 한 때문이었고, 다른 한 사람은 법전을 모르면서 함부로 떠든 것이 잘못이었다. 이런 처벌은 명종이 즉위한 후 처음 있는 일이었다. 변화의 조짐이 확실하게 보였다. 그러나 아직도 문정왕후가 관여하는 것에는 어떻게 하지를 못했다.

4월 2일 전교하기를 "임천군수 조보는 중에게 몹시 포학한 짓을 하였으니 죄상이 드러나는 대로 치죄해야 한다. 조종조로부터 자전이 사찰을 숭상한 일이 어느 대인들 없었겠는가? 지난번 본 군 보광사의 중이 군수가 포학하고 무례하다고 본종에 호소함으로써 본종이 내수사에 첩보하였다. 그리하여 자전께 계품하였으므로 중사를 보내어 적간하니 그 일이 헛소문이 아니었다. 그런데 중사가 돌아오던 날, 조보는 더욱 심하게 성을 내고 중을 죽이려고 마구 때려서 상처를 입혔으니 파직하라" 하였다.

양사가 실상을 자세히 알아보고 법에 따라 치죄하라 하였다. 여러 번 아뢰었다. 홍문관에서도 조정 정사의 출입은 승지에게 달려 있고 임금이 사람을 죄주는 데는 마땅히 유사에게 분부해야 하는 것이라며 파직이 부당하다고 하였다.

4월 13일 성균관 유생 1천여 명이 상소하여 '이는 대개 자전이 명하신 것인데 효성이 지극하신 전하께서 뜻을 받들어 거역하지 못하신 것입니다. 그래서 사특한 말이 들어와도 금하지 못하시고 중사가 달려가도 막지 못하신 것입니다. 비록 그렇기는 하나 정사에 어찌 두 문이 있을 수 있겠습니까. 출척하는 법도를 어지럽혀서는 안 됩니다. 자전은 수렴청정을 하고 계신 때가 아닌데도 중사를 밖으로 보냈으니 이것은 정사에 두 문이 있는 것이고 수령은 감사의 고과가 있는 것인데 중들의 고소에 의해 폐출되었으니 이것은 출척하는 법도가 어지러운 것입니다. 신들이 어찌 조보에게 사정을 두어 말하는 것이겠습니까. 성치에 흠이 될까 걱정되어 그러는 것입니다' 하며 반대하고, 15일에 다시 상소하여 왕이 변명하는 것의 부당함까지 말하였으나 윤허하지 않았다.

환관과 중은 모두 때를 얻은 듯 거리낌 없이 방자한 짓을 하고 서로가 보호해 주었다. 모두들 격분하였지만 아직까지는 어쩔 수가 없었다.

5월 11일 대궐 별감의 아비가 죄를 지어 한성부에서 형장을 맞게 되었는데 별감이 평민의 옷을 입고 아비를 대신하여 형장 맞기를 원하였다. 한성 참군 박재는 그가 별감인 줄을 모르고 그 아비를 대신하여 형장을 때렸는데, 그 후 별감이 박재가 동궁 별감인 자신을 형장했다고 무고하여 박재는 파직까지 당했다. 그러나 공론은 모두 애매하다고 하여 다시 서용하였다. 그런데 조강에서 헌납 권신이 법을 어긴 자를 서용했다고 고해서 명종의 비위를 맞췄다. 권신은 비루하고 음험한 자로 이양에게 아첨하여 지위가 오른 자였다. 경연에서 내시의 방자한 정상은 아뢰지 않고 도리어 아첨하는 말만 하였고 또 명종은 그 아첨하는 말을 듣기를 좋아하였다. 이러니 나랏일이 잘될 수가 없었다.

5월 28일 동궁 별감 박천환이 길에서 각저놀이 하는 것을 보고 많은 사람들 속에 뒤섞여 구경하다가 같이 구경하던 유생 윤명과 시비가 붙었다. 박천환이 윤명을 마구 때리고 모욕을 주었을 뿐만 아니라 또 스스로 자기의 의복과 사례문을 찢고 죄를 윤명에게 뒤집어씌웠다.

사간원이 '방자하게 기만한 죄상이 이미 분명하게 드러났습니다. 박천환을 앞서 조율한 대로 치죄하시어 세교를 유지시키고 기만하고 사나운 풍습을 금지하고 억제하소서' 하였다.

답하기를 '지금 만약 조율을 고치면 무뢰한 광동은 점점 오만한 기운이 자랄 것이고, 궐정에 출입하는 사람은 수족을 둘 곳이 없어서 체통이 문란하게 될 것이니 참으로 이와 같이 할 수는 없다. 윤허하지 않는다' 하였다.

또 환관 중에 내지를 받들어 지방의 사찰을 출입하는 자는 모두 봉명 사신의 예를 따라서 선문을 내어 역마를 타고 보종을 세웠다. 그리고 여러 고을에서 제멋대로 징색하고 조금이라도 마음에 차지 않는 일이 있으면 함부로 능멸하고 모욕을 주었다. 수령들은 어쩌지 못하고 그들의 욕구를 채워 주기에 바빴다.

사간원이 "만약 금지시키지 않으시면 뒷폐단을 막기 어려울 것이니, 팔도 감사에게 글을 내리시어 만약 종전대로 폐를 끼치는 자가 있으면 각별히 적발하여 계청하게 하여 치죄하소서" 하였다.

답하기를 "근년에 환시들이 자전의 전지를 받들거나 내지를 받들어 지방에 출입하기는 하나 그들이 범한 죄는 알지 못하겠다. 그러나 나는 이 지경에까지 이르렀다고는 생각하지 않는다. 참으로 폐를 끼친 자가 있으면 의당 적발하여 치죄해야 한다" 하여 신하들의 마음을 상하게 하였다.

6월 19일 상선 남세경이 천둥 시 문안하지 않고 나갔고, 지척지간에서 양자를 칭찬하여 상의 뜻을 시험하였고, 서계할 때 왕의 외조부의 작호를 함부로 다른 사람에게 가했다고 추고하라 하였다. 그러나 죄는 가벼운 쪽으로 하였다.

명종의 마음이 갈팡질팡하고 있어서 여간 실망스러운 것이 아니었다. 아직은 어쩔 수 없었다.

‖ 권력은 재편되고 있었다 ‖

2월 4일 윤춘년이 병으로 체직되었다. 이양, 심통원이 정권을 잡으니, 이 늙은 간신은 마음이 불안하므로 병을 칭탁하고 사직한 것이다.

3월 20일 이양을 대사간으로 하였다. 이때에 김백균, 고맹영, 권신, 조덕원, 이영, 이중경, 조광원, 이감, 윤백원, 황삼성 등은 이양과 결탁하여 사대부 중에 자기들에게 붙지 않은 자들을 남몰래 해치고 있었다.

6월 11일 이준경을 좌의정, 심통원을 우의정, 김명윤을 이조판서, 이윤경을 형조판서, 이양을 도승지로 하였다. 명종은 어진이를 가려 정승을 삼고자 한다고 하면서 갑자기 친정하여 심통원을 우의정으로 삼았다. 너무도 어이없는 결정이었지만 조정에서는 이의를 제기하는 사람이 없었다.

사관은 흉특하고 탐독스러운 심통원이 외척으로 정승이 되었다. 국사를 그르칠 일에 대해서는 어찌해야 하는가, 통탄스럽다고 하였다.

김명윤이 전형을 맡게 되고 이양이 후설의 장관이 된 것도 이 날의 정사에서 있은 일이었다. 김명윤은 음흉하고 반복무상한 자이다. 윤원형을 섬겨 병조판서가 되더니 이제는 이양을 섬겨 이조판서가 되었다. 사람들이 모두 침 뱉으며 더럽게 여기는데도 우쭐대고 있었다.

7월 7일 윤행은 인물이 용렬하고 비루하여 해주목사로 있을 때 윤원형을 잘 섬겼다. 그를 위해 바다에 제방을 쌓고 크게 개간을 하여 해마다 종자를 공급하였고, 또 이웃 가까운 곳에 사는 백성들을 시켜 봄에 갈고 가을에 거둬들였으므로 서해의 백성들이 아직까지도 원망하고 욕을 하고 있었다. 그런데 그는 그런 공으로 당상에 승직하고 나주목사로 임명되었다.

9월 10일 정원에 전교하기를, "무릇 과장의 출제는 각기 달라야 하는데, 이소에서 낸 문제가 척완·내수·강번에 관한 일이고, 일소의 출제에도 서한은 외척에게 망했고 동한은 환관에게 망했고 당은 번진에게 망했다고 한 것이 있다. 상세하고 간략한 것은 다르지만 대개 한 가지 뜻이니 이것이 무슨 의도인가. 일소의 시관에게 물어서 아뢰라" 하였다.

그때에 심통원과 이양은 외척으로서 정사를 마음대로 하였는데, 특히 이양이 명종의 신임을 받았으므로 그의 무리가 조정에 가득 차게 되었고 조정의 정사는 더욱 문란해졌다. 당연히 윤원형과 이양은 권세를 다툴 수밖에 없었다. 윤춘년은 윤원형의 심복이라 이양이 윤원형의 권력을 빼앗는 것을 미워하여 홍섬과 함께 의도적으로 이런 책문을 냈다. 명종은 그 뜻이 완곡하면서도 확실하니 간사한 무리들을 물리칠 생각을 해야 하는데, 오히려 옳은 말 듣기를 싫어하여 따져 물은 것이다. 홍섬과 윤춘년은 화가 있을까 두려워해서 사실대로 대답하지 못하고 모두 병을 핑계하고 사직하였다.

10월 4일 이양을 이조참판으로 삼았다. 요사이 이양은 관작을 뇌물을 받고 주면서 한편으로는 대간을 불러 탄핵하지 말라고 주의를 주어 공론을 억눌렀다. 이 때문에 아무리 형편없는 사람이라도 일단 이양과 결탁하면 작록을 받을 수 있었다. 중종 때 희대의 간신이었던 김안로가 권세를 잡았을 때도 뇌물을 받고 벼슬을 주었지만 대간까지 겁을 주어 막지는 않았었다. 아주 얼굴에 먹칠하고 막보기로 행동하는 작태였다. 주위에서는 두렵기도 했지만 더러워서 피하면서 통탄스러워하지 않을 수가 없었다.

10월 10일 명종이 인정전에 나아가 공신 중삭연을 거행하였다. 그때 김명윤을 숭록으로 승서하였고, 박한종은 이미 세자의 관례를 거행할 때 정헌을 제수하였었는데 지금 또 숭정으로 초승하였다. 멋대로 하는 것을 말릴 수는 없었다.

‖ 임꺽정이 활개를 치다 ‖

황해도의 큰 도적 임꺽정은 그 기세가 줄지 않았다. 조정에서는 황해도에 특별히 무신을 파견하여 포획하고 있는데도 전혀 두려워하지 않았다. 2월에는 관을 습격하여 관군을 죽이고 동료를 구해 달아나기까지 하였다. 그 덕에 또 황해감사는 갈렸다. 신임 감사는 유지선이었다. 감사가 바뀌어도 속수무책이었다.

임꺽정은 대담했다. 그동안 임꺽정은 신임 봉산군수 윤지숙이 '도둑놈 임꺽정을 잡겠다'고 큰소리쳤다는 말을 듣고 '도둑놈'이란 말에 화가 나서 별렀다. 부하들을 시켜 부임하는 행차를 임진나루에서 기다렸다가 습격하였다. 윤지숙은 혼비백산하여 도망쳤다. 부상은 입었지만 좋은 말 덕분에 죽음을 면했다. 그후 임꺽정은 신임 황해감사 유지선의 종제로 행세하며 수령들을 농락하였다. 평산부사를 만나 술도 진탕하게 얻어먹고 노자도 듬뿍 받았으며, 봉산군수 윤지숙에게서는 대접을 더 잘 받고 그 좋은 말까지 빌려 탔는데 말은 임꺽정에게 바친 것이 되었다. 사실을 알게 된 평산부사와 봉산군수 모두 분통이 터졌고 애꿎은 포도 군관들만 도적을 잡지 못한다고 혼들이 났다.

또 임꺽정은 도성에도 제집 드나들 듯하여 부인을 3명이나 두고 있었다. 도성에는 은밀히 장물을 처리해 주고 관의 동정도 알려 주는 와주 한온이 있었다. 추석을 앞두고 한온이 부친상을 당해 임꺽정은 몇 사람을 이끌고 문상 겸해서 또 서울로 들어왔다. 며칠 뒤 임꺽정 일행이 장통방 부근에서 술을 마시고 있었는데, 부하 졸개가 돌아다니다 실수하여 포졸에게 붙잡혔고 매를 견디지 못하고 불게 되어 신원과 위치가 노출되었다. 임꺽정 일행은 수십 명의 포도 군사들에 의해 포위되었다. 그러나 허수아비 같은 포졸들로는 아무리 수가 많아도 임꺽정 일행을 잡을 수가 없었다. 오히려 포도부장이 활에 맞아 쓰러졌고 부상당한 포졸들이 많았다. 임꺽정 일행은 유유히 사라져 청석골로 돌아갔다. 그러나 붙잡힌 졸개에 의해 임꺽정의 처 3명이 모두 체포되고 모주 한온은 도망쳐 청석골로 들어갔다.

8월 20일 간원이 아뢰기를 "큰 괴수를 탈주하게 하고는 겨우 그 처자와 협종 몇 사람을 잡았을 뿐이니 매우 놀랍습니다. 좌변 대장 남치근을 먼저 파직하고 뒤에 추고하소서. 그리고 포획하는 데 실수한 부장·군관 등을 모두 금부에 내려 중하게 다스리소서. 우변 대장 이몽린은 연로할 뿐 아니라 다리에 종기가 있어 집안에서도 다니지 못하니 더욱 임무를 감당할 수 없습니다. 체차하소서" 하였다.

답하기를 "남치근을 파직하는 것은 지나칠 듯하니 체직한 뒤에 추문하여 다스리도록 하라. 포획할 때 적을 놓친 군관들은 금부에 내리라. 이몽린을 체차하는 일은 모두 아뢴 대로 하라" 하였다.

계속 황해도의 도적을 잡지 못하고 있었는데, 도적 잡는 일을 잘 하기 위해 강여를 금교 찰방으로, 신계현령 이흠례를 봉산군수로 하였다.

도적 임꺽정의 기세가 날로 점점 드높아져서 심지어 관을 사칭하고 열읍을 출입하며 기탄없이 방자하게 굴었다. 임꺽정 일당은 본도에서 추격하여 잡으려 한다는 소리만 들으면 으레 평안도의 성천·양덕·맹산과 강원도의 이천의 경계로 들어가 버려 양도의 감사와 병사가 체포할 수가 없었다. 또 임꺽정은 황해도에서 재물을 빼앗아서 개성부에다 팔기도 하였다. 그 일당들이 도성 안에도 숨어있다는 말이 있었으므로 조정에서는 포도대장에게 비밀히 조사해서 붙잡도록 하였는데 잡지를 못했다. 이에 포도대장과 부장 및 군관들만 닦달을 하고 치죄하기도 하였다.

8월 28일 간원이 "황해도가 온통 도적의 소굴이 되어 대낮에 사람을 죽이므로 길이 막혔습니다. 그리고 빼앗은 재물을 실어다 서울에 두고 소굴을 만들고는 심지어 조정의 관원이나 감사의 족속이라고 사칭하면서 허실을 엿보니 그 꾀를 헤아리기 어렵습니다. 이는 고금에 없는 변괴이니 어찌 놀랍지 않습니까. 뒤밟아 찾아서 잡아들이는 책임은 비록 수령에게 있지만 호령을 내는 것은 방백에게서 나오는 것입니다. 관찰사 유지선은 전제할 것을 위임받고 깨끗이 소탕하는 책임을 졌는데, 황해도에 내려온 뒤로 지금까지 3~4개월 동안 도적을 잡을 방략에 전혀 조치한 것이 없어 끝내 도적떼들로 하여금 감사의 족속이라 이름 대고 횡행하게 하였고 또한 이유를 갖추어 치계하였다는 말도 들을 수가 없으니,

물정이 지극히 온당하지 못하게 여깁니다. 속히 체차하소서. 그리고 문무의 재주를 겸하고 위엄과 명망이 평소에 드러난 자를 각별히 가려 보내어 도적을 섬멸하고 한 지방을 편안히 하기를 기하소서" 하니, 아뢴 대로 하라 하였다. 그러나 적임자가 있을 수 없었다.

　이 무렵 이런 일도 있었다. 종실 단천령 주경은 저를 잘 불었다. 개성 청석령을 지나다가 적에게 붙잡혔다. 적이 단천령을 소굴로 데리고 가서 저를 한 번 불게 하였다. 저는 학경골로 만든 것으로 길이는 짧아도 소리가 맑게 났다. 수십 명의 적이 모여서 들었는데, 곡이 너무 처량하게 폐부를 찔러 곡이 끝나기도 전에 모두 탄식하면서 슬퍼서 눈물을 흘리는 자까지 있었다. 꺽정이 동정을 살피고는 깜짝 놀라 손을 저어 그치게 하고, "여기 머물러 있어도 소용없으니, 돌려보내라" 하였다. 차고 있던 작은 칼을 풀어 주며 "길을 막는 자 있으면 이것을 보이라" 하였다. 이튿날 장단에 오니 과연 말 탄 도적 여러 명이 있어 붙잡더니 그 칼을 보고 놓아주었다 한다. 그후 여러 달이 지났다.

　11월 24일 도성에서 임꺽정 밑의 모사꾼인 서임이 잡혔다. 임꺽정 일당에게는 큰 타격이었다. 서임은 집안에 어려운 일이 생겨 해결해 볼 생각으로 임꺽정의 허락을 받아 도성으로 들어왔었다. 은밀히 전 거래처 사람들을 만났는데 그중 한 사람이 배반하고 밀고하여 서림이 붙잡히게 되었다. 서임이 엄가이라고 속이려고 했는데 이미 밀고자가 상세히 고했으므로 빠져나올 수가 없었다. 서림이 꾀는 많지만 심약한 자라 형장이 두려워 모든 것을 털어놓게 되었다.

　'지난 9월 5일에 우리가 장수원에 모여서 궁시와 도끼 등을 가지고 밤을 틈타 성안에 들어가 전옥서의 옥문을 부수고 우리 두목 임꺽정의 처를 꺼내 가려고 하였다. 그 처를 꺼낸 다음 오간 수구를 부수고 나오기로 하였다. 그곳을 지키는 군사들이 비록 알더라도 모두 잔약한 군졸들이라 화살 하나면 겁을 줄 수 있었다. 그런데 우리 중에 곤란하게 여기는 자가 두 사람이 있어 하지 못했다. 후에 우리 두목의 처가 형조의 전복에 소속될 것이라는 말을 듣고는 중지하였다. 오는 26일에 또 평산 남면 마산리에 사는 우리 당인 대장장이 이춘동의 집에 모여서 새 봉산군수 이흠례를 죽이는 것을 의논하기로 하였다. 이흠례는 신계군수로 있었을 때 우리들을 많이 잡아들였는데 지금 본직에 올랐으니 먼저 이 사람을 해치면 위엄을 세울 수 있을 뿐만 아니라 우리도 후환이 없을 것이기 때문이다' 하였다.

포도대장 김순고가 조정에 보고하였다. "황해도의 흉악한 도적 임꺽정의 일당인 서임이란 자가 이름을 엄가이로 바꾸고 숭례문 밖에 와서 산다고 하므로 가만히 엿보다가 잡아서 범한 짓에 대하여 추문하였습니다. 그가 말한 것을 비록 다 믿을 수는 없지만 그 정상을 조사하면 지극히 흉악하고 참혹합니다. 부장 1인, 군관 1인에게 말을 타고 기일에 맞추어 속히 달려가서 봉산군수 이흠례, 금교찰방 강여와 함께 몰래 잡게 하는 것이 어떻겠습니까?" 하였다.

명종이 답하기를 "아뢴 대로 하고, 선전관 정수익에게도 말을 주어 함께 급히 보내라" 하였다.

다음 날 선전관 정수익, 부장 연천령 및 군관이 밤을 세워 말을 달려 황해도 경계에 들어갔다. 금교 찰방 강여가 '나는 거느린 군사가 없으니 평산으로 가서 부사 장효범과 함께 출군할 것을 의논하여 곧장 어수동으로 갈 터이니 너희는 속히 봉산으로 가서 군수 이흠례와 함께 병사를 일으켜 와 모여서 힘을 합해 토벌하자' 하였다.

다음 날 선전관 정수익 일행이 봉산에 도착하였다. 봉산군수 이흠례가 군사를 모았고, 평산에서도 강여와 평산부사 장효범이 군사를 모았다.

11월 28일 양쪽 군사가 어수동에 모였는데 약 5백여 명이었다. 마산리에 도착하니 도적 7인이 벌써 먼저 산에 올라가 있었는데 무리가 무성한 숲과 깊은 골짜기를 출입하며 쫓아갈 때 계곡을 따라 아래로 도망하였다. 부장 연천령이 강여의 말로 바꾸어 타고 봉산 군사 1인과 산 아래에서 곧바로 나아가 도적의 귀로에서 지키고 있었는데, 연천령과 군사가 다 도적에게 죽고 말도 빼앗겼다. 뒤밟아 찾으려고 하였으나 날이 이미 어두워졌고 산세도 험하였으며, 머뭇거리는 사이에 적의 꾀에 빠질까 염려되어 부득이 회군하여 평산에 이르니 닭이 울었다.

임꺽정 일행은 유유히 청석골로 돌아갔다. 다음 날 수령들도 할 일 없이 각자 군으로 돌아가고 선전관 정수익은 부장 연천령을 잃은 채 힘없이 도성으로 돌아왔다. 그리고 사실대로 보고하였다. 명종은 힘없이 알았다고 하였다.

12월 1일 대신들이 "도적이 어느 세상이고 없었던 적은 없지만 오늘날같이 극성스러웠던 적은 없습니다. 이들은 평범한 좀도둑에 비할 것이 아니고 바로 반역하는 극악한 도적입니다. 부장을 활로 쏘고 칼로 찌르는 일이 계속하여 일어나니 나라를 욕보이고 위엄을 손상시키는 것이 이보다 심할 수 없습니다. 그러니 기회를 타서 적을 섬멸하여 뿌리째 뽑아버리지 않아서는 안 됩니다. 다만 경기·황해도·평안도·함경도·강원도 등 5도에 각각 대장을 차정하게 되면 소요스러워지는 폐단이 없지 않을 것이니 병조로 하여금 종2품 무신 2원을 가려서 순경사라고 이름하여 황해도·강원도 두 도에 내려 보내게 하소서. 황해도는 경계가 평안도와 닿아 있고 강원도는 경계가 함경도와 이어져 있으므로 도적의 종적을 찾기만 하면 도계를 넘어가서 잡을 수 있으며, 경기는 서울과 아주 가까워서 자연히 도적의 기별을 들을 것이므로 즉시 개성으로 가기만 하면 도사가 무관으로 군사를 맡고 있으니 끝까지 가서 잡을 수 있습니다" 하였다.

순경사를 보내는 것에도 논란이 있었으나 보내기로 하였다. 이사증을 황해도 순경사, 김세한을 강원도 순경사로 하여 군사를 파견하였다. 그러나 오랫동안 군사가 밖에 머무르게 되니 폐단만 많아졌다.

12월 25일 간원이 아뢰기를 "도적은 점점 불어나서 도모하기 어렵습니다. 감사는 수령을 신칙하여 샅샅이 찾아서 모조리 잡게 해야 하는데 방책도 없고 근심도 하지 않습니다. 그런데 순경사의 행차는 거의 한 달이 되어 가는데도 돌아올 기약이 없어 저 물가에서 오락가락한다는 비방이 있을까 염려되니 속히 돌아오라고 명하여 서쪽 백성들의 폐해를 없애소서" 하였다.

보지 않아도 뻔했다. 원망소리가 진동했다. 잡으라는 도적은 잡지 못하고 죄 없는 백성들만 잡고 있으니 보다 못한 사간원이 순경사를 불러들이자고 한 것이다. 그런데 28일 순경사 이사증이 임꺽정을 잡았다고 장계하였다. 명종 이하 모두들 이른 안도의 한숨을 쉬었다.

이해의 왜적의 일은,

2월 21일 전산전 원의현의 아우 원청수가 지난번 그 국명을 받들어 도적을 처벌할 때 얻었다는 인신을 보내오면서 '이것이 명나라의 물건인가 아니면 귀국의 물건인가? 형이 일찍이 귀국과 수호한 적이 있으므로 지금 보내는 것이다' 하였다. 이에 대책을 논의하도록 하였다.

5월 12일 다시 전산전 원의현이 사신을 보내어 3가지 일을 청했는데, '아우 원청수가 일본 국왕의 명을 받들어 조선을 위해 적당을 토벌하고 동인을 획득하여 바치니 상으로 도서를 주어 왕래하며 통신하게 해

줄 것. 사신을 보낼 적마다 반드시 국왕의 부절을 받아 가지고 오는데 잃어버릴 염려가 없지 않으니 특별히 동인을 하사해 줄 것. 지난해 상관 여천서당이 죽어서 이곳에 장사지냈으니 그의 생질인 선칠에게 조그만 벼슬을 주어 왕래하며 제사를 지낼 수 있게 해 줄 것'이었는데 도서만 허용하였다.

이해의 다른 일들은,

1월 16일 하서 김인후가 졸하였다. 향년 51세였는데 아까운 나이였다.

2월 7일 습속이 날로 그릇되어 유향소 외에 별도로 사마소라는 것을 두어 하나의 관부처럼 되었다. 지역에서 제일 어른 노릇을 하고, 논의를 주장하여 공사간에 폐를 끼치고 있으며, 수령을 헐뜯고 칭찬하는 일도 그곳에서 나왔다. 폐단 위에 폐단이 되고 있었다.

4월 24일 명종이 성균관에 거둥하여 시험보였는데, 생원 이산해가 장원하여 전시에 직부하였다. '이산해는 나이 여섯에 초서와 예서로 세상에 이름을 떨쳤으며 순후하고 숙성하였으니 참으로 얻기 어려운 선비다' 하였다. 그러나 젊었을 때의 평이다. 어떻든 후일의 영의정이다.

6월 25일 명종이 재상과 조사들이 관기를 많이 축첩하는 것에 대해 헌부로 하여금 규찰하게 하였는데 심강도 그에 속했다. 심강은 바로 명종의 장인이고 심의겸의 아버지이다. 사실 그 외에는 별다른 하자가 없는 좋은 사람이었다.

7월 3일 명종이 충효 유일의 선비로 성수침, 조식을 지목하며 등용하라 하니, 이조에서 빈자리가 없다고 미루었다.

7월 13일 진주목사 김홍을 포상하였다. 토호들을 잘 대우하여 칭송을 도적질한 것인데 감사가 잘 살피지 않고 올린 것이었다.

7월 19일 미곡에 모래를 섞는 것을 엄히 금하라 하였다.

7월 20일 세자가 10세가 되었는데 전 참봉 황대임의 딸을 세자빈으로 삼았다. 윤원형이 훗날까지 정권을 잡으려고 고질병이 있는 것을 숨기고, 또 생년월일을 길한 사주로 고쳐서 문정왕후에게 고하여 정혼하게 하였다. 그러나 결과적으로 윤원형은 자살골을 넣은 것이었다.

11월 16일 간원이 '군적은 국가의 중대한 일이므로 제때에 거행하지 않아서는 안 됩니다. 다만 금년의 흉년은 고금에 없이 심한 것이라 내년 봄에 이를 것 같으면 거의 모두 굶어 죽게 될 것입니다. 군적을 만든다는 명령이 들리면서부터 일정한 산업이 없는 백성들은 이미 놀라서 흩어졌고 심지어 그들의 집을 불태워 마을이 텅 빈 곳까지 있습니다. 백성들이 한 번 흩어지면 모으기가 매우 어려우니 어찌 불쌍하지 않습니까. 잠시 정지하시고 내년 가을걷이할 때까지 기다렸다가 시행하소서' 하였다. 윤허하였다.

12월 28일 사직 윤희가 북방 육진의 폐해 및 대책을 진달하였다.
북병영의 관사와 성문 등을 보수하는 것을 전에는 본영에서 하였는데, 지금은 모두 육진을 시켜 수선하게 하니 백성들이 양식을 싸가지고 가서 부역해야 하므로 원망하고 괴로움이 심했다. 그리고 영의 관사는 육진의 관노를 분정하여 수직하게 하는데 만일 잃어버린 물품이 있으면 반드시 그 종이 사는 고을에다 징수시켰다. 그러기 때문에 본영의 노비들이 마음대로 훔쳐 내서 피해가 극심하고, 이뿐만이 아니라 영문에 쓰이는 땔나무도 육진의 백성에게서 거두는데 추위를 무릅쓰고 멀리 부역하러 가서 얼어 죽는 자가 많았다. 그래서, 남영이나 북영이나 마찬가지인데 남도는 지난해부터 이런 폐해를 완전히 혁파하였으니 북도도 이 예를 따른다면 백성들의 억울함이 거의 없어질 것이라 하였다.

전에 전마 15필을 병영에 남겨 두고 길렀는데 말먹이는 짚을 육진에서 마련하라고 책임 지웠었다. 그 후에 그 말은 다 없어졌는데 짚의 공납은 여전히 남아 있었다. 본토는 짚이 매우 귀해 사다가 바치기까지 해야 하니 민폐가 또한 심했다. 이같이 명분 없는 일을 일체 혁파하면 백성들이 그 혜택을 입을 것이라고 하였다.

또 영속 군병은 숫자가 8백 명이나 되었다. 그들을 번을 나누어 영에 머무르게 하는데 영은 육진에서 아주 멀리 떨어져 있으므로 비록 변고가 생겼다 해도 즉시 달려가 구원할 수 없어 도움이 되지 못했다. 그리고 육진의 분방 군사는 6개월씩 수자리 살기 때문에 농사일을 완전히 폐하게 되므로 원망하는 마음은 형언할 수 없었다. 게다가 육진에서 1백여 인을 빼내다가 본영에 소속시켜 진무하기 때문에 변방의 방어가 엉성해지기도 하였다. 만약 영속의 유휴병을 윤번으로 입방시키면 일과 휴식이 거의 고르게 되어 변방 방어가 허술하지 않을 것이라고 하였다.

열읍의 둔전은 모두 민력을 사용하고 있었다. 백성들은 자기 자신을 구제하기도 넉넉하지 못한데 둔전의 일까지 하게 하니 원성이 자자했다. 경원부 아산·건원 등처는 바로 옛날에 호인들이 살았던 곳이었다. 지금 비록 옮겨 가서 살지만 그 땅은 비옥하기 때문에 그들이 선조의 유업이라 여기고 강을 건너와서 경작하며 우리 백성들과 섞여서 살고 있었다. 이제 만약 이 폐단을 개혁하지 않으면 스스로 호지에 들어가는 백성도 많아질 것이라 하였다.

그리고 "그곳에 흉년 들기를 기다려 그들이 원하는 대로 그 밭을 사서 백성들에게 농사짓게 하면 군수에 충당할 수 있을 것이고 호인들이 가만히 엿보는 꼬투리를 막을 수 있을 것입니다. 지금 신이 진달한 폐단은 폐지해 버리기가 어렵지 않은데 그럭저럭 지내다가 때를 잃으면 백성들의 원망이 더욱 심해질 것이므로, 신은 실로 민망합니다. 전하께서는 유념하소서" 하였다.

이해의 특징은 윤원형이 주춤하는 사이 이양의 세력이 커져 관직의 임면을 독차지한 것이다. 갈수록 태산이라더니 이양과 그 추종자들은 아예 꺼리는 것이 없이 추잡하였다. 흉년은 계속되어 백성들은 굶주리고 도적은 성했다. 임꺽정의 활동도 대담해져 서울에까지 진출하니 정부에서도 비상이 걸렸다. 그러다 임꺽정을 잡았다는 보고가 있었다. 엉터리 보고에 안도하며 이해도 저물었다.

이순신은 16세였고 19세의 유성룡은 관악산에 들어가 《맹자》를 읽었다. 이이는 25세였고, 선조는 9세였다. 기대승은 이황과 사단칠정 논의를 시작하였다.

20
수렁에 빠진 나라는 헤어날 길이 없었다 :
명종 16년 (1561 신유년)

해가 바뀔수록 백성들의 삶은 더 힘들어진다. 간신들의 작태, 내수사 문제, 중 문제와 열거하기도 어려운 폐단들은 심도가 더해지고, 도적 잡는 일은 도적은 잡지 못하고 백성들만 잡는다.

‖ 임꺽정이 계속 활개를 치다 ‖

1월 3일 순경사 이사증과 김세한이 복명하고 임꺽정을 체포하였다고 하였다. 그러나 서임과 대질시키니 꺽정이 아니고 그의 형 가도치라 하였다. 먼저 황해도와 강원도에 순경사를 보낸다는 정보를 알고 임꺽정 일당은 대부분의 가솔과 졸개들을 인솔하여 다른 곳으로 피해 버렸다. 청석골에는 늙어서 이동하기 싫어하는 가도치와 소수의 졸개가 남아 있었다. 관군은 거의 비어 있다시피 한 청석골을 덮쳐서 가도치를 잡았던 것이다. 금교찰방 강여가 자기의 공으로 삼고자 무조건 형장을 가하여 임꺽정으로 만든 것이었다. 이사증과 강여는 추고하라 하였다. 이렇게 순경사를 파견한 일은 백성들만 괴롭히고 수포로 돌아갔다.
임꺽정은 계속 관군의 추격을 벗어나면서 완전히 관군을 농락하고 있었다. 그 횡포도 심해져 인가가 불안에 떨고 지냈다. 간간이 조금씩 붙잡히기는 했지만 조무라기들이었다. 봉산군수 이흠례는 도적을 잘 잡는다고 등급을 뛰어 승진까지 시켜서 보냈는데 아무런 성과도 내지 못했다. 그러자 사헌부에서 통정대부로 가자한 것을 다시 바꾸라는 요청까지 있어 망신만 당하고 있었다. 몇 개월이 지나도 해결이 되지 않았다. 다시 감사가 갈렸다.

8월 19일 신임 황해감사 김주에게 큰 도적을 기필코 붙잡으라 하였다. 김주는 을묘년에 전라감사였던 사람이다.

얼마 후 또다시 반가운 보고가 들어왔다.
9월 7일 평안감사 이양의 보고에 의주목사 이수철이 대적 임꺽정과 한온 등을 붙잡았다고 하였다. 다치지 않게 속히 묶어오라 하였다. 그러나 붙잡아 와서 확인 결과 임꺽정이 아니었다. 의주목사가 협박하고 꾀어 거짓으로 자백한 것이었다. 이수철은 파직되었다.
임꺽정은 더욱 대담하게 놀았다. 이번에는 대낮에 해주와 평산에 출몰하여 민가 30여 채를 불태우고 사람들을 살해하였다. 그러나 사실은 세력이 약해진 것을 감추려는 일종의 발악이었다. 계속 도망 다니는 신세이니 힘도 들고 졸개들도 많이 줄었을 것이다. 그래서 좀 더 산이 깊고 안전한 곳을 찾았는데, 그중 구월산이 멀리 떨어져 있고 산세가 험해 숨기 좋으므로 가장 좋은 장소로 보였다.

10월 6일 조정에서는 임꺽정에 대한 걱정이 태산 같았다. 이준경이 황해도에는 남치근을 강원도는 김세한을 토포사로 하여 토벌하자고 하여 승인하였다. 김세한 대신에 백유검을 순검사로 하여 보냈다. 그래도 성과가 없었다. 남치근이라는 폭력이나 잘 쓰는 장수를 보냈으니 알 만했다. 도둑은 잡지 못하고 힘없는 백성들만 잡았다. 원성만 높았다. 이제 임금은 자신이 있는 곳도 불안했다.

그러나 이때 사실 임꺽정 일당은 저절로 와해되고 있었다. 구월산에 들어간 임꺽정 일당은 식량이 문제가 되었다. 숨기는 좋았지만 수십 명을 먹여 살릴 길이 보이지 않았다. 게다가 남치근을 대장으로 하는 토포사가 나온다 하니 만약에 관군이 입구를 봉쇄하면 한겨울에 굶어 죽을 수밖에 없었다. 그래서 구월산에서 다시 나올 수밖에 없었고 다 먹여 살리기 어렵고 함께 옮겨 다니기도 어려우니 여러 갈래로 분산시켰을 것이다. 아마 두령들은 시간이 지나 토포사가 물러가고 잠잠해지면 다시 모이기로 약속하였을 것이다. 그러나 헤어진 일당들은 하나둘씩 체포되거나 사살되고 있었다. 체포된 도적들의 입에서 많은 일당들이 도성으로 들어갔다는 말이 있어서 소동이 벌어지게 되었다.

10월 28일 겁이 난 명종이 전교하였다. "황해도 도적의 세력이 지금까지 성하므로 이미 토포사를 보내어 잡게 하였는데, 들리는 말에 의하면, 도적 무리가 또한 서울에도 많이 숨어 있다고 한다. 만약 도성의 모든 문을 닫고 각방 거리의 의심나는 곳을 빠짐없이 수색한다면, 비록 잡지 못하더라도 도적들이 그 소문을 듣고 서울에 숨어드는 것을 어렵게 여길 듯하다. 이 뜻을 삼공·영부사·병조 당상·형조 당상·포도대장 등에게 의논하여 아뢰라" 하였다. 그리고 도성과 궐문을 지키는 것에 대한 비망기도 내렸다.

'도적을 잡는 기간 동안은 도성의 문들을 인정 전에 닫고 천명 후에 열되, 병조에서는 자주 적간하여 근무자가 나오지 않은 경우에는 수문장 5명 등을 엄히 다스릴 것.

인정 후부터 천명 전까지는 아무도 통행할 수 없다는 것을 우선 공고하고, 오부에 명하여 각방에 알린 뒤에 시행할 것.

대궐문을 열고 닫는 것은 평상시의 규정을 바꾸어 일이 없는 날에는 평명 후에 열고 해가 지면 닫을 것.

도성 각문의 수문장은 성실하고 재간 있고 용맹스러운 무신으로 임명하며, 황당인의 출입을 항시 살필 것.

사산 석성에 도적이 넘어올 만한 곳에는 우선 군대를 매복시켜 살필 것.

도성 각 문에는 특별히 선전관을 보내어 표신을 가지고 수문장들과 함께 지키되 출입하는 황당인을 더욱 잘 살피게 하고, 별도로 오부의 4도에 수포장을 정하여 각자 포도부장과 군관들을 거느리고 많은 군사를 이끌고서 도성 안팎을 일시에 수색하되 오래 비어 으슥한 크고 작은 집들을 우선 수색하고, 재상·조신·유식한 사람의 집은 일을 맡아보는 노비에게 엄히 일러 황당인을 보거나 들으면 즉시 붙잡아 보고하게 할 것' 등이었다.

10월 30일 도성의 안팎을 대대적으로 수색했는데, 해가 저물어서야 파했다. 이날 사경이 되면서부터 특별히 선전관 등을 보내 도성의 각 문을 나누어 지키게 하고, 성의 안팎에 군대를 겹겹으로 매복시켰다. 또 별장 등을 보내 군대를 거느리고 사대문을 나누어 지키게 하고 안팎을 일시에 수색하였다. 모든 마을이 두려워하고 떠들썩하며 어떻게 할 줄을 몰랐다. 게다가 장졸들의 횡포가 겹쳐 민가를 출입하며 약탈을 자행하고, 놀라서 도망하는 자를 도적이라 지목하여 평민을 마구 잡고 많이 잡는 것을 공으로 여기니, 결박된 사람이 줄을 이었다. 그들의 부모와 처자들은 엎드려 울부짖고 거리에는 원성이 가득하였으며, 길에는 행인이 끊겼다. 종일토록 이러하였다. 도적 잡는 일에는 항상 죄 없는 백성들을 먼저 잡았다.

12월 8일 전교하기를 "내가 생각건대 황해도는 도적의 소굴로서 큰 도적들이 아직까지 남아 오래도록 법을 피하고 있어서 마땅히 토벌을 늦출 수 없겠기에 지난해에 순경사를 보냈다. 그래서 백성들이 이미 곤궁해졌는데, 금년에 또 토포사를 보내어 변방에 오래 머물게 하여 백성들의 폐해를 없애려고 하였더니, 도리어 백성들에게 폐단을 끼쳤다. 더구나 금년에는 흉년이 들어 백성들이 울부짖고 있는데 서울 장수들은 많은 군대를 거느리고 순찰할 때에 백성의 곡식을 빼앗아 말을 먹이고 백성의 식량을 빼앗아 군량을 삼았다. 이미 흉악한 도적의 피해를 받았는데 잇따라 도적 잡는 고생을 당하니, 불쌍한 우리 백성들은 장차 떠돌아다닐 형편이 되었다. 황해도는 폐단이 더욱 심하다. 국가의 액운과 백성의 불행이 지금 같은 적이 없었다. 내가 매우 불쌍히 여겨 밤낮으로 마음 아프게 생각한다. 황해도는 전세와 부역을 모두 면제해 주고, 평안도의 초면도 도적을 잡느라 폐단이 없지 않으니 전세와 부역을 반감하여, 내가 백성을 가엾게 여기는 뜻을 보여 주라" 하였다. 그나마 이렇게라도 생각해 주어 다행이었다.

12월 18일 또 전교하기를 "우리나라는 3면에서 적의 침입을 받으니 평온할 때에도 마땅히 위태로움을 잊지 말아 무비를 닦고 족식, 족병의 도를 항시 강구해야 하는데 근래 무비가 해이하다. 요즈음 일로 말하건대 임꺽정이 조그마한 도적으로 많은 죄를 짓고도 오래도록 법을 피하고 있는데 국가에서는 치욕만 당하고 쉽게 잡지 못하니, 이는 오로지 경외가 무비를 닦지 않았기 때문이다. 전에 만든 절목을 세밀히 살펴 밝히고, 이 조목을 가지고 삼공·영부사·호조·병조·비변사가 함께 의논하여 다시 자세히 살핀 뒤에 서계하되, 미진하거나 빠뜨리는 일이 없도록 하라" 하였다.

이래서 만든 조목은 다음과 같다.

'서울과 지방에서 문음으로 처음 입사한 사람은 음직에만 등용할 것이 아니라, 무재가 있는 자를 시험하여 합격한 자는 혹 찰방에 의망할 것.

서울과 지방의 양반 자제, 각 사의 서리, 전복, 향리, 관속의 모든 담당 군사와 보인·양인·공천·사천으로서 나이가 젊고 활을 쏠 줄 아는 자를 모두 뽑아 매월 날짜를 정해 놓고 장편전을 별도로 시험하고, 기사할 수 있는 자는 기사를 하게 하며, 그중에 능하지 못한 자는 창을 익히게 하여, 영구히 규칙을 세워 태만하지 못하게 하고, 별도로 시관을 정하여 재능을 시험하고 연말에 합산하여 우열을 가릴 것.

지방에서 항상 점검하여 많은 성과가 있는 자와 점검하지 않아 성과가 없는 자가 있으니, 감사·병사·수사는 순찰하여 성적을 매기는 데 상고하고, 혹 특별히 어사와 경차관을 보내 잘하고 못하는 것을 시험하여 상을 주거나 승진을 시키거나 파직을 시킬 것.

서울과 지방의 잔약한 민가 이외에 근기를 마련할 만한 집에는 화살과 장편전 등을 비치하게 하고 간혹 점검할 것' 등이었다.

잘한 조치이긴 하나 강한 군대를 만들기 위해 조직을 갖추고 체계적인 훈련을 해야 하는 것은 생각지도 못했다.

12월 20일 평양서윤 홍연이 임꺽정 밑의 소 두령인 큰 도적 김산을 붙잡았다. 큰 성과였으므로 홍연을 안주목사로 하였다.

12월 22일 삼공·영부사·병조·형조가 아뢰기를 "토포사가 군대를 거느리고 오래 머물러 군대와 백성들이 고달프고 한 도가 아무것도 없이 텅비게 되어 원망하는 소리를 귀로는 차마 들을 수 없습니다. 우두머리는 비록 잡지 못했지만 그들 무리 중에 사나운 자들은 거의 섬멸하였고 남아 있는 자는 얼마 되지 않습니다. 우두머리를 잡는 계책은 양도의 감사와 병사에게 맡겨도 추심하여 잡을 수 있습니다. 더구나 봄 일이 임박하였으니 오래 머물러 거듭 백성에게 피해를 끼치는 것은 옳지 않습니다. 토포사에게 속히 명하여 올라오게 하소서. 그리고 특별히 조처하여 꼭 붙잡을 일로 양도의 감사와 병사에게 하유하소서" 하니, 아뢴 대로 하라 하였다.

이렇게 이해에도 도적 임꺽정은 잡지 못하고 불쌍한 백성들만 잡고 넘어간다.

이해에 이양의 권세는 강해지고 윤원형은 약해져 갔다.

1월 23일 좌의정 이준경이 병으로 사직을 청하니 윤허하지 않았다. 이때 이양의 권세가 대단하였는데 김명윤과 깊이 결탁하였다. 외부의 소문에 '이양이 이준경을 내치고 김명윤을 정승으로 삼고자 한다'고 하였으므로 이준경이 두려워서 사퇴하려고 한 것이다.

'이양은 기이한 꽃과 진귀한 새를 많이 진상하여 명종의 환심을 샀다. 집안에 높은 누각을 짓고 누각 앞에는 화석을 많이 모아 놓고 미녀들을 취해다가 그 속에서 음률을 익히게 하고는 기이한 향을 석가산에 꽂아두어 향기와 연기가 뜨락을 감싸게 하는 등 그의 모든 자봉이 왕실과 비견되리만치 참람했다. 또한 상으로 하여금 새·꽃·돌 등의 애완물을 좋아하게 하고 정사에 게으르게 한 것이 모두 이양의 짓이었다.'

명종이 그를 총애하여 권세가 치성하니 온 조정의 사람들이 앞 다투어 그에게 추종하여 그의 문전은 저자를 이루었다. 명망도 없는 군소배들이 득세하여 조정의 정치가 문란해졌다. 게다가 탐욕스러운 심통원이 또한 정승의 지위에 있으면서 기세가 대단하였다. 그래서 전일 윤원형에게 빌붙었던 자들이 대부분 이양과 심통원에게 붙었는데, 끝까지 윤원형에게 남은 자들은 양쪽을 다 미워하고 적대시하였다. 이 세 간흉이 조정에 함께 있으면서 나라의 권력을 나누어 서로 다투었다. 이준경은 강직하고 의연하여 이양 등이 좋아하지 않았으므로 이렇게 사직하고자 했던 것이다. 명종이 비록 그 사퇴를 허락하지는 않았지만 좋아하지도 않았다.

2월 9일 영광군수 김한경을 파직하였다. 윤원형이 그 가신을 풀어 영광군의 전답을 널리 점거했었다. 그 가신이 세력을 믿고 작폐하였는데 심지어 나라의 마목장까지도 빼앗아 밭을 만들고 말을 다 몰아냈다. 김한경이 크게 노하여 잡아다가 통렬히 다스려 장살하니 온 도의 사람들이 통쾌히 여기고 기뻐하지 않는 이가 없었다. 그러나 그 일로 파직되었다.

4월 12일 이양을 평안도 관찰사로 하였다. 모두가 놀랄 일이었다. 이때 이양에 대한 은총이 한창 성하였다. 그러나 문정왕후는 명종이 윤원형을 미워하고 이양을 친히 하는 것을 보고서 분노를 품고 명종을 괴롭혔다. 윤원형은 문정왕후에 의지하여 자기주장을 펴기 때문에 명종도 어찌하지 못하였다. 이 두 권간 사이에 알력이 생겨 장차 일이 커지게 될 것 같았다. 이에 명종이 부득이 이양을 외지로 내보내면서 시를 지어 이르기를, '가을 기러기 날아올 때 먼 소식 전해다오' 하며 멀리 보내는 것을 애석해하는 뜻을 보였다. 듣는 이들이 가을이 되면 반드시 불러들일 것이라고 하였다. 이양이 이 시를 표구로 만들어 과시하므로 사람들이 그 어리석음을 비웃었다. 부임한 뒤에 또 화초연과 세사납의 등 특이한 물건을 바쳤는데 극히 정교한 것들이었다. 명종이 매번 연회 석상에서 이를 좌우에게 보이며 '나의 이양은 참으로 어질다. 어찌 나에게 이 같은 물건을 없다고 여겨서 바쳤겠는가. 그는 참으로 나를 사랑하는 사람이다'

하였다. 이양은 궁중의 내시·궁녀를 모두 잘 섬겨 명종의 호오와 뜻을 탐지하였다. 그래서 일이 거론되기에 앞서 먼저 알고 받들거나 순종하였으므로 총애를 얻었다. 그러나 뒤로는 당류를 요소요소에 많이 심어 놓았고, 사림을 미워하여 흉악한 자들을 끌어다 기용하였으므로 위복이 그의 수중에 있게 되었다. 그래서 평양에 나가 있어도 조정을 통제하다시피 하였다.

5월 11일 조강에서 윤원형이 을사년의 일을 거론하였다. '유관은 죄가 없다고 하는 자들이 있다'고 하였다 김명윤이 거들며 사론을 제기하는 자는 적발하여 죄를 다스려야 한다 하였다.

명종이 나이가 들어가면서 윤원형을 마음속으로 싫어하게 되었고 따라서 윤원형의 권력이 날로 약해져 갔다. 그런 데다 이양이 새로 은총을 받아 진퇴를 마음대로 하며 기세가 아주 커졌다. 윤원형은 스스로 세력을 확고히 구축하지 않으면 안 된다고 생각하고 다시 기세를 떨치기 위해 증거도 없는 불측한 말을 만들어 다시 일망타진할 계책을 실행하려고 이렇게 을사년의 일을 거론하였다. 명종은 이미 그의 의중을 알았기 때문에 처음부터 그의 말을 따를 뜻이 없었다. 그러나 문정왕후까지 거품을 물고 나서니 부득이 따르는 척이라도 할 수밖에 없었다. 확대시키지는 않고 이날 중외에 효유한다는 것에 그쳤다. 다행이었다.

5월 20일 윤원형은 계속 사단을 일으키려고 하였다. 이번에는 임백령의 시호에 충(忠) 자를 넣지 않은 것을 기회로 삼았다.

박순과 박근원 등이 임백령의 시호를 논의하면서 '위의가 공손하고 아름다웠다[威儀恭美]'라고 하였다. 이것을 날조하여 고하는 자가 있었고, 임백령의 아들은 좋은 시호를 얻지 못한 것을 분하게 여겨 윤원형에

295

게 가서 호소하였다. 윤원형은 다시 흉모를 부리기 위해 임백령의 처와 함께 공모하여 문정왕후에게 고했다. 그리하여 다시 큰 옥사가 일어나게 되어 있었다. 전일 윤원형이 경연석상에서 아뢰어 사단을 일으키고자 했던 것은 명종이 그렇게 여기지 않아서 그 간계를 이루지 못했었다. 그런데 이번에는 명종도 어쩔 수 없이 문정왕후의 뜻을 받들어 대죄를 가하고자 하였다. 그래서 전정에서 형신하려고 심통원·심강·이양에게 밀지를 내려 하문하였다. 이때에 명종의 장인인 심강이 간절한 말로 힘써 구제하여 명종의 뜻을 깨우쳤다. 그래서 박순과 박근원은 파직에만 그치고 사림이 안정될 수 있었고 큰 화가 일어나지 않게 되었다.

심연원이 살아 있을 적에 항상 유관이 죄 없이 주륙당한 것을 통한히 여기고, 연루되어 귀양 가서 죽지 않고 있는 자들은 일체 신원시켜 기용하려 했었다. 하지만 뜻만 지닌 채 이루지 못하고 죽었다. 심강이 늘 아버지에게 이런 말을 들었고, 또 그 자신도 사림을 애석히 여기고 있었기 때문에 능히 이와 같이 할 수가 있었던 것이다.

5월 27일 대사헌 김홍윤이 경기감사 이감과 종성부사 이관을 탄핵하니 윤허하지 않고 오히려 기대항이 김홍윤을 탄핵하여 파직시켰다.

이감과 이관은 음흉하고 간사스러운 자들로 요행히 급제하였는데, 윤원형에게 아첨하여 청현 직에 오르게 되었다. 이들이 윤원형을 종주로 삼아 의지해 온 지 상당히 여러 해였다. 그러나 근래에는 권세가 모두 이양에게로 돌아가고 윤원형의 권세가 오히려 그 아래에 있는 것같이 되자 미련 없이 윤원형을 등지고 이양에게 빌붙었다. 그래서 이양의 주구가 되어 사림을 모함해 오고 있었다. 대사헌 김홍윤이 차마 앉아서 보고 있을 수가 없어 그들을 탄핵했는데, 이양의 우익을 자르고자 한 것이었다. 그러나 이양의 말이 먼저 들어갔기 때문에 여러 날 아뢰어도 따르지 않았고, 오히려 김홍윤만 파직당하게 되었다.

이양에게 붙어사는 자들이 요직에 두루 포진하고 있어서 이제 이양이 무슨 일을 해도 누가 감히 논박할 수가 없었다. 그러니 못하는 짓 없이 악행을 저질렀다. 이렇게 이양의 권세는 더욱 확장되고 이제는 사림의 화를 걱정하게 되었다.

한관들과 중들의 문제는 이러하였다.

9월 18일 중 탄진이 지음을 사칭하고 동료 중을 멋대로 감옥에 가두고 관둔전을 탈취하였다. 이러한 죄로 벌을 주게 하였으므로 모두가 통쾌하다고 하였다. 그런데 내수사의 말만 듣고 다시 감옥에 가둔 죄로만 조율하도록 전교하였다.

10월 16일 상선 정번에게 한 자급 더해 줄 것을 전교하였다. "환시들 가운데 교만한 자는 많고 공손한 자는 적으니, 상벌을 분명히 보이지 않을 수 없다. 상선 정번은 본래 공손한 자로서 내반에 있은 지 15년 동안 날마다 더욱 삼가고 부지런하였으며, 내가 몸이 좀 아플 때에는 정성을 다해 간호하였으니, 내정의 공로가 없지 않다. 특별히 한 자급을 더해 주어 황문을 권면하라" 하였다. 정번은 영리하고 간사한 자로 붙을 데를 잘 알았다. 그래서 이양과 결탁하여 명종의 거동을 살펴 비밀리에 이양에게 알려 주고 있었다.

사관은 '저들이 비록 겉으로는 공손하지만 어찌 그 본심이겠는가. 아아! 한·당의 말기를 거울삼지 않을 수 있겠는가' 하고 한탄하였다.

10월 30일 천릉도감이 승군을 뽑아 부역시키자고 아뢰니 지원자를 뽑으라 하였다. 문정왕후가 중종의 능을 옮기는 억지스런 역사를 일으켜 군사들과 백성들은 그 부역에 고생이 이루 말할 수 없는데, 놀고 먹으면서 백성들의 재물이나 축내는 중들을 보호하고 있으니 신하들의 억장이 무너졌다.

11월 10일 영의정 상진이 전라도 경상도 중들을 반 품값을 주고 부역시키자 하니 윤허하였다.

이런 폐단들도 있었다.
2월 17일 평창군수 양사언이 군의 참담한 실태와 대책을 상소하였다.
"신이 도임한 날에 먼저 장적을 펼쳐보니 곡식이 9백 석이고 주민이 40호이고 잔리가 8~9명이고 노비들이 수십 명이었는데, 귀신같은 얼굴에 헝크러진 머리를 했고 옷은 해져서 몸도 제대로 가리지 못할 정도였습니다. 전지가 묵게 된 까닭을 물어보니 '백성들이 흩어진 지 오래인데 누구와 더불어 경작하겠는가? 40호의 힘으로 옛날 5백 호의 부역을 감당해야 하고 1백 결의 전지로 전날 8백 결의 공물을 내야 한다. 아비 죽은 아들과 남편 죽은 과부뿐이어서 일족이 떠난 데는 호가 끊어졌고 이웃이 떠난 데는 마을이 텅 비게 되었다. 우리 고을을 점검해 보면 위태롭고 고달픈 사연을 알 수 있을 것이다' 하였습니다. 신은 목이 메어 밥이 넘어가지를 않았습니다. 그리하여 깊이 생각하고 심력을 다 기울여 세 가지 계책을 얻었는데 전하께서는 잘 살펴 주소서. 열 집에 아홉 집이 빈 고을이 무익하게 허명만 있으니 삭제하고 다른 고을에 합쳐 다스리기만 하고 부역을 시키지 않는 것이 계책의 한 가지입니다. 46호의 주민들을 위로하고 각종 명목의 신구 공물을 면제하는 것이 계책의 한 가지입니다. 미수한 대여 양곡은 포기하고 10년 동안 산림세를 면제하는 것이 계책의 한 가지입니다" 하였다.

2월 21일 대사간 이중경 등이 상소하였다.

"조례는 두 달에 한 번씩 번을 서는데 한 해의 납포가 10필이나 됩니다. 게다가 관청에서 승수를 점검할 때에 번번이 퇴짜를 놓으므로 재산을 다 기울이게 되어 결국 잇달아 유망하는 형편입니다. 해조로 하여금 받아서 나누어 주게 한다면 조금이나마 그 폐단을 덜 수 있을 것입니다.

사복제원은 그 액수가 6백 명이나 되는데 여섯 달 동안 입역하므로 역이 매우 괴롭기 때문에 자신이 서는 경우가 적습니다. 그런데 대립하는 대가가 너무 비싸서 제대로 지탱하지 못하는데, 간교한 무리들이 함부로 3~4배까지도 징수합니다. 게다가 본사의 벼슬아치들이 하인을 노비로 만들어 대가를 받는 경우가 절반이 넘습니다. 이런 사사롭고 외람된 일을 일절 금지한 뒤에 번서는 것을 드물게 하여 그들의 괴로움을 펴 준다면 일 푼의 은혜라도 받게 될 것입니다.

선상의 번을 서고 쉬는 데에는 본래 연한이 있는 것인데, 간교한 구실아치들이 뇌물의 유무에 따라 분정하는 것이 고르지 않습니다. 그리고 가포를 바치는 것은 선왕의 영전이 아닙니다. 당초에는 가포를 받아들이는 자를 시의가 더럽게 여겼었는데 마침내는 상법이 되고 말았습니다. 이를테면 군기시·와서·사포서·전연사 등에서는 모두 역이 고되다는 핑계로 그 대가를 갑절로 받습니다. 폐정의 개혁은 조금이라도 지체시켜서는 안 되는 것인데, 특히 이런 유의 것은 먼저 해야 할 일입니다.

수군의 역은 다른 데보다 갑절이나 고되어 부방할 시기가 되면 어렵게 가재도구를 팔아 노자와 양식을 마련하는데, 부방한 뒤에는 바쳐야 하는 물건이 10여 종이나 되어 온갖 수단 방법을 다해 수탈하고 있습니다. 또 진에 머물러 방수하는 자는 열에 하나 정도이고 나머지는 다 돌려보내 주면서 그 대신 가포를 징수하고 있으니, 만일 뜻밖의 변이 발생한다면 누구하고 성을 지키겠습니까? 절도사는 날마다 침탈을 일삼아 그 재물을 사실로 실어나를 뿐만 아니라, 또한 먼저 권문에 보내어 출세할 발판을 만듭니다. 당금의 계책으로는 진장을 잘 가려 맡겨 이와 같이 극심한 지경에까지는 이르지 않게 하는 것이 상책입니다" 하였다.

명종이 답하기를, "지금 상소에서 논한 것을 보니 시폐를 바로 맞혔다. 어찌 부끄럽지 않을 수 있겠는가. 조정으로 하여금 강구하여 조처하게 하겠다" 하였다. 그러나 언제나 말뿐이고 하나도 되는 일이 없었다.

4월 24일 전교하기를 "백성과 밀접한 관원으로 수령만 한 것이 없는데 근래에 수령의 자리가 비면 추천하는 자가 현부를 불고하고 오직 친소만을 주로 하는가 하면, 전조에서의 주의 또한 그러하여, 백성을 침탈할 무리가 먼저 좋은 관직을 얻고 백성을 잘 돌볼 사람은 끝내 침체하게 되니, 아무리 포상의 명이 내려도 제대로 거행되지 않는다" 하고, 또 "장수를 임용하는 방법은 평소 정밀히 간택해서 미리 양성시킨 뒤에야 급박한 유사시에 쓸 수 있다. 그러니 청렴 근신하고 용맹과 지략이 있어 장수로 임용할 만한 사람은 작질의 고하를 따지지 말고 미리 간택하여 양성해야 한다" 하였다. 하여튼 군사 문제에 있어서는 명종은 명군이었다.

5월 8일 모든 수령과 진장들이 부임할 적에 관례로 정부·이조·병조 등에 돌아다니며 인사를 하는데 이것을 참알이라 하였다. 그런데 참알할 때에 각 해사의 낭청에게 으레 물건을 바쳐야 하는데 이름하여 당참이라 하였다. 그런데 이것을 매우 급하게 독책하기 때문에 하인이 이를 인연하여 농간을 부리고 있었다. 이들이 물건을 바치고 으레 본읍이나 본진의 민리·군졸에게서 몇 배로 징수하므로 폐해가 더없이 극심하였다. 수령이나 진장 가운데도 당참을 핑계 대고 징수하여 멋대로 사용에 쓰는 자가 많았다.

사헌부가 "이 뒤로는 정부·이조·병조의 당참 물건을 일절 제거할 것으로 승전을 받들게 하여 쌓여 온 폐단의 근원을 근절시키소서" 하니, 아뢴 대로 하라고 하였다.

7월 24일 전라감사가 품관(토호)들의 횡포를 말하였다. 나주에 사는 이대기의 아우 이삼함이 보을산 아래에 밭이 있어 그 옆에 집을 지었는데, 토호들이 '보을산은 공회하는 곳이다' 하고는 철거하였다. 이대기 등이 매우 분노하여 토호들의 추악한 일을 목패에 적어 길거리에 세워 놓았다. 그러자 토호들 20여 명이 이대기를 붙잡아다가 곤장 60대를 치고는 등 뒤로 두 손을 묶어 사방 마을로 끌고 다녔다. 이대기는 큰 소리로 '너희들 죄악은 씻기 어렵다'는 등의 말을 하였다. 이에 김응란·김언림 등이 노비 60여 명을 거느리고 이대기의 집을 세 겹으로 포위한 뒤 이대기를 끌어내어, 얼굴에 재를 바르고 마구 때려 죽여서 물속에 던져 버렸다. 그 아비 이의가 원통함을 고을에 호소하였는데, 김응란 등은 모두 도망하고 오직 김언림만 붙잡혔다고 하였다.

전주부윤 심전을 가선대부로 하였다. 심전은 성품이 본래 욕심이 많고 혼탁하며 오직 모리로 일을 삼아 비록 방납하는 장사꾼의 일이라도 하지 않는 것이 없으며, 세력을 등에 업고 남의 노비와 토지를 약탈한 것은 이루 다 기록할 수가 없었다. 항상 '내가 욕심을 부리는 것은 부득이해서 그런 것이다. 자녀가 아주 많은데 어찌 욕심을 부리지 않겠는가'라고 하면서 수탈을 자행했으니 그의 방자하고 기탄없는 것이 이와 같았다.
전주에 부임해서 백성을 약탈한 폐단은 낱낱이 들 수가 없을 정도였다. 노모의 구경거리를 만든다고 핑계하고 무녀들을 모았는데, 좋은 옷을 입지 않은 자는 즉시 돌려보냈다. 그리고 무녀들이 품관들의 집에 가서 비단 의복을 빌려 화려하게 차려입고 오자 모두 빼앗고 내쫓으면서 말하기를 '이는 모두 참람한 의복이니 마땅히 죄를 다스려야 하는데 우선 놓아 준다' 하고 빼앗은 의복을 차지하였다.

도적을 잡을 때에 죄 없는 백성까지 형벌을 주어 한 마을을 텅 비게 하고는 그 토지를 점거하여 자기 소유로 만들었으니, 그 죄는 참으로 죽여도 남았다. 온 도의 사람들이 그를 지목하여 '대낮의 강도'라고 하였다. 그런데도 감사가 잘한다고 장계까지 하여 자급을 올려 주었으니 정말 통탄할 일이었다.

이해의 다른 일들을 살펴보면,

7월 13일 열무정에서 신하들에게 잔치를 베풀고 유생들에게는 시험을 보였다. 명종의 군사의 일에 대한 애착은 유별났다.

7월 21일 이미 세자빈을 폐하여 양제로 하였고, 호군 윤옥의 딸을 새 세자빈으로 정했다. 이렇게 폐할 정도의 지병이 있는 사람을 추천한 윤원형은 두고두고 명종의 원망의 대상일 수밖에 없었다.

7월 30일 우박 피해가 심한 지역의 구황에 대비하도록 전교하였다.
사관은 '아래에서 인사가 잘못되면 위에서 천변을 보이는 것이다. 부역의 번거로움과 민생의 고달픔이 이때보다 더 심한 적이 없었다. 내수사는 국가의 사문이요, 선종과 교종은 국가의 모적이다. 그들이 먹고사는 토지가 나라의 반이나 되어, 백성 중에 큰 부자는 내수사에 입적하고 장정은 도망쳐 선문으로 들어갔다. 부역은 일정하나 백성들의 생업은 일정하지 않는데, 게다가 수령들의 탐오와 권세가의 착취가 가중되어 백성들의 고혈을 말리는 데 끝이 없었다. 파산하여 흩어져 괴로워 원망하는 소리가 하늘에 닿았으니, 천변이 있게 된 것은 진실로 당연하다' 하고 논하였다. 실로 정확한 지적이었다.

12월 22일 박순을 한산군수로 하였다. '처음에 이양이 박순을 강제로 불러오려고 세 번이나 연회를 베풀고 불렀으나 박순은 일절 사양하고 참석하지 않았다. 이렇게 되자 이양은 자못 원망하는 말을 하였는데, 사람들이 모두 박순을 위해 위태롭게 여겼다. 그러나 박순은 거들떠보지도 않았다. 시호를 짓는 문제로 화가 일어나 일이 예측할 수 없게 되었을 때에도 박순이 아무런 동요 없이 개의하는 바가 없었다. 사람들은 그의 절조에 탄복하였다' 역시 후일의 영의정이었다.

이해에는 윤원형의 권력이 쇠퇴하고 이양의 권력이 더욱 크게 부상하였다. 이래서 권력이 윤원형, 이양, 심통원으로 삼분되었다. 상이 이양을 더욱 신임하여 삼사는 이양에 붙은 자들이 거의 독점하였다. 윤원형은 그 권력을 다시 독점하고자 문정왕후를 업고 사림의 화를 꾀하지만 이미 성장한 명종이 쉽게 그의 뜻을 따르지 않았다. 흉년은 계속되고 도적은 들끓어 임꺽정은 아직도 활개를 치고 토포사까지 보내지만 역시 도적은 잡지 못하고 불쌍한 백성들만 피해를 입을 뿐이다. 내시와 중들에 대한 편애도 계속되었다.

이순신은 17세였다. 공부에 열중하였을 것이다. 20세의 유성룡은 부친과 함께 고향에서 지내면서 《춘추》를 읽었다. 26세의 율곡 이이는 부친상을 당했다. 그의 벼슬살이는 또 몇 년 뒤로 미루어졌다. 선조는 10세였다.

21
이양이 날개를 달다 :
명종 17년 (1562 임술년)

전년 말에 이어 새해 들어서도 도적 잡는 일에 박차를 가하고 있었다. 황해도 일대의 장정들을 모두 징발하여 고을마다 수색에 열심이었다.

‖ 임꺽정이 종말을 맞이하다 ‖

서흥에서 군관 곽순수와 홍언성이 군졸과 장정을 이끌고 집과 막사를 낱낱이 수색하고 있었다. 꺽정이 이리저리 피하다 할 수 없이 한 농가에 들어갔다. 군졸들이 그 집을 수색하게 되자 꺽정이 그 집 노파를 위협하여 "도둑이 달아났다"고 외치며 나가게 하였다. 꺽정이 활과 화살을 차고 군인처럼 가장하고 칼을 뽑아 그 노파를 쫓아 나가 "적은 벌써 달아났다" 하니, 군사들이 속아서 "적이 달아났다"고 소리쳤다. 혼잡하게 떠드는 틈에 꺽정이 한 군사를 붙들어 내리고 말을 빼앗아 타고 군중 속에 뛰어들었다. 조금 뒤에 한 사람이 천천히 진중에서 나와 산 뒤로 향해 가면서, "갑자기 병이 나서 좀 누워 치료하리라" 하니, 옆에 있던 군사가 의심이 들어 "네가 병이 나도 어찌 진중에서 한 걸음인들 떠날 수 있는가. 이놈이 의심스럽다" 하고 말하여 인근 5, 6기가 함께 쫓아갔다. 이때 서림이 이곳에 있었는데 돌아보니 꺽정이었다. 이에 "꺽정이다" 하고 소리쳤다. 쫓던 군사들이 활을 마구 쏘아 맞혀 잡았다.

임꺽정이 도적으로 설친 지 3년에 다섯 고을이 피해를 입었고, 여러 도의 군사를 출동시켜 겨우 이 적을 잡았는데 백성들의 고통은 헤아릴 수 없었다. 토포사 남치근은 엉뚱하게 평안도 땅에서 놀고 있었다.

1월 3일 임꺽정을 서흥 땅에서 붙잡았다는 보고가 들어왔다. 오랜만에 명종과 신하들은 안도의 한숨을 쉬었다. 그러나 도적만 잡았다고 나랏일이 해결되지는 않는다. 도적이 되지 않는 세상을 만들어야 하는 것이다. 그런데 그런 일에는 관심이 없었다.

간원이 남치근을 탄핵하였다. 포악한 장수로 위무만을 능사로 삼아 마구 살륙을 자행하였고, 의관을 갖춘 선비에 대해서도 함부로 매를 때렸고 그래서 백성들이 두려워하여 한시도 마음을 놓지 못하였고 저번에 남정할 때에 잔인하게 억울한 사람을 죽였으나 반성하는 빛이 없었다. 임꺽정을 잡을 때도 남치근은 평안도에 있었기 때문에 장수로서 절제한 일이 조금도 없었다 하며 그를 파직시키자고 하였다. 그러나 무인을 선호하는 명종이 허락하지 않았다. 여러 번 청하자 가자만 개정하라고 하였다. 다음 날 도적을 체포한 공이 있는 자들을 인견하는데 남치근은 들이지 않았다.

대신들과 서림의 처리 문제를 의논하였다. 포적한 공이 없지 않으니 포도청에 속하게 하여 대장의 명령을 듣게 하고 마음대로 출입을 하지 못하게 하라 하였다. 서림은 이렇게 살아남았다.

임꺽정으로 인하여 피해를 보지 않고 그 활약상을 전해 듣기만 한 다른 지역에서는 그 일당들이 탐관오리 수령들을 혼내 주고 관군과 싸워 이긴 것이 통쾌하여 '의적'이라고 농담할 수도 있었겠지만, 그로 인하여 엄청난 피해를 본 황해도 지역에서는 그를 의적이라고 할 사람은 없었을 것이다.

1월 7일 명종이 시원스런 전교를 하였다. "요사이 보건대, 환관들이 법을 전혀 두려워하지 않고 교만 방자하게 제멋대로 하고 있으니, 드러나는 대로 통렬히 다스리지 않을 수 없다. 현재 대궐 안의 법제는 공적인 연회 외에는 사사로이 술을 마실 수 없도록 되어 있는데, 상온 노익겸은 저번에 휴가로 집에 나가서는 명소를 했는데도 방자하게 술에 취하여 곧바로 들어오지 않고 제멋대로 하였으니, 매우 경악스럽다. 추고하여 통렬히 다스려 일벌백계하라" 하였다. 노익겸은 환관 중에서 가장 방자한 자 중의 하나였다. 노익겸이 이로 인해 파직되었다.

그러나 열흘이 채 못 되어 다시 서용하였다. 명종이 환관들에게 때로는 준엄한 말을 하기는 하였으나 실은 그들을 아끼고 믿었기 때문에 그들은 더욱 거리낌이 없이 방자하였다.

문정왕후는 모든 정사를 자신이 하고 싶은 대로 하였다. 한번 마음먹은 것은 절대로 되돌리지 않았다. 중종의 능에는 장경왕후가 함께 묻혀 있으니 자신은 죽어도 중종과 같은 능에 묻힐 수 없었다. 그래서 중종의 능을 옮기려는 보통 사람으로는 할 수 없는 천인공노할 생각을 하였다. 명종이 모화관에 갔을 때 정릉이 불길하다는 것을 익명으로 진소한 자가 있었다. 그래서 사람들이 모두 의심을 했었다. 요승 보우는 능을 선릉으로 옮기면 봉은사가 더욱 중해지고 자신의 기세도 더욱 성할 것이라 여겨서 문정왕후를 부추겼고 윤원형과 결탁해서 일을 만들었다.

1월 8일 드디어 중종의 능을 옮기는 최종 결정이 내려졌다. 대소 신료들은 입을 다물고 한마디 말도 없었고 이준경도 해야 할 바를 알지 못하고 명령대로만 일을 하였다. 이준경을 산릉 총호사로 하였다.

이번 천릉의 결정은 명종의 뜻이 아니고 문정왕후의 생각에서 나온 것이라는 것을 모든 사람들이 다 알았다. 고금을 막론하고 세상에 질투

하는 사나운 여자는 많았다. 그러나 이미 죽은 뒤까지 시기하여 남편의 무덤을 옮겨 전처의 무덤과 멀리 떨어지게 한 것은 희대의 사건이었다. 보통 악독한 사람이 아니면 할 수 없는 일이었다. 능을 옮기는 발인은 8월 22일 하게 된다.

1월 14일 이양을 불러들여 공조참판 겸 홍문관 제학으로 삼았다. 원계검을 의정부 우찬성으로 하였다. 이때에 명종은 세 외척에게 둘러싸여 있었다. 윤원형, 이양, 심통원이다. 근래에는 그중에 이양과 심통원에게 마음이 기울어져 있었다. 그래서 이들이 자기들 마음에 드는 자들을 밀계하면 명종은 그들을 등용하고는 스스로 인물을 잘 뽑아 쓴다고 여겼다. 위로는 정승으로부터 아래로 뭇 벼슬아치에 이르기까지 모두 이렇게 하였다.

원계검은 명종이 훌륭한 신하로 알고 있었는데 사실은 그게 아니었다. 전조에 있을 때, 오로지 뇌물에만 눈이 팔려서 다른 사람의 토지나 노비 등을 거두어들인 것이 이루 헤아릴 수 없었다. 아무리 친척이라 해도 뇌물이 없으면 청탁을 들어주지 않았다. 또 그 처는 더욱 뇌물을 탐하여 아무 거리낌이 없었다. 혹 재물을 많이 바치고도 낮은 벼슬 하나 얻지 못한 자도 있어서 원망과 비방이 시끄럽게 일어나 심지어는 길을 막고 억울함을 호소하는 자도 있었고 밤에 와서 욕을 퍼붓는 자도 있었는데, 원계검은 일절 못 들은 체하였다. 근래 전조를 맡아 탐욕스럽게 멋대로 한 자로는 앞에 윤원형과 심통원이 있었다.

간원이 원계검의 체직을 강하게 요청하여 기어이 체직시켰다. 공론이 오랫동안 막혀 있어 사람들이 더욱 분한 심정이었는데, 이에 모두들 통쾌히 여겼다.

2월 7일 이중경이 이양의 뜻을 받들어 윤원형을 탄핵하고자 이문형에게 물으니, "지금 대비가 안에 있고 윤원형의 세력이 치성하니 그를 공격하여 제거하기는 어렵다. 내 소견으로 보건대 그것은 섶을 안고 불에 뛰어드는 것과 다름이 없다" 하여 중단하였다.

3월 6일 이양을 이조참판으로 삼았다. 이양의 세력이 이에 이르러 이미 극에 달해 사람들이 입을 열지 못하고 나라의 형세는 위태롭게 되어갔다. 이양에 대한 총애가 더욱 융성해져 조신들이 그에게 몰려들어 권세가 임금을 능가할 정도였다. 이날 이양이 이조참판에 승진하여 임명되니, 참의 이언경이 정사가 끝난 뒤 바로 집으로 찾아가서 축하객이 뜰에 가득한 가운데 꿈을 바쳐 축하하면서 조금도 부끄러워하지 않았다.

6월 6일 고맹영을 대사간으로 하였다. 당시에 고맹영이 동부승지로 있었는데, 상이 특명으로 이 직에 의망하게 하여 제수한 것이다.
고맹영이 순천부 훈도로 있을 때에 마침 심통원이 부사였는데 서로 못된 마음이 잘 맞았다. 고맹영이 영리한 데다 약아서 조정의 일을 잘 처리하여 주었으므로 이 때문에 가깝게 대하게 된 것이었다. 그 뒤 그 아들 고경명이 김백균의 사위로 처가살이를 하게 되었는데 김백균이 이양과 깊이 결탁되어 있었기 때문에, 고맹영은 이양과도 든든한 관계를 맺게 되었다.

6월 26일 광평군 김명윤에게 궤장을 하사하고 이어 술과 음악을 내렸다. 김명윤은 이제는 이양에게 붙어 지내고 있었다.
사관은 '지난 을사년에 훈적에 참여하고자 봉성군을 무고하여 죽게 한 것은 참으로 하늘에까지 닿을 죄악이다. 아, 그의 지은 죄가 이와 같은데 70세가 넘도록 살았고 궤장을 하사받기까지 하였으니, 악인에게 화를 내리는 이치가 어디 있으며, 악인을 주벌하는 법이 어느 때나 베풀어질 것인가' 하고 탄식하였다.

환관들과 중들의 문제는 이러하였다.

1월 21일 이조의 하급관리를 꾀어 가자를 하게 한 박한종을 추고하라 하였다. 이때 환관으로서 2품에 이른 자가 10여 인이나 되었는데, 모두 대단한 은총을 입어 권세가 막강했다. 박한종이 그 우두머리였는데 스스로 문정왕후와 상의 융성한 은총을 믿고 마음대로 설쳤으며, 조정의 관리들을 멸시하여 자기가 한번 하고자 하는 일은 아무 거리낌 없이 방자하게 행하였다. 이번 발각된 것을 계기로 통렬히 그 죄를 다스렸다면 그래도 나라에 기강이 있게 될 터인데, 고작 그를 추고하게만 하였다. 또한 그의 죄를 가볍게 해 주기 위해서 간악한 관리를 함께 용서해 주었다. 할 말이 있을 수 없었다.

사관은 '환관들이 설치는 것은 나라의 불행이다. 어찌 이 일뿐이겠는가. 조정을 업신여긴 것이 심하다. 아, 통탄할 일이다' 하고 통탄하였다.

명종이 재정을 충당할 방안을 물으니 호조가 재정을 늘리는 방안을 아뢨는데 오로지 세금을 더 걷자는 것이었다. 재정이 궁핍해지게 된 연유는 제사를 절도 없이 지내어 국고가 비고, 승려들을 먹이느라고 돈이 나가고, 쓸데없는 관리들 때문에 재정이 축나고, 함부로 상을 내리는 데에서 재화가 낭비되기 때문이었다. 이런 것을 없애려는 노력은 없었다.

당시에 양궁이 불교를 숭봉하여 시여하는 것이 매우 많았다. 항상 중사를 보내어 사찰을 두루 다니면서 승도들에게 음식물을 대접하기도 하고 잡인을 기찰하게 하기도 하니, 중들이 이를 믿고 함부로 날뛰어 사대부를 능멸하고 관부를 위협하여 못하는 짓이 없었다. 조금이라도 그들의 비위를 거스르면 즉시 양종에 정소하였고 곧바로 위에 아뢰어졌다. 그러면 반드시 중사를 보내어 추고하여 다스렸다. 이로 인하여 집안이 파산된 자도 있었으나, 방백·목사·수령들이 감히 간섭할 수 없었다.

7월 3일 경상감사 정종영이 중 문제로 사직을 요청하는 상소를 올렸다. 중 옥준 등의 행위를 통분하게 여겨 중벌로 조치하려다가 도리어 지탄과 수모를 당하였으므로 사직한 것인데, 명종이 중들에게는 죄를 주지 않고 도리어 정종영을 옳지 못하다 하였다. 가슴을 칠 일이어도 어떻게 할 수가 없었다.

7월 4일 운부사 지음 영수가 선왕 태봉의 나무를 함부로 베어 별실을 증축하였다가 거론이 되자 죄를 두려워하여 자살하였다. 그런데 곡성 동리사의 지음 계당은 함부로 형장을 가하여 죽게 했다고 선종에 거짓으로 정소하였다. 선종판사 보우는 이것을 믿고 내수사에 보고하였다. 이에 사헌부가 지음 계당과 선종판사 보우를 추고하기를 요청하였으나 윤허하지 않았다. 간원이 또 아뢰었으나 윤허하지 않았다. 뒤에 옥당 및 성균관 유생들이 소를 올려 논하고 양사도 오랫동안 아뢰자, 계당을 남해의 섬에 도배시키고 보우는 도대선관교의 직위를 삭탈하라 명하였다.

7월 12일 약방제조 심통원과 원혼이 문안하고 "상께서 심열이 있으시어 심화가 간간이 일어나는 것을 항상 근심하시는데, 심신을 수양하여 항상 화평한 마음을 가지시면 자연히 걱정이 없어질 것입니다" 하였다.

답하기를 "궁중에 환관 한 놈이 성품이 본시 편협한 데다가 일도 제대로 처리하지 못하여 자주 나의 화를 돋우니, 나의 심열이 아주 없어지지 않는 것은 이런 놈들 때문이다. 먼 변방으로 축출하여 나의 마음이

화평하고 궁정이 안정되게 해야 할 것이다" 하고,

이어 정원에 전교하기를 "근래에 환시들이 고분고분하고 조심성 있는 자가 적고 편협스러운 자가 많아서, 맡은 책임을 잘 살피지 못하여 자주 위의 노여움을 일으키니, 신하된 자로서 불경 불충한 것이 이보다 심한 것이 없다. 전 내시부 상탕 남세경은 전에 도장선으로 있을 때 맡은 일을 격식대로 하지 않아 잘못이 매우 컸으므로 금년 여름에 축출을 명하였다. 그러면 으레 제 고향으로 내려가야 할 것인데도 가지 않고 몰래 금천에 사는 종의 집으로 가서 서울의 기별을 기다리며 위의 뜻을 시험하였고, 또 소환되어 온 뒤에는 어선 전하는 것을 막아 또 나를 진노하게 하여 임금에게 불충하였으니, 나의 심열이 이런 자들 때문이 아닐 수 없다. 먼 지방으로 축출하여 나의 마음을 편안하게 하고 궁정 안을 조용하게 해야 할 것이다. 멀리 귀양 보낼 일을 의금부에 전교하라" 하였다.

'명종은 환시들의 잘못을 그냥 두고 보지는 않았다. 궁중에서 조금이라도 거슬리거나 소홀히 하는 자가 있으면 즉시 꾸짖고 매를 치기까지 하였다. 그러나 희노가 일정하지 않아 아침에 벌을 주었다가 저녁에는 상을 주고 또는 저녁에 파면시켰다가 아침에 다시 서용하였다. 그러니 환시들이 명종의 마음을 미리 헤아려 알고 조금도 두려워하지 않았다. 또 명종은 젊은 환시 하나를 총애하여 항상 침실 곁에 있게 하고 절도 없이 상을 하사하고 심지어 내탕금으로 그가 살 집을 사 주기까지 하였다. 또 재주 있는 자를 골라 노래를 익히게 하였다. 정번도 역시 음악을 잘한 것 때문에 총애를 받아 직위가 2품에까지 이르렀다. 이양이 권세를 부리던 시기에는 명종은 매양 정번을 시켜 그의 집에 왕래하게 하였다.'

이렇게 환관들을 너무 우대하니 분수가 넘쳐서 도를 넘기 마련이었다.

7월 17일 중들이 성묘에 뛰어들어 유생을 구타한 사건이 있었다. 명종이 '매우 경악할 일이다 잡아다 치죄할 것을 의금부에 이르라' 하였다.

보우가 요승으로 문정왕후의 마음을 현혹시켜 국가의 재물을 축내 온지 오래였다. 환관, 궁첩과 소통하고 궁중 출입이 끊이지 않았으며 세력이 널리 퍼졌다. 그의 횡포가 날로 심해져 가는데도 양궁의 총애는 더욱 높아졌고, 윤원형도 마음을 다해 그를 섬겼다. 거처와 복식이 왕공에게 비길 만하였으며, 하고 싶은 것이 있을 때마다 밀서로 문정왕후에게 아뢰면 들어주지 않는 것이 없었다.

그러나 그도 죄악이 극에 달하여 스스로 용납될 수 없다는 것을 알고 있었고 또 도성에 몰래 들어와서 남의 집 부녀를 간음한 소문이 퍼지니 더욱 불안해하였다. 그래서 그가 병을 핑계하여 사직을 청했다.

9월 29일 보우를 체임시켰다. 그러나 그 후 3개월도 안 되어, 12월에 보우에게 직첩을 환급하라 하였다.

왜적과의 일은 이러하였다.

11월 5일 왜적들은 제주도를 점령할 것처럼 은근히 협박하고 있었다. 왜사 원가덕이 유황도 태수 칙충의 뜻을 가지고 고하기를 '지난 병진년에 왜적이 훔쳐간 귀국의 병기를 도로 찾아다가 바치는 큰 공을 세웠는데도 상을 받지 못하고 돌아갔고 지금 또 병서를 바치는 두 번째의 공을 세웠으니 상을 논하지 않아서는 안 된다. 도서 받기를 원한다' 하고, 또 이르기를 '왜적이 명나라의 동해와 상국의 남해에 섬이 있는 것을 보고 점령하여 저희들이 살고자 한다. 그러므로 서계에 구체적으로 기록하였거니와, 그때가 되면 다시 통지할 것이니 이 말이 사실이라는 것을 알게 될 것이다. 만약 이번에도 상을 주지 않는다면 어찌 귀국을 위하여 진심으로 고변하겠는가. 칙충이 현재 아직 직을 받지 못했으니 도서를 청하는 것이 어찌 그의 간절한 소망이 아니겠는가' 하였다.

이에 비변사가 대책을 마련하여 비밀 봉서로 입계하였는데, 그 내용은,

"근래 변장들은 태만이 습관이 되어 방비가 날로 해이해질 뿐 아니라 적선의 왕래조차 전혀 알지 못하여 한심하기 그지없으니 특별히 조치하지 않아서는 안 됩니다. 전선·기계·성지의 수축 등 방비에 관계된 모든 일들을 내년 2월까지 일제히 정비하여 적변에 대비할 것을 각도의 감사 및 병사·수사에게 밀유하시는 것이 어떠하겠습니까. 또 방비를 조치하는 데는 병졸을 훈련시키는 것이 가장 중요하고 군대를 거느리고 적을 막는 것은 전적으로 병사의 책임입니다. 감사는 병사·수사의 직무를 겸임하였으니, 병졸 훈련시키는 일을 남의 일처럼 보아서는 안 됩니다. 순행할 때에 병기를 점고하고 농한기에는 군졸들에게 활쏘기를 익히게 하며, 관방의 군인들도 엄히 감독하여 적을 잡아 보내게 할 일을 아울러 감사에게 하유하시는 것이 어떠하겠습니까. 만약 제주도가 적의 침입을 받는다면 지킬 수 있을지를 보장하기 어려우니, 연례로 보내는 원병을 각별히 활 잘 쏘는 사람을 골라서 미리 성책을 정비할 수 있도록 3월 보름 이전에 보내소서" 하였다.

명종이 봉서에 기록된 내용을 등사하여 팔도의 감사 및 병사와 수사에게 밀유하라고 하였다. 대마도의 왜적들은 다른 때는 일을 저지르면서 알려 주는 척하였으나 이번에는 제주도를 거론만 하고 일을 저지르지는 않았다.

사실 이때 왜적은 우리나라에 눈을 돌릴 여유가 없었다. 일본 본토의 왜적들은 아직도 패권 다툼에 정신이 없었고, 해적질을 주업으로 하는 왜적들은 명나라 약탈에 재미를 붙였는데 몇 년 전부터는 본격적으로 많

은 군사를 동원하여 복건성, 절강성 일대를 유린하고 있었다. 그런데 근래에는 척계광의 지휘하에 훈련을 받은 중국군이 강군이 되어 오히려 왜적들이 밀리고 있었다. 그래서 그곳의 전투에 전력을 기울여야 하기 때문에 우리나라에 관심을 가질 수가 없었다. 오로지 대마도가 쌀을 더 타가기 위해 계속 술수를 부리고 있는 것이었다.

이해의 다른 일들은,

5월 12일 신의가 귀양에서 돌아와서도 패려한 짓을 많이 하였다. 다시 멀리 유배 보내자고 하니 성문 밖으로 쫓아내게 하였다. 그러나 그래도 듣지 않았다. 10월에 다시 나포하여 유배지로 돌려보낼 것을 명하였다.

6월 10일 원준량을 전라좌수사로 하였으나 사헌부가 탄핵하여 체직하고 백유검을 전라좌수사로 하였다.

8월 8일 명종이 '은진현감 이소는 젊은 사람으로서 백성을 사랑하고 폐단을 제거하였으니 매우 가상하다. 체임되어 오거든 승직시킬 것을 이조에 전교하라' 하였다. 그러나 이소는 이때 부임한 지 겨우 몇 달이었으니 아무리 정치를 잘했다 하더라도 백성들에게까지 은덕이 미칠 수는 없었다. 오로지 토호들과 결탁하여 양민을 위협해서 감사에게 정장하게 한 것이었다. 그런데 감사 민기는 본시 겁이 많은 사람인 데다가 이소가 척리였으므로 정장한 그대로 아뢴 것이다. 그러므로 이러한 전교가 있었다. 얼마 뒤 이소의 어미가 또 경직으로 교체시켜 줄 것을 상언하자 5품으로 승직시켰다.

수령들이 뇌물을 쓰는 것은 물론 주민을 사주하거나 협박하고 또는 토호들과 결탁하여 찬양하는 정소를 올리게 하였다. 그렇게 해서 상을 받고 승진하는 것이 아주 만연되어 있었다.

8월 10일 평안감사 이윤경이 졸하였다. 그 좋은 사람이 갑자기 죽었으니 이 또한 국가의 불행이라 하였다.

8월 30일 소쇄양이 졸하였다. 황진이와 인연이 있는 사람이다. 익산에 산 지 거의 20년 만에 죽었다.

큰 도적 임꺽정은 제거됐지만 백성들의 생활은 나아질 리가 없고, 이양의 권세는 하늘 높은 줄을 몰라 그 일당이 주요 요직을 차지하였다. 문정왕후는 중종의 능을 옮기는 악행을 추가하고 세력이 줄어든 윤원형 일당은 울분을 삼키고 있었다. 내시들과 중들은 무소불위의 제 세상을 구가하지만 변화의 조짐이 보이고 있다. 왜적들은 이해에도 여전히 술수를 부리고 있었다. 이번에는 제주도를 점령하겠다는 심각한 언급이 있었다.

이순신은 18세가 되었고, 21세가 된 유성룡은 7월에 관압사로 명나라에 가는 부친을 전송하고 9월에는 도산을 방문하여 퇴계 이황에게서 성리학을 사사하며 몇 개월을 보냈다. 27세의 율곡 이이는 부친상으로 여묘살이를 하고 있었다. 선조는 11세가 되었다.

22

이양이 날다 추락하다 :
명종 18년 (1563 계해년)

해가 바뀌었다고 민생의 곤궁함이 바뀔 리는 없다. 그러나 바뀌는 것이 있다.

바로 권력이다. 권력은 분명 세월과 함께 변한다. 이양은 너무 높게 날았다. 무리하게 높이 올라갔으니 추락하는 것은 피할 수 없을 것이다.

1월 13일 호조가 방납의 뿌리가 깊어지는 폐단을 말하였다.

"방납의 폐단이 날이 갈수록 심하여 각 고을에서 정공하는 물건도 모두 그들의 수중에 있기 때문에 모리하며 사욕을 채우려고 합니다. 이 때문에 백성은 날로 궁해지는데 납부 독촉은 더욱 급해 가고, 국고는 바닥이 나서 경비가 부족한 실정에 있으니 이는 모두가 수령들이 방납하는 자와 내통한 소치입니다. 근자에는 한 가지의 공물로 납부를 요하는 문서를 두 번 만든 자도 있습니다. 그래서 재차 민간에서 징수하고 있으니, 백성이 어떻게 편히 살 수 있겠습니까. 이제부터 문서를 거듭 만든 수령은 공죄로써 조율하지 말고 모두 파출하여 방납하는 근원을 막으소서" 하니, 아뢴 대로 하라 하였다.

1월 17일 윤원형을 영의정으로 삼았다. 윤원형이 우상이 된 지 1년이 넘었을 때 그가 운명을 점쳐 봤더니, 만약 수상이 되면 반드시 죽을 것이라 하므로 청하여 면직하였다. 그래서 중추부의 장으로 있었는데 그래도 그의 권력이 조정을 압도하여 사람들이 그의 뜻을 감히 어기지 못하였고, 위복을 조종하는 것이 오로지 그의 손에 달려 있었다. 그러나 근년에는 이양이 등장하여 서로 권력을 다투게 되었는데, 자기에게 붙었던 자들이 점점 이양에게 옮겨 가고 세력은 차츰 약해져 이제는 눌리게 되었다. 이에 분한 마음이 앞서고 복수할 생각이 골수에 사무쳤다. 그래서 영의정이 되어 상대를 제압하고자 하였다. 먼저 문정왕후에게 고하였고 문정왕후는 명종에게 강력히 요구하였다. 이에 복상도 기다리지 않고 주의하라는 전교가 있더니 드디어 윤원형을 영의정으로 하였다. 그런다고 한번 옮겨 간 권력이 쉽게 돌아오는 것은 아니다.

윤원형은 영의정이 되고도 중에게 시주하고 부처에 빌고 산에 제사를 지내는 등의 일은 그치지 않았다. 또 그의 집 대청을 신 모시는 곳으로 만들어 굳게 닫아걸고 그의 첩 정난정만이 그곳을 출입하였다. 사실 정난정은 그 안에서 음탕하고 간악한 짓을 자행하였으나 사람들이 감히 그것을 말하지 못하여 윤원형만 모르고 지냈다.

1월 29일 이양은 총애를 믿고 눈총 받는 행태가 심했는데 요즘에는 더욱 심하여 무뢰배들을 두루 모아다가 청요직에 앉혀 심복을 삼았다. 자기 뜻에 동조하는 자는 벼슬길에 나아가게 하고 달리하는 자는 배척하였다. 아래 인심은 울분에 쌓였고 임금은 위에서 고립되고 있었는데 정작 명종 자신은 몰랐다.

2월 13일 심통원이 아뢰기를 "대간과 감사로 하여금 서경을 엄하게 하고 출척을 분명히 하게 하여 두려워하는 것이 있게 하소서" 하였.

심통원이 서경을 엄히 하지 않고 있다고 아뢴 말은 그 말 자체는 당연히 옳았다. 그러나 뇌물의 경중만을 가지고 관직의 제수를 하는 자가 누구이던가. 자신이 직접 저지른 일들을 전혀 모르는 체하고 다른 사람의 일로 치부하고 아뢰어 임금을 속이고 있는 철면피였다.

2월 14일 기대항을 대사헌 이중경을 이조참판으로 삼았다. 한번의 정사에서 제수한 열 사람이 모두 이양의 수족들이었는데도 한 사람도 비난하는 자가 없었다. 이제 이양의 독단과 방자함을 막을 수가 없는 상태가 되었다. 이때 이조판서는 정유길이었는데 이양을 아첨으로 섬겼다. 그는 사람을 논할 적에는 공평한 척하였지만 실제로 임명할 때에는 한결같이 이양의 지시대로 따랐다.

사관은 '아, 광필의 후예 가운데 이런 사람이 있으리라고 누가 생각이나 했겠는가' 하고 한탄하였다.

3월 3일 알성시 문과에 이정빈 등 4인, 무과에 백인손 등 6인을 뽑았다. 이정빈이 장원으로 합격하였다. 이정빈은 이양의 아들이다. 사실은 그 아비 이양이 전의 제목을 미리 알아 기일에 앞서 미리 글을 지어 놓았기 때문에 장원이 된 것이다. 당초 알성시 보일 것을 내정했을 때 내관 정번이 밤중에 몰래 양의 집에 와서 알려 주었다. 정빈은 글씨를 잘 쓰는 사람을 데리고 같이 시험장으로 들어가 곧 그 전을 베껴 쓰게 하여 제출하였다. 양의 집 동복들이 방을 기다리다가 정빈이 장원하였다는 말을 듣고는 서로 웃으면서 '우리 주인이 당연히 장원을 하리라 하더니 과연 그렇게 되었다' 하였다.

이준경이 고관이었는데 우연히 사람들에게 '그 전문은 보통 사람이 지은 것이 아닌 것 같더라' 하였다. 이양이 그 말을 듣고 으르렁거리며 노하니 이준경은 두려워하지 않을 수 없었다.

하례할 때는 출신한 사람의 부형이나 친척이 으레 뒤 열에 나아가서 사은례를 행하는 것인데, 이정빈의 이름을 부를 때는 양에게 아부하는 무리와 양을 두려워하는 사람들까지 온 조정이 모두 사례하는 대열로 달려갔다. 승지까지도 황급히 계단으로 내려가 엎드려 절하기에 바빴다. 모두들 임금은 뒷전이었다. 오직 한두 사람만이 임금을 시어하고 있어 보는 이를 놀라게 하였다. 서반에서는 덕양군, 동반에서는 정언 정유일만이 절하지 않았는데, 이양이 그것을 알고 정유일을 좋게 여기지 않았다.

그러나 그 권력의 끝이 보인다. 임금 면전에서 임금보다 더한 행태를 보였으니 아무리 총애를 받는다 해도 눈에 거슬리기 마련이다. 그리고 권력은 항상 순간에 날아간다.

5월 1일 말미의 기한을 넘긴 동부승지 고맹영의 추고를 명하였다. 고맹영이 소분을 칭탁하여 휴가를 받아 고향 집으로 내려갔는데, 온 도내의 수령들이 그 세력을 의식하여 다투어 뇌물을 보냈다. 인마가 문을 메웠고 뜰에 곡식이 가득 쌓였다. 놀고 편히 쉬면서 하고 싶은 짓을 마음껏 하였다. 휴가 기일이 이미 다했는데도 돌아오지 않고 고의로 법을 어겼다. 올라온 뒤에도 거만스럽게 대죄하고 조금도 꺼리는 바가 없었다. 이에 추고한 것이다.

5월 4일 이양이 한강 노변의 인가를 철거하도록 청하였다. 명종이 편안히 노는 데 뜻이 있음을 탐색하고는 중국 사신이 와서 보는 곳이라고 둘러댔고 명종이 일찍이 말이 날뛰어 놀랐던 일이 있었음을 알고는 사람과 말이 넘어지거나 날뛰게 된다고 말을 꾸며 댔다. 그의 마음 씀이 반드시 총애만을 꾀하려고 임금에게 아첨하는 태도가 교묘하였다. 임금도 이양을 총애함이 심했다. 심지어는 신무문 밖 백악산 기슭에 그가 일당을 모아 기생들을 부르고 성대한 연회를 베푸는데, 명종은 후원 높은 곳에서 그것을 바라보며 어주와 함께 진기한 음식을 보내 그들로 하여금 마음껏 즐기게까지 하였다.

7월 16일 이양을 이조판서로 하였다. 이 때문에 이정빈은 정언으로 하였다.

이양이 드디어 칼을 뽑았다. 정의의 빛나는 칼이 아니라 화를 부르는 썩은 칼을 뽑은 것이다.

이양이 그 아들 이정빈을 이조의 낭료로 삼으려 하자 박소립·윤두수가 당시 이조에 있으면서 들어주지 않아 이로 인해 불만이 생겼다. 또 기대승이 당시에 명망이 있으므로 만나 보려 했으나 기대승이 끝내 만나주지 않아 감정이 상했다. 대사헌 이감도 그 아들 이성헌을 한림으로 삼으려 했으나 기대승이 추천해 주지 않았다. 때문에 항시 원망하고 있었다. 이들이 자기 일당들과 함께 내쫓을 것을 모의했으나 명목이 없었다. 그러다 생각해 낸 것이 자전이 항시 기묘년의 사류를 싫어한다는 것이었다. 그래서 고담이니 격양이니 하는 말로 마구 공격하여 일망타진할 계책을 세웠다.

8월 17일 이감 등이 "박소립·기대승은 그 관작을 삭탈하여 도하에 발을 붙이지 못하게 하여 몰려다니는 길을 끊으시고, 윤두수는 관직을 삭탈하고, 이문형·허엽·윤근수는 파직하소서" 하였다.

탄핵의 이유는, 전 정랑 박소립과 사정 기대승은 모두 부박하고 경망한 자질로 오로지 고담만을 일삼아 신진들의 영수가 되었고, 전 좌랑 윤두수가 맨 먼저 부회하여 서로 찾아다니면서 국사의 시비와 인물의 장단을 모조리 평론의 대상 속에 넣고 장차 나라를 위태롭게 할 풍조를 빚고 있으며, 행 대호군 이문형은 자신이 재상의 반열에 있으면서 스스로 근신하지 못하고 부박한 무리들을 끌어들여 논의를 주도하고 있다. 삼척부사 허엽과 과천현감 윤근수는 모두가 명성을 좋아하는 사람들로서 경연에 입시하였을 때에 애써 과격한 의논을 펴서 듣는 사람으로 하여금 의심하고 놀라게 하였다 등이었다.

명종이 '아뢴 대로 하라'고 답하였다. 명이 나오자 사림들이 깜짝 놀라고 온 서울이 뒤숭숭해졌다.

이들은 밤낮으로 동류를 모아 놓고 쓰러뜨릴 계책을 궁리하던 끝에, 사림들의 뿌리는 이황과 조식이니 점차로 그 뿌리를 모조리 제거한 뒤에야 우리가 마음대로 할 수 있으리라 생각하고 우선 이 몇 사람을 시험 삼아 치우고 앞으로 그 흉포를 자행할 셈이었다.

이감은 흉악하고 괴팍스런 성질로서 명종의 유모를 모친처럼 섬기고 윤원형을 상전처럼 섬겼는데 그 덕으로 좋은 벼슬을 역임하였다. 뒤에 다시 이양과 심복 관계를 맺어 그 권세가 화염처럼 치성했으므로 사림들이 비루하게 여기고 미워하기를 이양과 같이 하였다. 이감 등이 회의를 할 적에 이중경·김백균 등과 모든 당인이 모여 있었는데, 이감의 뜻은 죄에 얽어 넣어 모두 베어 내려고 했으나 다른 당인들은 명목이 없음을 걱정하였다. 조금 뒤에 감이 일어서서 돌다가 도로 앉으며 '그대들이 내 계책을 쓰지 않았다가는 아마 후회할 것이다' 하였다. 그러고도 죄명을 찾을 길이 없어서 고담 부정이란 말로 주상을 현혹시킨 것이다. 그러나 이것은 그들의 자살골이었다.

이양 등이 일차적으로 탄핵한 것이 성공을 거두자 더욱 기고만장하여 더 큰 판을 만들고자 하였다. 단계적으로 모의하여 궁극적으로는 아예 이황과 조식의 문하생들은 발을 못 붙이도록 할 생각이었다. 마침 18일은 이감의 집 기일이어서 그다음 날로 날을 잡았다.

언젠가 이양이 심의겸을 나무라기를 '너는 박소립·기대승·윤두수를 무엇 때문에 좋아하는가? 이문형은 너더러 동방의 성인이라고 한다는데 네가 과연 성인인가?' 하였다. 이로 미루어 보면 이양의 질시하고 원망하는 마음이 박소립 등에게만 있는 것이 아니라 심의겸에게도 감정이 없지 않았다.

 심강, 심의겸 부자는 이양의 악랄한 행위를 더 이상 묵과할 수 없다는 결론에 도달하였다. 이양은 심강에게는 처남이고 심의겸에게는 외삼촌이었지만 이양의 인간적 소양이 떨어져 서로 용납될 수가 없었다. 이양이 득세한 것은 중전 심씨의 외삼촌이었기에 가능했지만 중전이 봐준 것은 아니었다. 중전의 성격은 덕과 품위가 있어 이양 같은 사람을 좋게 봐줄 사람이 아니었다. 중전은 명종에게 이양을 쓰지 말 것을 간하기도 하였다. 그래서 이양은 불평이 많았고 궁중의 내시와 궁녀들 몇 사람에게 환심을 사 그들을 통하여 임금의 동정을 살피고 환심을 산 것이었다.

 부제학 기대항이 이양에게 더 이상의 일을 꾸미지 말자고 하였으나 듣지 않았다. 기대항은 심유겸 가족과 이양과의 관계를 알았다. 그래서 이양과의 마지막 대화에서 더 이상 기대할 것이 없자 바로 심강을 찾아갔다. 적시의 배반이었고 탁월한 선택이었다. 심강 등은 이양을 탄핵 제거하기로 결정하자 바로 실행에 들어갔다. 촌각을 다투는 문제가 될 수도 있었다. 기대항은 옥당에서 의견을 모아 그 죄악을 낱낱이 밝히는 차자를 작성하고 심의겸은 누나인 중전을 통해 명종을 설득하게 하였다. 명종도 느끼는 바가 있어서 바로 결심을 하였다. 기막힌 반전이었다.

 8월 19일 홍문관 부제학 기대항, 직제학 유종선, 전한 황서, 교리 최옹·고경명, 부수찬 이거, 저작 이산해 등이 이양을 탄핵하는 차자를 올렸다.

 "임금이 덕과 교화를 베푸는 자리에 단정히 공수만 하고 계셔도 국가가 유지되고 통솔되는 것은 위복이 있기 때문입니다. 그것이 어쩌다가 하루라도 신하에게 옮겨간다면 곧 위망이 닥치게 되는 것이니 무서운 일이 아니겠습니까. 지금 성명이 위에 계시므로 조정이 화평하여 사림이 눈을 씻고 청명한 다스림을 바라고 있는데 이조판서 이양은 그 몸이 척리에 있음으로 인하여 지나친 은총과 발탁을 입고 4~5년 사이에 갑자기 육경에 올랐으니 마땅히 은우에 감격하여 보답할 것을 도모하기에 겨를이 없어야 할 것입니다.

그런데 오로지 권력을 장악하는 데 힘써 위복을 도적질하여 농락하면서 사악하고 위험스러운 무리들과 유대를 맺고 그들을 끌어들여 당여로 삼아서 분주히 추종하는 길을 넓히고는, 자기에게 반대하는 자는 배척하고 아부하는 자는 등용하면서 어진이를 방해하고 나라를 병들게 하는 온갖 짓을 다하였습니다. 조정의 관작을 제집의 사유물인 양 생각하고 심지어는 '아무개가 당상에 승진한 것은 나의 힘이었고 아무개가 체직된 것도 나의 힘이었다'고까지 말합니다. 그리고 더 심한 것을 말한다면 사사로이 남에게 벼슬을 주고자 하여 전조에 부탁할 때는 상지라고 협박하고, 애완할 보물을 모으려고 널리 남의 집에 요구할 때는 내헌할 것이라고 핑계하였으며 비록 정승의 자리에 있는 자라도 조금만 자기에게 동조하지 않으면 금시 넘어뜨릴 계획을 세우곤 하였습니다. 그 밖에 제멋대로 기탄없이 행한 방종한 행위는 낱낱이 다 거론하기 어렵습니다. 그는 또 철부지 자식을 권력 있는 요직에 두고자 하여 자주 기조에 천거케 하여 처음으로 상피의 법을 파괴했으며 곧 천관을 차지하여 공론의 입을 막았습니다.

대저 권간이 조정의 정치를 독단하려면 반드시 위엄을 먼저 세워 사람들로 하여금 감히 입을 열지 못하게 한 다음에 사림에게 화를 전가하고 나라에 해를 끼치므로 임금은 고립되어 이를 깨닫지 못하고 종사는 날로 위태로워지지만 구제할 수 없게 되는 것이니 이는 예부터 그러했습니다. 대신들은 전하의 고굉인데도 말을 하지 못하고 대간은 전하의 이목인데도 규탄하지 못하였으며, 일국의 사람들은 무서워서 바로 서지도 못하고 바로 보지도 못하면서 이양이 있는 줄만 알고 전하가 계신 줄은 모릅니다. 정언 이정빈은 어리고 경망한 사람으로서 그 아비를 붙좇아 화단을 빚어냈으니 그 또한 어찌 서울에 발을 붙이게 할 수 있겠습니까. 그리고 양사는 공론이 나오는 곳인데도 도리어 노비처럼 굴종하면서 그가 은밀히 사주한 말을 오히려 따르지 못할까 두려워했으니 국가에서 대간을 설치한 뜻이 어디에 있습니까. 삼가 바라건대 전하께서는 즉시 공론을 따르시어 백성들의 마음을 시원하게 하여 주소서" 하였다.

명종이 즉시 답하기를 "이 차자의 논사를 살펴보니 놀라움을 금할 수 없다. 그러나 사람을 다스리는 데는 그 중도를 얻어야 하는 법이니, 이양은 관작을 삭탈하여 문외 출송하고 이정빈은 관작만 삭탈하라. 그리고 양사는 모두 체직하라" 하였다.

기대항이 탄핵할 때 죽음을 각오하고 하는 것이라 말이 몹시 강개하였고 주위 사람들은 두려움에 몸을 움츠렸다. 말을 마치자 명종이 기다렸다는 듯이 바로 윤허하여 사람들은 안도의 한숨을 쉴 수가 있었다.

그때 25세인 정자 이산해는 입직하여 차자 쓰는 일을 담당하였다. 이산해가 매우 두려워하여 손이 떨려서 글자를 쓰지 못하니, 기대항이 웃으며 말하기를 "정자는 나이가 어려서 겁을 내는군" 하였다. 제봉 고경명은 교리로 있었는데, 말하기를 "이것은 공론이니 내가 사사로움으로 피할 수 없다" 하고, 붓을 휘둘러 쓰면서 조금도 난처해하는 빛이 없었다. 그러나 고경명은 이것이 바로 자신과 아버지와 장인에게 직접 해가 되는 일이었으므로 편지를 작성하여 집에 왕래하는 것이라 핑계하고 이를 장인 김백균에게 알렸다. 김백균은 바로 이양에게 알렸다. 이양이 정청에 있다가 이를 듣고 노하여 정사를 파하고 나왔다. 그래도 임금의 총애를 믿고 별 탈은 없을 것으로 생각하였다. 그러나 그것으로 끝이었다. 명종에게는 처외삼촌보다는 처와 처남 그리고 장인이 훨씬 더 가까운 사이인 것을 그는 생각하지 못했다.

　이양을 제거한 일등공신은 심강, 심의겸 부자였다. 심의겸은 이 일로 크게 명성을 떨치게 되었다. 그래도 심의겸은 자신을 크게 내세우지 않고 할아버지가 내려 준 '겸' 자를 지켰다. 그런 겸손한 사람이었다.

　고맹영은 다만 벼슬에서 추방되어 고향에 돌아가게 되었는데, 사람들은 다 아들인 고경명이 차자를 쓴 효과라고 하였다.

8월 20일 양사가 이양 등을 멀리 귀양 보내고 그 일당을 모두 파직할 것을 청했다.

　명종은 "이양의 죄가 비록 그러하다 하나 단지 어리석고 경망하여 그 계려가 얕았던 때문이다. 사람을 다스리는 데는 중도를 얻어야 하는 법이니 멀리 귀양 보낼 것까지도 없고 중도 부처하도록 하라(보령에 유배되었다). 이정빈은 아뢴대로 하라. 이감·신사헌·권신도 멀리 귀양 보낼 것까지는 없다. 관작을 삭탈하고 문외 출송하도록 하라. 윤백원을 귀양 보내는 것은 과한 듯하니 관작을 삭탈하도록 하고, 전 대간 홍천민 등의 파직은 아뢴 대로 하라" 하였다.

　팔뚝을 걷어붙이고 이양의 죄를 논한 자 중에는 전일 자의로 이양의 집에 문안하던 자도 있어서 비웃음을 샀다.

　계속 이양, 이감 등에게 중벌을 청했다.

9월 4일 명종이 "그 원흉만 벌주고 협종은 다스리지 않는다고 했는데 요즈음 이양이 죄를 받은 뒤에 또 그와 교결했던 사람들에 대해서도 논

325

하고 있으니, 이목지관으로서 직분을 다한다는 뜻은 가상하다. 그러나 이는 소요에 가까우니 내 마음이 어찌 편하겠는가. 이언충·강극성·조덕원·황삼성은 모두 논계한대로 삭탈관작하고, 김백균·고맹영·이중경은 파직까지 할 것은 없으니 모두 본직만 체직하여 송서하라. 정사룡은 늙은 재상으로 망령된 실수를 한 것이니 각심하게 다스릴 필요가 없다. 문외 출송까지 해서는 안 되고 삭탈관작만 하도록 하라. 정번의 일은 하문에 대한 회계가 있은 뒤에 결정을 내릴 것이다" 하였다. 양사에서 계속 한관 정번의 죄상을 고했으나 상이 일일이 정번을 변호하였다.

9월 29일 심의겸을 부수찬으로 하였다. 지난해에 급제하여 청현직을 두루 역임하였다. 이렇게 빨리 오른 예가 없을 정도였다. 그러나 기국과 도량이 숙성하였고 교만하지 않았다.

10월 13일 양사가 계속 이양 등의 중벌을 청했다.
답하기를 "공론을 숨김없이 모두 진달하니 내가 더욱 그들의 간악했던 실상을 알겠다. 이양·이감·권신·신사헌·이영은 양남으로 멀리 귀양 보내고, 윤백원은 효혜공주의 단 하나뿐인 사위이니 청홍도나 황해도 중 먼 고을에 귀양 보내라" 하였다. 그러나 결국 이양을 강계로, 이감을 경원으로 윤백원을 회령으로, 권신을 벽동으로, 신사헌을 거제로, 이영을 남해로 귀양 보냈다.

11월 6일 고경명이 간인을 제거하던 날 기밀을 누설하여 장인 김백균에게 편지를 보내 이양에게 전하도록 하였다 하여 탄핵하고 파직시켰다. 이리하여 젊은 고경명은 고향 담양에 낙향하여 살게 되었다.
흥인문 숭례문 안의 큰 종을 내수사에 주라 하였다. 두 개의 종은 원각사와 정릉사에 있었던 유물이었다. 전에 그것을 깨뜨려서 총통을 만들게 하자고 청했을 때에는 허락하지 않았는데, 지금 갑자기 내수사에 주라고 명하였다. 절로 들어갈 것이 분명하였다. 명종은 자전의 분부라고 핑계하였다.

여러 폐단들이 있었다.

5월 17일 사간원이 남원부사 황윤관의 파직을 청했다. 황윤관이 윤원형의 첩 정난정의 딸을 양녀로 삼아 데리고 가서는 그 세력을 믿고 한껏 탐욕을 부렸다. 관고의 물건을 육로와 해로로 실어 나르는가 하면 물건을 가혹하게 거두어들여 온 경내가 원망하는 소리로 가득 찼으므로 파직을 청한 것인데 윤허하지 않았다. 윤원형 때문이었다.

6월 4일 영의정 윤원형이 병이 있다고 광주의 초수에 목욕하러 가겠다고 하였다. 윤원형이 말미를 청할 때 공궤하는 폐단을 열거하며 식량을 가지고 가겠다고 하였다. 그런데 실제로는 온 집안이 다 가서 목욕하는 곳에 임시 거처를 짓느라 민전을 메웠으며, 공역하는 관원이 끊임없이 오가느라 한 도 내가 소요스러웠다. 그런 폐단을 앉아서 보면서 조금도 염려하지 않는 것을 보면 식량을 싸가지고 가겠다고 청한 것은 거꾸로 알아서 대접하라는 명을 내린 것과 같았다.

6월 25일 포도대장 김순고의 행태를 말하였다 "평양군 김순고는 나이가 이미 많아 기력이 쇠약하고 성질 또한 거칠고 포악한데 포도 대장이 된 이래로 일 처리에 전도되는 것이 더욱 심하여, 도적으로 지적되면 허실을 분별하지 않고 매를 마구 때려 무고한 백성 중에 목숨을 잃은 자 또한 많았으며, 사적인 혐의로 얽어 모함하기도 하므로 모두들 원망하고 고통스럽게 여길 뿐입니다. 게다가 사족의 자제까지도 붙잡아 곤욕을 주며 하지 않는 짓이 없으니 그대로 대장의 직임을 제수해서는 안 됩니다. 체차하도록 명하시고 은혜와 위엄이 함께 드러난 사람을 충분히 가려서 차출하소서" 하니, 아뢴 대로 하라 하였다.

7월 6일 병조가 선상 가포 점퇴를 억울하다고 호소하는 동궁 입역 선상들의 추고를 청했다. 듣고 억울함을 풀어 주어야 할 터인데 도리어 그들을 엄하게 다스리게 한 것이었다.

온갖 역사 가운데 선상의 고통이 가장 심했다. 때문에 유망하는 자는 많고 붙어 있는 자는 적어서, 열읍에서는 으레 일족들이 함께 충당하여 보내고 있었다. 그런데 각 사에서 받아들일 때 교활한 술책을 부리는 정상이 극심하여 원방의 백성이 원통하고 절박한 심정을 이기지 못하여 통곡을 그치지 않았다.

사관은 '궁문에서 지척에 있는 곳에서도 오히려 이와 같은 걱정이 있거늘 하물며 멀리 외딴 지역 밖에서이겠는가' 하고 논하였다.

7월 10일 경기·황해·청홍·전라·경상도의 방비를 보건대, 각 고을 포구의 전함이나 기계가 한결같이 모두 노후되고 파손되었으며 군기의 여러 기구도 없어진 것이 많고, 적을 방어하는 데에 가장 긴요한 총통 또한 대부분 유실되었다.

각 고을에서 잘 쏘는 자를 뽑을 적에 무예를 익힌 양가 자제들은 전혀 선발에 참여시키지 않고 대부분 활을 잡을 줄도 모르는 하천으로 숫자만 채워서 수록하였다. 그러니 만약 적변이 생긴다면 함께 강력히 방어하지도 못하고 흙더미처럼 무너질 염려가 없으리라 보장하기도 어려웠다. 전함을 다스리고 기계를 갖추며 병졸을 뽑는 것과 같은 일은 병사나 수사가 마땅히 그 책임을 맡아야 하는데, 그들의 태만이 이미 고질이 되어 비록 조정의 명령이 있어도 행할 생각을 하지 않아 방비가 크게 해이해졌다. 관찰사는 한 도를 전제하고 한 방면을 위임받고 있는데도 그 위임받아 검찰하는 뜻이 전혀 없었다.

삼공과 비변사가 함께 의논하여, 우선 이런 뜻을 가지고 엄한 말로 글을 내려 준열히 힐책해서 정비하게 하도록 하고, 명년 적간에서 하나라도 어긴 상황이 드러나면 용서하지 않을 것이라는 뜻으로 전라도·경상도의 관찰사·병사·수사에게 하유하자고 하였다. 명종은 아뢴 대로 하라 하였다.

8월 7일 조강에서 지경연사 오겸이 호조의 일을 아뢨다. 그 대략은,
국고의 저축이 겨우 1년을 지탱할 정도여서 해마다 세입 이외에 군자 저축을 쓰는데, 그것이 모두 아주 오래전에 저장해 둔 것이어서 장인이나 하인이 받는 녹봉은 모두 썩어서 먹지 못할 것들이며, 군자의 저축마저도 바닥이 나고 있다.
그리고 간리의 농간을 적발할 길이 없어서 언제나 실을 재로 만들고 있다. 이렇게 함으로써 궁한 백성이 조금이라도 혜택을 입는다면 괜찮지만 사실 실을 재로 만드는 것은 모두가 호족들의 논밭일 뿐 궁한 백성들은 더욱 시달리고 있다. 그래서 《경국대전》의 본의에 따라 선처의 방도를 시행하기를 바란다고 하였다.

8월 8일 이준경이 부산첨사가 동래 왜인에게 감급도 하고 선척을 바꿔 주기도 하면서 이익을 취하는 작폐를 아뢰었다. 또 육진의 변장들이 실수하면 엄벌에 처하라고 강경하게 말하기도 하였다.

9월 12일 관무재 할 일을 말하였다. 사관은 '지금은 공구수성 할 때요, 그럴 때가 아니다'고 논하였다. 그러면 그때는 언제인가? 나라가 망하고 나야 그때인가. 정말 정신이 없는 사관이었다.

‖ 세자가 졸하다 ‖

명종의 외아들 순회세자는 일종의 문제아였다.

3월 17일 세자는 마땅히 학문을 부지런히 하고 예모를 극진히 해야 하는데, 저녁 서연 때 새로 강 받은 곳을 읽지 않으므로 서연관이 자리에서 일어나 간곡히 권하였는데도 끝내 듣지 않고 웃으며 읽지 않았다. 그러고는 도리어 서연관으로 하여금 속히 나가도록 하였다.

이에 대하여 명종은 "이는 근고에 없었던 일이 갑자기 오늘에 일어난 것이므로 지극히 놀랐다. 세자궁의 내관 한계정·김형석·하원복·탁승세는 평상시에 잘 보도하지 못하여 이와 같은 일이 있게 하였으니 모두 추고하라" 하였다.

근자에 세자는 서연에서 예모를 크게 잃어, 싫어하고 게을리하는 태도가 많았을 뿐만 아니라 행동과 말하는 모습 또한 때에 맞지 않았고, 새로 배운 글을 읽지는 않고 바로 강의하는 요속들에게 물러가라고 재촉하고, 아무리 반복하여 간절히 말하며 달래도 듣지 않았다.

9월 20일 세자가 졸했다. 13세였다. 세자가 속병으로 고통이 있어서 일탈된 행동을 했는지, 독한 할머니의 유전자를 이어받아서 그랬는지 모르지만 왕이 되기에는 부적절했던 것 같다. 명종은 매우 심하게 애통해하다가 뒤에 탄식하기를 "내가 어찌 통곡할 것인가. 을사년에 충성하고 어진 선비들이 죄 없이 줄을 지어 죽는데도 내가 임금의 지위에 있으면서 금지시키지 못하였으니, 내 집에 어찌 대대로 군왕이 있을 수 있겠는가" 하였다.

양종을 복위하고 그동안 중과 절에 쏟은 정성은 어떻게 된 것이며 중종의 묘까지 옮겼는데 그러한 것들의 효험은 어떻게 된 것인가.

이해의 다른 일들은,
2월 29일 이후백을 병조정랑으로 하였다. 이때 심의겸은 이조좌랑이 되었다.

3월 3일 전교하여 "양남의 변방 일이 가장 급한데도 지금의 방백들은 모두 무어에 익숙하지 않으니 임기가 차지 않았더라도 그들을 체직하고 변방의 일을 아는 사람으로 작질의 고하를 논하지 말고 가려서 보내는 것이 어떻겠는가. 이조·병조와 공경들이 함께 의논하여 뒷날 정사에서 차출하도록 하라" 하였다.

4월 1일 비변사가 삼공·영부사와 함께 의논하여 아뢰기를 "방어사와 조방장을 정해 두지 않으면 사변에 임하여 필시 군색하고 절박한 우려가 생길 것이니 미리 뽑아서 행장을 마련하도록 하였다가 행여 변방의 근심이 있게 되면 즉시 나누어 보내야 하는데, 이원우·이발·조구·당언필·정응규는 모두 피초된 사람으로서 지금 다 파직을 당하였습니다. 그들을 군직에 붙여서 행장을 마련하고 명령을 기다리게 하소서" 하니, 모두 아뢴 대로 하라고 하였다.

6월 22일 사헌부가 주청사, 성절사의 사행 시 자신의 자제를 역관으로 하여 데려가는 것을 추문할 것을 청했다. 역관 대신에 자제 군관이라 하여 데리고 가고, 저자의 부상들을 데리고 가는 경우가 많았다. 그러나 부경하는 행차가 있으면 무역해 오라는 명령이 대내로부터 수없이 내려오고 있으니 그 사신의 행차를 단속하여 다스릴 수가 없었다.

8월 4일 휴가를 오래 끈 상촉 여흥서를 추고하라 하였다.

8월 12일 한관의 우두머리 간신 박한종이 죽었다. 사관은 '위사훈록에 참여하여 후한 은총을 받아 부귀로 일생을 마쳤으니 아, 이것이 한종에게는 다행이지만 국가에게는 큰 불행이었다'고 하였다.
내관 강억천이 파와 마늘을 먹고 냄새를 풍기는 등 불경스럽고 무례하니 귀양 보내라 하였다. 사실은 억천이 직언을 했다가 쫓겨났다고 한다.

9월 28일 왜 사신이 도서를 요구한대로 주지 않는다고 화를 내고 절화 서계를 받아가겠다는 말도 있었다. 전송연도 거절하였다.

10월 4일 삼수에 귀양살이하는 진복창의 행패가 보고되었다. 진복창은 40여 호나 되는 많은 양민을 사사로이 점유하고는 그들로 하여금 초하루 보름마다 맛있는 음식을 장만하여 바치게 하고 조금이라도 자기 뜻에 맞지 않으면 잡아다가 곤장을 치는데 그 사제에 형틀까지 설치해 놓고 있었다. 일부 백성들은 그 고통을 견디지 못하여 장차 도망쳐 흩어질 지경에 이르고 있으며 그를 군수보다도 더 두려워하고, 군수도 그 독을 두려워하여 감히 어쩌지 못하고 있었다. 또 매를 많이 기르는데 산으로 사냥을 가는 날에는 그의 졸개 30여 명을 거느리고 가면서 부근 백성들로 하여금 그들의 음식을 마련해 내게 하였다. 또 품관의 딸이 자기 아들의 말을 따르지 않았다 하여 장살까지 하였다.

답하기를 "귀양 가는 것은 사형 다음가는 죄인데 서슴없이 방자한 짓을 하고 있으니, 나라에 기강이 있다고 하겠는가" 하고 위리안치하게 하였다.

10월 20일 원준량을 경상좌병사로 하였다. 사관은 '원준량의 욕심 많고 사납고 무지함은 이원우보다도 더했다. 그런데 원우는 공박을 하고 준량은 보냈으니, 이는 필시 준량의 뇌물이 권신의 힘을 얻고 간관의 입을 막을 수 있었던 것이다. 아! 군졸을 보살피고 방비를 굳게 하는 일을 어찌 준량이 할 수 있겠는가' 하고 탄식하였다.

11월 13일 전라도 상도의 유생들이 하도의 유생으로 빈공하는 자들의 입장을 막고 시관을 내쫓으려고 몽둥이를 휘두르고 돌을 던지며 날뛰는 난동이 있었다. 주동자 이여정은 장 일백 도 삼 년에 처하고, 수종했던 한응태 등은 장 구십 도 이 년 반에 처하도록 하였다. 과거 시험장의 일이었다.

12월 1일 무반인 판윤 김수문을 병조판서에 임명코자 의논하니 권철이 강인하고 정직한 문신에게 맡겨야 한다 하였다. 군사의 일은 탁월한 장수가 잘할 수도 있는데 권철의 말은 정말 아쉬웠다.

12월 10일 중국의 칙서를 받고 특사를 행하였다. 사관은 '바라건대 임금께서는 죄인을 함부로 사면하지 마소서' 하였다. 사실 사면을 너무 남발하고 있었다.

윤원형은 참다못해 영의정의 자리에 올라 기회를 엿보고, 이양의 기세는 걷잡을 수 없이 충천하더니 다행히 심의겸 부자의 정의의 칼날 한 번에 잘려 버렸다. 권력이란 이렇게 무상한 것이다. 윤원형도 아무리 권력의 끈을 놓지 않으려 해도 그 앞날도 얼마 남지 않았다. 내시들의 작폐는 도를 넘어 이제는 임금을 얕보는 기미가 나타난다. 끝으로 가는 것이다. 명복을 그렇게 빌었지만 어린 세자가 먼저 죽었다. 싹이 노랬으니 아마 고맙게도 백성을 위해 빈 모양이다.

이순신은 19세, 22세의 유성룡은 생원, 진사시의 초시에 합격하였다. 28세의 이이는 5월에 여묘살이를 끝내고 다시 과거 준비에 열중하게 되었다. 선조는 12세가 되었다.

23
내수사는 무소불위의 권력 기관이었다 :
명종 19년 (1564 갑자년)

온갖 폐단이 난무하는 위에 내수사는 무소불위의 권력기관이 되어 있었다. 내시들이 득세하니 임금을 돌보는 일도 함부로 하여 명종이 내시들로 인해 피곤할 때가 많아진다.

2월 10일 대사헌 김귀영이 상소하였다.

"궁금은 엄하게 하지 않을 수 없습니다. 궁중을 깊게 하여 문은 굳게 잠그고, 내시가 지켜서 밖의 말이 문 안으로 들어오지 못하게 하고 안의 말이 문 밖으로 나가지 못하게 하는 것은, 안팎의 한계를 엄하게 하여 정치에 간여하는 조짐을 막기 위해서입니다. 예로부터 조정을 혼탁하게 한 자 치고 궁금과 내통하지 않고서 그렇게 한 자는 없었습니다. 내간의 말이 혹 밖에 전파되기도 하니 외간의 말이 내간으로 들어가지 않는다고 어떻게 보장하겠습니까. 제수하는 명단이 내려오지 않았는데도 결정된 것을 먼저 알고, 윤음이 내리지 않았는데도 민간에서 먼저 듣기도 합니다. 심지어는 왕실의 칭탁이 간혹 송사를 판결하는 곳에 내려오기도 하고, 내지가 관직을 제수하는 곳으로 내려오기도 하므로, 도하에 떠들썩하게 전파되어 원근이 모두 알고 있으니, 어찌 성덕에 누가 되지 않겠습니까.

사기는 당연히 진작시켜야 합니다. 염치는 당연히 권장하여야 합니다. 교화를 흥기시키는 요점은 풍속을 도탑게 하는 것보다 더 큰 것이 없습니다. 선비들의 추향이 바른 길을 잃었습니다. 부끄러워하는 마음은 깨끗이 없어졌으니, 예로써 사양하는 것이 어디에 있겠습니까.

부역은 국가의 재용을 넉넉하게 하고 백성의 힘을 이용하는 것입니다. 백성은 국가의 근본으로 정치란 백성을 기르는 것입니다. 선왕은 차라리 위의 것은 삭감할지언정 백성들의 재산은 풍부하게 하였으니, 농한기에 백성을 부리는 것은 백성의 힘을 피곤하지 않게 함이요, 정당한 세금만 받는 것은 절도 있게 취하는 것입니다. 근래에는 정당한 세금 이외에 부과하여 거둬들이는 명목이 많고, 명분 없는 역사에 백성의 농한기도 따지지 않습니다. 권귀의 집안은 전지의 두렁이 연달아 있고 장정이 모여 있는데도 세금이나 부역을 알지 못하며, 내수사에 딸린 백성은 이웃을 감싸고 종족을 보호하여 세금과 부역을 포탈함이 참으로 많습니다. 열 집에서 해야 할 부역을 한 집이 겸하게 되고, 백 집에서 내야 할 세금을 열 집에 독촉합니다. 세금 실어가는 일이 겨우 끝나자, 매질하는 형벌이 연이어 이르고, 분주하게 종사하는데도 구속되는 곤경이 극심합니다. 관가에는 관대한 구실아치가 적어서 호령이 성화보다 급하고, 전야에는 농사짓는 시기를 놓쳐서 목숨을 골짜기에 버리기까지 합니다. 사찰의 공양과 기도에 드는 비용을 매번 내수사의 물품이니 국가의 경비와 관계되지 않는다고 핑계대지만 내수사의 재물이 귀신이 가져다준 것이 아닌 이상 백성에게서 나온 것이 아니겠습니까.

내간의 별진하는 일은 외척에게서 비롯되었고, 아부하며 청탁하는 사람에게서 시작되었습니다. 고을 수령 자리를 구한 처음에 돈 벌 수 있는가를 먼저 묻고, 부임한 뒤에는 거둬들이기를 끝이 없이 합니다. 공공연히 명령을 내리되 대궐에 진상할 물건이라고 명목을 만들고, 거짓 핑계를 대면서 사리를 도모하여 실업한 백성을 거듭 곤궁하게 합니다. 자신의 덕망을 얻으려고 하여 위에 누덕을 돌리니, 이 어찌 통탄할 일이 아니겠습니까. 전하께서는 세금을 조금 걷고 경비를 줄여서 민생의 아픔을 구휼하소서.

어느 전의 내지라고 칭해지는 작은 도장을 찍은 것이 외간에 성행되고 있으며 간혹 송사를 판결하는 곳에도 있다 합니다. 관직을 제수하는 일에도 작은 도장을 찍은 것이 전조의 장관에게 내려왔다는 말이 지난번에 떠들썩하게 전파되었습니다. 들은 바가 이와 같기에 감히 아뢴 것입니다" 하였다.

명종이 답하기를 "가납하겠다. 상소에서 한 말은 당연히 머물러 두고 반성하겠다" 하였다.

‖ 명종의 병세가 심상치 않았다 ‖

명종은 생각보다 심각하게 몸이 좋지 않았다.

윤2월 24일 의관 유지번 등에게 "나의 심기가 매우 편안하지 않으며 비위가 화하지 않고 가슴이 답답하며 갑갑하다. 한기와 열이 쉽게 일어나며 원기가 허약하여 간간이 어지러움증과 곤히 조는 증세가 있고, 밤의 잠자리가 편안하기도 하고 편안치 못하기도 하다. 대저 내가 원기를 헤아려보니 언제나 평안하지 못하다. 심열이 위로 치솟으면 입이 말라 물을 끌어다가 마시며, 만기에 대한 생각을 많이 하다 보니 성품이 고집스러운 듯하다. 나이가 30이 넘었는데도 아직도 국가에 경사가 없다. 지난해에 세자를 잃은 뒤 국가의 형편이 고단하고 약해진 듯하니 심기가 어찌 화평하겠는가.

내가 불민하기는 하지만, 안일함이 없어야 한다는 옛말을 생각하여 학문을 싫어하지 않고 경연에 나아가 신하들을 만나야 되는데, 잔병이 자주 일어나는 것에 얽매인다. 금년은 오로지 조리에 주력하여 기필코 회복하려고 일을 보지 않은 까닭에 소차 사이에 학문을 권하는 논의가 있었다. 이는 신하로서 임금을 경계하는 보통의 일이지만 나의 마음은 언제나 스스로 편안하지 않아서 마음 놓고 병을 조리하지 못한다. 현재 나라에 세자가 없고 위에서는 병이 많으니, 모든 신하 된 자들은 잡다한 의논은 번거롭게 하지 말고, 단지 국가를 편안하게 하고 임금을 보전하고자 해야 할 때라고 여겨야 할 것이다. 또 검은 수염이 차츰 누렇게 변하여 지난날과 다른 듯하니 이도 탄식스럽다" 하였다. 듣기에 아주 처량하다. 명종의 병세가 심상치 않은 것이다. 창경궁으로 거처를 옮기기도 하였다.

사관은 '요사이 용안이 수척하여 아주 옛날의 얼굴이 아니며, 말씀이 느리고 약하여 역시 옛날의 소리가 아니다. 또 듣자니 상이 마음이 평안하지 못함으로 해서 때때로 술을 지나치게 들어 몹시 취하여 실성하는 지경에까지 이른다고 한다. 환관의 무리에게 성을 내어 혹 옥에 가두게 하기도 하고 혹 밖으로 쫓아내도록 하기도 했다가 곧 도로 풀어 보내거나 곧바로 불러들이므로, 기쁘고 성내는 것이 무상하여 그 단서를 헤아릴 수 없다. 이는 진실로 세자가 죽어 국가에 근본이 없게 되었기에 걱정스럽고 답답하여 그런 것이다' 하였다.

어머니 문정왕후의 독살스런 처사에 마음이 극도로 상한 데다가 아들 순회세자가 죽자 상심이 무척 커서 이제는 돌이킬 수 없는 병이 되어 버린 것이었다.

6월 21일 이때 윤원형은 상이 병이 있고, 나라에 세자가 없는 것을 보고 덕흥군의 아들을 사위로 삼아 만약 상이 죽으면 사위를 왕으로 세워서 자신은 국구가 되어 후일의 부귀를 보전하고 원망스러운 자들을 제거할 수 있을 것으로 생각하여 덕흥군에게 혼약을 강청하였다. 혼인이 이루어지려고 하니 듣는 이들이 두려워하였다. 만약 그리 된다면 사림만큼 화를 받게 될 뿐 아니라 종묘사직도 위태로울 것이라 여기고, 그 일이 이루어지기 전에 죄명을 정해 주벌을 행하여 종묘사직을 안정시키고자 하였다. 그러나 실행에 옮기지 못하였는데, 명종이 마침 그 모의를 듣고 윤원형에게 대신이 종실과 혼인하는 것은 옳지 않다고 타일렀다. 윤원형이 어쩔 수 없이 그 계책을 포기하였다.

7월 27일 전교하기를 "옛날의 수령은 백성을 사랑하는 것으로 일을 삼았으나 지금의 수령들은 백성들을 수탈하여 자신만을 살찌우고 있다. 그 까닭에 으레 외직 구하는 것을 좋아한다. 인심이 이 지경이 되어 이욕이 충일하여 자상한 수령은 적고 탐학한 수령이 많아 백성들이 떠돌아다니게 되고 읍들은 거의 쇠잔, 피폐해졌으니 참으로 한심스럽다. 지금 이후로는 출척을 엄격하고 공정하게 하며 만약 형벌을 남발하는 탐학한 수령이 있으면 계문하여 무거운 벌로 다스리고 또 선정을 펴는 수령도 찾아 계문할 것을 팔도에 하유하라" 하였다.

외척의 어리고 어리석은 자들과 권문세가의 자제들이 부유한 고을의 수령을 독차지하여 고을과 백성들을 병들게 하고 괴롭히는 것이 지금 세상의 풍조였다. 그런데도 그들의 부형이나 족친들이 세력을 가지고 비호하므로 방백들이 그 사이에 손을 쓰지 못하였다. 명종의 전교는 매우 좋았으나 이런 것을 타파하지 못하여 이번에도 빈말이 되고 말았다.

8월 1일 내수사에서 죄인을 잡아 보내라 했는데 옥중에서 자살하게 한 홍천현감을 추고하라 하였다. 내수사는 본래 죄인을 잡아 가두어 두는 곳이 아닌데도 형옥을 두기까지 하여 사람을 죄주고 죽이는 권력을 행사하고 있었다. 내수사에서 형벌을 받다가 죽은 사람이 한둘이 아니었다. 환관들이 국정에 간여하여 조신을 얽어 죄에 빠뜨리는 조짐이 드러난 것이었다.

8월 25일 대사헌 김귀영 등이 차자를 올려 "신들이 내수사에서 하는 것을 가만히 보니 전하의 덕화를 어지럽히는 것이 많습니다. 오늘에 이르러서는 더욱 심해져 형옥을 안에 만들어 두고서 죽이고 살리는 권력을 제멋대로 부렸고 농장을 지방에 두고서 죄를 짓고 도망해 오는 자들의 소굴로 만들었습니다. 법을 무너뜨리고 다른 고을의 민호를 복호해 주니 부역이 고르지 않게 되어 평민들만 치우치게 수고해야 하는 괴로움을 당하게 되었습니다, 함부로 점유하여 제택의 양안을 절수하고 원전을 침탈하니 농사를 짓는 백성이 고조·증조 때부터 지어 오던 농토를 잃어 원망과 탄식이 일고 화기가 손상되니 어찌 측은한 마음이 들지 않겠습니까. 그런데도 전하께서 여기에서 치우침이 있었던 까닭에 원통함을 하소연하였던 사람이 끝내 목숨을 잃기에 이르렀습니다. 형벌을 관장한 자가 사사로운 분풀이를 한 것이 분명한데도 전하께서는 헌부의 차자에 답할 때 변명하는 교지를 내리시고서 아직까지 윤허하는 교서가 없으니 신들은 의혹을 금치 못하겠습니다.

산림이나 천택에 이르러서도 백성들과 그것을 공유하는 것이 왕도의 한 일입니다. 그런데도 전부 제궁이 떼어 받아 소속된 까닭에, 세력 있고 사나운 무리들이 바다 배가 잡아들인 고기를 내가 받은 곳에서 잡은 물건이라 칭하면서 공공연하게 중로에서 빼앗아 갑니다. 어부나 장사꾼이 이익을 놓쳐 거의 폐업 상태가 되어 일을 하지 않아 저자에는 해산물의 값이 뛰어올랐습니다. 이것이 공명한 정치에 한 흠이 되지 않겠습니까"

하였다.

　답하기를 "여러 재변이 중첩해서 나타나고 농사도 흉년을 만난 것은 나의 부덕의 소치이다. 그저 조심스럽고 두려워할 뿐이다. 내수사에서 한 일은 모두 옛 일에 따라 한 것이고 별도로 새롭게 창안해 낸 일이 아니며 형벌을 관장한 자도 사사로운 혐의로 형벌을 남발한 것이 아니니 죄를 다스릴 필요는 없다. 조관과 결탁했다고 한 것은 천한 사람으로서 조관의 집에 드나들었기 때문에 우연히 언급한 말일 것이다. 여러 궁가에서 해택을 절수한 것은 근래에는 없었던 듯하다. 만약 아무 궁가에서 한 일이라고 거론하지 않는다면 위에서 어떻게 알 수 있겠는가. 내가 잔병이 많고 심열이 늘 있어 조신의 접견을 중지하고 병 조리에만 마음을 전념하는 것은 어쩔 수 없는 것이다. 내 마음인들 어찌 편하겠는가. 차자의 내용은 마땅히 유념하겠다" 하였다. 복창이 터지는 변명만 한 것이다. 그러나 명종이 몸이 아픈 것은 분명하였다.

　9월 10일 신광사 주지승 도정이 유생을 결박하고 심한 매질을 하고 도망하였다는 황해감사 유중영의 보고가 있었다. 수색하여 잡아 보내라 하였다.

　9월 23일 내수사와 중들의 일에 대해 전교하였다. "이 계본을 보니 김추 등의 일은 지난번 내수사에서 판하한 것이었다. 그런데 감사의 계문이 이와 같으니 교생 등은 추고하지 말고 죄를 저지른 중은 법에 따라 죄를 주도록 하라. 내수사의 종은 행이관자를 가지고 두 번 다녀왔었다. 이는 내지를 사칭한 것이 아니니 치죄해서는 안 된다. 또 이 정수사는 양종을 다시 설립하기 전부터 인순 공주의 원당으로 칭해진 곳이다. 중을 미워하는 교생들의 소장으로 인해 오래 내려온 내원당을 가볍게 혁파한다면 후폐가 없지 않을 것이니 혁파할 수 없다. 이 뜻을 예조와 형조에 말하고 아울러 지금 내리는 내수사의 공사를 보여 주라" 하였다.

10월 13일 내시 강억천과 이세량을 나태하고 불경스럽고 무엄하다 하여 곤장을 쳐 먼 고을에 유배하라 하였다.

이해의 왜적의 일을 살펴보면,
5월 18일 적선이 영남에 출현하여 전투까지 했는데 봉수는 변란을 알리지 않고 오히려 별일이 없다는 불이 들었다. 해이함이 여기까지 이르렀으니 자세히 조사하여 추고하라 하였다.
　당시 왜적들이 우리나라에 대해서 조공이라 하거나, 세견이라 하거나, 특송이라 하면서 오고 가는 것이 끊이질 않았다. 접대하는 중에 소비되는 쌀과 없어지는 재물도 많았다. 영남의 군현이 이로 인해 해를 입었고, 우리의 실상을 엿봄도 없지 않았으므로 우려되는 바가 많았다.
　그리고 왜구들이 해로를 통하여 중국을 노략질한 뒤이면 명주와 보패며 진기한 비단, 금은 등이 부산포에 모두 모였다. 때문에 수령이나 변방의 장수 및 장사치들까지도 쌀이나 베를 수레에 싣거나 몸에 지니고서 끊일 사이 없이 부산포로 몰려들었다. 심지어는 타도의 수령들까지도 배로 운반해 오거나 육지로 수송하여 와서 물화를 교역하고 있었으므로 이런 폐단을 없애자는 말이 있었다.

이해의 다른 일들을 살펴보면,
1월 18일 격쟁의 감소를 위해 송사를 잘못 판결하는 관리를 치죄하라 하였다.

4월 14일 내지를 칭탁한 것을 물리쳐 잡지 않았다고 좌의정 이준경의 파직을 청했다. 체직하라 하였다. 심통원이 이준경을 제거하기 위해 그것을 약점이라고 잡아 술수를 부린 것이었다.

5월 12일 봄부터 여름까지 가뭄이 몹시 심해 봄농사를 벌써 그르쳤고, 가을의 수확에 대한 희망도 끊어졌다고 생각했는데, 이제 흡족하지는 못하지만 비가 조금 왔다.

5월 26일 사인 최옹이 삼공의 뜻으로 아뢰기를, "북병사 곽흘, 평안병사 이택, 경상우병사 원준량이 그들의 자제를 무과 초시에 응시하도록 허락한 일은 지금 추고 중에 있습니다. 신들이 듣건대, 과거 사목이 문과는 상세한데 무과는 일정한 규정을 세우지 않은 까닭에 그 자제들이 군관으로서 구례대로 응시하도록 허락한 것입니다. 법을 어기고 거짓으로 응시한 것과는 비할 바가 아니니, 상께서 참작하여 처리함이 어떻겠습니까?" 하니, 알았다고 답하였다.

원준량은 갖가지로 재물을 긁어 들이므로 군졸들은 원망하고 괴로워하면서 날마다 파직되어 가기만 고대하였다. 그런데도 윤원형 등이 일찍이 그의 뇌물을 받았기에 파직되어 갈릴까 염려되어 이렇게 임금을 속여서 아뢰었다.

5월 28일 생원 1등은 이이, 진사 1등은 조원이었다. 유성룡도 합격하였다. 이이는 전시에 직부되었다.

8월 24일 문무과 전시에서 문과는 33인 중 이이가 장원하였고, 무과는 28인 중 내금위 한계남이 장원하였다. 이이는 호조좌랑으로 관직을 시작하게 되었다.

9월 25일 우리나라는 구리를 캐어 쓰지 않고서 왜노에게 무역하거나 중국에서 사들이는데 오히려 용도에 충분치 못하여 매우 불편하였다. 음성 남면의 웅암산 아래 사는 학생 정수기가 자기가 제련한 동철 및 동철을 제련한 토석을 가지고 비변사에 와서 아뢰기를 '사는 근처 산기슭의 토석에 구리나 주석 빛깔을 띤 것들이 많아 그것을 파서 담아 가지고 상경하여 사위인 중부참봉 정남경과 함께 의논하여 제련하였더니 토석 4량에서 대략 2전 정도의 동철을 제련할 수 있었다. 또 지나는 연도에 자세히 살펴보니 동철을 제련할 만한 토석이 곳곳마다 있었다'고 하였다. 공조로 하여금 장인을 정하여 정수기 등으로 하여금 제련을 전임하게 하도록 하였다.

10월 18일 윤두수를 장령, 이탁을 부제학, 임수신, 이산해를 정언으로 하였다.

내수사의 권한이 하늘 높은 줄 모르게 올라가 내수사에서 형벌을 받다가 죽은 사람들이 많았다. 아직도 명종은 내시와 중 문제에 대해서는 두둔만 하여 복장이 터지게 만들고 있었다. 그러나 이것도 막바지이다. 문정왕후는 이미 병이 들어 수명이 다 되어 가고 있었다. 그런데 이제 31세로 오래 살아야 할 명종도 또한 건강이 매우 좋지 않았다.

이순신은 20세이다.
이해 7월에 23세의 유성룡과 29세의 이이는 같이 생원, 진사시 복시에 합격하였다. 이이는 그 생원시에 장원하였다. 그래서 이이는 문과 전시에 직부되었고 가을에 전시에서 또 장원으로 급제하여 정6품인 호조 좌랑으로 관직을 시작하였다. 유성룡은 생원이 되어 성균관 유생이 되었다.

선조는 13세로 글공부에 열중하였다.

24
권력이 사라지는 것은 순간이다 :
명종 20년 (1565 을축년)

권불 10년이라고 한다. 그러나 문정왕후와 윤원형은 20년을 권력을 휘두르고 있었다. 이제 드디어 그 권력의 끝에 도달하였다. 문정왕후가 죽을 때가 다가온 것이다. 그 죽음과 함께 권력도 순간에 사라질 것이다.

윤원형은 사는 집 뒤에 따로 집 한 채를 지어 놓고 커다란 신상 세 개를 만들어 안치하고 아침마다 향불을 피우고 재배하였다. 어떤 신을 받드는지, 무슨 복을 비는지는 알 수 없었다. 아마 최근에는 문정왕후가 쾌차하기를 빌었을 것이다. 그의 첩 정난정은 백성들에게는 피 같은 쌀 몇 섬씩 밥을 지어 두모포 등의 바닷가에 나가 물에 던졌다. 아마 물고기에게 먹여 그 공덕으로 당치도 않은 복을 얻으려 한 모양이었다. 해마다 2, 3차씩 하였다. 어떤 이가 "백성의 밥을 빼앗아 강의 물고기에게 먹이니, 여기에서 빼앗아 저기에 주는 것은 송장을 까마귀에서 빼앗아 개미에게 준다는 옛말보다 심하다" 하였다.

1월 6일 명종은 조정의 돌아가는 상황을 알려 줄 사람이 그리웠다. 그래서 이양을 그리워하는 마음이 있었다. 또한 심통원이 은밀히 이양을 옹호해 주면서 몰래 궁인과 결탁해서 이양을 변호하게 하고 있었다. 이에 명종이 사면령으로 서용하려는 의도가 엿보였는데 양사가 들고 일어나 더 죄주기를 청했다. 며칠을 두고 계속 이양 등을 율대로 죄줄 것을 청했다. 계속 번갈아 청하니 명종이 할 수 없이 심열로 인해 기가 평안하지 못하니 이양의 사면을 중지하라 하였다.

2월 3일 이때 이조판서 송기수는 대소의 인사를 반드시 윤원형·심통원에게 품의한 뒤에 시행하였다.

간원이 아뢰기를 "근래에 전조의 관원이 명기를 아끼지 아니하고 오직 남을 즐겁게 하기만 힘써서, 대소의 인사가 있을 적마다 으레 정승의 집에 달려가서 지시를 묻고 아첨하면서도 부끄러운 일인 줄 알지 못하며, 그 외에 정청 가운데 청탁 편지가 구름처럼 쌓였는데 좌우 사람을 꺼리지 않고 공공연히 펴보며 다만 말하는 사람의 경중을 보아서 주의의 고하로 삼으니, 이처럼 비속한 실상은 또한 다 열거하기 어렵습니다. 이조의 당상과 담당 낭청을 추고하여 치죄하소서" 하니, 아뢴 대로 하라 하였다.

2월 21일 청홍도 결성 등의 고을에 있는 내수사 노복 등이 농장의 수노를 칭탁하고 도망·배반한 사람을 불러들여서 소굴을 만들고 성세를 의지하여 포악과 난리를 자행하며 수령을 능멸하고 민중을 위협하였다. 그리고 심지어 위에 바치는 공물을 약탈하고 적을 방어하는 무기를 훔쳤다. 감사나 병사의 위력으로도 제어하지 못하였다. 사간원이 "이는 반국의 적이고 심복의 근심입니다. 끝까지 추고하여 실정을 얻으소서" 하였다. 윤허하였다. 다행이었다.

2월 30일 경기에서 감사나 도사를 지낸 사람을 선생이라 하는데, 그 부모나 아내의 초상에 여막과 분묘를 설치하는 일을 감사가 각 고을에 나누어 배정하면 각 고을에서는 민가에 역을 책임지워서 공공연히 관가의 일처럼 하고 있었다. 장지가 원지에 있어서 나무나 돌을 실어 나를 수 없으면 반드시 사서 하게 하니, 나무 한 토막 돌 한 개도 그 값이 몇 갑절이 되어 부역 이외에 백성의 원망과 고통이 이보다 더 심할 수가 없었다.

이에 사간원이 아뢰기를 "청컨대 감사에게 교서를 내려 일절 금지하여 그 폐해를 영원히 혁파하고 만일 전례를 핑계하여 그대로 행하는 자가 있으면 나타나는 대로 엄히 다스리소서" 하니, 아뢴 대로 하라 하였다.

이때 심전이 감사로서 어미의 상을 당하여 김포에 귀장하였는데, 상려의 사치가 지나치게 과도하였고 영선의 독촉이 매우 심하였으므로 아뢰었던 것이다.

3월 13일 경상감사 이탁이 "안동부 광흥사·봉정사 두 절의 중들이 도회 유생을 공궤하는 일을 싫어하여 밤중에 난을 일으켜 유생 장흡 등을 때려 상해하였으니, 엄히 국문하여 죄를 다스리소서" 하니, 유생 공궤는 불가하다 하였다.

‖ 문정왕후가 죽다 ‖

드디어 권력의 끝에 도달하였다.

세자가 죽은 후 요승 보우가 복을 빌어야 한다는 말을 거론하고 무차대회를 베풀기를 청했는데 문정왕후가 그 말을 따랐다. 양주 회암사에서 무차대회를 하는데, 모여드는 승려들이 수천 명이나 되었으며, 장식하는 것도 지나치게 화려하고 사치스럽게 하였다. 비단으로 깃발을 만들고 황금으로 연을 꾸며 임금이 친히 행차하는 것처럼 하였다. 이로 인해 재정이 고갈되었고 종실과 인척들도 또한 곡식과 비단을 내어 그 일을 도와야 했다. 문정왕후가 그 주문에 따라 엄동설한에 목욕재계하고 소식하기를 오랫동안 하였는데 무리가 되어 그만 병이 들었다. 3월 따뜻한 봄날이 되었어도 낫지 않고 점점 심해져 갔다. 4월 들어 회암사에 내관을 보내 무차 대회를 중지시켰다. 병이 아주 심해졌기 때문이었다.

4월 6일 사시에 문정왕후가 죽었다. 65세였다.

사관이 문정왕후의 악행을 논하였다. "윤씨는 천성이 강한하고 문자를 알았다. 윤 왕후가 전에 감정이 쌓였고 뒤에 화를 얽어 만들었는데, 이기의 무리가 또 따라서 이를 도와 이룩하였다. 그래서 그 화가 길게 뻗치어 10여 년이 되도록 그치지 않았고 마침내 사림을 짓밟고 으깨어 거의 다 쳐 죽이기에 이르렀으니, 이를 말하자니 슬퍼할 만한 일이다. 그 뒤에 불사를 숭봉함이 한도가 없어서 내외의 창고가 남김없이 다 고갈되고 뇌물을 공공연히 주고받고 백성의 전지를 마구 빼앗으며 내수사의 노비가 제도에서 방자히 굴고 주인을 배반한 노비들이 못에 고기가 모이듯 숲에 짐승이 우글거리듯 절에 모여들었다. 그의 아우 윤원형과 중외에서 권력을 전천하매 20년 사이에 조정의 정사가 탁란하고 염치가 땅을 쓸어낸 듯 없어지며 생민이 곤궁하고 국맥이 끊어졌으니, 종사가 망하지 않은 것이 다행일 뿐이다. 더구나 정릉은 안장한 지 거의 20년이나 되었는데, 장경왕후와 같은 무덤인 것을 미워하여 마침내 옮기기에 이르렀으니, 어찌 차마 그렇게 했단 말인가. 또 스스로 명종을 부립한 공이 있다 하여 때로 주상에게 '너는 내가 아니면 어떻게 이 자리를 소유할 수 있었으랴' 하고, 조금만 여의치 않으면 곧 꾸짖고 호통을 쳐서 마치 민가의 어머니가 어린 아들을 대하듯 함이 있었다. 상의 천성이 지극히 효성스러워서 어김없이 받들었으나 때로 후원의 외진 곳에서 눈물을 흘렸고 더욱 목놓아 울기까지 하였으니, 상이 심열증을 얻은 것이 또한 이 때문이다. 그렇다면 윤비는 사직의 죄인이라고 할 만하다. 《서경》 목서에 '암탉이 새벽에 우는 것은 집안의 다함이다' 하였으니, 윤씨를 이르는 말이라 하겠다" 하였다. 이렇게 간략하고 정확하게 문정왕후의 악독한 죄상을 논하였다.

4월 12일 대행 대왕대비의 시호를 문정이라 하고, 전호를 문덕이라 하고, 능호를 신정릉이라 하였다. 부제학 김귀영으로 하여금 행장을 짓게 하였는데, 이날 윤원형이 그 행장을 보고는 성내어 말하기를 '이 행장이 대비의 을사정난에 대한 일을 서술함에 있어 말뜻이 모두 상세하지 않고 간략한 흔적이 있으니, 이는 무슨 의도인가? 제공들이 을사년의 일을 의심하는 것이다' 하였다. 아직 그의 표독함이 이렇게 남아 있었다. 그러나 마지막 발악이었다. 문정왕후가 죽었으니 그와 그를 따라 악한 짓을 한 자들은 당연히 사라지게 될 것이었다.

4월 25일 양사가 보우의 죄를 청하나 윤허하지 않았다. 성균관 유생들이 상소하여 보우를 죄주라고 달을 넘겨 논했으나 윤허하지 않았다.

5월 13일 심통원과 윤원형까지 참여하여 보우의 죄를 논했다. 29일 성균관 유생들이 관을 비우고 나가 버렸다. 몇 달을 두고 오래도록 아뢰니, 오직 승직만 삭제하여 서울 근처의 사찰에는 발을 들여놓지 못하게 하라고 하였다.

문정왕후가 정릉을 옮긴 것은 자신이 죽은 뒤에 중종과 같은 묘역에 묻히려는 생각이었는데 그 뒤에 재앙이 계속되니, 모두들 천릉한 응보라 하였고 명종도 또한 그렇게 여겼다. 그래서 문정왕후의 능은 다른 곳으로 가려 정하여 같은 묘역에 묻히려는 계략은 이루어지지 않았다.

6월 8일 사헌부가 중을 비호한 안동부사 이순형의 파직을 청했다. 당시 문정왕후와 윤원형을 거스르지 않고 비위를 맞추기 위해 중들을 비호한 자들이 있었는데 이제 문정왕후가 죽었으니 철퇴를 맞게 되었다.

6월 11일 강원도 관찰사 어계선의 장계에 '보우가 한계산 설악사에 몰래 숨어 있었는데, 어떤 중 하나가 외방에서 급히 당도하여 밀고하였습니다. 보우가 즉시 도주하여 함춘역에 이르러 역말을 빼앗아 타고 갔습니다. 외람되이 타게 된 연유에 대해 지금 바야흐로 역졸을 추문하고 있습니다' 하였다. 화가 난 명종이 붙잡아 먼 변방으로 귀양 보내라 명하였다. 결국 보우는 제주도로 귀양을 가게 되었다. 그것으로 끝이었다.

8월 3일 드디어 대사헌 이탁, 대사간 박순 등이 윤원형을 탄핵하였다.

'첩으로 정처를 삼는 것은 《춘추》에서 크게 경계한 일입니다. 예로부터 이런 일이 더러 있기는 하였으나 이는 모두 제왕이 한 일이고 신하로서는 차마 행할 수 없는 일입니다. 그리고 덕흥군 이초의 아들은 중종의 손자인데 감히 자기 첩의 딸로 혼사를 의논했습니다. 대체로 측실의 딸을 사대부에게 시집보내는 것은 옹주를 하가 하는 예법인데, 윤원형이 이 예로 자처하려고 하였습니다.

또 문정왕후의 환후가 크게 악화되었을 때, 첩을 보내어 사가와 다름없이 제멋대로 대내로 들어가서 날마다 3전에게 직접 문안드리게 하였습니다. 내인들이 좌우로 열을 지어 늘어서 있는데 외신의 소첩이 조금도 거리낌 없이 당돌하게 곧바로 들어가고, 심지어는 내의에게 호령하며 함부로 잡약을 올렸는데 의관이나 제조들은 그 약이 맞지 않는 것인 줄 알면서도 감히 말리지 못하였습니다. 10여 채의 커다란 집에는 진기한 보화들이 가득 차 있으니, 사가가 나라보다도 부자이고 개인이 임금보다도 사치스러우며 여러 고을은 황폐해 가고 나라의 근본은 날로 무너져 가고 있습니다.

간석지를 많이 막고 연해와 내지에 있는 양전을 점령하여 관에서 종자를 대어 주고 수령이 농사짓는 일을 감독하게 하였으니, 백성은 모두 경작 개간하는 종이 되고, 온 나라의 죄짓고 도망하는 사람들은 이곳에 모여들었습니다. 더구나 팔도에 반력이라고 하는 사람이 없는 고을이 없으니 이는 참으로 나라를 나누어 스스로 차지하고 있는 것입니다. 억세고 사나운 종을 조종하여 남의 아내를 약탈하고 남의 농토를 강탈하였으며, 심지어 세도를 믿고 사람을 죽이기까지 하여 못하는 짓이 없는데도 수령이 감히 막지를 못하고 조정이 감히 말하지 못하며 부모를 죽여도 감히 고하지를 못하고 있습니다. 온 나라 사람들이 윤원형을 두려워하는 것이 이렇게 극도에 달했으니 전하의 세력이 날로 고립되어 가는 것은 당연한 일입니다' 하였다.

명종 때의 모든 악행과 횡포가 망라된 것이었다. 홍문관에서도 윤원형을 탄핵하였다. 심통원도 의정부 당상과 육조판서를 거느리고 윤원형의 죄를 청했다. 그러나 모두 윤허하지 않았다.

8월 14일 양사에서 윤원형의 죄악을 26조목으로 요약하고 봉하여 올렸다.

'첫째, 거리낌 없이 마음대로 결정하여 행한 것이 열 가지 조목이 있습니다.

1. 혼례를 갖추면 아내가 되고 야합하면 첩이 되는 것은 고금의 공통된 의리입니다. 명문가의 처녀라 하더라도 한 번 첩으로 이름 지어지면 다시 바꿀 수 없는 것인데 더구나 관비의 소생을 올려서 부인으로 삼았습니다. 이는 왕법을 무너뜨리고 기강을 어지럽힌 것이니 과연 조정을 의식한 일이라고 말할 수 있습니까?

2. 측실 소생을 사대부에게 시집 보내는 것은 옹주를 하가 하는 예법입니다. 덕흥군 이초의 아들은 중종 대왕의 손자이고 벼슬이 정2품인데, 측실의 소생을 존귀한 사람과 혼인시키려고 도모했으니 명분을 범함이 이보다 심한 것은 없습니다. 과연 임금을 의식한 일이라고 말할 수 있습니까?

3. 을사년 난리를 평정했을 당시에 이미 '역적과 혼인하면 모두 북변으로 내쫓아 왕법을 보이겠다'고 하였는데, 더불어 결혼하여 일가를 삼고 죄를 씻어 주고 서용하였으니, 이는 국가의 역적임을 잊어버리고 임금의 원수를 대단치 않게 여긴 처사입니다.

4. 궁위는 지엄한 곳이므로 내외가 현격하여 외부인이 출입할 수 없는데, 문정왕후의 병세가 위중하실 때 첩을 보내어 사가와 다름없이 곧바로 들어가서 문안하였고, 심지어 내의에게 호령하고 함부로 잡약을 올렸는데도 의관과 제조가 감히 막지 못하였습니다.

5. 별처럼 벌여 있는 팔도의 군읍과 바둑판처럼 펼쳐진 크고 작은 진보에, 앞뒤로 임명을 받은 자는 모두 빚을 진 장수이고 병부를 차고 출입하는 자는 모두가 은혜를 입은 관리들입니다. 육지로 뇌물을 운반하느라고 백성들은 거의 흩어져 방랑하고, 바다로 곡식을 운송하느라고 군졸들도 극도로 병들고 쇠약해졌습니다. 멀고 가까운 곳을 따질 것 없이 청탁하는 편지가 구름처럼 날아들고 전최할 때에 마음대로 못하도록 방백들을 견제하였습니다.

6. 관작은 임금의 대권이고 형옥은 천하의 대명입니다. 그런데 뇌물을 받고 벼슬을 제수하되 벼슬의 고하는 그의 청탁에 따라 주고 뇌물을 받고 형벌을 면하게 해 주되 죄의 경중은 그의 지시에 따라 정하니, 이조판서는 제수하는 도목만 조심하여 시행할 뿐 현우를 따져 묻지 못하고 형조판서는 공손히 명하는 대로 따를 뿐 경중을 논하지 못하였습니다.

7. 사람을 죽인 자를 사형에 처하는 것은 나라에 상형이 있으므로 아무리 의빈·공자라 해도 너그럽게 용서할 수 없는 것인데, 사나운 종이 세도를 빙자하여 남의 아내를 속여 간음하고 전택을 약탈했으며 심지어 대낮에 사람을 죽였는데도 관리가 감히 문죄하지 못하였으니, 위세가 어떠한 지는 이것만 보아도 알 수 있을 것입니다.

8. 산림과 천택은 백성과 함께 향유해야 하는 것이므로 나라를 가진 임금도 오히려 그렇게 합니다. 수락산은 서울과 아주 가까이 있어서 나무꾼들도 가고 꿩과 토끼 사냥하는 사람도 가는 곳인데, 온 산을 절수하여 시장으로 만들어 그곳에 거주하는 백성을 내쫓고 그곳에 있는 무덤을 파헤치는데도 인근에 사는 사람들은 호소할 길조차 없었습니다. 심지어 약조를 만들어 관가의 부역처럼 나무를 세로 바치게 하였습니다.

9. 노마는 법도가 있어서 꼴만 차도 목을 베는데 감히 궁중의 준마에 첩을 태우면서 조금도 꺼리는 마음이 없었고, 산릉의 역사는 국가의 대사인데 사복시의 거마를 자기 집 문전까지 부역시켜 관리가 쓰지 못하게 하였습니다.

10. 무고에서 일하는 철공은 병기를 만들어 급한 일이 생길 때를 대비하는 것인데 사사로이 집에서 일을 시켜 국사를 돌볼 겨를이 없게 하였고, 차량을 두는 것은 무기를 운반하여 군국의 일을 엄중히 하는 것인데, 사사로이 물건을 운반하여 수레가 부서지고 소가 죽었습니다.

둘째, 부정한 짓으로 끝없이 재물을 탐한 것이 열 가지 조목이 있습니다.

1. 하늘 높이 치솟은 화려한 저택을 10여 채를 짓고, 부정하게 들어온 보화가 그 속에 가득하며 가혹하게 거둬들인 재물이 밖에까지 넘치는데도 끝임없이 집을 지어 토목 공사가 한창이고, 진·농에서 생산되는 재목이 강 머리까지 연이었으니, 어찌 목요가 일어났다는 기롱에서 그칠 뿐이겠습니까.

2. 해변의 간척지와 내지에 죽 잇닿은 기름진 전답을 모두 사사로이 점유하고 관에서 종자를 대어 주고 수령이 감농하게 하니, 관창에 저축한 곡식의 절반은 일꾼들 밥해 먹이는 데 쓰이고 밭에서 일하는 농부는 모두 경작하는 종이 되어 농장이 있는 곳마다 모두 원성이 대단하니, 어찌 지벽이란 기롱만 있겠습니까.

3. 상인을 불러 모아 집 앞에다 시장을 열어 수레와 말에 실어온 청동과 백금을 구름처럼 모아 놓고 손가락으로 가리키며 물건을 간품하고 멋대로 값을 정해서 사들인 물건을 산적해 두므로 시장의 물건이 하루아침에 거의 다 없어졌으니, 동취인이라 하더라도 이렇게 하지는 않을 것입니다.

4. 역관을 불러 놓고 잡물을 주며 중국의 유명한 물품을 조목별로 적어서 연경의 시장에서 사오게 하는데 값은 적게 주고 물건은 많이 가져오게 하니 반드시 남에게 꾸어서 부족한 숫자를 채워야만 혹독한 질책을 면할 수 있었습니다. 욕심 많은 중국 상인도 이렇게는 하지 않을 것입니다.

5. 반력은 정수가 있는 것인데, 여러 고을의 양정과 부호를 함부로 점유하고 예속시켜 그 숫자가 크게 늘어났습니다. 부역의 대가를 징수하는데 독촉이 성화보다 급하고 미포를 차출하는데 해독이 이웃에게까

지 미쳤습니다. 심지어 강제로 욱대기면서 요구하여 함부로 전민을 약탈하므로 가산을 탕진한 자가 계속 생겨 거처를 잃고 방랑하면서도 호소할 길이 없었습니다.

   6. 사납고 억센 자가 주인을 배반하는 것은 강상을 범한 죄에 해당하는 것인데, 죄짓고 도망한 자들을 불러들여 소굴을 만들어 놓으니 죄를 지은 노복들이 서로 이끌고 모여들어 그 수가 대단히 많습니다. 그리고 송사를 좋아하는 무리가 자신이 불리한 것을 알면서도 되면 되고 안되면 그만둘 생각으로 일단 이익을 등분할 계획을 세우고 문서를 만들어 그의 집으로 보내면, 정당한 사람이라도 말을 못하고 물러나와 감히 다투지 못하였습니다.

   7. 와서의 보병은 관가의 벽돌과 기와를 만들기 위하여 있는 것인데 스스로 절반을 차지하므로 역부가 치우치게 고생하고, 지사에서 만드는 종이는 사대 문서를 작성하기 위한 것인데 사사로이 닥나무 껍질을 보내어 공공연히 팔아먹었으니, 국가에 손해를 끼치고 사복을 채운 것이 거의 이와 같습니다.

   8. 공물을 방납하는 것은 시정배가 하는 짓인데 하나를 바치고 열을 징수하여 많은 이익을 취하였고, 고초를 판매하는 것은 촌민도 하려 들지 않는 것인데 배로 경강에 운반하여 곡식과 포목 값을 받고 팔았으니 이익이 되는 것이라면 하찮은 것도 빠뜨리지 않았습니다.

   9. 윤백원은 그의 친 조카인데 죄를 짓고 귀양 가던 날 모든 노비와 성 근처의 기름진 전답을 협박과 우격다짐으로 빼앗아서 자기 소유로 삼았고, 김경석은 재상을 지낸 사람인데 을묘년에 잡아다가 국문할 당시 금부 당상으로서 많은 돈과 영단을 뇌물로 받았습니다.

   10. 여러 곳의 농장에 소를 분양하고 장부를 만들어 점검하며 들판에 가득하게 하였으며, 번식하는 숫자가 더러 줄기라도 하는 날이면 마

구 징수하는 폐단이 이웃에까지도 미쳤습니다.

셋째, 사치스럽고 참람되며 능멸하고 핍박한 죄인데, 그 조목이 3가지가 있습니다.

1. 여자가 부엌일을 맡는 것은 가정의 상례인데 내옹과 같이 선부를 따로 두었고, 호화롭고 큰 상에는 팔진미를 고루 갖추어 하루에 만전씩을 소비하면서도 항상 하증이 수저 둘 데 없다고 탄식하듯 하였습니다.

2. 사복시의 타락죽은 상공하는 것인데 임금께 올릴 때와 똑같이 낙부가 기구를 가지고 제 집에 와서 조리하게 하여 자녀와 첩까지도 배불리 먹었습니다.

3. 집에는 비단으로 만든 휘장을 치고 금은으로 꾸민 그릇을 사용하였으며 사치스러운 가구와 집기는 임금에게 비길 만하고 첩들의 사치한 복식은 대궐보다 지나쳤습니다.

넷째, 잔인한 마음과 경박한 행동인데 3가지 조목이 있습니다.

1. 문정왕후가 지위로는 국모이시고 친분으로는 동기이십니다. 평생에 입은 은총이 하늘과 같이 넓고 커서 망극한데, 승하하시던 날 부음을 듣고 입궐하여 평시와 같이 밥을 먹었고, 재궁에 모실 때에는 빨리 뚜껑을 덮게 하며 조금도 눈물을 흘리지 않았습니다.

2. 동궁이 돌아가신 이후 옥체가 편치 않으시어 자주 약을 올리므로 중외의 신료들이 모두 민망스럽게 여겼는데 수상의 신분으로 문안드리는 일 같은 것을 생각해 본 적이 없었고 조정에서 말을 꺼내면 범범하게 따라서 행했을 뿐입니다.

3. 부부란 인륜이 시작되는 바인데, 정처를 버리고 혼수 예물을 추후로 징수하였으며 가산까지 빼앗아 굶어 죽게 만들어 영원히 한없는 원한

을 품게 하였으므로 듣는 자가 눈물을 흘렸습니다' 하였다.

　명종 때의 모든 횡포와 폐단이 망라된 죄악이었다. 을사사화의 억울함은 아직 언급하지 못했다.

　이에 대해 명종이 답하기를 "전 영상의 일은 논집한 지가 벌써 열흘이 지났다. 상소한 26조목은 내가 불민하기는 하나 어찌 공론이 어떻다는 것을 알지 못하겠는가. 계사가 들어오는 것을 볼 적마다 내 마음은 항상 불안하다. 내가 흔쾌히 따르지 못하는 것은 종사에 큰 공이 있고 문정 왕후의 동기이기 때문이다. 귀양은 보내지 않았더라도 하루아침에 정승의 직위를 면직시키고 제조까지 체직하여 국정에 참여하지 못하게 하였고, 또 문 밖 출입을 금하고 근신하며 성문 밖에 퇴거하라 하였으니 국가에 무슨 해로움이 있겠는가. 공신의 관작과 봉록만 보존하고 있을 뿐이니 귀양까지 보내는 것은 결코 따를 수 없다. 양사는 나의 간곡한 분부를 유념하고 번거롭게 고집하지 말라. 윤허하지 않는다" 하였다.

　양사가 윤원형의 다른 죄악을 아뢰며 귀양 보내라고 하였다. 의정부 사인과 육조의 낭관들이 상소하였다. 충훈부 당상들이 중벌을 청했다. 좌찬성 홍섬과 육조 당상이 중벌을 청했다. 정원이 귀양 보내기를 청했다. 대호군 정현이 상소하여 귀양 보내기를 청했다.

8월 15일 이준경을 영의정으로 삼았다. 온 조정이 기뻐하였다.

8월 22일 영의정 이준경이 상소하여 윤원형을 완곡하게 탄핵하였으나 윤허하지 않았다. 삼정승과 당상 이상이 연일 계속 아뢰었으나 윤허하지 않았다.

　이때 윤원형은 있을 곳이 없었다. 그동안 당했던 사람들이 심한 모욕을 하고 문간으로는 돌이 날아들고 화살까지 날아왔다. 처음에 흥인문 밖에 있다가, 중간에는 교하의 농장에 있었고, 다시 고양에 있는 종의 집으로 옮겼다. 보복이 두려워 이렇게 옮겨 다니며 일정한 거처가 없었다. 악한 짓을 저지른 죄악이 이처럼 자신에게 돌아온 것이다. 이것을 인과응보라 한다.

8월 25일 경상도 유생인 김우굉 등이 보우를 죽이라고 상소하였으나 윤허하지 않았다. 청홍도 유생인 진사 박춘원 등이 상소하였으나 윤허하지 않았다. 이때 영남의 선비가 먼저 상경하였고 이어 전국의 선비들이 모였다. 오는 차례로 상소하고 울분을 토하였는데, 날마다 대궐 밖에 가득하게 모여서 시위를 하였다. 밖에서는 선비들이 보우를 죽이라 하고, 조정에서는 신하들이 윤원형을 귀양 보내라고 연일 아뢰고 있었다. 그동안 80여 차례나 아뢰었다.

8월 27일 영의정 이준경 등이 백관을 거느리고 윤원형을 귀양 보내라고 두 번 아뢰니 드디어 답하였다. "관작을 삭탈하고 방귀전리시키도록 하라. 귀양 보내는 것은 윤허하지 않는다" 하였다.
 어떻든 윤원형은 20년간 권력을 누렸다. 그만큼 고통을 당한 사람도 많았고 사대부들의 울분도 컸었다.
 양사가 정난정의 부인첩 회수, 별제 황대임, 봉상시정 안함, 전 예조판서 윤춘년의 파직을 청했다. 한 달이 넘도록 아뢰니 그제야 윤허하였다.

9월 4일 헌부가 아뢰기를 "윤원형은 권세와 공훈을 빙자하여 오래도록 위복의 권한을 휘두르며 생살여탈의 권한이 자기에게 있다고 생각하였어도 사람들이 감히 의논치 못했습니다. 남의 노비와 주택·토지를 더러는 자기 물건이라고 하여 빼앗고, 혹 샀다고 하여 빼앗고, 빚이라고 하면서 빼앗기도 하였으니, 서울이나 지방을 막론하고 사람들이 속수무책으로 빼앗기고 호소할 길이 없어 물이나 불 속에 들어 있는 것처럼 원망하고 고통스러워하는 소리가 시끄러웠습니다. 그런데 윤원형이 쫓겨난 이후 다시 해를 보는 것처럼 기쁘게 여기더니 날마다 본부에 소장을 낸 것이 뜰에 가득합니다. 서울도 그런데 더구나 원한을 품은 지방민은 몇백 명이나 되는지를 알 수 없습니다. 지금 원통하고 억울한 사람을 신리하는 것이 불을 끄는 것보다 급합니다. 정리에 크게 관계되는 것은 본부가 처결할 수 있으나 민사에 관계되는 잡다한 일들은 본부가 일일이 밝힐 수 없으니 대소 인민 중에 윤원형에게 빼앗기고 되돌려받지 못한 자는 사건을 맡은 관아에서 우선 처결하게 하시고, 또 이 뜻을 팔도의 감사에게 알려서 원통하고 억울한 사람을 신원하게 하소서. 그리고 반당의 수는 정원이 있고, 중국 사신이 경유하는 양계와 황해도의 각 고을에 사는 사람은 차용할 수 없다는 것이 법전에 기록되어 있습니다. 그런데 윤원형은 제멋대로 사반을 점유하여 없는 곳이 없어서 물정이 몹시 분개하고 있으니 팔도감사로 하여금 강명한 차사원을 택정하여 빠짐없이 쇄출해서 다시 기록하여 아뢴 다음 일일이 군보의 결원에 충당하게 하소서" 하니, 모두 아뢴 대로 하라고 답하였다.

    윤원형이 쫓겨난 뒤에 지방의 한 백성이 한쪽 팔만 들고서 노래하고 춤추는 자가 있었는데 사람들이 그 까닭을 물으니, 답하기를 '윤원형은 국가에 해를 끼친 놈인데 지금 쫓아내어 백성의 해를 제거했으니 그래서 기뻐서 춤추는 것이다' 하였다. 그래서 한쪽 팔만 들고 추는 이유를 물으니 답하기를 '지금 윤원형은 쫓겨났으나 또한 윤원형이 남아 있으니, 만약 모두 제거된다면 양팔을 들고 춤을 출 것이다' 하였는데, 바로 심통원을 가리킨 것이었다.

9월 8일 윤원형의 본부인 김씨의 모친 강씨가 전후로 소장을 올려 '사위 윤원형은 젊었을 때 딸 김씨와 결혼하여 여러 해를 함께 살았는데, 정윤겸의 서녀 정난정을 얻은 이후 임금을 속여 내쫓고, 김씨의 사환 비, 구슬이·가이·복한·복이와 노 향년·복년·허년·명장 등을 잡아 두고 놓아주지 않았으며, 도리어 종들로 하여금 원주인을 능멸하고 모욕하게 하였고, 그의 가산을 모두 빼앗고 마침내 종적을 없애 버릴 계획을 세웠습니다. 김씨가 매우 굶주려서 정난정에게 먹을 것을 구하자 정난정이 음식 속에 독약을 집어넣고 몰래 구슬을 시켜 김씨에게 올리게 하여 김씨가 먹고 즉시 죽었습니다. 온 집안이 모두 그 원통함을 알고 있었으나 대단한 위세를 두려워하여 감히 소장을 올리지 못하였습니다' 하였다.

형조가 아뢰기를, 본조가 마음대로 처단할 수 없으니 금부로 보내겠다고 하여, 윤허하였다.

‖ 명종이 죽다 살아났다 ‖

9월 15일 상이 크게 미령하시어 중전이 사면령을 내리길 바랐다. 신하들이 이양이나 윤원형 등을 우려하여 중요한 죄인은 안 된다고 하였다.

9월 17일 계속 명종이 일어나질 못하니 영의정 이준경 이하 대신들이 언서로 중전에게 국본을 정할 것을 청했다. 여러 번 아뢰니 중전이 친필로 '국가의 일이 망극하니 덕흥군의 셋째 아들 이균을 입시시켜 시약하도록 하라' 하였다. 신하들은 반드시 상의 명이 있어야 한다고 하니 '방금 국본에 대한 일을 잠시 계품하였더니 성심이 몹시 동요하셨다. 결코 이런 시기에 계품할 수 없다' 하였다.

9월 19일 이준경 등이 '내전께서 이미 손수 이름을 적어 내리셨으니 이후에 다시 고칠 수는 없습니다. 내전께서 이 마음을 굳게 정하시고 상의 기운이 회복되시기를 기다려 조용히 종사의 대계를 상께 계품하여 성지를 내릴 수 있게 되기를 신들은 간절히 바랍니다' 하니, 이는 매우 지당한 생각이다 하였다. 이렇게 해서 하성군 이균은 차기 왕으로 이미 결정된 것이나 다름없게 되었다.

명종이 여러 왕손들을 궁중에서 가르칠 때 하루는 익선관을 왕손들에게 써 보라 하면서 말하기를 "너희들의 머리가 큰지 작은지를 알려고 한다" 하시고, 여러 왕손들에게 차례로 써 보게 하였다. 하성군은 나이가 제일 적었는데 두 손으로 관을 받들어, 쓰지 않고 어전에 도로 갖다 놓고 머리를 숙여 사양하며, "이것이 어찌 보통 사람이 쓸 수 있는 것이겠습니까" 하니, 명종이 매우 기특하게 여겼다. 이런 일로 인하여 중전이 이렇게 결정할 수 있었던 것이다.

명종은 약 20일 동안 심하게 아팠다가 다행히 회복되었다. 그리고 대신들을 인견하여 "국본의 탄생을 진실로 기다리고 바라야 하니, 이제 다시 다른 의논이 있어서는 안 된다" 하였다.

10월 9일 사면을 하기 위해 을사년 이후의 죄인을 고려하여 결정하는데 어려움이 있었다. 홍섬은 금부 판사로서 마지못해 어떠한 사람을 뽑아 올리느냐는 품의를 하였고, 심지어 《무정보감》까지 들어 상으로 하여금 주저하는 마음이 생기게 하였다 그래서 은혜를 입은 자가 극히 적게 되었다. 이에 물의가 일어 격분해하자, 자신이 공론에 용납되지 못함을 알고 체직을 청했다.

10월 12일 윤원형에 빌붙어 횡포를 자행한 수령과 윤원형의 종들을 처리할 것을 아뢰었다.

10월 29일 성천부사 정현이 상소하여 노수신, 유희춘, 백인걸, 유감 등의 신원을 청했다. 정현은 정순붕의 아들이다. 못된 짓은 스스로 다 해 놓고 이제 그 신원을 요청하는 선수를 쳤다. 악랄한 술수를 잘 쓰는 자의 대표라 할 수 있는 자였다.

11월 13일 윤원형의 첩 정난정이 자살했다. 부인 김씨를 독살한 정상은 그 일에 연관된 계집종들을 다 문초하여 환하게 드러나 의심이 없었다. 그 악독한 정난정도 스스로 천벌을 피할 수 없으리라는 것을 알았다. 그래서 항상 독약을 가지고 다니면서 '사세가 여기에 이르렀으니 반드시 나를 잡으러 올 것이다. 그러면 나는 약을 먹고 죽을 것이다'고 하였다. 윤원형이 정난정과 더불어 강음에 가서 거처하였는데 마침 금부도사가 평안도 진장을 잡아 가지고 금교역에서 말을 바꾸어 타고 있었다. 윤원형의 집 종이 이를 보고 달려와 고하기를 '도사가 지금 오고 있다' 하였다. 윤원형은 소리내 울며 어쩔 줄을 몰라 했고 정난정은 '남에게 제재를 받느니 스스로 죽음만 못하다' 하고 약을 마시고 바로 죽었다.

정난정의 죄는 본부인을 독살한 것만이 아니었다. 이미 부인에 오른 뒤 종기가 등에 났는데, 의원 송윤덕으로 하여금 침으로 이를 째게 하였다. 송윤덕은 치료하면서 여러 번 그 종기 난 곳을 빨아 주어 정난정의 마음을 샀고 이후부터 송윤덕이 거침없이 드나드니 추문이 파다했다. 그런데도 윤원형만 이를 모르고 송윤덕을 보기를 아들처럼 하였다.

윤원형은 18일에 죽었다. 정난정의 죽음을 보고 울화가 터져 죽었다. 오래도록 천벌을 면하더니 금일에 이르러 마침내 핍박으로 죽으니, 모든 사람들이 통쾌하게 여겼다. 그래도 임금은 위사의 공이 있다 하여 3등의 장례를 하사하였다.

11월 30일 변방에 흔단이 있을 것 같으니 죄인을 내지로 옮기라 하였다. 이양을 염두에 둔 것이다. 삼사가 반대하여 막았다.

12월 2일 을사년 이후의 죄인 노수신, 유희춘 등을 조금 가볍게 하였다. 너무 미온적인 것을 한탄하는 자가 있자 이준경이 이것도 다행한 일이라고 하였다.

12월 19일 좌의정 심통원이 이제는 부정한 것이 물러나고 올바른 일들을 펴나가게 되어 조정이 청신하게 되었으니 노신은 물러가야 된다 하며 사직을 청했다. 또 '가득 참은 손실을 부르고 겸양은 더함을 받아들인다'는 말도 인용하였다. 말은 좋았다. 사직을 윤허하였다.

심통원은 탐욕이 끝이 없는 자였다. 벼슬을 팔고 뇌물을 받은 것이 윤원형에 버금가는데도 뻔뻔하게 자리를 지켜 오니 물의가 들끓었다. 그의 악한 행실을 욕하기도 하였고, 그를 조롱해 '오늘날 재상 지위에 있는 사람들은 수정 영자에 오목이 사이에 끼었다' 하였다. 심통원은 스스로 죄 있음을 알고 또 두려운 마음이 심해지자 할 수 없이 사퇴한 것이었다.

왜적과의 관계에 별일은 없었다. 해적질하는 왜적들은 명나라 절강성, 복건성 일대에서 수년간 약탈을 자행하다가 5년 전에 명장 척계광의 출현으로 수세에 몰렸는데 지난해에는 완전히 패하여 큰 피해를 입었다. 그래서 당분간은 조용할 것 같다.

2월 21일 이식이 내려가서 남쪽 사람에게 들으니 '왜노를 을묘년에 변란을 일으킨 뒤부터 화친을 끊고 접대하지 않았으니, 저들로 하여금 도리어 스스로 화친을 애걸하게 하면 조종하는 권한이 우리에게 있어서 쉽게 제어할 수 있거니와, 번번이 그들의 청을 들어주어 전일 화친을 끊어 버린 왜인을 잇달아 접대를 허락하면, 폈다 구부렸다 하는 권한이 도리어 저들에게 있어서 뒤에 반드시 그 근심을 감당할 수 없을 것이다. 또 남방의 재력이 이미 왜인의 지대에 곤궁하게 되었으니, 이제 그들의 원하는 바를 따라서 30척의 양곡을 다 준다면 남방의 재력이 장차 다 없어지게 될 것이다. 또 왜인의 침구 여부는 원하는 바를 따르느냐 따르지 않느냐에 있지 않다. 만약 저들이 공갈하는 말을 일절 어기지 않고 들어준다면 그 약함을 보일 뿐이다. 또 제포에서 끊어 버린 뒤부터 남방이 조금 편안해졌으니 지금 다시 열어 주어서는 안 된다'고 하였다. 맞는 말이었다.

이것을 조정에 아뢰니, 명종은 "왜인이 교사하고 반복하여 의례 공갈하는 말을 하고 도서를 청하기 위해 해마다 나오니, 만약 죄다 거절하고 따르지 않으면 또한 먼데 사람을 접대하는 도리가 아니다. 마땅히 대신과 의논하여 처리하겠다" 하였다.

12월 27일 유황도 태수가 병기와 병서를 바치고 도서와 관직을 요구하였다. 전일 도적질해 간 물건을 가지고 와서 공로를 요구하는 자료로 삼은 것이 분명하였다. 완곡한 언사로 답을 하자 하였다.

사관은 '조정을 우습게 보며 업신여김이 심하다 하겠다. 즉시 그 간교함을 지적해 도적들의 도모를 거절하지 못하고 단지 완곡한 언사로 답을 하니, 조정에 사람이 있다고 하겠는가' 하고 한탄하였다.

북방의 문제도 있었다.

9월 5일 서해평에서 정예군사 300명이 호인과의 싸움에서 패하였다.

비변사가 '우리나라 땅에 들어와 사는 자들이라면 하루라도 우리 턱밑에서 편히 자게 할 수는 없으니, 반드시 올해 안에 평안·황해 양도의 날쌘 군대를 일으켜 불의에 엄습하여 모두 죽이고 집을 불사르고 움막을 파헤쳐 나라의 위엄을 보여서 길이 후환이 없게 해야 합니다. 지금 이 일은 우리 국경을 침범하여 오는 호인은 용서하지 않고 참수하겠다는 것으로 저들과의 굳은 약속이니 저들도 이 뜻을 잘 알고 있을 것입니다. 새 병사는 저들의 요새지를 잘 알고 지략이 있는 사람 중에서 철저히 뽑아 보내야 하니, 만약 합당한 사람을 구하기 어려우면 삼망을 갖출 것 없이 단망으로 주의해도 무방할 것입니다. 강계 부사·만포 첨사·우후 평사 등의 벼슬도 반드시 가려 보내야 할 것입니다. 그리고 본도의 토병은 민첩하고 용감하여 남쪽 지방의 백 사람이 한 사람을 당할 수 없으니 참으로 국가의 정예병입니다. 그 공로에 따라 추천하고 장려하여 사기를 북돋아 주지 아니할 수 없습니다. 오늘 계본 속에 기록된 적을 목 베고 쏘아 죽인 사람은 해조로 하여금 공의 경중에 따라 논상하게 하소서" 하니, 모두 아뢴 대로 하라 하였다.

11월 25일 변방의 일이 급한데 방수 차출에 겨우 1백여 명이었다.

이해의 다른 일들을 살펴보면,

3월 20일 명륜당 알성으로 진사 김효원 등 4인에게 문과 급제를 하사하였다.

3월 25일 명종이 '병암동은 출주하여 강무하는 장소로 아주 적합하다. 강무는 비록 농한기에 거행하는 것이나 번번이 전장을 설치하였다가 도로 철거할 수 없으며, 또 전장 설치하는 곳에 민전이 많지 않으므로 대가를 주고 묵혀 두게 한 것이니, 무슨 해로움이 있겠는가' 하였다.

11월 9일 남치근을 전라병사로 삼았다. 윤원형과 이양에게 많은 뇌물을 바쳐 살아남았고 벼슬길도 이어졌다. 여러 번 변방을 맡았는데 그때마다 수탈이 심했다. 가는 곳마다 형벌이 잔혹하여 그가 지나는 곳의 백성들은 온전하지 못했다.

11월 18일 대사간 박순은 '천품이 청수했고 재기가 고매했다. 군서를 박람하여 함양이 심후했고 문장을 만드는 솜씨가 아름답고 전아하여 당나라 시인의 기풍이 있었다. 몸가짐을 조심하고 단정히 하여 행동함에 예법을 준수했다. 평시 생활에서 나태한 용모를 가진 적이 없었고, 부친의 상중에는 3년 동안 죽을 먹었으며 제사에 반드시 정성을 다해 향리에서 그 효도를 칭송했다. 일에 임해서는 강직하고 과단성이 있었으며 의논은 자상하고 분명했다. 임백령 시호의 일로 파직해 쫓겨나기에 이르니, 사림들이 애석히 여겼었다. 다시 조정으로 돌아왔지만 평소의 소신은 더욱 확고해 권간을 피하지 않고 윤원형의 죄악을 탄핵함에 언사가 강개하여 당시의 강정한 직사라 하였다.'

장령 이후백은 '사람됨이 장중하고 근신하였으며 예를 스스로 지켜 행동에 법도가 있었다. 마음가짐이 담백하여 출세를 구한 적이 없었다. 이양이 그의 명성을 중히 여겨 같은 당류로 삼고자 끌어들이려 하였지만, 이를 물리치고 찾아보지 않았다. 이 때문에 미움을 사서 배척하려고까지 하였다. 뜻을 힘써 책을 보았고 학문이 매우 정통하였으며 시문이 호건해 사람들이 애송함이 많았다.'

김명원과 이이를 정언으로 삼았다.

12월 7일 정언 이이가 신진으로 너무 중책을 맡았다고 사직을 청했다. 윤허하지 않았다.

김계휘를 사인, 심의겸을 응교, 백인걸을 승문원 교리로 삼았다.

변협은 제주목사가 되어 있었다. 변협은 일부러 보우가 하기 어려운 일을 시키고 그것을 트집 잡아 장형을 가하곤 하였다. 보우는 이를 견디지 못하고 죽었다. 이를 듣고 사람들이 통쾌하게 여겼다 한다.

문정왕후는 20년이나 권력을 휘둘렀다. 너무 긴 세월이었다. 너무 악한 힘으로 너무 오랫동안 억눌러서 힘없는 백성들은 그만큼 더 힘들었다. 그 악한 한 사람의 힘은 대단했다. 그 한 사람이 죽으니 모든 일이 일시에 해결된 것이다. 중들의 문제도, 내수사의 문제도 손대거나 애처럽게 하소연할 것도 없이 사라졌다. 한 사람의 그 큰 힘이 좋은 방향으로 쓰여졌다면 얼마나 좋았을까. 문정왕후가 죽자 당연히 보우는 원성의 대상이 되었다. 보우도 그 좋은 세월에 좋은 일만 하였다면 불교를 진흥시킬 수 있는 좋은 기회였는데 그렇지를 못했다. 당연히 그 잘못에 대한 벌을 받았다. 20년 세월의 모든 악행과 횡포의 주인공이며 죄악이 수십 가지나 되는 윤원형도 당연히 쫓겨나 발붙일 곳 없는 신세가 되어, 악첩 정난정과 함께 죽을 것을 두려워하며 죽음의 길을 택할 수밖에 없었다. 이들에게 이랬으면 좋지 않았을까 하는 것은 생각 자체가 낭비일 것이다. 악인들의 세상에서 악인이 아니기를 바란다는 것이 말이 되지 않을 것이기 때문이다. 그다음으로 사악한 심통원도 사직할 수밖에 없었다. 이렇게 해서 모든 악의 근원은 없어지고 새로운 세상을 만났다. 그 새로운 세상은 어떠할 것인가. 이준경은 다시 영의정이 되었다. 온 조정이 기뻐하였다. 명종은 죽을 고비를 간신히 넘겼으나 몸이 너무 약하다. 이제 그동안 크게 피해를 입었던 사람들에게 조금씩 혜택이 주어지기 시작하고 있다.

21세의 이순신은 장가를 들었다. 영의정 이준경의 중매로 전 보성군수 방진의 무남독녀를 아내로 맞은 것이다. 어릴 때부터 영리하고 민첩한 모양이 어른과 같은 여인이었다. 나이 겨우 12세 때, 화적들이 앞마당까지 들어왔는데 보성공이 화살로 도둑을 쏘다가 화살이 다 되자 방안에 있는 화살을 가져오라고 했으나, 계집종이 도둑과 내통하여 몰래 훔쳐 가지고 나갔으므로 남은 것이 없었다. 그러자 그 딸이 "여기 있습니다" 하고 급히 베 짜는 데 쓰는 대나무를 한 아름 안아다가 다락에서 던지니 소리가 마치 화살을 떨어뜨리는 것 같았다. 도둑이 본래 보성공의 활 잘 쏘는 것을 두려워했던 터라 화살이 아직 많이 있는 것으로 알고 놀라 도망하였다 한다. 이러한 야무진 여인을 아내로 맞은 것이다. 데릴사위로 아산에서 처가살이 하며 인생의 새 출발을 하게 되었다. 방진은 무인이었으므로 이순신이 무인의 길을 택하는 데에는 이 결혼이 결정적 역할을 했다 하겠다.

24세의 생원 유성룡은 성균관에서 보우 탄핵 상소를 올리는데 앞장을 섰고, 30세의 정언 이이는 조정에서 윤원형과 보우를 탄핵하는 상소를 주도하였다.

25
명종이 좋은 정사를 하고자 하다 :
명종 21년 (1566 병인년)

명종은, 이미 권간들은 축출하였고, 이제 잘못된 정사를 혁신하여 이전의 허물을 씻어 버리고 정성을 다해 좋은 정사를 하고자 한다. 다만 명종이 아직 약간 망설이는 염려가 있기는 하다. 그렇지만 하나하나 고쳐 나가게 될 것이다. 백성들은 다시 살아난 기분일 것이다.

1월 1일 평안병사 이사증이 장계하여 서해평 정벌을 거론하였다. 이에 비변사에서는 거사할 시기를 논하였다. 이사증은 8~9월이 좋다고 하였다. 홍문관에서는 지금은 공구수성 할 때이지 군사를 일으킬 때가 아니라 하였다. 11일에 비변사가 다시 서해평 정벌에 대해 아뢰었는데, '서해평은 압록강 안에 있는 우리 영토이다. 공한지로 호인이 들어와 제멋대로 경작하고 집까지 짓고 살고 있다. 그래서 정벌이 마땅하니 정병으로 기습하자' 하였다.

이후로도 논란이 많았으나 대체로 문관들은 군사를 일으키는 데 반대하였다. 후에 이준경 등이 거론하여 거사를 보류하기로 하였다. 평안도의 감사와 병사에게는 힘과 예기를 길러 때를 기다려 움직여야 할 것이며 아무쪼록 만전을 기하도록 힘써야 한다고 통보하도록 하였다.

1월 29일 간원이 아뢰기를 "제언과 목장은 해사로 하여금 그 관적을 상고하여 일체 본래의 수효대로 회수하게 하고, 시장을 사점한 것은 각

도의 감사로 하여금 단호하게 금단하소서" 하였다.

전주의 한 제언을 심전이 부윤으로 있을 적에 황폐되었다고 거짓 보고하고 자기의 소유로 삼았다. 심전이 만기가 되어 서울로 돌아갈 때 전주 백성들의 원한이 사무쳐 심지어는 '심전을 쏘아 죽이면 사형에 해당될 것이요, 이 제언을 상실하면 굶어 죽을 것이다. 가만히 앉아서 죽기를 기다리는 것보다 심전을 쏘아 죽이는 것이 낫다'고 할 정도였다. 근래에 이렇게 제언을 사점한 자가 심전 한 사람뿐만이 아니었다.

답하기를 "제언과 목장은 절수한 곳에서 원수에 따라 회수하고, 시장의 사점을 금단하는 일은 그리하도록 하라. 다만 해조로 하여금 빠짐없이 보고하게 한 후에 처리하라" 하였다. 그동안의 병폐가 조금씩 잡혀 가고 있었다.

2월 5일 이때 태학생들이 청·탁방을 내놓았다. 청방에 참여된 이는 4명으로 박순이 그 우두머리이고, 탁방에 참여된 이는 심전이 그 우두머리인데, 심통원·심뇌·임열·남궁침 등이 포함되었다. 사람들은 '연소한 사람이 장원이 되었으니, 어찌 아름답지 않은가' 하고 심전을 가리키며 농하였고, 또 '부자가 한 방에 동참하였으니, 이는 희세의 성사이다' 하며 심통원과 심뇌를 조롱하였다.

2월 10일 내수사 노비들의 작폐에 대하여 죄줄 것을 요청하였으나 윤허하지 않았다. 오랫동안 계청하니 비로소 윤허하였다.

3월 9일 명종의 본성이 다소 급한 데다가 여러 차례 놀라움과 걱정되는 일을 겪어 심기가 화평을 잃었고, 명령을 내리는 사이에 성급한 병폐가 있었다. 이에 대사간 박응남 등이 차자를 올려 마음을 다스리도록 하였는데, 폭노에 대해서는 더욱 경계하도록 하였다.

3월 27일 심통원의 아들 심화가 자신의 회강분 점수가 적으므로 전에 받은 다른 점수를 아울러 계산해서 올리기 위하여 정원에 말했는데 동료들이 다 구차함을 알면서도 감히 막지 못하고 올리려 하였다. 안방경이 이때 동부승지였는데 이에 맞서 2~3차에 이르도록 굽히지 않고 저지시켰다.

생원 박충간이란 자는 그 형이 덕산 현감으로 있었는데, 그 형의 세력을 빙자하여 작폐가 심했다. 이때 안방경이 청홍도 감사였는데, 덕산에는 두 사람의 원이 있다 하고 덕산 현감의 성적을 하등으로 매겼다. 이에 박충간이 비방하고 모함하는 말을 만들어 조정 요로에 퍼뜨렸다. 사간원이 이 말을 듣고 안방경을 탄핵하였다. 파직은 너무 과하다며 체직시켰다. 어쨌든 강직하고 곧은 사람이 물러나게 되었다. 박충간은 훗날 두고두고 속을 썩이는 자이다.

4월 10일 이준경 등이 내수사의 인신과 양종의 폐지를 말하였다. 사간원도 말하고, 사헌부도 말하고, 정원에서도 아뢰었다. 계속 아뢰었다. 성균관 유생들도 상소하였다. 그리고 19일에 드디어 내수사 인신을 혁파하도록 하였다. 다음 날에는 양종 선과를 혁파하도록 하였다. 이 두 가지를 혁파하자 온 나라가 모두 기뻐하였다.

사관은 '내수사와 양종이 서로 순치의 관계가 되어 그 세력이 하늘이라도 태울 듯하였지만 감히 누가 어떻게 하지 못하고 해독을 이루어 만물에 미쳤으니 나라를 다스렸다고 할 수 없었다. 그러나 오늘에 이르러서는 이전의 폐법을 고쳐서 조정의 정치가 새로운 곳으로 향하고 사림의 의논이 일시에 격발하였으니, 실로 온 나라의 인심에서 기인된 것이다.

처음에 유난히 여긴 까닭은 문정왕후의 유지이기 때문에 고치기 어려워서였던 것이었으나, 마침내 온 나라의 공론으로 인해서 20년간의 깊은 고질의 해독을 혁파하였으니, 타고난 천성이 순수하고 아름다우며 착한 데로 옮기는 데 용감하지 않으면 어떻게 할 수 있었겠는가. 이것으로 말을 한다면 지난날에 양종 선과를 설치한 것도 상의 본뜻이 아니었다는 것을 또한 알 수 있다' 하고 매우 기뻐하였다.

5월 21일 수안군수 윤돈인은 몰락할 것을 알고 관청의 일은 제쳐 놓고 오로지 물건 실어 나르기만 하였다. 파직을 청하니 체직하라 하였다.

6월 8일 헌부가 아뢰기를 "연해변의 땅은 경작하겠다고 알리는 사람에게 허락해 주는 규례가 법전에 실려 있으니, 이는 국가가 백성과 더불어 이익을 공유하려는 뜻이었습니다. 그런데 세상이 잘못되어 풍속이 어지러워지자 이욕이 날로 성하여 곤궁한 백성은 1묘의 토지도 갖지 못하는데 큰 이익이 권세 있는 사람에게 돌아가 연해변의 땅을 다투어 서로 떼어 받습니다. 비록 소민의 신분으로 연명하여 고하지만 실은 거가가 하는 것입니다. 군사를 풀어 부역하여 큰 바다를 가로 자르니, 근처에 있는 열읍 또한 소요를 겪습니다. 심지어 관가는 씨앗을 공급하고 촌민은 곡식을 가꾸게 하며, 수확하고 운반하는 일은 모두 공가의 힘을 빌고 있습니다. 이 때문에 연해 지방은 백성들이 거의 다 도망하여 동네가 쓸쓸하니, 이것이 어찌 백성을 위하여 법을 세운 본의이겠습니까. 이후로는 사대부 집에서 소민의 이름을 빌어 연해변의 땅을 떼어 받을 경우, 해조로 하여금 사목을 엄히 세워 일절 금단하게 하소서" 하였다. 심통원, 심전 같은 자들의 횡포였다. 모두 아뢴 대로 하라고 하였다.

명종의 건강이 심상치 않았다.

7월 11일 의관이 문안하니 '옷을 엷게 입어도 땀이 흘러 몸에 가득하며, 신기가 피곤하여 눕기나 좋아하고 졸기를 곧잘 하며, 배는 아프나 설사는 않고 두발의 침 맞은 곳에는 모두 생혈이 있어 그 여기(餘氣)가 아프기도 하고 가렵기도 하며, 열 손가락 끝과 발바닥은 속은 차고 겉은 뜨거워 통증이 감소되지 않는다' 하였다. 또 "나는 요즘 현기증과 열증이 있다. 전일 축문의 압자 당시에 손이 떨려서 글자를 제대로 이루기 어려웠으니, 나의 마음이 편치 않다. 이후로는 축문은 미리 쓰고 당일 아침에 수압할 것을 향실에 이르라" 하였다.

또 내약방에 전교하여 "나는 본디 찬바람을 두려워하는데 가을비가 그치지 않고 여러 날 음산하니 어제부터 갑자기 냉하여 몸이 좋지 않다. 어제 적어서 아뢴 고문과 시는 마음을 다스리는 방법에 매우 적합하니, 내 마땅히 벽에 붙여 놓고 항시 볼 것이다. 단 한가한 사람이나 행할 수 있는 일이고 온갖 일을 총괄하는 사람으로서는 능히 행할 바 아닌 것도 더러 있는데, 내가 마땅히 참작해서 처리할 것이다. 그러나 내 생각에는 심열을 다스리는 방법은 다른 게 없고 모든 일이 마음에 들면 심열을 다스릴 수 있다. 그 요령은 다만 상벌이 엄명하고 호오가 엄정하며 사람을 골라 알맞은 직임을 맡겨서 임금의 마음을 동요치 않게 하는 데 있으니, 뭇 신하는 고담 대론을 멈추고 이익 없는 오활한 말을 중지하며, 임금의 노여움을 두려워하여 말을 신중히 하면서 행해야 할 것이다" 하였다. 병약한 명종이 아픔을 참고 신하들에게 자신이 생각하는 최선의 부탁을 한 것이었다.

7월 12일 양종이 혁파되었는데도 내원당이 그대로 존속하는 것은 뜻이 맞지 않는다 하니 대비를 핑계하여 윤허하지 않았다.

7월 19일 직제학 심의겸이 이황, 조식, 이항 등을 불러 대우하라고 청했다.

7월 26일 윤원형과 두 공주가 백성들의 원전을 빼앗아 차지한 것이 아주 많았다. 그 땅을 다시 찾으려는 백성들의 송사가 줄을 이었다. 각 고을에 수십 건씩이나 몰려 특별히 강직한 관리를 정하여 사실을 조사해 본 주인에게 돌려주도록 하였다. 그러나 공주의 건은 꼭 백성들의 뜻대로는 되지 않았다.

7월 28일 호조가 군자 삼감의 형편을 아뢰었다. "군자 삼감의 곡식을 회계로 말하면 모두 26만 3천8백여 석인데 근자에 관원의 교대로 인하여 그중 허술한 창고를 뽑아 번고 하였더니, 3천 석의 창고는 남아 있는 것이 겨우 3백이고, 2천3백50여 석의 창고는 남아 있는 것이 다만 2백 60여 석뿐이었습니다. 이것으로 미루어 보면 원수는 비록 많으나 현존한 실 수량은 10만이 차지 못합니다. 국가의 비축은 오로지 삼감에만 의존하고 있는데 그 실정이 이 지경에 이르렀으니, 매우 한심합니다" 하였다. 군량미의 현실이 이러하였다. 오랜 세월에 걸쳐 담당 관원과 서리들이 다 도둑질해 먹어 남은 것은 장부 수량의 10분의 1이었다. 한심한 세상이었다.

8월 3일 명종이 세 환관을 죄주도록 하였다. 그러나 그들은 강직한 자들이었다 한다. 명종이 화가 잘 솟구치고 몸도 불편하므로 강직한 자보다는 비위를 잘 맞추는 환관을 좋아할 수밖에 없었다.

8월 9일 변경을 수비하는 군졸들이 입을 옷은 마땅히 두꺼운 옷

이어야 했다. 납의를 누추하거나 엷게 제작한 것을 보고 치죄를 명하
였다.

8월 19일 간원이 군액 충당을 위해 중들을 추쇄할 것을 청했다. 그러
나 중들을 추쇄하면 온통 떼도적이 되어 민간에 소란을 피울 것이고, 급
급한 것이 아니라며 윤허하지 않았다.

10월 5일 남궁침, 심전, 이택을 탄핵하여 파직시켰다. 심전은 최고의
악질로 그 죄악을 상세하게 기록하였다.
 "심전은 심강의 사촌이니 왕비 심씨와 심의겸의 당숙이다. 그런데 타
고난 심성은 완전히 달랐다. 심전은 타고난 성품이 탐욕스럽고 음험하고
간사할 뿐 아니라 방정맞았다. 거기에다 시기심이 많고 모질어 남을 잔
인하게 해쳤는데, 외척이 되면서부터는 위세를 믿고 기탄없이 기세를 부
려 간사한 꾀로 남을 속이고 은밀하게 나쁜 짓을 하는 것이 끝도 없었
다. 늘 스스로 내놓고 말하기를 '내가 아들 딸 10여 명을 두었는데 만일
재산을 모으지 않으면 누가 그들의 생업을 마련해 주겠는가' 하면서, 밤
낮으로 꾀한다는 것이 남의 것을 빼앗아 제 몸 살찌우기 만을 힘쓰는 것
이었고, 때를 이용하여 이익을 노리는 것은 비록 장사꾼도 따라갈 수 없
었다. 사람을 죽이고 빼앗는가 하면 또한 도적질까지 기꺼이 하였다. 사
람들에게 뇌물을 받은 것과 관의 부고의 것을 도둑질한 것은 이루 다 기
록할 수도 없다. 한두 가지 예를 들면, 그가 송현에 집을 지으면서는 이
웃을 침해하여 편안히 살 수 없게 만든 다음, 집을 팔고 이사를 가려 하
면 또한 다른 사람이 살 수 없게 금하기까지 하여 마침내 싼값으로 제
가 샀다. 남성의 집을 살 때에는 처음에는 좋은 흥정으로 값을 넉넉하
게 주겠다고 꾀고는 정작 문권을 작성하고 나서는 악포로 값을 깎아 지

불하고서 그 집주인을 핍박하였다. 그래서 집주인은 분하고 원통한 나머지 병이 나 피를 토하고 죽고, 그의 아내는 어린 아들을 데리고 통곡하면서 의지할 데 없이 전전하였다. 강제로 팔게 하여 남에게서 빼앗을 때는 늘 이러한 방법을 썼다. 또 마포의 복지 둘레에 기름진 땅이 있었는데, 감언이설로 주인을 꾀었으나 그의 뜻을 따르지 않자, 없는 죄를 얽어 씌워서 온 가족을 잡아다가 여러 달을 가둬 놓음으로써 집안이 망하고 재산이 바닥나게 한 다음 도리어 뇌물을 받고야 석방시켰다. 그 땅을 차지하고 나서는 또 그 이웃에 사는 과부의 집을 빼앗아 한꺼번에 몇 채의 집을 지었다. 이 밖에도 또 한 채의 집이 있었는데 첩사라고 불렀으며, 반드시 창기를 얻어 살게 하였다. 사람들에게 두루 새살림을 도와 달라고 청하게 하여 몇 년이 지나 저축이 쌓이고 살림살이가 갖춰지면 문득 없는 죄를 지어내 뒤집어 씌워서 맨손으로 쫓아내는가 하면, 아울러 재산까지 빼앗은 것이 전후로 6~7인 정도가 아니었다. 그가 창기들을 기르는 것 역시 오로지 힘써 재물을 얻으려는 계획의 일부였다. 또 어떤 간사한 사람이 심전에게 아첨하기를 '아무 곳에 의지할 곳 없는 양녀가 있는데 자못 재주가 있고 예쁘니 권세로 누르면 여종으로 삼을 수 있을 것이다' 하자, 심전이 온갖 방법으로 도모하였으나 깊이 숨고 나타나지 않았다. 그러자 그는 종들에게 가면을 씌우고 광대의 옷을 입혀 재주 있는 배우들이 쌀을 구걸하는 놀이를 벌이듯이 그 동네로 가서 나팔을 불고 징을 치며 놀이판을 벌여 놓고 기다리게 했는데, 그 양녀가 과연 놀이를 구경하러 밖으로 나오자마자 즉시 잡아다가 끝내 욕심을 이루었다. 그가 전주 부윤이었을 적에는 선량한 부자 백성을 강도로 꾸며 혹독한 장형을 가하여 죽인 것이 무려 수십여 집이나 되었다. 때문에 인보가 모두 도피하여 온 마을이 텅 비자 그 집들을 깨끗이 태워 버리고 기름진 전지는 모두 몰수하였는데, 관에서 몰수하는 것이라고 하였으나 실상은 자기가 차지하였다. 그러고 나서는 도적을 잡았다고 위에 계문하였으므로 가선에 올려 주기까지 하였다. 또 양민으로서 딸을 둔 사람을 뽑아 관아로 들어오게 하여 종들에게 시집보내게 했으며, 또 본주나 이웃 고을의 관기 중 재주가 있고 얼굴이 예쁜 기생들을 유치하여 거짓으로 죽었다는 서류를 꾸며 관아에 머물러 두었다가 그대로 서울로 데려온 사람이 많았기 때문에, 심전이 돌아올 때 길을 막고 딸을 부르며 통곡하는 부모들도 있었다. 심지어는 역자의 좋은 말, 무녀의 화려한 옷, 사찰의 저축까지도 모두 온갖 부정한 방법으로 속여 빼앗아 갔으므로 호남 사람들은 이를 갈며 그의 살점을 먹고 싶어했다고 했다. 공론이 격발하려 할 때 그의 숙부 심통원이 조목조목 벌여 적은 그의 죄명 수십여 가지를 심전에게 알려 주자 심전은 당시의 간장인 고맹영에게 애걸하여 모면하였다. 그가 경기감사였을 때는 다만 사사로운 감정으로 전죄를 하였을 뿐 아니라, 관하 고을에 송사가 있을 경우 그에게 뇌물을 바치고 이기게 해 달라고 했는데도 수령이 사리에 의거, 고집하면서 따르지 않으면 심전이 직접 고을로 찾아가 문권을 빼앗았다. 그의 어미의 병이 위독했을 적에 그의 아들과 사위가 마침 사마시에 합격하자 심전은 경사에 따른 상고를 핑계로 열읍에 연회의 비용을 독책하면서 오직 미처 잔치를 베풀지 못할까만 두려워했다. 잔치를 베푼 이튿날 그 어미가 죽었다. 초상을 치르면서도 조금도 슬퍼하는 기색이 없었고 오직 한가로운 틈을 타 죽은 어미의 재산을 절취하려 날마다 형제들과 다투었으므로 이웃 사람들이 통분해하지 않는 이가 없었다. 그가 통진에서 복을 입을 때는 경기 백성들을 노역에 동원하여 묘려를 지었는데 높은 기둥에 규모를 크게 한 한 채의 거대한 집이었다. 형 심자와 동생 심수가 모두 처자를 거느리고 가서 살았으며, 사람들은 모두들 행제궁이라고 하였다. 또 백성들의 좋은 땅을 매우 많이 빼앗았으므로 온 고을의 백성들이 연명으로 소장을 써 가지고 대궐문 밖을 꽉 메우고 무리를 이루어 흐느끼며 조신들에게 공소를 하는 사람들이 무려 수백여 명이었다. 모두들 한결같이 침을 뱉으면서도 그의 위세를 두려워하여 감히 방면하지 못했는데, 심전은 끝내 자기 아들을 시켜 헌부에 소송을 제기하여 도리어 고소한 죄를 다스렸으므로 그의 세력이 다시 확장되었다. 연전에 어떤 사람이 탐관의 명단을 적은 큰 방을 번화한 거리에 내다 붙였었는데, 윤원형·심통원·심뇌·임열·남궁침 등을 일컬었다. 그중에서도 심전이 첫째였으므로 호사가들은 '묵방과의 최연소 장원'이라고 했다." 남의 집과 땅을 빼앗는 전문가였다.

10월 24일 함경도 경차관으로 그 지역을 시찰한 정철이 그 극심하게 피폐한 참상을 서계하였다.

"소신이 성상의 명을 받들고 함경남북도의 각 고을과 각 진보를 다니면서 토병의 재주를 시험하고 군사를 점고해 보니, 그간 폐단이 이루 말할 수 없이 많았습니다. 북방의 여러 고을은 강을 따라 진을 설치하였는데 사나운 적들과 이웃하고 있어서 관방이 매우 긴요하고 사기가 매우 중대합니다. 그런데 오늘의 육진의 형편은 불에 타는 기름과 같아서 장차 다 타 없어져도 깨닫지 못하게 되었으니 매우 한심스러웠습니다. 토병의 원액은 해가 갈수록 줄어들어 경신년에 6천 명이던 것이 지금은 5천 명뿐이니, 점점 줄어들 것은 이것으로 미루어 보아도 알 수 있습니다. 지금 현존하는 자들을 말하면 비록 큰 고을이나 큰 진이라 하더라도 활을 쏘아 적을 막을 수 있는 자는 몇 없고, 이른바 활을 다룰 줄 아는 건장한 자들이라는 것도 대부분 지쳐서 잔약하기 때문에 부릴 수가 없었습니다. 배고프고 춥고 피곤하고 괴로운 빛이 얼굴에 드러나 있었고 심한 경우는 걸치고 있는 홑옷이 해지고 찢어져 맨살이 드러났는데, 어떻게 살아가느냐고 물으니 겨를 저장했다가 양식으로 쓰고 풀을 고아 장을 만든다고 했습니다. 노약자들은 입을 것도 먹을 것도 없어서 이 구렁 저 구렁에 죽어 나뒹굴고 있었으므로 그 참혹하고 가련한 정상은 차마 눈을 뜨고 볼 수가 없었습니다. 신은 이러한 정상을 민망히 여겨 유념하고 찾아가 물어보니, 지난날 열진의 많은 장수들이 적격자가 아닌 데다가 끝없는 욕심에 염치도 없어 오직 사적 이익에만 급급하였다는 것입니다. 그래서 초서피나 말을 뇌물로 바치고 출세를 하려고 도모했기 때문에 백성의 고혈을 짜냄에 있어 못 하는 짓이 없어서, 혹 관고의 곡식을 빼내고 혹 민염을 거두어 가면서 가전이라는 명목으로 식구 수에 따라 배로 징수했다는 것입니다. 그런가 하면 또 말이나 초서피를 가진 호인들이 대체로 소로 바꾸어 가려 했으므로 어렵게 여기지도 않고 백성들의 소를 빼앗았기 때문에 많은 전지가 묵게 되고 소도 줄어 백성들이 심히 고민하고 있다는 것입니다. 남도는 피인들이 다니는 길이 지척에 서로 바라보이므로 관방의 중요성이 북도와 다를 것이 없었는데, 삼수·갑산은 도내의 큰 진이지만 이미 심하게 피폐되어 갑산은 1백90여 호였고 삼수는 3백여 호로, 토병의 액수가 북도보다 더 줄어들어 현존하는 수도 오을족과 쌍청 이외의 진보에는 많으면 20~30호였고 적으면 2~3호 내지 6~7호였는데, 역시 모두 병들어 파리하고 쇠잔하여 적을 막을 수도 없었습니다. 백성들이 사는 마을은 영락할 대로 영락하여 사람이 살지 않았고 그 때문에 보기에도 비참했습니다. 남도는 더욱 심하여 관방하는 군사가 모두 농군이 아니면 영속이라고 하였으므로 신이 그 허실을 알아보기 위해 병사에게 이첩하여 물어보니, 과연 모두 증거할 만한 말을 하였습니다. 삼가 듣건대 영속으로 들어가면 주장의 힘을 빌어 요역에 나가지 않게 되므로 종군을 고생스럽게 여기는 장정들이 여기로 모여들어 정수 이외로 남점한 것이 그 수를 셀 수도 없을 정도이므로 큰 폐단이 되고 있다 합니다. 정수 이외의 사람들을 사태하여 군액에 보충하면 변방을 튼튼히 하는 계책에 합당할 것 같습니다" 하였다.

국토의 방어가 중요한 변경 지방이 이런 상황이니 기가 막힐 일이었다.

이런 폐단도 있었다. '우리나라에 민폐가 진실로 여러 가지이지만, 기전이 더욱 심하다. 사복시의 일례를 들어 말하자면 그 폐단이 네 가지이다. 살곶이 목장에 목책을 치는데 해마다 이를 고쳐서 치므로 민력이 견딜 수 없는 것이 첫째요, 목책이 허술하여 말들이 많이 도망치므로 군사를 풀어 쫓아 잡는데 열읍이 시끄러운 것이 둘째요, 호초를 지나치게 징수하여 죄다 사복을 채우고, 방납하는 자도 이를 계기로 작폐하는 것이 셋째요, 젖을 짜는 유우에 대해 날짜를 분정하므로 농우가 다 폐사하여 백성이 따라서 실업하게 되는 것이 넷째이다. 전번에 관부가 포백을 내어 노임을 지불하고 돌로써 쌓았으므로 목책을 치고 말을 쫓아 잡는 폐단은 없어졌다. 그러나 호초를 납품하는 폐단은 사축서·전생서·와서 등 각사가 대개 다 그러하여 민원이 극에 이르렀다. 사복시의 하리들이 징수나 요구하는 데 방법이 궁해지면 일부러 말을 풀어 놓고 제멋대로 달아나게 한 뒤에 각 읍으로 쫓아 나서게 하므로 그 폐단 또한 극심하다' 하였다.

이해의 왜적과의 일은,

2월 18일 신장이 일본의 적왜가 배 70척을 동원하여 장차 조선에서 작적하려 한다 하였다. 그렇지만 왜적의 침입은 없었다. 요즈음 대마도의 왜적은 알려 주는 척하며 은근히 공갈 위협하는 것이 습관이 되었다.

3월 13일 대신과 비변사가 함께 의논드리기를 "각처 진·포의 판옥선은, 처음 설치할 때 그 수효가 많았는데 그 뒤에 점차 줄여 지금은 판옥선으로 《대전》에 기재된 맹선의 수효를 채우고 있습니다. 또한 옛날에는 적왜가 다 평선을 타고 왔으므로 우리나라에서도 평선을 사용하여 이길 수 있었습니다. 그런데 지금은 적왜가 다 판옥선을 이용하고 있으니 부득이 판옥선을 사용해야 서로 맞설 수있으므로 더할 수도 줄일 수도 없는 실정입니다. 다만 《대전》에 기재되지 않은 것을 분별하고 다시 수효를 줄였는데, 지금 줄인 각처 선척의 수효를 서계하겠습니다" 하였다.

우리나라의 판옥선은 우리 고유의 전선이 아니라 왜적들이 배를 판옥선으로 하였기 때문에 우리도 대적하기 위하여 판옥선으로 만들었다는 말이다. 정걸이 처음으로 판옥선을 건조하였다고 한다.

후사를 세우는 문제는 시급한 일이었다. 그러나 임금에게는 가장 듣기 싫은 말이기도 하였다. 이에 관계된 일들은 이러하였다.

1월 24일 개성 송악산의 사당들을 불태운 것에 대해 죄를 주라고 하였다. 명종은 국본의 탄생을 기원한다고 해서 장려했는데 그 때문에 더욱 화를 냈다. 이것으로 연일 소란스러웠다.

4월 17일 풍덕군수 이민각이 상소하여 흉년에 백성을 구휼하는 방안을 말하였다. 구휼, 방납, 신역, 군역 등에 대한 폐단과 대책이 자세하였다. 또한 세자를 정해야 한다는 말도 있었다. 이 말은 역린을 건드리는 것으로 보통 강심장이 아니면 할 수 없는 말이었다.

사관은 '세자를 양육해야 한다는 말에 이르러서는 대신이나 대간도 두려워하며 몸을 움추리고 말을 못하는데, 이민각이 분연히 돌아보지 않고 항언을 이와 같이 하였으니 어찌 위대하지 않은가' 하고 찬탄하였다.

8월 26일 왕손의 교육에 대하여 전교하였다. "전번에 왕손의 사부를 선출하여 학문을 가르치게 하였다가 전례가 없는 것 같아서 해로움이 있을까 싶었기 때문에 곧 취소하였었는데, 다시 곰곰이 생각해 보니 왕손은 외손과 다르므로 학문과 예의의 방도를 별도로 가르치는 것도 무방할 것 같다. 그러니 사부가 될 만한 자를 십분 가려 뽑아서 풍산도정 이종린·하원군 이정·하릉군 이인·하성군 이균을 가르치게 하는 것이 가하다" 하였다.

윤10월 15일 영의정 이준경이 상소하여 후사를 세울 것을 청했다. 명종이 거절하였다.

11월 16일 배천 생원 김택이 상소하여 후사의 문제를 아뢰었다.

12월 29일 영의정 이준경은 후사 문제를 거론한 후 명종이 좋아하지 않는 것을 알고 계속 사직을 요청하고 있었다.

이해의 다른 일들은
2월 15일 이황을 공조판서로 하였는데 올라오지 않았다.

2월 29일 음창에 걸린 자가 많았다. 사람의 쓸개로 치료하면 낫는다는 말이 떠돌아 걸인들이 거의 자취를 감추었다. 걸인이 없어지자 아이를 잃는 자가 자못 많았다.

4월 25일 호조가 단천의 은을 채취하는 것을 금하라는 것을 다시 의논하자 하였다. 대신들이 논의하여 채취하지 않기로 하였다.

5월 12일 대사간 강사필 등 사간원에서 상소를 올렸다. 국가를 올바르게 이끌어갈 일과 폐단의 근원을 고치는 것에 대하여 광범위하게 논하였다. 정언 이이가 지은 글이었다. 15일에 이이를 이조좌랑으로 하였다.

7월 12일 이조와 홍문관이 이황, 조식, 이항 등 선비들을 불러 대우하라고 청했다. 이후 조식 등 몇 사람이 상경하였고 10월 7일 이들을 인견하여 문답하였는데 조식의 말은 대단히 예리했다.

"도유 우불하던 것은 삼대 때이고, 임금은 어둡고 신하는 아첨하던 것은 역대가 다 그러했습니다. 대저 임금이 현명하면 신하는 곧고 임금이 혼암하면 신하는 아첨을 했는데, 이것은 자연의 이치입니다. 옛날의 임금은 신료들을 벗처럼 친근하게 접대하며 그들과 더불어 치도를 강명하였는데, 지금은 그렇게 할 수 없다고 하더라도 반드시 정의를 서로 통하여 상하가 서로 미덥게 된 연후에야 일이 제대로 될 것입니다. 위에서 진실로 이러한 마음이 있다면 또한 마땅히 확충해야 합니다. 이러한 일은 내실에서 환관이나 궁첩들과 더불어 하셔서는 아니 되고 반드시 시종이나 정사와 더불어 하셔야 합니다" 하였다.

7월 20일 사간원이 남치근의 파직을 청했다. "부호군 남치근은 성품이 본래 사납고 꺼림 없이 방자합니다. 잘못에 대한 남의 말도 두려워해야 할 것인데, 그는 반성하여 고칠 줄은 모르고 곧 꺼리는 마음을 내어 병의 위중을 핑계해서 태연히 치계하여 체직됨으로써 결국 소원을 성취하였습니다. 그의 거센 성품은 노경에 이르러 더욱 심해졌고 멸시하고 오만한 태도는 이에 이르러 더욱 나타났습니다. 그러니 그를 파직시킴으로써 남의 신하로서 불편을 피하여 편안히 지내려는 습성을 징계하도록 하소서" 하니, 아뢴 대로 하라고 답하였다.

8월 8일 과거 시험장의 상황도 문란하여 웃지 못할 일들이 벌어지고 있었다. 세력 있는 집안 자제들은 법을 우습게 여기고 편리할 대로 행동하여, 명지를 쓰는 일까지도 남에게 의존하는데 글씨에 능한 이서들이 공공연하게 기록해 주었다. 이 일만도 놀라운 일인데, 음식과 서책 또한 마음대로 실어 들이고, 무뢰배를 함부로 거느리고, 심지어는 미천한 노복이나 서얼까지도 부정하게 끼어들었다.

일소에서 진사시 입장 때 과장의 문을 사람이 많이 모인 뒤에 열어 다투어 들어가다가 한 사람이 밟혀 죽었다. 진사시를 실시할 때 명지에 도장을 찍어서 호명하여 나누어 주는 일이 너무 더디어 포시에 이를 때까지 절반도 나누어 주지 못하여 뭇 유생들이 앞을 다투어 당 위로 달려가되 혹은 건을 벗고 혹을 팔뚝을 걷어 올리고 고래고래 소리치며 멋대로 행동하면서 스스로 명지를 가져가게 만들었다. 이에 엎어지고 넘어지고 차고 밟고 하는 사이에 다른 사람의 지표를 뽑아가서 도리어 그 주인도 분변할 수 없어 비봉을 보고 그 사조를 확인한 뒤에야 비로소 각자 가져갈 수 있었으며, 더구나 명지를 잃고서 한을 품고 과장을 나간 자가 한둘이 아니었다. 그 사이에 간교한 무리는 혼란한 틈을 타서 술책을 부려 혹 다른 사람의 명지를 빼앗아서 그 사조를 지워 버리고 자기 이름을 써 넣기도 하고, 혹은 명지를 훔치다가 사관에게 잡히기도 하였다. 이는 무뢰배가 함부로 난입했기 때문에 일어난 일이었다. 그러나 시관이 먼저 잘못 처리한 때문이기도 하였다.

또 이소에서는 생원시를 실시하던 날에 글을 대신 지어서 과장 밖으로부터 서로 약속된 사람에게 던져 주었는데 한 유생이 중간에서 가로채자, 두 사람이 서로 다투다가 시관에 송사까지 하게 되었다. 시관은 마땅히 끝까지 추궁하여 잡아내야 할 것인데 그들이 하는 대로 맡겨 두었다. 결국 글을 빼앗아 낸 자가 높은 방목을 차지하게 되었다. 정말 웃지 못할 한심한 일이었다.

8월 10일 평안도 함경도 재상 어사에게 봉서를 내리고 전교하기를, "근래 어사들이 불법을 잡는 데 마음을 다해서 세밀하게 살피지 않는 것 같다. 마땅히 미복 차림으로 민간을 드나들면서 민정을 탐지하여 사실을 얻어 오라" 하였다. 어사에게 준 봉서는 곧 호조에서 관리하는 재상 전결의 자였고, 동봉한 소봉서는 곧 불법을 살필 열 조목이었다. '1, 민간 폐막의 일. 2, 백성을 침학하여 민폐를 끼치는 일. 3, 음식을 사치스럽게 하는 일. 4, 주고 혁파의 여부에 대한 일. 5, 농우 도매에 관한 일. 6, 사사로 관부에 출입하는 일. 7, 함부로 역말을 타고 방문하는 일. 8, 농사의 풍흉을 살펴보는 일. 9, 지나는 각 지방의 농사를 아울러 살피는 일. 10, 잘 다스리는 수령을 방문하는 일'이었다.

9월 4일 이전인이 부친 이언적이 찬한 진수 팔규를 올렸다.

9월 10일 김계휘를 직제학, 이후백을 사인, 정철을 병조정랑으로 하였다.

윤10월 9일 윤두수를 우승지로, 심의겸을 우부승지로 하였다.

12월 9일 헌부가 "길주목사 원준량은 본래 야비한 사람으로 오로지 탐학만 일삼아 거둬들이는 것이 끝이 없으며 관고의 물건을 실어내어 은을 사는 밑천으로 전부 투입하기까지 하였으니, 매우 외람된 짓입니다. 파직을 명하소서" 하니, 윤허하였다.

양종도 폐지되고 내수사의 인신 문제도 해결되었다. 그렇다고 백성들의 생활이 금방 좋아질 건 아니었다. 백성을 괴롭히고 최악의 구렁텅이에 살게 만드는 폐단이 금방 해결될 수는 없을 것이다. 아직은 타성이 있어서 중과 내시를 비호하는 것도 바로 멈출 수는 없고 억울한 사례도 없을 수는 없었다. 그래도 명종은 그전같이 몇 달을 끌면서 기어이 반대하는 것은 없어졌다. 차츰 더 좋아질 것이다. 문제는 명종의 건강이 매우 좋지 않고 후사도 없는 것이다.

22세의 이순신은 무인의 길을 가기로 결심하였다. 이순신은 본래 팔힘이 셌고 말타기 활쏘기에 능했으므로 자신에게 맞는 길을 택한 것이다. 이제부터 무과를 위한 훈련에 들어갈 것이다. 장인인 방진은 활쏘기의 명인이다. 이순신에게 큰 힘이 될 것이다.

25세의 유성룡은 10월에 문과에 급제하여 승문원의 권지부정자로 관직을 시작하였다.

31세의 율곡 이이는 간원으로서 실력을 유감없이 발휘하고 하급 관직의 꽃인 이조좌랑이 되었다.

15세의 선조는 왕손 교육에 들어 미래의 왕을 예감하게 하였다.

26
가슴 아픈 한 시대가 막을 내리다 :
명종 22년 (1567 정묘년)

가장 가슴 아팠던 명종시대가 막을 내리려 한다.

1월 3일 서경덕의 증작에 대하여 의논할 것을 명하였다. 명종은 여러 폐단을 물리치고 제현을 기용하며 유일을 초치하고자 하고, 숨은 덕을 천양하며, 심지어 전 현인 서경덕을 그리워하여 증작을 더하기까지 하였다. 좋은 정치를 하려고 노력한 것이었다.

1월 5일 내의원이 경옥고, 생지황, 전약을 진어하기를 주청하였다. 심의겸을 이조참의로 삼았다.

1월 10일 사은사 윤옥이 황제의 죽음을 듣고 치계하였다. 황제는 지난해 12월 14일에 죽었다.

1월 20일 심강이 졸하였다. 중전 심씨와 심의겸의 아버지로 명종의 장인이다. 박순 등을 구제하고 이양을 제거하는 데 공이 있어 온 사림이 고맙게 여겼었다.

3월 6일 만취한 승전색 주태문을 치죄할 것을 명하였다. 명종은 환관들과 더불어 술을 마시면서 서로 권하기도 하였고 나란히 활을 쏘기도 하였다. 이렇게 하고서 환관들로 하여금 위엄을 두려워하고 명을 받들게 한다는 것은 어려운 일이었다. 이뿐만이 아니었다. 매번 내탕고의 재물을 북경에 가는 역관에게 사사로이 주어서 많은 채단과 보완을 무역해 오도록 하였는데 환관들이 자신들의 이익을 위하여 임금을 속이고 한 짓이었다. 중국에서는 임금이 사사로이 무역하는 줄로 알아 좋지 않게 생각하였다.

3월 9일 정원에 전교하였다. "공의 왕대비가, 평소에 인묘의 족친이 노비로 적몰된 것을 매번 마음에 미안해하였었다. 이번에 심열이 오랫동안 낫지 않고 또 이 일들을 생각하다가 노심이 너무 심해졌으니 지극히 미안하다. 난신의 처자들을 석방하는 일이 비록 중난한 듯하나 의전의 뜻을 위안해 드리지 않을 수 없다. 그러니 인묘의 족친으로서 각사에 정속되었거나 공신의 집에 사급된 자들에게 아울러 면천을 허할 것을 의금부에 이르라" 하였다. 이래서 윤임의 가족들은 우선 조금 혜택을 입었다.

4월 25일 이준경 등이 가뭄으로 인하여 피전감선 등을 아뢨다.

5월 2일 고부군수 정복시가 상소하여 세자를 세울 것을 청하고, 무고하게 죄입은 사람들을 사면하라고 청하였으나, 상은 오히려 좋지 않게 불편한 심기를 노출했다.

5월 16일 일본국에서 요청하여 온 다섯 가지 사항에 대하여 의논하였다. 제포를 개방해 달라는 것과 포백척을 사용하도록 하는 것, 20명을 접대해 주고 도서를 달라는 것 등이었다. 조정에서는 논의만 분분하였다.

5월 21일 영의정 이준경이 사직을 청하자 받아들였다가 부제학 진식 등이 받아들이지 말라는 강력한 차자를 올려 다시 유임하였다. 전번에 이명이 연일 사직을 청하였으나 명종이 윤허하지 않았는데 이날 이준경이 사면을 청하자 명종의 답이 대신을 대우하는 뜻이 없고 도리어 사직 요청 두 번 만에 바로 윤허하였다. 이것은 이준경이 세자를 세우자고 주청한 데 그 원인이 있었다.

이준경은 엄격하고 강직하여 심통원 등 간신들의 미움을 받았음은 물론이고 명종도 좋아하지 않았다. 이준경도 용납되기 어려움을 스스로 알고 신병을 핑계로 사직을 청했는데 두 번 만에 바로 윤허가 내려졌으므로, 그때 그 자리에 있던 승지나 사관들이 다 놀라 실색하였다. 부제학 진식 등이 적기에 차자를 올려 명종의 뜻을 돌린 것은 참으로 다행이었다. 한 달도 못 되어 명종이 승하하였으니 만약 이준경이 이미 물러나 국사에 참여하지 못하고 국사가 심통원의 수중에 맡겨졌다면 종사가 결국 어떻게 되었을지 모르는 일이었다.

5월 28일 김효원을 호조좌랑으로 삼았다. 참판 윤옥이 사은사로 중국에 갈 때 김효원이 서장관이 되었는데, 김효원은 윤옥과 같은 동네 출신이었다. 윤옥은 김효원이 자신의 생각을 잘 따를 줄 알았는데 출발한 날로부터 윤옥의 남행을 옆에서 하나도 따라 주지 않았다. 윤옥의 자제들이 싸 보낸 많은 은냥은 대부분 궁중에서 나온 것이었는데, 김효원의 행동을 보고 그 욕심을 달성시키지 못할 줄 알고는 중도에서 되돌려 보냈다. 이로 인하여 김효원은 윤옥에게 크게 원한을 샀고 궁중에서도 미워하여 참소를 많이 입었다. 조정에서 김효원을 좋게 여기어 여러 차례 유망한 사람으로 주의하였으나 일절 낙점되지 못한 것은 이런 일이 있었기 때문이었다.

드디어 명종의 운명이 막바지에 이르렀다.

6월 9일 약방제조 심통원 등이 문안하니, "나는 기가 평소 위는 뜨겁고 아래는 냉한 증세가 있는데 여름과 가을 사이에는 으레 증세가 더 심하게 나타난다. 요즈음 일기가 불순해 위의 열이 점점 평소보다 더해지며 손이 떨리기도 하여 글씨를 제대로 쓰지 못하겠다. 어제와 오늘 아침에는 위에 열기가 쌓이므로 미리 방지하고자 우연히 의관을 불러들여 진찰한 것인데 지금은 기후가 편안하다. 이는 천기가 음열하여 위의 열을 돕기가 쉽기 때문이다. 문안하지 말라" 하였다. 이준경 등이 임금의 건강을 이유로 친제를 정지할 것을 청하나 윤허하지 않았다.

6월 12일 기어이 부묘제를 친행하였다. 환궁 시 교방가요를 봉축하는 곳에서 연을 멈추고 구경도 하였다.

6월 24일 정원에 자신의 병이 심함을 말하고 사신 접대를 걱정하였다. 26일 대신들이 문안하였다. 그러나 병은 더 심해지고 있었다. 다음 날 중전이 정원에 전교하기를 "뜻밖에도 상께서 열기가 위로 치받쳐 올라 인사를 살피지 못하시니 옥을 열어 죄수를 풀어주고, 산천에 기도하고, 시약청을 설치해야 하겠다" 하였다.

6월 28일 명종의 목숨이 위태로워지니 중전이 대신들을 불렀다. 황급한 중전의 명이 있자 심통원이 먼저 입시하였고 대신은 밖에 있었으므로 즉시 입시하지 못했다. 여러 번 입시를 재촉하기를 매우 급박하게 했는데 마침 이준경이 정부에서 유숙하고 있었기 때문에 얼마 후 뒤따라 들어왔다.

이준경이 아뢰기를 "상께서 전교를 못 하시는데 안에서 혹시 전교하신 일이 계셨습니까?" 하니,

중전이 전교하기를 "지난 을축년에 하서한 일이 있었는데 그 일은 경들 역시 이미 알고 있다. 지금 그 일을 정하고자 한다" 하였다. 덕흥군의 셋째 아들 휘 이균을 후사로 삼은 일을 말한 것이다.

이준경이 아뢰기를 "국사가 이미 크게 정해졌으니 아뢸 만한 말이 없습니다" 하였다.

밤중에 상의 상태가 매우 위독하여 이미 말을 하지 못하는 지경에 이르러 있었다. 그래서 중전에게 아뢰었는데 중전이 을축년의 명을 다시 밝혀 임금을 세우는 일이 정해지게 되었다. 만약 이준경이 집에 물러가 자고 있었고, 심통원이 홀로 들어와 중전에게 명을 받았더라면 유명을 올바로 받는다는 것을 보장하기는 어려웠을 것이다. 만약 유명을 따라 임금을 세우는 일이 심통원의 손에서 나왔더라면 후일에 스스로 공신이 되어 사림의 화를 빚었을 것이다. 심통원이 이준경이 들어오기 전에 승전색에게 아뢸 바가 있다고 청했는데 주서가 저지하여 막았다고 하였다. 이 말에 모두들 안도의 한숨을 쉬었다 한다.

6월 29일 명종이 축시에 경복궁 양심당에서 훙하였다.

명종은 초년에는 어머니 문정왕후가 국정을 독단하며 살륙을 일삼아 충성스런 사람들이 모두 사라졌고, 윤원형이 집정하여 정사를 마음대로 하면서 온 세상이 공포와 질곡의 파도 속에 빠지고 말았다. 늦게 이양을 기용했지만 그 또한 아첨으로 권세를 부렸다. 다행히 물리치고 말년에는 뉘우치고 깨달아 정사를 많이 고쳐 백성들이 바야흐로 치세를 바라게 되었다. 그런데 불행하게도 세자를 잃고부터는 고질인 심열(화병)이 더욱 심해져 마침내는 훙서함에 이르렀다. 명종은 심열을 앓을 때 대간이 아

뢰는 바가 있으면 매번 크게 화가 치솟아 준열하게 거절하는 말을 하려고 하였다. 그러나 재삼 숙고하다 노여움이 걷히면 고쳐서 다시 내려보냈다. 그러나 외정에서는 잘 알지 못했다. 사실 환관을 대할 때에는 매우 질타했지만 외신을 대할 때에는 잘못됨이 없게 하려고 노력하였다. 공론을 두려워하고 조정을 높이는 마음이 없지 않았던 것이다.

그러나 명종 제위 기간에 사관이 몇 번이나 '나라가 망하지 않은 것만도 다행이라 하겠다'고 한 것도 맞는 말이었다.

중전이 정원에 전교하기를 "봉영해 오는 일을 아뢴 대로 하라. 거처할 곳은 대신들이 왕대비전에 품정하는 것이 옳다" 하니,

이준경 등이 와서 아뢰기를 "마땅히 내전에서 정해야 하지 이런 때에 정사를 다른 곳에서 나오게 해서는 안 됩니다. 즉시 승지와 사관으로 하여금 사저에 가서 맞아오게 해야 합니다" 하였다.

이준경 등이 수렴청정을 청하였다. 두 번 사양하고 허락하였다. 하성군 균은 이제 대행대왕의 아들이 되었으니 그에 따라 이름을 '연'으로 바꾸라고 하였다.

이날 축시에 도승지 이양원, 동부승지 박소립, 주서 황대수, 대교 이정호가 중전의 명을 받들고 사직동 덕흥군의 집으로 달려갔는데, 밤이 아직 어두어서 문이 닫혔으므로 들어가지 않고 문밖에 서서 날이 밝기를 기다렸다. 병조 참지 박대립, 부총관 남궁침, 의금부 도사 정사회가 뒤따라왔으나 나장과 군사들은 그때까지 오지 않았다. 창졸간의 일이어서 잡인들이 함부로 들어오니, 승지가 병조와 금부 사람들로 하여금 잡인들을 금하도록 하였으나 되지 않았다. 얼마 후 포도대장 이원우가 군사를 이끌고 도착하자 저궁을 둘러싸고 서 있게 하여 잡인을 금하였다. 날이 밝아지자 곡산 군수 정창서(정세호의 아들인데 사왕의 외삼촌이다)가 저궁의 문을 열어 승지가 마침내 중문 안으로 들어가 좌정하니 남궁침, 박대

립도 함께 들어갔다. 잇달아 승전색 정신봉 및 환관 10여 인과 사알·사약·별감·중금·청로대·소련·소여 및 의장이 함께 자리를 잡았다. 승지가 정창서를 불러 명을 받들어 봉영한다는 뜻을 아뢰라고 말하니, 얼마 후 정창서가 나와서 말하기를 "사군이 지금 빈소 곁에 있는데 망건을 쓰지 않고 있어 어떻게 해야 할지 모르겠습니다" 하였다.

승지 등이 이르기를 "이미 내명이 계셨으니 이처럼 굳게 거절하시면 안 됩니다. 이런 말로 진달하십시오" 하니, 정창서가 다시 들어갔다.

진시에 사군이 백단령에 오사모를 쓰고 흑각대를 두르고 흰 신을 신고 걸어서 처마 밑으로 나왔다. 승지와 사관 등이 함께 내정으로 들어가 사군에게 절하고 뵌 다음 모시고 나왔다. 사군은 소련을 타고 나아가 광화문 동협으로 들어가 근정문 문 밖에 이르러 연에서 내렸다. 걸어서 근정전 동쪽 뜰을 거쳐 경성전으로 들어가 거처하였다.

그때에 대궐 문이 활짝 열려 요행을 바라는 무리들이 모여들어 행차를 따라 들어가 성명을 적고, 한 일들을 기록하여 호종한 공신으로 훈공을 책정하자고까지 말하는 자가 있었다. 이준경이 빨리 기록을 불살라 버리게 하고 큰 소리로, "일은 모두 안에서 결정된 것인데, 신하 된 자가 거기에 무슨 참예함이 있었다고 감히 그런 말을 하느냐" 하여 불필요한 논란을 잠재웠다.

정원이 내전에게 아뢰기를 "신들이 성군을 만나 오래도록 모시려 했는데 하루아침에 이런 망극한 변을 만나니 무슨 말을 해야 할지 모르겠습니다. 다만 종사의 중요함을 생각하여 내전께서는 예문에 따라 슬픔을 누르고 국사에 마음을 쓰소서. 또 사군이 즉위하는 처음에 잡인과 잡언이 그 사이에 들어가지 못하게 해야 하고 진심으로 보호하여 모도를 다하소서" 하였다.

전교하기를 "망극하여 어떻게 해야 할지 모르겠다. 나같이 불민한 사람이 어찌 임금을 보호하겠는가?" 하였다.

　명종시대는 명종시대가 아니라 문정왕후의 시대였다. 모든 억울하고 울분이 솟고 분통이 터지는 인간이 아닌 악마의 사단들이 그녀로 인하여 발생하였고, 그녀가 죽자 그것들이 모래성 무너지듯이 일거에 스르르 무너졌다. 그 세월이 자그마치 20년이었다. 12세의 어린 나이로 등극한 명종은 힘 한 번 써 보지 못하고 스러져 버렸다. 명석한 자질을 타고났지만, 불행하게도 효도를 지상명제로 하는 국가의 왕이 되어 차마 어머니의 말을 거역하지 못하여 무능한 눈물의 왕이 되어 버렸다. 생각은 올바르나 올바르게 할 수 없고, 신하들에게 지탄과 눈총을 받아야 하는 현실을 참고 견디기가 무척 어려웠다. 누구에게 토로할 수도 없는 이 울분이 쌓여 화병이 되고 그것이 고질이 되어 견디지 못하고 아까운 34세의 나이로 한 많은 세상을 등졌다. 그가 조금 더 건강하여 계속 왕위를 유지하였다면 그동안의 불명예를 충분히 만회할 수 있었을 것이니 정말 안타까운 일이었다.
　그래도 명종은 무를 소홀히 하지 않아 총통을 많이 만들고 판옥선도 제작하여 물려주었다. 그것은 그중의 큰 업적이라 할 수 있겠다.

　왕이 바뀌니 새로운 세상이다. 16세의 선조는 그가 바라던 바는 아니었겠지만 한 나라의 지존인 왕이 되었다. 이순신은 23세였고, 유성룡은 26세, 이이는 32세였다. 다음은 이들의 세상이다. 남들보다 훨씬 뛰어난 자질을 가진 이들이 어떻게 세상을 이끌어 가는지를 보게 될 것이다.

참고문헌

- **조선왕조실록**
  중종, 인종, 명종, 선조 및 선조수정, 한국고전번역원

- **고전번역서**
  계곡집, 장유, 이상현 역, 1997, 한국고전번역원
  고봉전서, 기대승, 성벽호 등 역, 2007, 한국고전번역원
  고대일록, 정경운, 박병련 등 역, 2009, 남명학연구원
  대동야승, 성현 등, 한국고전번역원
  백사집, 이항복, 임정기 역, 1999, 한국고전번역원
  사계전서, 김장생, 김능하 등 역, 2005, 한국고전번역원
  상촌집, 신흠, 김동주 등 역, 1994, 한국고전번역원
  서애집, 유성룡, 권호기 등 역, 1977, 한국고전번역원
  송자대전, 송시열, 권정안 등 역, 1988, 한국고전번역원
  아계유고, 이산해, 이상하 등 역, 1998, 한국고전번역원
  약포집, 정탁, 이기훈 등 역, 2013, 퇴계학연구소
  연려실기술, 이긍익, 권오돈 등 역, 1967, 한국고전번역원
  오음유고, 윤두수, 권경열 역, 2007, 한국고전번역원
  우계집, 성혼, 성백효 역, 2002, 한국고전번역원
  월사집, 이정귀, 이상하 등 역, 2015, 한국고전번역원
  월정집, 윤근수, 김영봉 등 역, 2014, 동양학연구원
  율곡전서, 이이, 권오돈 등 역, 1968, 한국고전번역원
  퇴계집, 이황, 권오돈 등 역, 1968, 한국고전번역원
  학봉전집, 김성일, 정선용 역, 2001, 한국고전번역원
  회재집, 이언적, 조순희 역, 2015, 한국고전번역원

- **이순신 관련서**

(완역) 이충무공 전서(상, 하), 이은상 역, 1989, 성문각
이순신의 일기, 박혜일 외 3, 1998, 서울대학교 출판부
난중일기, 박광순 역, 2003, 하서출판사
난중일기, 노승석 역, 2005, 동아일보사
함경도일기, 강신철 저, 2001, 21세기군사연구소
구국의 명장 이순신(상, 하), 최석남 저, 1992, 교학사
임진왜란 해전사, 이민웅 저, 2004, 청어람미디어
이순신과 임진왜란, 이순신역사연구회, 2005, 비봉출판사
충무공 이순신 전서, 박기봉 편역, 2006 비봉출판사
난중일기 외전, 배상열 저, 2007, 비봉출판사
부활하는 이순신, 황원갑 저, 2005, 이코비즈니스
삼가 적을 무찌를 일로 아뢰나이다, 정광수 저, 1989, 정신세계사
이순신과 히데요시, 윤봉석 역, 1997, 우석
내게는 아직도 배가 열두척이 있습니다, 김종대 저, 2004, 북포스
이순신의 두 얼굴, 김태훈 저, 2004, 도서출판 창해
긴 칼 옆에 차고 수루에 홀로 앉아, 남천우 저, 1992, 수문서관
이순신은 전사하지 않았다, 남천우 저, 2004, 미다스북스
평역 이순신 자서전, 남천우 평역, 2006, 미다스북스
충무공의 생애와 사상, 조성도 저, 1982, 명문당
충무공 이순신, 조성도 저, 1982, 남영문화사
이순신 병법을 논하다, 임원빈 저, 2005, 도서출판 신서원
위인전이 숨기는 이순신 이야기, 김헌식 저, 2004, 평민사
칼의 노래, 김훈 저, 2001, (주)생각의 나무
불멸의 이순신, 김탁환 저, 2004, (주)황금가지
명량 진짜 이야기, 노병천 저, 2014, 바램
이순신과의 동행, 이훈 저, 2014, 푸른역사

- **임진왜란 관련서**

  징비록, 유성룡 저, 남윤수 역, 2000, 하서출판사
  유성룡과 임진왜란, 이성무 외 3 엮음, 2008, 태학사
  조선사회와 임진의병 연구, 송정현 저, 1998, 도서출판 학연문화사
  임진왜란과 경상우도의 의병운동, 김강식 저, 2001, 도서출판 혜안
  임진왜란사 연구, 조원래 저, 2005, 아세아문화사
  임진왜란사 연구, 이장희 저, 2007, 아세아문화사
  다시 쓰는 임진대전쟁, 양재숙 저, 1994, 고려원
  7년전쟁, 김성한 저, 2012, 산천재
  역사추적 임진왜란, 윤인식 저, 2013, 북랩
  임진왜란과 도요토미히데요시, 국립진주박물관, 2003, 부키
  교과서가 말하지 않은 임진왜란 이야기, 박희봉 저, 2014, 논형
  해소실기, 김완, 2006(네이버 블로그)

- **인물서 및 기타**

  유성룡, 이덕일 저, 2007, ㈜위즈덤하우스
  선조, 이한우 저, 2007, ㈜해냄출판사
  임금 노릇 못해 먹겠다, 기만중 저, 2004, 거송미디어
  율곡 인간과 사상, 이종호 저, 1994, ㈜지식산업사
  율곡 10만 양병론의 진실, 김언수 저, 2011, 도서출판 태봉
  동호문답, 안외순 옮김, 2005, 책세상
  권율, 신봉승 저, 1999, 도서출판 답게
  송강평전, 박영주 저, 2003, 도서출판 고요아침
  조선 최고의 공직자, 최범서 저, 2006, 도서출판 가람기획
  임꺽정, 홍명희, 1985, ㈜사계절출판사
  부산과 대마도의 2천 년 대마도연구센터, 2010, 국학자료원

60간지

갑자	을축	병인	정묘	무진
1504년	1505년	1506	1507년	1508년
1564년	1565년	1566년	1567년	1568년
명종 19년	명종 20년	명종 21년	선조 즉위년	선조 1년

갑술	을해	병자	정축	무인
1514년	1514년	1516년	1517년	1518년
1574년	1575년	1576년	1577년	1578년
선조 7년	선조 8년	선조 9년	선조 10년	선조 11년

갑신	을유	병술	정해	무자
1524년	1525년	1526년	1527년	1528년
1584년	1585년	1586년	1587년	1588년
선조 17년	선조 18년	선조 19년	선조 20년	선조 21년

갑오	을미	병신	정유	무술
1534년	1535년	1536년	1537년	1538년
1594년	1595년	1596년	1597년	1598년
선조 27년	선조 28년	선조 29년	선조 30년	선조 31년

갑진	을사	병오	정미	무신
1544년	1545년	1546년	1547년	1548년
인종 즉위년	명종 즉위년	명종 1년	명종 2년	명종 3년
1604년	1605년	1606년	1607년	1608년
선조 37년	선조 38년	선조 39년	선조 40년	선조 41년

갑인	을묘	병진	정사	무오
1554년	1555년	1556년	1557년	1558년
명종 9년	명종 10년	명종 11년	명종 12년	명종 13년
1614년	1615년	1616년	1617년	1618년

기사	경오	신미	임신	계유
1509년	1510년	1511년	1512년	1513년
1569년	1570년	1571년	1572년	1573년
선조 2년	선조 3년	선조 4년	선조 5년	선조 6년
기묘	**경진**	**신사**	**임오**	**계미**
1519년	1520년	1521년	1522년	1523년
1579년	1580년	1581년	1582년	1583년
선조 12년	선조 13년	선조 14년	선조 15년	선조 16년
기축	**경인**	**신묘**	**임진**	**계사**
1529년	1530년	1531년	1532년	1533년
1589년	1590년	1591년	1592년	1593년
선조 22년	선조 23년	선조 24년	선조 25년	선조 26년
기해	**경자**	**신축**	**임인**	**계묘**
1539년	1540년	1541년	1542년	1543년
1599년	1600년	1601년	1602년	1603년
선조 32년	선조 33년	선조 34년	선조 35년	선조 36년
기유	**경술**	**신해**	**임자**	**계축**
1495년	1550년	1551년	1552년	1553년
명종 4년	명종 5년	명종 6년	명종 7년	명종 8년
1609년	1610년	1611년	1612년	1613년
기미	**경신**	**신유**	**임술**	**계해**
1559년	1560년	1561년	1562년	1563년
명종 14년	명종 15년	명종 16년	명종 17년	명종 18년
1619년	1620년	1621년	1622년	1623년

관직 직위표

품계		의정부	돈녕부	의금부	6조
정1품	대광보국	영의정	영사		
	숭록대부	좌·우의정			
종1품	숭록대부	좌·우찬성	판사	판사	
정2품	정헌대부	좌·우참찬	지사	지사	판서
	자헌대부				
종2품	가정대부		동지사	동지사	참판
	가선대부				
정3품	통정대부		도정		참의
	통훈대부		정		참지(병조)
종3품	중직대부		부정		
	중훈대부				
정4품	봉정대부	사인(2)			
	봉열대부				
종4품	조산대부		검정(2)	경력	
	조봉대부				
정5품	통덕랑	검상(1)			정랑(3)
	통선랑				병·형조는(4)
종5품	봉직랑		판관(2)	도사	
	봉훈란				
정6품	승의랑		주부(2)		좌랑(3)
	승훈랑				병·형조는(4)
종6품	선교랑				호조-산학교수(1) -별제(2)
	선무랑				형조-율학교수(1) -별제(2)
정7품	무공랑				
종7품	계공랑		직장(2)		호조: 산사(1)
					형조: 명율(1)
정8품	통사랑	사록(2)			
종8품	승사랑		봉사(2)		호조: 제사(2)
					형조: 심율(2)
정9품	종사랑				호조: 산학훈도(1)
					형조: 율학훈도(1)
종9품	장사랑		참봉(2)		호조: 회사(2)
					형조: 검율(2)

사헌부	사간원	홍문관	승정원	성균관	외관직
		영사(겸)			
		대제학		지사	
대사헌		제학		동지사(2)	관찰사, 부윤, 병마절도사
	대사간	부제학 직제학		대사성	목사, 대도호부사, 수군절도사, 병마절도사
집의	사간	전한		사성(2)	도호부사, 첨절제사, 병마우후
장령(2)		응교(1)		사예(3)	수군우후
		부응교(1)			군수, 병마동첨절제사, 수군만호
지평(2)	헌납(1)	교리(2)		직강(4)	
		부교리(2)			현령, 판관, 도사
감찰(24)	정언(2)	수찬(2)		전적(13)	
		부수찬(2)			현감, 찰방, 병마절제도사, 감목
		박사(1) 봉교(예문관)	주서(2)	박사(3)	
		저작(1)		학정(3)	
		정자(2) 검열		학록(3)	
				학유(3)	훈도, 심약, 검율, 역승

단어 뜻풀이

3도(三都): 서울·평양·개성.
8결(八結): 전토 8결마다 1부(夫)의 역가(役價)를 징수하는 것.

ㄱ

가공(家供): 각사에 출사하는 관원들의 공억(供億)에 대한 비용을 줄이기 위해서 이를 각자 자기 집에서 준비하게 하는 것.
가공(加工): 종범(從犯), 일반적으로 범죄에 조력한 자 또는 조력 행위를 말함.
가뉴(枷杻): 칼과 차꼬 등 형구.
가반당(假伴倘): 반당(伴倘)은 서울의 각 관아(官衙)에서 부리는 사환(使喚). 가반당이라고 한 것은 정수 외에 임시로 있는 반당을 말한다.
가자(加資): 품계를 올려주는 것. 특히 정3품 통정대부(通政大夫) 이하의 품계에서 그 이상의 품계로 승진시키는 것을 말한다.
가취(嫁娶): 혼인.
가포(價布): 역(役)에 나아가지 않는 사람이 군포(軍布)에 준하여 역 대신 바치는 포(布).
가함(假銜): 임시 직함. 직함을 빎.
각로(閣老): 중국 명대(明代) 이후 모든 재상을 각로라고 하였다.
각립(角立): 서로 대립하여 서로 굽히지 않음.
각신(閣臣): 태학사를 달리 이르는 말. 태학사는 재상의 겸직.
간가(看家): 무기(武技)에 능한 사람으로 남에게 고용되어 도적 막는 책임을 맡은 사람.
간귀(奸宄): 법을 범하고 난을 일으키는 자.
간독(簡牘): 청탁하는 편지.
간람(奸濫): 불법을 저지름.
간세(奸細): 간첩.
간식(旰食): 아침 일찍 일어나고 저녁 늦게 밥 먹는다는 말로, 왕이 정사(政事)를 부지런히 돌봄을 이름.
간심(看審): 자세히 살핌.
간알(干謁): 이권을 가지고 사적으로 청탁함.
간재(幹才): 일을 처리하는 수완.
간증(干證): 범죄에 관련된 증인.
간첩(簡帖): 편지.
간통(簡通): 서간(書簡)으로 의논을 통하는 것.
감간고(敢諫鼓): 아랫사람의 뜻을 임금에게 알릴 수 있도록 설치한 도구.
감결(甘結): 상급 관청에서 하급 관청에 내리는 공문.
감문(監門): 문지기.
감반(甘盤)의 공: 임금을 가르친 공.

감선(減膳): 나라에 변고가 있으면 임금이 근신하는 뜻에서 수라상의 음식 수를 줄이는 것.
감시(監試): 생원(生員)·진사(進士)의 시험을 말함.
감여(堪輿): 풍수지리.
감주(甘酒): 술을 즐김.
감합(勘合): 군대를 파견할 때 사용하던 대나무로 만든 부계(符契). 윗뚜껑에다 인신(印信)을 새겨 둘로 쪼개 하나는 명을 받들고 가는 사람에게 주어 증빙하게 하고, 하나는 파견될 군대의 주장(主將)에게 주어 현지에 도착하여 서로 증빙하게 하였다.
갑과(甲科): 과거(科擧) 성적에 따라 나누는 세 등급 중의 하나. 과거에 급제한 사람을 갑·을·병 3과로 구분하여 갑과 3인, 을과 7인 병과 23인, 도합 33인을 합격 정원으로 정하는데, 첫째의 장원, 둘째의 방안(榜眼), 셋째의 탐화(探花)가 갑과에 속한다.
갑병(甲兵): 전쟁.
강서(講書): 경서(經書) 등의 강독(講讀)을 시험하는 것.
강와율(强窩律): 강도와주(强盜窩主)를 다스리는 율. 즉 강도를 제 집에 숨겨준 자를 처벌하는 율을 말함.
강자(杠子): 교군(轎軍).
강충(降衷): 하늘이 인간에게 부여한 중정의 덕.
강항령(强項令): 불의에 굽히지 않는 관리를 말함.
개만(箇滿): 고만(考滿), 즉 임기의 만료.
개삭(改槊): 삭(槊)은 배를 결합하는 목전(木栓)이나 또는 방향을 정하는 노·키 등을 말하는데, 이러한 부분품의 개조 또는 수리를 말함.
개소(開素): 상중에 소찬(素饌)을 푸는 일. 육식을 시작함.
개인(開印): 관아(官衙)에 보관된 인함(印函)을 연다는 뜻으로 그해 업무의 시작을 말함.
개제(愷悌): 화락하고 공평함.
개좌(開坐): 물목이나 사실을 한 폭 종이에 벌여 적는 일.
객사(客使): 다른 나라에서 온 사신.
거관(去官): 관에 복무하다가 연한이 차서 그 직을 떠나는 것.
거마목(拒馬木): 마병(馬兵)의 돌입을 막기 위한 나무 장애물.
거승(巨僧): 이름난 중.
거실(巨室): 세력 있는 가문.
거애(擧哀): 곡(哭)을 함.
거자(擧子): 과거에 응시하는 사람.
거주(擧主): 천거한 사람.
거치(車輜): 군량을 보급하는 수레.
건(蹇): 험난한 것.
건(乾)·곤(坤): 건은 하늘·남자·임금·아버지·지아비 등을 상징하고, 곤은 땅·여자·왕비·어머니·지어미 등을 상징한다.

건극(建極): 나라를 다스리기 위하여 법을 세움.

건난(蹇難): 험난한 것.

건명(建明): 정사를 이룩하여 밝힘.

걸군(乞郡): 문과에 급제한 자로서 어버이가 늙고 집안이 가난한 시신(侍臣)이 수령의 자리를 주청하던 일.

걸신(乞身): 사직을 청원하거나 청원하여 면직됨.

검교(檢校): 사실을 캐어 조사함.

겁맹(刦盟): 위협하여 맹약하게 함.

겨린(切隣): 이웃.

격군(格軍): 사공을 도와 노를 젓는 사람.

격소(檄召): 글을 보내 부름.

격양(激揚): 격탁 양청(激濁揚清)의 준말로 악을 물리치고 선을 발양시킨다는 뜻.

격쟁(擊錚): 징을 쳐서 임금에게 진정(陳情)하는 것.

견여(肩輿): 두 사람이 앞뒤에서 매는 가마.

견증(蠲烝): 선한 정치. 즉 정치를 잘하려고 노력함을 뜻하는 말.

견하(堅瑕): 견고하고 허술함.

결(結): 모든 전지는 토양의 비척에 따라 6등급으로 나누는데 2등급에 따라 척수가 달랐음. 1평방척을 1파(把), 10파를 1속(束), 10속을 1부(負), 1백 부를 1결(結)이라고 함.

결복(結卜): 수세(收稅)를 위하여 전지의 면적을 셈하는 단위. 토지의 비척(肥瘠)에 따라 실지의 면적이 달라진다. 전적에는 주척(周尺)으로 4척 7촌 7푼 5리인 1등척부터 9척 5촌 5푼인 6등척까지 6등급이 있다.

결채(結綵): 존귀한 행차를 환영하는 뜻에서 문·다리·누각 같은 곳에 색실·색종이·색헝겊 등을 걸어 장식하는 것.

겸정(兼程): 이틀 길을 하루에 달리는 것.

겸제(箝制): 자유를 구속하고 억누르는 것.

경리(經理): 일을 경영하여 처리함.

경방자(京房子): 경주인(京主人)이나 계수주인(界首主人: 서울에 있으면서 각도 감영에 관한 일을 맡아 보는 사람)이 관할 읍에 발송하는 공문·통신 등을 전달하는 하인.

경변(更變): 고침.

경위(涇渭): 청탁(淸濁).

경저(京邸): 중앙과 지방 관청의 연락 사무를 맡아보기 위해 지방에서 파견된 향리(鄕吏)들이 일을 보는 처소.

경주인(京主人): 지방 관청과 중앙 관청과의 연락 사무를 맡아보게 하기 위하여 지방에서 파견된 향리(鄕吏). 이들은 공물(貢物)·입역(立役) 등의 일을 대행하였음.

경차(京差): 서울에서 파견되어 상행위를 하는 사람.

경차관(敬差官): 특별한 일을 수행시키기 위하여 임금이 차출하여 보내는 관원.

경창(京倉)과 상평창(常平倉): 경창은 서울의 한강 가에 설치하여 각종 조세를 받아들였던 창고. 여기서는 주로 경관의 녹봉을 주고, 지방에서 수송해 오는 조세를 받아들였다. 상평창은 조선 초기에 중국의 제도를 모방하여 물가 조절 기관으로 둔 관아. 대동법의 실시로 선혜청이 설치되자, 진휼청과 함께 여기에 소속되어 주로 흉년에 서울 이외의 지방을 구제하였다.

경천(徑遷): 임기 만료전에 전임됨.

경체(徑遞): 임기가 차기 전에 체직되는 것.

경출(徑出): 교대할 사람이 오기 전에 퇴근함.

경탈(輕脫): 조심성이 없고 가벼움.

경통사(京通事): 서울에 둔 통역관으로 향통사와 대칭되는 말.

경필(警蹕): 임금의 거동 때 통행을 금지하는 일.

경함(傾陷): 계략을 꾸며 함정에 빠뜨림.

계개(計開): 헤아려서 기록한 것.

계고(稽古): 학문.

계문(啓聞): 관찰사·어사·절도사 등이 글로써 상주(上奏)함.

계복(啓覆): 임금에게 상주(上奏)하여 사형수를 다시 심리하는 일. 사죄는 신중히 심리하기 위하여 초복·재복·삼복을 거치는데 복심 때마다 임금에게 아뢴다.

계사(啓辭): 논죄에 관하여 임금에게 올리는 상주(上奏) 문서.

계엄(戒嚴): 행군·거동 등에 앞서 태세를 갖추거나 행동을 개시하도록 경계하는 호령. 계엄은 세 단계로 나누어 북을 쳐서 알리는데 이것을 엄고(嚴鼓)라 하며, 세 번의 엄고를 각각 초엄(初嚴)·이엄(二嚴)·삼엄(三嚴)이라 한다. 이를테면 행군이나 거동 때에 초엄에는 군사가 각각 제 위치에 모이고 이엄에는 대열(隊列)을 갖추고 삼엄에는 출발한다.

계옥(啓沃): 충심으로 임금에게 진언함.

계장(計贓): 장물을 돈으로 환산하고 그에 따라 죄를 줌.

계적(桂籍): 과거에 급제한 사람의 명부(名簿).

계제직(階梯職): 참하관이 참상으로, 당하관이 당상으로 올라갈 적에 자동적으로 올라갈 수 있는 관직을 말한다. 훈련원 정·봉상시 정·통례원 좌통례 등이 여기에 해당된다.

계하(啓下): 계청한 문서를 임금이 보고 결재하여 내리는 것.

고공법(考功法): 벼슬아치의 근만을 가지고 승진에 반영시키는 일.

고굉(股肱): 대신. 팔과 다리. 즉 보필하는 신하.

고기(顧忌): 뒷일을 염려하고 꺼림.

고도(古道): 옛날의 도의.

고두(叩頭): 이마를 땅에까지 대고 절하는 것.

고립(雇立): 남을 대신하여 공역(公役)을 치르는 자.

고마(雇馬): 민간에게 징발한 말.

고명(誥命)·면복(冕服): 고명은 명나라가 조공국 군왕의 즉위를 승인하는 문서이고, 면복은 임금의 정장인 면류관(冕旒冠)과 곤룡포(袞龍袍)를 말함.

고명자(高明者): 성품이 너무 강한 자.
고범(故犯): 고의로 범한 죄.
고수(瞽瞍): 순임금의 아버지.
고신(告身): 벼슬아치에게 주는 직첩으로, 곧 사령장을 가리킴.
고알(告訐): 피해자가 아닌 사람이 남의 잘못을 관에 알림.
고택(膏澤): 임금의 은택.
고항(高抗): 고상하고 굽히지 않음.
고핵(考覈): 조사하여 밝힘.
고후(高厚): 하늘과 땅.
곡돌사신(曲突徙薪): 환란을 미리 방지한다는 뜻.
곡사(曲士): 마음이 바르지 않은 사람.
곡성(曲城): 성문 밖으로 구부려 둘러쌓은 성. 곧 옹성(甕城).
곡전(曲全): 이모저모로 돌보아 주는 것.
곤기(閫寄): 군권(軍權)을 위임함. 장수의 임무.
곤수(閫帥): 병사수사의 이칭.
곤외(閫外): 왕성(王城)의 밖으로 곧 변방을 가리킴.
곤월(袞鉞): 포폄의 뜻임.
곤조곤도(棍曹棍徒): 무뢰배.
곤지(困知): 노력하여 깨우침.
곤타(綑打): 결박하고 때림.
공가(公家): 국고(國庫).
공궤(供饋): 음식을 드리는 것.
공름(公廩): 관에서 먹여 주는 것.
공명고신(空名告身): 성명을 적지 않은 임명장임. 국난을 당하여 국고가 탕진되었거나 흉년이 들어 백성을 진구하기 위한 방책의 일환으로 곡식이나 돈을 받고 내주었음.
공억(供億): 의식을 지급하여 줌.
공의(功議): 팔의(八議)에 들어 있는 의공(議功)과 의친(議親). 의친은 왕실의 친척을 말하며 의공은 국가에 큰 공훈을 세운 사람을 가리킨다. 팔의는, 의친·의공·의고(議故)·의현(議賢)·의능(議能)·의근(議勤)·의귀(議貴)·의빈(議賓)을 말하며 이들은 평의(評議)에 의하여 형벌을 감면받았다.
공차(公差): 공무로 파견함.
공탕(公帑): 국고(國庫)를 말함.
공판(公辦): 공비로 갖추어 냄.
공함(公緘): 공함 추문(公緘推問)의 준말, 공식적인 서면, 즉 공함(公緘)으로 죄과(罪過)를 묻는 것이다. 공함으로 묻는 것을 함문(緘問), 답하는 것을 함답(緘答)이라고 한다.
공해(公廨): 관청.
공헌왕(恭憲王): 명종의 시호.

공형(公兄): 고을의 아전을 가리킴.
과극(科剋): 남의 물건을 착취 또는 횡령한다는 뜻.
과기(瓜期): 벼슬의 임기.
과두(裹頭): 종.
과매(寡昧): 덕이 적고 우매하다는 뜻. 임금이 자신을 겸손하게 이르는 말.
과방(科榜): 과거(科擧)의 방목(榜目). 과거에 급제한 사람의 명단.
과소법(過所法): 관문(關門)을 통과할 때 증명서를 갖게 하는 법.
과질(瓜瓞)의 경사: 자손이 번성하는 경사를 말함.
과차(科次): 성적의 등급을 매김.
과학(科學): 과거를 위한 학문.
관(官): 경연.
관가(管家): 노복.
관가(觀稼): 임금이 적전(籍田)에 거둥하여 농사일을 살펴보는 것.
관가의 돼지 배 앓는 격: 근심이 있어도 누구 하나 알아주는 사람이 없어 혼자 끙끙 앓는 것을 가리키는 속담임.
관각(館閣): 홍문관과 예문관의 합칭. 광의로는 이 밖의 문사를 맡은 성균관·승문원·교서관 등을 포함하기도 한다.
관관(館官): 성균관 관원.
관량(管糧): 식량 관리.
관무재(觀武才): 무과 시취의 하나. 금군, 각 군문의 군관, 전임 조관, 출신(과거에 급제하고 아직 벼슬하지 않은 자), 한량(무신의 자제로 아직 벼슬하지 않은 자) 등에게 무예를 시험하여 뽑는다.
관문(關門): 조선조 때 상급 관청에서 하급 관청에 시달하던 공문서.
관반(館伴): 외국 사절의 영접이나 접대 등에 관한 일을 관장하는 영접 도감(迎接都監)의 주무관인 임시 관직.
관발관(管撥官): 파발을 관리하는 관리.
관방(關防): 국경의 요새.
관사(官舍): 고을의 행정.
관사(官師): 백관의 뜻.
관유(館儒): 성균관에서 기숙하는 유생.
관자(關字): 공문(公文). 공문서. 관문(關文).
관절(關節): 뇌물과 청탁.
관차(官差): 관아에서 보낸 아전이나 사령 따위.
관하(管下): 소속 부하.
괄군(括軍): 군사를 모음.
광간(狂簡): 이상만 높고 실천력이 부족함.
광관(曠官): 관직을 오래 비워 두거나 직무를 태만히 함.

괘방(掛榜): 정령(政令) 등을 공시(公示)하는 것.

괘오(註誤): 거짓 보고로 일을 그르침.

교룡기(交龍旗): 임금의 거둥 때 둑(纛) 다음에 세우는 기로, 친열(親閱)할 때 이 기로 각 영을 지휘한다.

교명(敎命): 책봉할 때 훈유하는 글.

교주고슬(膠柱鼓瑟): 너무도 고지식하여 변통성이 없는 것을 말함.

교할(交割): 물건과 물건을 서로 교환하는 일. 또는 사무를 서로 인계인수하는 일.

구간(苟簡): 구차하게 미봉책을 사용함.

구경(九經): 《중용》에서 말한 천하를 다스리는 아홉 가지의 큰 도. 곧 몸을 닦는 것[修身], 현인을 높이는 것[尊賢], 가까운 사람을 친애하는 것[親親], 대신을 공경하는 것[敬大臣], 뭇 신하를 체찰하는 것[體群臣], 백성을 자식처럼 사랑하는 것[子庶民], 모든 공인(工人)이 모이게 하는 것[來百工], 먼 지방 사람을 잘 대우하는 것[柔遠人], 열국의 제후를 무마하는 것[懷諸侯] 등이다.

구덕(九德): 너그러우면서도 근엄한 것, 유순하면서도 확고한 것, 삼가면서도 공경하는 것, 치재(治才)가 있으면서도 경외하는 것, 부드러우면서도 굳센 것, 곧으면서도 온화한 것, 간략하면서도 모가 있는 것, 강건하면서도 독실한 것, 용감하면서도 의를 좋아하는 것, 이 아홉 가지를 가리킨다.

구무(構誣): 터무니없는 일을 꾸미어 모함함.

구비(求備): 한 사람에게 재덕이 겸비하기를 바라는 것.

구사(丘史): 종친(宗親) 및 공신(功臣)에게 내려준 관노비.

구솔(丘率): 말구종.

구신(具臣): 숫자만 채우는 신하.

구언(求言): 천재지변이나 기타 변고가 있을 때 백성에게 교서(敎書)를 내려 바른 정치에 도움이 되는 곧은 말을 올리게 하는 것.

구원(九原): 황천.

구유(拘儒): 고지식한 유학자.

구유(具由): 사유를 갖춤.

구임(久任): 일을 오랫동안 맡김.

구전(口傳): 이조 판서 또는 병조 판서가 직접 임금의 구두 명령을 받아 관원을 임명하는 것.

구정(九鼎): 우(禹)가 주조한 솥. 삼대(三代) 때의 상전(相傳)의 보물임.

구책(龜策): 거북의 등껍질을 불에 구워 터지는 무늬를 보고 치는 점.

구형(九刑): 주나라에서 시행한 아홉 가지 형벌. 묵형(墨刑), 의형(劓刑), 비형(剕刑), 궁형(宮刑)·대벽(大辟)과 유형(流刑), 편형(鞭刑), 속형(贖刑), 복형(扑刑)을 통틀어 구형이라 한다.

국저(國儲): 세자.

국천척지(跼天蹐地): 두려워하여 몸 둘 곳을 모른다는 뜻.

국휼(國恤): 국상.

군자삼감(軍資三監): 조선 시대에 군수 물자를 관장하던 세 관아. 즉 군자감, 군자강감, 군자분감의 합칭.

군적(軍籍): 군사 명부.

군흥(軍興): 군비(軍費). 군수 물자.

굴억(屈抑): 굽혀 억누름.

굴혈(窟穴): 악인의 소굴.

궁각(弓角): 활을 만드는 데 쓰이는 물소뿔.

궁금(宮禁): 궁궐. 궁중의 금령.

궁온(宮醞): 임금이 내리는 술.

권병(權柄): 권력으로 사람을 좌우할 수 있는 신분이나 그 힘.

권서(權署): 임시로 일을 처리함. 즉위한 직후로 왕호를 사용하지 않을 때.

권설(權設): 임시로 설치한 관이나 관작.

권점(圈點): 홍문관(弘文館)·예문관(藝文館) 등의 관원을 뽑을 때 후보자들의 성명을 죽 적어 놓고 전선관(銓選官)들이 각기 뽑고자 하는 사람의 성명 아래에 찍는 둥근 점. 점수가 많은 사람이 뽑힌다.

권정례(權停禮): 예식대로 하지 않고 약식으로 행하는 예, 즉 조하(朝賀)나 기타 행사에 임금의 임석을 생략하고 임시변통으로 의식의 절차를 다 밟지 않고 거행하는 의식.

권지(權知): 어떤 벼슬의 후보자나 시보(試補) 같은 것을 가리키는 말.

궐군(闕軍): 빠진 군사.

궐도(闕到): 입번(立番)해야 될 군졸이나 나와야 될 인원 등이 나오지 않은 것을 말한다.

궤산(潰散): 패하여 흩어짐.

궤장(几杖): 임금 앞에서 궤에 기대고 지팡이를 짚어도 괜찮다는 뜻으로, 벼슬이 1품에 이르고 나이가 70이상이 되었으나 나랏일 때문에 치사(致仕)하지 못하는 신하를 우대하여 내려 준다.

귀척(貴戚): 임금의 인척.

규괴(睽乖): 서로 어그러짐.

규풍(規諷): 비유를 들어서 바로 잡음.

극명덕(克明德): 능히 덕을 밝힘. 총명한 덕.

근독(謹獨): 자기 혼자 있을 적에도 도리에 어그러짐이 없도록 근신하는 것.

근밀(近密): 임금이 거처하는 주변.

금기(金氣): 가을 기운.

금니(金柅): 쇠로 만든 수레 정지 장치. 소와 말을 매어 놓는 쇠말뚝. 즉 사악한 소인들이 활동하지 못하도록 강력하게 제지하는 장치를 뜻한다.

금란군(禁亂軍): 금란사령. 금란패를 가지고, 금제를 위반한 사람을 염탐하여 찾기도 하고 잡아들이기도 하던 사령.

금속(禁贖): 금령(禁令)을 어긴 자가 법에 따라 형벌을 면하기 위해 내는 금품.

금오랑(金吾郎): 금부도사(禁府都事).

급복(給復): 부역 면제.
급재(給災): 재해를 입은 논밭의 전세를 면제하여 주는 것.
급창(急唱): 관아에서 부리는 노복.
급첩(給帖): 임명장을 줌.
긍구긍당(肯構肯堂): 아비가 시작한 일을 자식이 잘 계승하여 공업(工業)을 이루는 것.
기각(掎角)의 형세: 군사를 둘로 나누어 적을 견제하는 것. 마치 사슴을 잡을 때 한 사람은 사슴의 발을 붙잡고 한 사람은 그 뿔을 잡는 형세로 적을 견제한다는 데서 생긴 말.
기경(起敬): 공경하는 마음을 일으킴.
기계(器械): 군사 장비.
기공(妓工): 궁중에서 가무(歌舞)하는 창기(唱妓)와 악공(樂工).
기관(旗官): 군대의 깃발을 들고 다니는 군졸.
기묘사림(己卯士林): 기묘년(1519 중종 14년)에 남곤, 심정, 홍경주 등에 의하여 파직, 유배, 죽음을 당한 조광조 등과 이들을 돕거나 추종한 사람들.
기미(羈縻): 직접 통제하지 않고 간접적으로 통제하는 것을 말함. 회유하여 얽어맴.
기병(奇兵): 유격대(遊擊隊).
기복(起復): 관리의 경우 상중에는 벼슬하지 않는 것으로 되어 있지만 국가의 필요에 의하여 상제의 몸으로 벼슬에 나오게 하는 것을 말함. 기복출사(起復出仕).
기시(棄市): 사람들이 많이 모인 곳에서 목을 베고 그 시체를 길거리에 버리던 형벌.
기인(其人): 경기·강원·황해·경상·전라·충청의 각 고을의 향리(鄕吏) 중에서 해마다 윤차(輪次)로 서울에 와서 제사(諸司)에 분정(分定)되어 땔나무 등을 장만하는 데 사역된 사람.
기재(寄齋): 성균관 유생 아닌 유생이 성균관에서 기거(起居)하며 공부하는 일. 거제(居齋).
기전(起田): 경작하는 농토.
기정(奇正): 측면에서 불의에 공격하는 기병과 정면에서 공격하는 정병(正兵).
기조(騎曹): 병조.
기체(氣滯): 기도(氣度)가 막혀 나는 병.
기친(期親): 기년복(朞年服)을 입는 친족.
기탄(忌憚): 어렵게 여겨 꺼림.
기폐(欺蔽): 사실을 속이고 총명(聰明)을 가리움.
기해(起解): 조서를 만듦.
기효신서(紀效新書): 명나라 장수 척계광이 지은 병서. 왜란 후에 군제를 개편하여 훈련도감을 신설하고, 명군과 왜군의 무기, 무술을 모방하여 훈련할 때도 이 책에 의존해서 총병(銃兵)인 포수(砲手), 궁병(弓兵)인 사수(射手), 창검병인 살수(殺手)의 3부문으로 나누어 실시하였고, 지방에도 초관 또는 속오군을 두어 훈련시켰다.
길경(桔梗): 도라지.

나례(儺禮): 음력 섣달 그믐날 밤 궁중에서 마귀와 사신(邪神)을 쫓아낸다는 뜻으로 베푸는 의식.

나이(那移): 함부로 옮겨 쓰는 것.
나장(羅將): 군아에 속한 사령. 의금부의 매질, 압송하는 사령.
낙죽(酪粥): 우유.
낙형(烙刑): 단근질하는 형벌.
난여(鑾輿): 임금의 수레. 임금의 행차.
남행(南行): 부조의 음덕(蔭德) 또는 자신의 재덕이 있어 과거에 급제하지 않고 벼슬길에 오른 사람들을 뜻하는 말.
납곡(納穀): 병란(兵亂)이나 흉년에 군량 및 구호양곡을 확보하기 위한 정책으로 곡식을 헌납받는 것.
납서(蠟書): 밀을 둥그렇게 뭉쳐서 그 속에 비밀문서를 넣어가지고 가는 것을 말함.
납속 동지(納粟同知): 곡식을 바치고 임명된 동지.
납언(納言): 왕명을 출납하는 관명인데, 곧 사헌부와 사간원의 관원을 가리키는 말.
납의(衲衣): 군복.
납회(納誨): 잘못을 바루는 곧은 말을 아룀. 착한 말을 올림.
낭료(郎僚): 낭관(郎官)인 요속(僚屬)으로 낭청(郎廳)이라고도 한다.
낭선(筤筅): 낭선(狼筅)이라고도 쓰는 병장기의 일종. 길이가 1장 5~6척 되는 대모죽(大毛竹) 끝에 한자 정도의 칼날을 달고 중간 중간에 꼬챙이를 붙여서 적을 막는 병기임.
내구(內廐): 조선 시대 궁궐 안에 따로 둔 사복시. 즉 궁중의 가마나 말에 관한 일을 맡아보던 관청.
내금위(內禁衛): 임금의 좌우에서 호위(護衛)를 맡아보던 군대.
내노(內奴): 내수사(內需司)에 딸린 노비.
내반원(內班院): 대궐 안의 내시의 일을 맡아보던 관청. 내시부.
내부(內附): 중국에 들어가 의탁함.
내선(內禪): 임금이 살아 있으면서 아들이나 아우에게 전위하는 것.
내소(來蘇): 후래 기소(後來其蘇)의 준말로 학정에 시달린 백성이 구제되기를 바라는 것을 말함.
내수외양(內修外攘): 안으로 국정을 닦고 밖으로 적을 방어하는 것.
내승(內乘): 내구(內廐)와 어승(御乘)을 맡아보는 벼슬.
내역(來役): 심부름 온 사람.
내원당(內願堂): 궁중의 명복을 비는 절.
내중일(內中日): 매월 오(午)일과 묘(卯)일.
내탕(內帑): 임금이 사유한 재물.
노륙(孥戮): 처자까지 사형하는 것.
노마(路馬): 임금이 타는 수레를 끄는 말.
노비 신공(奴婢身貢): 독립된 호를 이루고 사는 외거노비로부터 신역 대신에 대가로 받아들이던 공물. 사섬시에서 관장하였음.
노상(勞傷): 근심 걱정으로 마음이 상함.

노옥(老獄): 끝이 없는 사건.
노인(路引): 여행을 허가하는 증명서.
노제(老除): 나이 많은 군인을 역(役)에서 제외시킴.
노포(露布): 격문(檄文)이나 승첩(勝捷)의 글을 말함.
녹직(祿職): 봉급이 있는 관직.
논보(論報): 하급 관청이 상급 관청에 의견을 첩보(牒報)하는 것.
논사(論思): 논변(論辯)과 사려(思慮). 홍문관.
논열(論列): 죄목(罪目)을 나열하여 탄핵함.
농단(壟斷): 이익을 독점함을 뜻하는 말.
누의(螻蟻): 땅강아지와 개미.
누조(累朝): 여러 대의 조정.
늠급(廩給): 관의 곡식 창고에 있는 것을 지급함.
능단(綾段): 무늬가 있는 비단.
능체(陵替): 아랫사람이 윗사람의 권한을 침해하는 것.

ㄷ

다리: 덧넣었던 딴머리.
다섯 달의 정하여진 기한: 다섯 달 만에 장사지내게 정하여진 기한으로 곧 임금의 장기(葬期). 천자(天子)는 일곱 달 만에, 제후(諸侯)는 다섯 달 만에, 대부(大夫)·사(士)·서인(庶人)은 석 달 만에 장사하도록 정해져 있다. 《예기(禮記)》 왕제(王制).
다시(茶時): 성상소가 어느 한 곳의 분대에 감찰들을 모으는 것인데 이 모임에서 다례를 행하므로 이렇게 불렀다.
단령(團領): 옷깃을 둥글게 만든 관원(官員)의 공복(公服).
단서 철권(丹書鐵券): 옛날에 공신에게 반사하여 대대로 전해 가면서 죄를 사면받게 한 공신녹권으로, 단사로 쓰고 철제로 권을 맸기 때문에 생긴 말.
달로(㺚虜): 조선과 중국의 북방에 살던 종족으로, 그 계통은 분명하지 않으나 시대에 따라 달단(韃靼)·몽고(蒙古)·거란(契丹) 등으로 불리던 종족의 일부이며, 이때의 달로는 원(元)이 망한 뒤에 북으로 달아나 흩어져 살던 이들을 말하는데, 명(明)의 북부와 조선의 평안도 북변에서 자주 말썽을 일으켰다. 노(虜)자에 갈음하여 자(子)·노(奴)를 붙여 부르기도 하며, 앞에 건이(建夷:건주위(建州衛)의 오랑캐)라 한 것도 이들을 가리키는 것이다.
달순(達順): 행동이 모두 도리에 맞음.
담제(禫祭): 초상으로부터 27개월 만에 곧 대상을 치른 후 다음 달 하순의 정일(丁日)이나 해일(亥日)에 지내는 제사.
답고(踏敲): 가무(歌舞).
답보(踏寶): 어보(御寶)를 찍음.
답인(踏印): 관인(官印)을 찍음.
당(唐): 요(堯) 임금의 나라.
당고(黨錮): 어진 선비들을 종신 금고한 일.

당보(塘報): 척후(斥候)하는 군사의 적세에 대한 보고문.
당보아(塘報兒): 적군의 동태와 형편을 살피어 알리는 임무를 띤 사람. 당보군(塘報軍).
당참(堂參): 관리들이 전근할 적에 바치는 예물(禮物)을 말함. 지방 수령들이 임명을 받으면 이조에 예물을 바쳤었는데, 이에 의한 민폐가 극심했으므로 명종 21년(1566)에 폐지하였다.
당참채(堂參債): 수령(守令)이 새로 나가거나, 또는 다른 고을로 옮길 때 서리(書吏)에게 주던 돈. 당참전(堂參錢). 당참(堂參).
당학질(唐瘧疾): 이틀거리로 앓는 학질.
당화(唐貨): 중국의 물건.
대가(代加): 자궁(資窮) 등의 이유로 자급을 올려 줄 당사자 대신에 아들·사위·아우·조카 등에게 자급을 올려 주는 것.
대각(臺閣): 사헌부와 사간원을 함께 이르는 말.
대감(臺監): 사헌부 감찰.
대강군(擡扛軍): 짐꾼.
대거(對擧): 둘 이상의 과거를 상대적으로 시행하는 일. 가령 문과시를 설행한 경우, 그 상대로 무과시를 아울러 설행하는 과거를 말함.
대건(大蹇): 난처한 지경에 처했다는 뜻.
대경(代耕): 녹을 받은 것.
대계(大計): 후계.
대고(大故): 부모의 상. 임금의 죽음.
대교(大巧): 남이 따르지 못할 아주 교묘한 재주.
대군(大君): 임금의 적자(嫡子).
대노(代奴): 상전을 위하여 송사를 대행하는 그 집의 종.
대립(代立): 대신 복무하게 하는 것.
대모(大暮)의 동매(同寐): 긴 밤을 같이하여 잔다는 뜻으로, 죽음을 비유하는 말.
대방(大防): 법칙. 세상의 질서유지를 위해 문란함을 방비하는 예의. 예법(禮法).
대벽죄(大辟罪): 사형에 해당되는 죄.
대보(大寶): 옥새.
대비취인(大比取人): 인재를 널리 취한다는 뜻으로 향시를 말함.
대사례(大射禮): 임금이 신하들을 크게 모아 함께 활쏘기를 시험하여, 맞힌 자에게는 상주고 맞히지 못한 자에게는 술을 마시게 하는 의례.
대사마(大司馬): 병부 상서를 말함.
대석(臺席): 사헌부의 공석(公席).
대수(大隧): 능의 수도(隧道). 지면으로부터 현궁(玄宮:재궁을 넣는 광(壙)임)까지 판 길.
대역 반좌율(大逆反坐律): 고변함에 있어 대역(大逆)으로 고변한 것이 무고였을 경우에, 무고 입은 자에게 과한 죄만큼 무고한 자에게 과죄하는 것임.
대월(對越): 천지신명을 대함.

대장군전(大將軍箭): 무게가 50근, 길이가 6자인 무쇠로 된 화살. 30근의 화약을 폭발시켜 내쏘면 9백 보(步)를 날아간다.
대죄거행(戴罪擧行): 죄가 정해질 때까지 그대로 일을 보는 것.
대포(大布): 올이 굵은 베.
대행대왕(大行大王): 승하한 지 얼마 안 되어 아직 시호가 없는 전왕(前王)을 지칭하는 말.
대휼(大恤): 국상을 말함.
도(徒): 《대명률》오형(五刑:태(笞)·장(杖)·도(徒)·유(流)·사(死))의 하나. 비교적 중한 죄를 범한 자를 관에 맡겨 두고 노역에 종사시키는 형벌인데, 1년·1년 반·2년·2년 반·3년의 5등급의 형기가 있으며, 형기 1년이면 장 육십, 1년 반이면 장 칠십, 2년이면 장 팔십, 2년 반이면 장 구십, 3년이면 장 일백을 병과한다.
도감(都監): 상장(喪葬)·혼인 등 국가에 큰일이 있을 때에 그 일을 맡아보기 위하여 임시로 설치하는 관사(官司).
도거(刀鋸): 형벌의 뜻.
도거(刀鋸)를 받은 천한 자: 도거는 칼과 톱으로 형구(刑具)를 말하는 것으로 도거를 받은 천한 자란 곧 환관(宦官)을 가리킨다.
도검(韜鈐): 무사(武事).
도계진상(到界進上): 감사가 부임하고 곧 물선을 진상하는 것.
도금비록(韜衿祕錄): 병법(兵法).
도기(到記): 성균관 유생들이 출근하여 식당에 출입한 횟수를 적는 부책(簿冊). 아침·저녁 두 끼를 1도(到)로 하여 50도가 되면 과거 볼 자격을 얻게 된다.
도리(桃李): 문하생(門下生)이나 천거한 사람을 비유한 말.
도목(都目): 관원의 치적을 종합 심사하는 일. 6월에 하는 것을 권무정(權務政)이라 하고 12월에 하는 것을 대정(大政)이라 하였음.
도목장(都目狀): 지방 관청의 종 및 시정(侍丁), 봉족, 호수(戶首) 등의 이름을 기록한 장부.
도목정(都目政): 도목정사(都目政事)의 약칭으로 관리의 임명, 승진, 전보 등을 위한 인사행정. 경관(京官)은 해사(該司)의 당상관이나 제조가, 외관(外官)은 관찰사와 절도사가 매년 6월 15일과 12월 15일에 관원들의 성적을 매겨 올리면 등급을 매겨 임면(任免)과 출척(黜陟)을 시행한다.
도법(徒法): 허명무실한 법.
도서(圖書): 일본의 사자(使者)가 우리나라에 입국할 때 제시하던 입국 허가증.
도설리(都薛里): 내시부(內侍府)에서 어선(御膳)을 맡아보는 우두머리.
도승(度僧): 중에게 도첩(度牒)을 줌.
도시(都試)의 연재(鍊才)나 관사(觀射): 도시는 무과 시험. 연재는 무예(武藝) 시험을 말하며 관사는 임금이 신하들의 사예(射藝)를 관람하는 것.
도유 우불(都兪吁咈): 군신이 토론하는 것으로, 선정의 뜻.
도제(道齊): 정치를 함에 있어 "덕(德)으로써 인도하고 예(禮)로써 가지런히 한다"를 아울러 이른 말.
도첩(度牒): 새로 중이 되었을 때 나라에서 주는 허가증(許可證).

도헌(都憲): 대사헌(大司憲).

도회(都會): 공물을 판출하기 위한 계(契).

도회군(逃回軍): 포로가 되었다가 도망쳐온 군사.

도회처(都會處): 관찰사의 관리 아래 교생들에게 강서(講書), 제술(製述) 시험을 보이는 장소를 가리킨다.

독현(獨賢): 어려운 일을 홀로 담당함.

독화(黷貨): 부정하게 재물을 얻음.

동(同): 1동은 50필임.

동·서벽(東西壁): 좌우 참찬을 말함.

동·서적전(東西籍田): 조선 시대 종묘에 제사지낼 쌀을 생산하던 두 곳의 전답. 동적전은 지금의 서울 전농동(典農洞)에 있었고, 서적전은 지금의 개성(開城)에 있었다.

동거(童車): 짐을 운반하는 수레.

동군(東君): 봄을 맡은 신(神).

동몽훈도(童蒙訓導): 어린이를 교육시키기 위해 각 군현에 두었던 벼슬. 후에 동몽교관으로 고침.

동벽(東壁): 관원이 회좌(會坐)할 때에 동쪽에 자리 잡는 벼슬.

동취(銅臭): 돈 냄새임. 동전을 말함.

동취인(銅臭人): 돈을 가지고 관작(官爵)을 사거나 돈 많은 사람을 기롱하는 칭호임.

동향대제(冬享大祭): 겨울에 지내는 대제로 곧 대사(大祀).

동호필(董狐筆): 동호는 중국 춘추 때 진(晉)나라의 사관. 꺼림 없이 직필하는 것을 동호필이라 한다.

두목(頭目): 중국 사신을 따라 무역하기 위하여 우리나라에 오던 북경의 상인.

두축(頭畜): 가축. 소와 말.

두회기렴(頭會箕斂): 세금을 가혹하게 거둔다는 뜻.

둑제(纛祭): 대가나 군대의 행렬 앞에 세우는 대장기에 지내는 군기제. 뚝섬[纛島]에서 지냈다.

둔경(屯耕): 군사가 변방에 주둔하여 농사를 지으며 적을 방어하는 것.

둔사(遁辭): 책임을 회피하기 위하여 억지로 꾸며서 하는 말.

둔전(屯田): 지방에 주둔한 군대의 군량이나 관청의 경비에 쓰기 위하여 경작하는 전지(田地).

득신(得伸): 소송에 이김.

등롱금(燈籠錦): 중국 촉 지방에서 생산되는 최고급의 비단으로, 금(金)으로 등롱(燈籠) 무늬를 넣어 짠 비단임.

등문고(登聞鼓): 신민(臣民)이 간쟁(諫諍) 또는 진정(陳情)할 일이 있으면 이것을 쳐서 임금에게 알릴 수 있도록 조정(朝廷)에 걸어 둔 북.

등제계본(等第啓本): 매년 가을 각도에서 그해 농사의 작황을 9등급으로 사정해서 호조를 통하여 임금에게 올리는 감사의 장계이다.

등통(鄧通)의 산(山): 구리 광산을 뜻함.
등황 조서(謄黃詔書): 천자의 조서가 내리면 각성(各省)의 독무가 황지(黃紙)에 조서를 등사하여 그것을 소속 주현에 반포하는 것을 말한다.

ㅁ

마사(馬史): 사마천(司馬遷)이 쓴 《사기(史記)》.
마정(馬政): 말을 기르는 국가의 행정.
마태(馬太): 말먹이 콩.
마패자(馬牌子): 공문 등을 송달하는 마부.
마후(馬后): 후한(後漢) 명제(明帝)의 왕후. 덕행이 후궁들의 모범이 되었고 사가의 일로 조정에 간청하는 행위가 없었다.
만(鏝): 날이 없는 뭉툭한 창.
만기(萬機): 나라의 일.
만보(瞞報): 제대로 보지 못하고 한 보고.
만청자(蔓菁子): 순무 씨.
말감(末減): 말감(末勘). 가장 가벼운 죄에 처하는 것을 말함.
말선(襪線): 버선의 끈. 곧 짧은 것을 뜻하는 것으로 재주가 없음을 비유한 말이다.
말업[末]: 농사 이외의 장사 등의 일.
망(望): 후보자.
망궐례(望闕禮): 지방관으로 나가 있는 관원이 명절이나 왕, 왕비의 탄신일에 대궐을 향하여 절하던 의식, 또는 정조, 동지, 성절(聖節:천자의 생일), 천추절(千秋節:태자의 생일)에 임금이 중국을 향하여 절을 하던 예식.
망기(望氣): 멀리서 떠 있는 기운을 보고서 조짐을 아는 일.
망단(蟒緞): 용무늬를 놓은 비단.
망민(罔民): 백성의 무지(無知)함을 역이용하여 죄망에 걸려 들게 하는 것을 뜻하는 말.
망보(望報): 해당자 명단에 대한 보고.
매륜(埋輪): 수레가 가지 못하도록 바퀴를 땅에 묻는 것으로, 충직하게 간하는 것을 말함.
매상(昧爽): 동틀 녘.
맥도(貊道): 세제(稅制)의 한 가지로 국가의 유지를 고려하지 않고 아주 작은 세금을 거두는 것을 말함. 정상적인 부세는 9분의 1 또는 10분의 1을 전세로 받는 것이 상례인데, 맥도는 20분의 1을 받는 것을 말함.
면만(面漫): 눈앞에서 거짓말을 함.
면방(免防): 방수(防戍)를 면제함.
면유(面諭): 면전에서 하유함.
면저(綿褚): 면으로 된 관을 덮는 보자기.
면주전(綿紬廛): 관의 인가를 받아서 면주를 전매(專賣)하는 곳을 말함. 면주전은 육주비전(六注比廛)의 하나인데, 육주비전은 선전(線廛)·면포전(綿布廛)·면주전·지전(紙廛)·저포전(紵布廛)을 각각 한 주비(注比)로 하고 내어물전과 청포전(靑布廛)을 합해 한 주비로 함.

면피(面皮): 뇌물을 말함. 인사치레의 선물.
면향(免鄕): 향역(鄕役)을 면제시킴.
명검(名檢): 법도.
명경 무재(明經茂才): 명경(明經)은 한 무제 때에 비롯한 선거 과목. 학문이 정통하고 행실이 닦이고 경서(經書)에 대하여 박사(博士)에 알맞은 자를 선거하여 등용하였다. 무재(茂才)는 한대(漢代)에 비롯한 선거 과목. 천하의 재능이 우수한 선비를 선거하여 등용한 것.
명기(名器): 작호(爵號)와 거복(車服: 임금이 공로가 있는 신하에게 내리는 수레와 의복). 또한 관작(官爵)의 뜻으로 쓴다.
명부(命婦): 봉작을 받은 부인. 궁중의 여관으로서 봉작 받은 사람을 내명부라 하고, 왕녀, 왕비모, 대전유모, 왕세자녀 및 종친, 문무관의 아내로서 봉작 받은 사람을 외명부라 한다.
명지(名紙): 과거에 응시할 적에 응시자의 성명과 신상 사항을 적은 시험지.
명체 적용(明體適用): 고금의 일에 밝아 쓰기에 적절함.
명초(命招): 임금이 명패(名牌)로 신하를 부르는 것.
명행(溟涬): 분명히 나뉘지 않은 조용한 상태.
모고살인(謀故殺人): 사람을 모살하거나 고살(고의로 죽임)한 것.
모곡(耗穀): 양곡을 대여하였다가 받아들일 때 창고에서의 손실을 대비하여 미리 10분의 1을 더 받아들여 놓은 곡식.
모공(冒功): 없는 공을 있는 것으로 만드는 것.
모두(蟊蠹): 해충.
모롱(冒弄): 사실인 것처럼 꾸며 농간을 부림.
모릉(摸稜): 가부를 결정짓지 않는 모호한 태도.
모반 대역(謀反大逆): 모반(謀反)과 모대역(謀大逆)의 합칭. 모반은 나라를 위망(危亡)하게 하려고 꾀한 것이고, 모대역은 종묘·산릉·궁궐 등을 훼망(毁亡)하려고 꾀한 것이다.
목민 어적(牧民禦敵): 백성을 다스리고 적을 방어함.
목방(木方): 동방.
목요(木妖): 제택(第宅)을 지나치게 화려하게 치장하는 사람을 기롱하는 칭호.
몽준(蒙準): 상소하여 허가를 받음.
묘당(廟堂): 의정부의 별칭.
묘모(廟謀): 백성을 다스리는 방략.
묘산(廟算): 조정의 계책.
무경 칠서(武經七書): 중국의 일곱 가지 병서. 《육도(六韜)》, 《손자》, 《오자(吳子)》, 《사마법》, 《황석공삼략》, 《위료자》, 《이위공문대(李衛公問對)》.
무단향곡(武斷鄕曲): 시골에서 세가(勢家)가 백성을 권세로 억압함.
무면(無面): 돈이나 물건이 축나는 것.
무병 자구(無病自灸): 긁어 부스럼이라는 뜻.
무일편(無逸篇): 주(周)나라 주공(周公)이 성왕(成王)을 경계하여 지은 훈사(訓辭).

무정(務停): 농사가 한창 바쁜 시기에는 잡송(雜訟)에 관한 일을 중단하는 제도. 춘분에서 추분까지 9개월 동안임.

문금(門禁): 문의 출입에 대한 금제(禁制).

문병(文柄): 문장(文章)을 주관하는 권한과 책임.

문음(門蔭): 과거를 거치지 않고 부조(父祖)의 공덕(功德)에 의해 얻은 벼슬.

문이(文移): 상급 관청에서 하급 관청에 보내는 공문서.

문인(文引): 타고장을 출입하는 사람이나 타고장을 왕래하며 행상하는 상인에게 거주지 관청에서 발행하던 통행증.

문정(問鼎): 남의 나라를 침략하여 빼앗는다는 뜻.

문폐(問弊): 백성의 질고를 탐문함.

물고(物故): 죄를 지은 사람이 죽음.

물색 단자(物色單子): 물색은 죄수나 찾는 사람의 인상(人相)을 그린 것. 단자는 그에 대한 내용을 간단히 적은 문서.

미고(靡盬): 왕사(王事)를 소홀히 하지 못한다는 뜻.

미려(尾閭): 대해(大海) 밑에 바닷물이 쉴 사이 없이 샌다는 곳. 즉 끝없는 소모처(消耗處)라는 뜻.

미복(迷復): 도(道)를 잃은 것이 이미 멀어 다시 돌아올 곳이 없는 것.

미생(尾生)의 지혜로 소진(蘇秦)·장의(張儀)의 꾀를 쓰려 한다: 고지식한 신의로 과분한 일을 꾀한다는 뜻. 미생은 한 여자와의 약속을 지키려다가 익사하였고, 소진·장의는 변론가로서 전국 시대에 종횡한 사람들임.

미원(薇垣): 사간원의 별칭.

민결(民結): 백성의 논밭.

민암(民嵒): 험악한 민심.

민이(民彝): 백성의 떳떳한 도리. 사람이 본래 타고난 양심.

밀부(密符): 관찰사·통제사·수어사·총용사 및 각도 유수, 절도사, 방어사 등에게 수여하는 병부.

ㅂ

박시제중(博施濟衆): 은혜를 널리 베풀어 대중을 구제함.

반궁(泮宮): 성균관의 별칭.

반당(伴倘): 왕자·공신 및 당상관을 우대하기 위하여 개인별로 지급하는 사환.

반삭(頒朔): 책력을 반포하는 것.

반서(反噬): 은인을 배반하여 해침.

반식(伴食): 무능한 관리를 비웃는 말.

반일정(半日程): 1일정은 90리.

반전(盤纏): 여비.

반좌율(反坐律): 무고(誣告) 또는 위증(僞證)으로 남을 죄에 빠지게 한 자에게 피해자와 동일한 형벌을 주는 형률(刑律).

반주율(叛主律): 노비가 주인을 배반했을 경우 이에 대해 제재를 가하는 형률(刑律)을 말한다.
발락(發落): 결정함.
발해(發解): 진사시(進士試)에 합격한 것.
발호(跋扈): 권세나 세력을 제멋대로 부리며 함부로 날뜀.
방계(防啓): 타사·타인이 임금에게 아뢰어 청한 일, 또는 임금이 분부한 일에 대하여 그렇게 시행하지 말도록 아뢰는 것.
방납(防納): 공물(貢物)을 대납(代納)하고 납공자(納貢者)로부터 그 대가를 많이 받아내던 일. 공물은 토산물이므로 일반 백성으로서 얻거나 만들기 어려울 경우에는 현물을 사서 바쳐야 하는데, 궁방(宮房)·관청의 수요 시기와 품질·규격 등이 흔히 맞지 않으므로 경주인(京主人) 등을 시켜 대납하게 하니, 상인·하급 관리 등이 끼어들어 직납(直納)이 가능한 것까지도 막아 대납하고서 뒤에 그 대가를 배징(倍徵)하였다.
방목(榜目): 과거(科擧)에 급제(及第)한 사람의 성(姓)과 이름을 적은 책. 준말은 방(榜).
방방(放榜): 과거 합격자를 발표하는 것.
방백(方伯): 관찰사(觀察使).
방악(方岳): 방백(方伯).
방장(方丈): 고승들이 거처하는 처소.
방첩(幇貼): 보인(保人)을 가리킴.
방첩(幇貼): 이는 이문(吏文)으로 돕는다는 말인데, 곧 봉족과 같은 뜻이다.
방추(防秋): 변방 오랑캐들의 가을철 공격을 막기 위해 군사를 동원해 지키는 일.
방현(妨賢): 현명한 사람의 진출을 방해하는 것.
배사(拜辭): 지방관이 부임할 때에 전정(殿庭)에 나아가 임금에게 숙배하고 하직하는 것.
배일 겸행(倍日兼行): 밤낮으로 쉬지 않고 이틀 길을 하루에 감.
배첩(拜帖): 남을 방문할 때에 내는 명함.
배표(拜表): 우리나라 임금이 중국 황제에게 보내는 표문(表文) 등을 다시 살펴보고 봉(封)하는 일을 말함.
배표(拜表): 중국 황제에게 보내는 표문을 사신이 떠나기에 앞서 정전(正殿)에 형식적으로 중국 궐정(闕庭)을 마련하고서, 임금이 백관(百官)을 거느리고 배례하는 의식을 거행하는 것.
백문(白文): 관인(官印)이 없는 문권(文券).
백부(柏府): 사헌부의 별칭.
백세(百歲): 죽음.
백승(百乘): 1승은 수레 1백 대.
백이(百二)의 요새: 천연의 지세가 험고하고 견고함을 이름.
백지[白楮]: 저화(楮貨).
백집사(百執事): 일반 관리.
백패(白牌): 사신이 도착할 날짜 등을 미리 알리는 공문.

번가(番價): 번드는 것을 면하고 내는 대가.

번고(反庫): 재고(在庫) 조사.

번곤(藩閫): 병마절도사를 말함.

번독(煩瀆): 번거롭고 버릇없음.

번호(藩胡): 우리나라에 복종하는 북변 성 주변의 여진족.

범마(犯馬): 하마비가 있는 지역에서 말에서 내리지 않는 것과 하급 관리가 상급 관리의 앞을 지나면서 말에서 내리지 않는 것.

법온(法醞): 임금이 내리는 술.

벽곡(辟穀): 곡물을 먹지 않고 생활하는 것.

벽문(闢門): 문을 열어 천하의 현자를 받아들임.

벽용(擗踴): 너무 슬퍼서 가슴을 치며 몸부림 침.

별복정(別卜定): 어떠한 지방에서 나는 물건을 정례로 정해 놓은 것 외에 서울의 각 관아, 각 도나 각 군에 바치는 일.

별선온(別宣醞): 임금·왕비 등이 별례로 내린 술.

별세초(別歲抄): 사전(赦典)이 있을 때 죄인의 이름을 초록하여 주달하는 일.

별시(別試): 나라에 경사(慶事)가 있을 적이나 또는 천간(天干)에 병(丙) 자가 든 해에 보이는 문과나 무과 시험.

별시사(別試射): 특별히 실시하는 활쏘기 시험으로, 철전, 유엽전, 편전, 기추(騎芻)를 각각 실시함.

별제(別祭): 삭망전 외에 정조, 동지, 한식, 단오, 중추 아침에 특별히 지내는 제사. 삭망전의 같은 날에 겹치면 별제만을 지낸다.

별차(別差): 특별히 차임해 보내는 관리.

별치부(別致賻): 정·종3품 이하의 시종이나 대시(臺侍·장령·지평 등)가 죽었을 때 임금이 따로 돈이나 물품을 내리는 것.

병류(迸流): 물리쳐 귀양 보내는 것.

병봉(拚蜂): 악은 작은 것에서부터 한다는 말.

병식(兵食): 무기와 식량.

보감 결장(保勘結狀): 신원보증서(身元保證書).

보거(保擧): 인물을 보증하여 천거하는 일. 학덕이나 재주가 뛰어난 사람을 상관이 보증하고 천거하여 주청하는 것.

보곤(補袞): 임금의 과실을 보완함.

보궁(保躬): 몸을 보호함.

보병가(步兵價): 보병가포. 보병의 군적에 있는 자가 현역의 복무를 하지 않는 대신 바치는 포목. 즉 군포(軍布)임.

보사(步射): 달려가면서 활을 쏘아 일정한 기준 거리 이상에 도달하는 것과 표적에 접근하는 정도를 보는 활쏘기 시험.

보인(保人): 정병(正兵)을 돕기 위해서 둔 조정(助丁). 원래는 병역을 면제받는 대신에 현역병의 농작(農作)에 노동력을 제공하게 했었으나 뒤에는 군대의 비용으로 쓰기 위해 역(役)을 면제하여 주는 대가로 보미(保米)나 보포(保布)를 받았다.

보장(保障): 한 지역을 담당해 지키는 일.

보전(寶典): 《실록》.

보종(步從): 사명에게 역에서 딸려 보내는 역졸.

보책(寶冊): 시보(諡寶)와 시책(諡冊).

보합(保合): 대화합(大和合).

복(服): 1복은 한 번 먹을 약의 양.

복마(卜馬): 짐 싣는 말.

복벽(復壁): 임금이 잘못을 저질렀거나 기타 다른 사유로 집정(執政)할 수 없을 때 대신이 임시로 그 정무(政務)를 일정기간 대행하다가 모든 조건이 풀린 후에 다시 그 정사를 임금에게 환원하는 것.

복상(卜相): 정승을 새로 가려 뽑음.

복시(覆試): 초시(初試)에 합격한 사람에게 다시 보이는 과거. 회시(會試)라고도 함. 과거의 성질에 따라 복시가 최종 시험이 되거나 다시 전시(殿試)를 더 보이거나 함.

복예(僕隷): 경사(京司)의 서리(書吏)·고직(庫直)·서원(書員) 등을 이전(吏典)이라 하고, 사령(使令)·구종(驅從) 등을 복예(僕隷)라 한다. 지방에서는 아전(衙典)·장교(將校)를 이전이라 하고, 관노(官奴)·사령(使令)을 복예라고 한다.

복정(卜定): 공물(貢物) 이외에 긴급히 필요한 것이 있을 적에 상급 관청에서 결정하여 하급 관청으로 하여금 각 지방의 토산물이나 기타 필요한 물품을 강제로 납입하게 하던 일을 말함. 여기에는 변통 없이 꼭 실행하도록 강요하는 뜻이 들어 있음.

복제(覆題): 우리나라에서 보낸 주문에 의거하여 중국 예부에서 올린 제본(題本)을 말함.

복주(伏誅): 형벌을 순순히 받고 죽음.

복태마(卜駄馬): 짐을 싣는 말.

복합(伏閤): 나라에 큰일이 있을 적에 조신이나 유생들이 대궐문 밖에 엎드려 상소하는 것.

복호(復戶): 군인이나 양반의 일부 및 궁중의 노비 등 특정한 대상자에게 조세(租稅)나 그 밖의 국가적 부담을 면제하여 주던 일. 부역을 면제해 줌.

본색(本色): 전지(田地)에서 생산된 그대로의 보리·밀·콩 등을 가리키는데, 여기서는 양곡의 뜻으로 쓰였음.

봉심(奉審): 왕명으로 능이나 묘를 보살피는 일.

봉장(封章): 밀봉하여 상주(上奏)하는 의견서.

봉전(封典): 중국 조정에서 공신(功臣)이나 그 선세(先世)에 내려주던 작위(爵位). 여기서는 일본의 왕(王)과 관백(關白)에게 작위를 봉해 줌을 허락하였다는 말이다.

봉점(逢點): 점검받는 것.

봉조하(奉朝賀): 당상관의 실직을 지내고 치사한 사람을 특별히 우대하기 위해 제수하는 직. 평소에 출사하지 않고 의식에만 참여하는데, 종신토록 녹을 준다.

봉족(奉足): 보인. 공역에 종사하는 사람을 돕기 위하여 금품이나 노동을 제공하는 것. 또는 그 일을 담당하도록 배정된 사람이다. 보조자의 뜻.

부경(傅輕): 의심스러우면 형을 가볍게 함.
부극(掊克): 가렴주구(苛斂誅求)함.
부기(浮寄): 의지할 곳 없음.
부대시참(不待時斬): 사형은 추분 이후부터 춘분 전에 집행하는 것이 통례로 이를 대시참이라고 하는데, 이에 흉악한 사형수에 대해 시기를 기다리지 않고 즉시 참형에 처하는 것.
부도(浮屠): 불교.
부렴(賦斂): 조세 등을 매겨서 거두던 일.
부로(覆露): 양육하여 준 은혜를 뜻하는 말.
부묘(祔廟): 사당에 신주를 모심.
부방(赴防): 변경이나 해안 지대를 방비하기 위하여 수자리하러 가는 일. 다른 도의 군사가 서북 변경을 방비함.
부수(膚受): 부수지소(膚受之訴)의 준말. 사정을 졸박하게 말하여 상대로 하여금 이해·시비를 가릴 겨를이 없게 하는 하소연.
부승(負乘)의 기롱: 자격 없는 사람이 높은 벼슬자리에 올라 앉아 있는 것에 대한 기롱임.
부시(婦侍): 궁녀와 내시.
부월(斧鉞): 도끼. 출정하는 장수, 또는 지방 관직으로 나가는 사람에게 생살권을 준다는 뜻으로 임금이 손수 도끼를 주었다.
부전(赴戰): 전선(戰線)으로 감.
부제(部題): 병부에 올린 건의서.
부집(父執): 아버지 친구.
부처(付處): 대명률의 유형에 준하는 형벌의 하나. 비교적 가까운 도에 보내어 그곳 수령의 처치에 맡기는데, 살 곳을 정하고 가족이 모여 살게 할 수는 있으나 그 곳을 떠나지는 못한다.
부토(抔土): 능(陵).
분(分): 점수.
분간(分揀): 죄를 지은 형편을 보아 용서하여 처결함.
분경(奔競): 엽관이나 이권 운동을 하거나 은밀히 청탁을 하는 것.
분경(分更): 그 시간 동안의 순찰을 분담하는 것. 경은 하룻밤을 다섯으로 나눈 것으로 곧 초경(初更), 이경(二更), 삼경(三更), 사경(四更), 오경(五更).
분군율(僨軍律): 군사를 패망시킨 죄.
분상(奔喪): 먼 곳에서 부모의 죽음을 듣고 급히 집으로 달려오는 것.
분수(分數): 점수.
분아(分兒): 관원에게 연례에 따라 물품 등을 나누어 주던 일. 분하(分下).
분황(焚黃): 관직이 추증(追贈)되었을 때, 교지(敎旨)와 황색 종이에 쓴 교지의 부본(副本)을 주면, 그 자손들이 추증받은 이의 무덤 앞에서 그 사유를 고하고 황색 종이에 쓴 부본을 불에 태우는 것을 말한다.
불곡(不穀): 임금의 겸칭.
불궤(不軌): 반역(叛逆).

불녕(不佞): 자신의 겸칭.
불차(不次): 차서를 뛰어 넘음.
비궁(閟宮): 종묘(宗廟).
비답(批答): 신하가 올린 계청(啓請)·소차(疏箚) 등에 대하여 임금이 가부 또는 의견을 붙여서 답하는 것.
비만(飛輓): 군량을 운송하는 것.
비망기(備忘記): 뒤에 일을 처리하거나 다시 정식 문서로 정리할 때에 빠뜨리지 않기 위하여 우선 대강을 적어 두는 문서. 또는 조지에 반시할 것까지는 없는 비교적 가벼운 분부를 임금이 적어서 승정원 등에 내리는 문서.
비모곡(費耗穀): 조세(租稅)를 징수할 때, 앞으로 손보될 것을 보충하기 위하여 10분의 1을 첨가하여 받는 곡식을 말한다.
비율(比律): 죄에 맞는 조문이 없을 때 비슷한 조문에 의거함.
빈공(賓貢): 타도에 향시가 있을 때 그 지방 사람이 아닌 사람이 그 지방에 가서 시험에 응시하는 자를 일컫는 말이다.
빈사(賓師): 제후가 벼슬시켜 신하로 대우하지 않고 빈객의 예로 대우하는 사람.
빙장(氷墻): 얼음으로 만든 담.
빙호(氷壺): 청렴하고 청백함.

ㅅ

사가독서(賜暇讀書): 유능한 젊은 문신들을 뽑아 휴가를 주어 독서당(讀書堂)에서 글을 읽게 한 일.
사간(事干): 사건에 관계된 사람.
사감(査勘): 사실을 조사하는 것.
사관(史官): 기사(記事)·편사(編史)를 맡은 관원. 여기서는 조정에 행사가 있을 때마다 참석하여 기사하는 예문관 검열과 승정원 주서를 가리킨다.
사관(四館): 성균관, 예문관, 승문원, 교서관의 통칭.
사구(司寇): 형조 판서의 별칭 또는 형조.
사국(史局): 기사(記事)·편사(編史)를 맡은 부서, 곧 춘추관. 예문관의 봉교 이하는 춘추관의 기사관을 겸직한다.
사단(四端): 인(仁)·의(義)·예(禮)·지(智)의 단서가 되는 네 가지의 마음씨, 곧 인의 발로라고 보는 측은지심(惻隱之心), 의의 발로라고 보는 수오지심(羞惡之心), 예의 발로라고 보는 사양지심(辭讓之心), 지의 발로라고 보는 시비지심(是非之心).
사대(査對): 중국으로 보내는 표(表)나 자문 등을 살피어 틀림없는가를 확인하는 일을 말함.
사도(斯道): 유교.
사득(査得): 상고하여 앎.
사련(辭連): 죄인의 초사에 연루된 사람.
사륜(絲綸): 임금의 전교를 가리키는 말. 조칙(詔勅).
사리(闍利): 승려의 별칭.

사마(司馬): 병조.
사마소(司馬所): 지방 군현마다 생원과 진사들이 모여 유학을 가르치고 정치를 논하던 곳.
사명(師命): 군사에 관계된 명령.
사명(辭命): 외교 문서.
사문(四門): 사방 인재가 들어오는 문.
사물(四勿): 공자가 제자 안회(顔回)에게 가르친 네 가지 경계. 즉 예가 아니면 보지 말고[非禮勿視], 예가 아니면 듣지 말며[非禮勿聽], 예가 아니면 말하지 말며[非禮勿言], 예가 아니면 움직이지 말라[非禮勿動]는 것이다.
사반(私伴): 사사로운 반인(伴人). 원래 반인은 신역(身役)이 없는 양인(良人)을 당상관 이상에게 근수(跟隨)로 부리게 준 사람을 일컫는 것인데, 이들을 사적으로 차출하여 부리는 것을 사반이라 한다.
사봉(斜封): 왕실의 청탁.
사사(肆赦): 죄수 석방.
사사전(寺社田): 나라에서 절에 주던 전답.
사선(沙船): 강이나 하천을 다니기에 편리한 배.
사수(死綏): 군사가 패하면 장수는 마땅히 죽어야 함을 뜻하는 말.
사수(四獸): 네 방위를 맡은 신(神). 곧 동쪽의 청룡(靑龍), 서쪽의 백호(白虎), 남쪽의 주작(朱雀), 북쪽의 현무(玄武)를 가리킴.
사수(四綏): 후퇴하느니 차라리 죽겠다는 각오로 싸우는 것.
사시(蛇豕): 뱀과 돼지처럼 탐악(貪惡)한 왜적을 지칭함.
사신(詞臣): 글 맡은 신하.
사우(死友): 죽음을 함께할 수 있는 벗.
사원(詞垣): 한림원(翰林院)의 별칭.
사유(四維): 나라를 유지하는 데 기본이 되는 네 가지 수칙인 예(禮)·의(義)·염(廉)·치(恥)를 말함.
사유(師儒): 성균관이나 향교 등 공공 기관에서 유생을 가르치는 스승.
사의(邪意): 부정한 의논.
사일(仕日): 근무 일수.
사장(辭狀): 사직서.
사조(辭朝): 관직(官職)에 새로 임명된 사람이 부임(赴任)하기에 앞서 임금에게 하직 인사를 드리는 일을 말함.
사주인(私主人): 지방에서 서울에 와 벼슬하는 사람들이 묵던 사삿집.
사중지어(沙中之語): 논공행상을 비평하는 말.
사직신(社稷臣): 국가의 안위가 달려 있는 중신(重臣)의 뜻으로, 곧 국가와 사생을 같이하는 신하를 일컬음.
사총(四聰): 사방 백성 일을 듣는 귀.
사출(斜出): 관청을 거친 문서라는 말.

사파(仕罷): 퇴근.
사판(仕版): 관리의 명부.
사패(賜牌): 임금이 내리는 전지나 노비의 소유에 대한 문서.
사패(司敗): 형조.
사환(查還): 챙겨 가져감.
사후선(伺候船): 정찰선.
삭료(朔料): 다달이 주는 월급.
삭서(朔書): 매월 시행하는 글씨 시험.
삭선(朔膳): 초하룻날에 각도의 산물로 임금께 차려 바치는 음식.
산디(山臺): 산디놀음을 하기 위하여 큰길가나 빈터에 임시로 높이 쌓아 만든 무대.
산료(散料): 다달이 나누어 주는 급료(給料).
산릉(山陵): 임금의 능.
산척(山尺): 사냥 또는 약초를 캐며 사는 천민. 심마니.
산호(山呼): 임금을 축수하여 천세(千歲)를 부르는 것. 황제에게는 만세(萬歲)를 부른다.
살수(殺手): 창검술(槍劍術).
살신성인(殺身成仁): 몸을 바쳐 옳은 도리를 행함.
삼강(三江): 한강(漢江)·용산강(龍山江)·서강(西江).
삼고(三鼓): 삼경(三更).
삼대(三代): 하(夏)·은(殷)·주(周) 세 왕조(王朝)를 말함.
삼도(三道): 충청·전라·경상도.
삼령오신(三令五申): 세 번 명령하고 다섯 번 거듭 신칙하는 것으로 곧 지휘관이 몇 번이고 알리어 경계시키는 것.
삼명일(三名日): 설·동지·임금의 생일.
삼사(三司): 사헌부·사간원·홍문관.
삼성 교좌(三省交坐): 강상죄인을 추국할 때 의정부, 사헌부, 의금부가 합좌하는 것을 말한다.
삼숙: 3일간을 묵는 것.
삼안총(三眼銃): 총구(銃口)가 세 개인 총.
삼우(三隅): 하나의 사실을 가지고 나머지를 유추해서 안다는 뜻.
삼의사(三醫司): 내의원(內醫院)·전의감(典醫監)·혜민서(惠民署).
삼장(三長)의 재주: 여기서는 사가(史家)가 필히 갖추어야 할 세 가지 장점. 곧 재지(才智)·학문(學問)·식견(識見)을 가리킨다.
삼종(三從)의 도(道): 여자가 순종해야 하는 세 가지 도리로서, 친가에 있을 때는 아버지 뜻에 순종하고 시집간 뒤에는 남편의 뜻에 순종하고 남편이 죽게 되면 아들의 뜻을 따르는 것을 말한다.
삼척(三尺)의 법: 법률을 이르는 말.
삼태(三台): 영의정·좌의정·우의정.

상가(賞加): 공로에 보답하기 위하여 상으로 주는 가자(加資).

상격(賞格): 상을 내리는 격식.

상고(上考): 전최(殿最)에서 상(上)이 됨.

상기증(上氣症): 피가 머리로 몰려 얼굴이 붉어지고 두통, 이명 등을 일으키는 증세.

상두(桑土)의 계책: 사전(事前)에 대비(對備)하는 계책을 말함.

상마연(上馬宴): 외국 사신이 임무를 마치고 돌아갈 때에 베푸는 잔치. 전별연.

상문(桑門): 불교(佛教).

상사소불원(常赦所不原): 일반 사면(一般赦免)에서 제외되는 죄.

상식(上食): 상기 중 끼니때마다 평시와 같이 죽은 이에게 음식을 올리는 것.

상언(上言): 부, 조, 남편 등의 억울한 일을 풀어주기를 청하거나 증직, 정표(旌表)를 청하는 등 주로 집안이나 친지의 일로 백성이 임금에게 진정하는 글을 올리는 것.

상역(桑域): 일본.

상원(上元): 정월 대보름.

상재(桑梓): 고향.

상직(上直): 번을 서는 것을 말함.

상차(上箚): 차자를 올림. 차자는 신하가 임금에게 올리는 글의 하나로 계(啓)보다는 형식을 갖추어 적고 소(疏)보다는 간단한 서식으로 된 글이다.

상참(常參): 의정 대신을 비롯한 중신·시종신이 매일 편전에서 임금에게 국무를 아뢰는 일.

상피(相避): 서로 혐의를 피하는 것, 즉 친척이나 기타의 긴밀한 관계가 있는 사람의 같은 자리의 동석, 같은 곳에서의 벼슬, 그 사람에 관계된 일에 대한 논의, 그 사람이 참여한 과거에 시관(試官) 등을 서로 피하는 것을 말한다.

색리(色吏): 담당 서리.

색목(色目): 여러 가지 조목의 세금을 가리킴.

색장(色掌): 색장은 나누어 맡은 사무나 또는 그 사무를 나누어 맡은 사람.

생기(省記): 상번한 사람의 명단.

생기(省記): 약기(略記)의 뜻. 특히 소관 행사의 처소·시간·인원 등을 간략하게 적어 임금에게 아뢰는 문서.

생징(生徵): 부족한 수를 강제 징수함.

생취(生聚): 백성을 기르고 재물을 모음. 인구를 출산하여 늘림.

서경(署經): 서경은 고신서경과 의첩서경으로 크게 나뉘는데, 의첩서경은 정부의 외안이나 법의 개정에 대해 대간이 서명하여 동의를 표하는 것이다. 고신서경은 관리를 임명하라는 명을 내리면 전조에서 당사자의 성명, 내외사조, 처사조를 기록하여 대간에게 가부의 의견을 요구하고, 대간은 하자 유무를 조사하여 하자가 없을 경우 서명하여 동의를 표하는 것이다.

서계(書契): 주로 일본과의 교린 관계(交隣關係)에 대한 문서를 말하는데, 일본 사행(使行)의 임무 내용, 사절과 상왜(商倭)를 구별, 왜구 여부의 식별 등 다양한 역할을 했다.

서기양인(恕己量人): 자기의 처지를 미루어 다른 사람의 입장을 헤아림.

서벽(西壁): 모일 때 좌차(座次)에서 서쪽 벽에 앉는 벼슬인데 각 관사에 따라 다르다. 의정부는 삼정승이 북쪽에 앉고 좌우 찬성이 동쪽에 앉아 동벽(東壁)이라 하고 좌우 참찬이 서쪽에 앉아 서벽이라 하므로, 서벽은 좌우 참찬의 별칭이 되었다.

서성(西成): 가을에 곡식이 익음. 추수.

서신(庶愼): 국가의 금지 사항.

서연(書筵): 세자가 강론하는 자리.

석갈(釋褐): 천한 사람이 입는 갈옷을 벗어버린다는 뜻으로 벼슬길에 나아가는 것을 말함.

석전제(釋奠祭): 서울은 성균관의 문묘(文廟)에서 지방은 향교의 대성전에서 공자와 동서에 배향된 선현에게 올리는 제향으로 2월과 8월의 첫 정일(丁日)에 거행함.

석척(夕惕): 임금이 종일 두려워하고 삼가 날이 저문 뒤에도 계속 삼간다는 뜻.

선두안(宣頭案): 내수사에 속한 노비들을 20년마다 한 번씩 정밀하게 조사하여 장부를 임금에게 보이는 것.

선마(騸馬): 불깐 말.

선문(先文): 도착 날짜를 알리는 공문.

선반(宣飯): 관아에서 관원에게 끼니때에 제공하는 식사.

선복(船卜): 배에 실은 짐.

선사(善事): 윗사람을 잘 섬기는 것.

선상(選上): 서울의 각 관청의 사역에 종사시키기 위하여 지방 관청에 소속된 노비(奴婢)들을 선발하여 올리는 일.

선생안(先生案): 전임자 명부.

선온(宣醞): 임금이 술을 하사함. 또는 그 술.

선후(善後): 마무리를 잘함.

설관(舌官): 통역관.

성복(成服): 복제(服制)에 따라 상복을 입기 시작하는 것. 국상에는 승하한 뒤 5일 만에 대렴하여 빈전을 만들고 그 이튿날에 성복한다.

성부(城府): 마음.

성사(城社): 성과 사당. 성은 여우가 사당은 쥐가 몸을 붙여 안전하게 사는 곳. 간사한 신하가 임금의 곁에 의지하여 자기의 안전을 꾀하는 것에 비유한다.

성산(聖算): 나이. 임금의 계책.

성상소(城上所): 사헌부(司憲府) 관원이 대궐문에 드나드는 백관(百官)을 살피는 곳, 또는 그 직임.

성지(聖旨): 황제의 분부.

성첩(城堞): 성가퀴.

성회(聖懷): 천자의 마음.

세목(細木): 발이 고운 무명.

세성(歲星): 목성.

세수(歲首): 설날.

세신(世臣): 조상(祖上) 때부터 대대로 내려오면서 그 나라에 벼슬한 신하를 말한다.
세작(細作): 간첩을 말함.
세초(歲抄): 매년 6월과 12월에 사망 또는 도망하거나 질병에 걸린 군병을 보충하는 것.
소간(宵旰): 소의한식(宵衣旰食)의 준말로, 날이 새기 전에 일어나서 옷 입고 해가 진 후에 늦게야 저녁을 먹는다는 뜻으로 임금이 정사에 부지런함을 말함.
소군(小君): 왕비의 별칭.
소대(召對): 왕명에 의해 입대해서 정사에 관한 의견을 상주하는 것을 말하기도 하고, 경연의 참찬관 이하를 불러 임금이 몸소 글을 강론하는 것을 말하기도 한다.
소도 동취(笑刀銅臭): 소도는 웃음 속에 칼을 머금었다는 뜻으로 남과 친밀한 척하면서 자기 뜻을 거스르는 자는 반드시 다 중상하던 당나라 이의부(李義府)를 일컬은 말이다.
소렴 곡근(小廉曲謹): 작은 청렴과 근신.
소모관(召募官): 군사를 불러 모으는 관원.
소무(蘇武): 한 무제(漢武帝) 때 흉노에 사신으로 가서 19년 동안 억류되어 있으면서 갖은 유혹을 뿌리치고 절조를 지켰다.
소미(小米): 좁쌀.
소방(疏放): 지체되어 있는 수인의 죄를 살펴서 죄가 가벼운 자는 용서하여 석방하는 것.
소분(掃墳): 조상의 분묘에 가서 제사 드리는 것.
소식(素食): 찬 없는 밥.
소유(所由): 사헌부 서리.
소의한식(宵衣旰食): 날이 새기 전에 옷을 입고 해가 기울어서 저녁밥을 먹는 등 임금이 정사에 진력함을 말한다.
소지(所志): 자신이나 또는 타인의 사정을 호소하는 소장.
속공(屬公): 관가에 몰수됨.
속신(贖身): 노비가 대역을 세우고 양민이 됨. 2품 이상 관원의 천첩에게 자식이 있으면 장례원에 신고하여 자기의 비(婢)를 대신 입역시키고 속신할 수 있음.
속오군(束伍軍): 조선조 선조(宣祖) 27년에 훈련도감(訓鍊都監)을 설치하고, 지방에 신역이나 벼슬이 없는 15세 이상의 양민과 양반을 뽑아 조직한 군대로, 평시에는 군포를 바치게 하고 조련할 때와 유사시에는 군역을 치르게 하였음.
속전(贖錢): 돈을 바치고 형을 면하는 것이다.
솔정(率丁): 자기 집에 거느리고 있는 장정(壯丁)이나 또는 보인(保人)으로 받은 장정을 말한다.
솔축(率畜): 데리고 삶. 첩으로 삼음.
송서(送西): 서반(西班)의 중추부(中樞府) 또는 오위(五衛)의 벼슬자리로 보내는 것.
쇄마(刷馬): 각 지방에 배치한 관용(官用)의 말.
수(守): 품계가 낮고 관직이 높을 경우 그 벼슬 이름 앞에 붙여 일컫는 말.
수가 거안(隨駕擧案): 거가를 수행하는 관원의 명단.
수노상좌율(收孥相坐律): 죄인의 처자까지 연좌시키는 형벌.

수로(酬勞): 공로를 보답함.
수륙회(水陸會): 수륙재(水陸齋). 불가에서 물이나 육지에 있는 잡귀를 쫓아내기 위해 재를 올리고 경을 읽는 것.
수방(守邦): 나라를 지킴. 제후의 일.
수본(手本): 하관(下官)이 상관에게 올리는 자필(自筆)로 쓴 보고서(報告書).
수성(守成): 부조(父祖)가 이미 이루어 놓은 업적을 잘 지키는 일.
수양(修攘): 내수 외양(內修外攘)의 약어. 내수는 내부의 국정을 잘 닦아가는 것. 외양은 외부의 침입하는 이적들을 물리치는 것.
수용(晬容): 어진(御眞). 영정(影幀).
수유(受由): 말미. 휴가.
수장(水醬): 음료(飮料).
수점(受點): 관원을 임명할 때나 시호를 정할 때 이조에서 세 가지 안을 올리면 임금이 최종적으로 그 중에서 한 안을 택하여 점을 찍는 일.
수정목(水精木)의 횡포: 권신(權臣)의 횡포를 말함.
수주(守株): 고지식하여 임기응변을 할 줄 모른다는 말.
수차(水次): 물가에 있는 망루(望樓).
수철(水鐵): 무쇠.
수철장(水鐵匠): 무쇠로 주물 따위를 만드는 장인(匠人).
수토관(守土官): 외방(外方)을 지키는 관원.
수한(水旱): 장마와 가뭄.
숙노(䅧奴): 궁가(宮家)의 사무를 맡아보는 종.
숙배(肅拜): 벼슬에 제수된 자가 그 은혜에 감사하는 뜻으로 임금 앞에 나아가 배례하는 것인데, 동반(東班) 9품 이상, 서반(西班) 4품 이상에 제수된 자는 이튿날 숙배하는 것이 법례이다.
숙장(宿將): 전쟁 경험이 많은 장수.
숙특(淑慝): 선악.
순경(巡更): 야경 도는 것.
순리(循吏): 관사를 잘 처리하고 법칙을 잘 지키는 관리.
순문(舜門): 어진 사람을 놓치지 않고 등용한다는 말.
순부(順付): 돌아오는 인편에 부침.
순양(純陽): 10월.
순자(循資): 현우(賢愚)를 막론하고 연한만 차면 자급(資級)이 오르고 자급에 따라 벼슬이 주어지는 것.
술회(戌會): 천지의 종말을 이르는 말이다.
습여성성(習與性成): 습관이 들어 본성(本性)처럼 되는 것을 말한다.
습의(習儀): 국가적인 의식(儀式)의 예행연습.
승발(承發): 관아의 이서(吏胥) 밑에서 잡무를 담당하는 이.

승수(升數): 베의 날을 세는 단위.

승여(乘輿): 임금의 수레.

승초(陞招): 정3품 당상관(堂上官)에 오르는 것을 말함.

승핍(承乏): 벼슬자리에 임명되었음을 겸사하여 이르는 말. 적당한 사람이 없어서 자기가 잠시 그 빈 자리를 채운다는 뜻.

시굴 거영(時屈擧贏): 국가에 어려움이 많은 때에는 백성들을 급히 구제해야 되는데, 도리어 토목공사를 일으켜 사치를 꾀하는 것을 말함.

시권(試券): 시험 답안.

시목(柴木): 연료.

시배(時輩): 당시의 사람들.

시복(時服): 평상복.

시사(視事): 임금이 정사를 보는 일.

시약(侍藥): 약시중 드는 것.

시위소찬(尸位素餐): 자리만 차지하고서 녹을 받아먹는 것.

시의(時宜): 그 당시의 사정에 알맞음, 또는 그런 요구.

시인(侍人): 환관.

시임(時任): 현임(現任).

시정(侍丁): 늙은 부모의 봉양이나 시병(侍病)을 위하여 병역을 면제하여 준 장정.

시정기(時政記): 그때그때의 정무(政務) 및 주대(奏對) 등을 뒤에 빙고(憑考)하기 위해 적어 놓은 일기(日記).

시제(時制): 70세를 일컫는 말.

시조(視朝): 임금이 조정에 나가 일을 봄.

시종신(侍從臣): 홍문관·사헌부·사간원의 관원, 예문관의 검열, 승정원의 주서 등 왕을 항상 시종하는 신하를 통틀어 이르는 말.

시질(侍疾): 간병(看病).

시책(試策): 책(策)으로 시험함.

시회(時晦): 일시적으로 자기 능력을 갖춤.

식(息): 거리의 단위로 1식은 30리.

신공(身貢): 노비가 신역(身役)대신 바치는 공물.

신록(新錄): 홍문관 관원을 새로 뽑는 일.

신역(身役): 몸으로 치르는 노역(勞役).

신은(新恩): 새로 과거에 급제함.

신지(信地): 분담 지역.

신추(薪芻): 땔나무와 말먹이 풀.

신포서(申包胥): 춘추 초(楚)의 대부로 성은 공손. 오의 군사가 영(郢)에 들어오자 진(秦)에 가 군사를 청하면서 7일 동안 물 한 모금 먹지 않고 통곡하니, 진 애공(秦哀公)이 그의 정성에 감복하여 원군을 보내 오의 군사를 물리쳤다.

실결(實結): 재해를 입지 않은 농토.
심증(心證): 극도로 상기하여 까무러치는 증세.
십악(十惡): 열 가지 무거운 죄악. 즉, 모반, 모대역(謀大逆), 모잔(謀叛), 악역, 부도, 대불경, 불효, 불목, 불의, 내란을 말함.

○

아경(亞卿): 육조(六曹)의 참판이나 좌우윤(左右尹) 등.
아권(衙眷): 수령의 내아(內衙)에 있는 권속(眷屬).
아다개(阿多介): 털요 표피(豹皮)로 만든 요.
아도(雅道): 바른 도리.
아록(衙祿): 조선 시대 수령(守令)에게 딸린 식구들에게 주는 식료(食料). 아록전(衙祿田)이라고 이름하는 전지를 나누어 주어, 그 전지에서 징수한 조세를 가지고 아록에 충당하였음.
아부(牙符): 상아(象牙)로 만든 부절(符節). 조선조 때 일본에서 오는 사신이 가지고 다니던 물건으로 하나는 조정에 보관하고 하나는 본인이 가지고 있었다.
아부(亞父): 아버지의 다음으로 존경하는 칭호.
아솔(衙率): 수령이 부임할 때에 함께 데리고 가는 가솔(家率).
아일(衙日): 5일마다 백관(百官)이 조회(朝會)하여 임금에게 정무를 아뢰는 날.
아자(牙子): 흥정꾼.
아쾌(牙儈): 거간꾼.
아파(衙罷): 관아(官衙)가 파함. 관아의 하루 일이 끝남.
안거포륜(安車蒲輪): 바퀴를 부들풀로 싸서 편안하게 탈 수 있는 수레로 곧 현사(賢士)를 우대한다는 뜻으로 쓰이는 말이다.
안보(安寶): 옥새를 찍음.
안행(顔行): 선봉(先鋒).
안험(安驗): 자세히 조사하여 증거를 세움.
알밀(遏密): 노래나 음악을 일체 금함으로써 왕이나 왕비의 죽음에 조의를 표함.
알발(訐發): 남의 비밀을 들춤.
알성(謁聖): 임금이 문묘에 거둥하여 공자 신위에 배알하는 것.
암혈(巖穴): 산중.
압량률(壓良律): 양인을 강제로 점거하여 노비를 만들었을 경우 이에 대해 제재를 가하는 형률을 말한다.
압반(押班): 조회 때 백관들의 위치를 관리하는 것.
압슬(壓膝): 무릎을 짓누르는 형벌.
애인하사(愛人下士): 사람을 사랑하고 자신을 낮추어 선비를 예우함.
애일(愛日)의 정성: 부모를 봉양함에 있어 하루하루 세월이 흘러가 남은 날이 줄어드는 것을 애석해 하는 정성.
애책(哀冊): 임금 또는 후비의 승하를 슬퍼하며 생전의 공덕을 기리는 글.

애췌(哀悴): 너무 슬퍼하여 용모가 초췌해짐.
애통(哀慟): 어버이의 죽음.
애훼(哀毀): 애통해하여 몸이 쇠약해짐.
야대(夜對): 밤에 경연관들을 불러 경사(經史)와 시정에 대해 강독하고 논사하는 것.
야불수(夜不收): 긴급한 일을 전하기 위해, 밤에도 중지하지 않고 달리는 파발군으로 추정됨. 정탐병(偵探兵).
약선(藥線): 도화선.
약속(約束): 법령.
약정(約正): 향약 조직의 임원.
양궁속(良宮屬): 함흥에 있는 태조의 옛집을 본궁(本宮)이라 하고 양민(良民)으로서 본궁에 소속된 자를 양궁속이라 하였다. 사노비(私奴婢)들이 주인을 배반하고 이곳에 투탁하는 자가 많았고 본궁에서 빼앗아가는 경우도 있었다.
양맥(兩麥): 보리와 밀.
양사(兩司): 사헌부 사간원.
양육(粱肉): 기장밥과 고기·기름진 음식.
양이(量移): 멀리 귀양 보냈던 사람의 죄를 감동하여 가까운 곳으로 옮김.
양재(兩齋): 성균관의 상재(上齋)와 하재(下齋). 상재에는 생원(生員)·진사(進士)가 거처하고, 하재는 유생(儒生)들이 거처하였다.
양전(量田): 전지(田地)를 측량함. 모든 전지는 비옥도에 따라 6등급으로 나누고 20년마다 측량하여 적부(籍簿)를 만들어 호조와 소재 도·읍에 비치한다. 이 적부를 양안(量案)이라 한다.
양지(良知): 선천적으로 타고난 도덕성과 인식본능.
양초(糧草): 식량과 마초.
양추(糧芻): 군량과 말먹이.
양해(禳解): 사악한 기운을 제거하기 위해 비는 것.
어막차(御幕次): 임금이 있는 막차.
어수(魚水): 임금과 신하가 화합함.
어전(漁箭): 물고기를 잡기 위해 물속에 나무를 세워 고기가 들어가게 만든 울.
어표(魚鰾): 부레풀.
어헌(魚軒): 왕비가 타는 수레.
언석(諺釋): 언해.
엄관(閹官): 내시.
업업(業業): 두려워하는 모양.
여(旅): 단위명. 1여는 군사 5백 명.
여갈(如渴): 어진 이를 마치 목마를 때 물 구하듯 함.
여계(厲階): 재앙의 실마리.
여귀성(輿鬼星): 동쪽에 보이는 별 이름.《진서(晉書)》천문지(天文志)에 "여귀성이 다섯인데 중앙에 있는 별을 적시(積尸)라 한다. 이 별이 나타나면 사람이 많이 죽는다" 하였다.

여기(沴氣): 악한 기운.

여대(輿臺): 하인.

여상(如傷)의 마음: 백성들이 혹시라도 상할까 염려하는 인자한 마음을 가리킴.

여알(女謁): 여인의 청탁. 궁녀가 임금의 총애를 믿고 은밀한 청탁을 하는 것.

여얼(餘孼): 남은 자손.

여외(旅外): 군사의 수를 늘이기 위하여 원정 군액(元定軍額) 외에 더 둔 정군(正軍).

여차(廬次): 여막.

역명(易名): 시호.

역복(域樸)을 화성(化成)하게 한다면: 어진 인재가 많은 것을 역복이라 한다. 역복을 화성하게 한다 함은 사방의 백성이 좇고 어진 인재가 많도록 한다는 뜻이다.

역삭(易朔): 새해가 되었다는 뜻.

역상(曆象): 천문(天文).

역서(易書): 응시자의 신원을 모르도록 시험지를 옮겨 씀.

역자석해(易子析骸): 남의 자식과 제 자식을 바꾸어 먹고 해골을 빠개어 불 때서 밥을 지음. 적의 침범으로 포위를 당하여 큰 고난을 당하는 것을 말함.

연(輦): 탈것의 하나. 임금의 탈것에는 말[馬] 외에 대련(大輦), 소련(小輦), 소여(小輿)가 있다.

연곡(輦轂)의 아래: 임금이 계시는 도성을 이르는 말.

연대(烟臺): 적의 정세를 망보고 불이나 연기를 올려 알릴 수 있게 만든 둑. 봉수대(烽燧臺)·봉화둑.

연루(蓮漏): 물시계.

연방(延訪): 여러 군신을 맞이하여 정사에 관한 일을 보던 것.

연분 등제(年分等第): 한 해의 풍흉에 따라 상상(上上), 상중, 상하, 중상(中上), 중중, 중하, 하상(下上), 하중, 하하로 나누어 매기는 토지세의 등급.

연상(硯箱): 벼룻집.

연소 막상(燕巢幕上): 제비가 제집에 곧 불이 번져 오는 것을 모르고 있는 것.

연예(燕譽): 부덕(婦德)을 다한 명예.

연익(燕翼): 조상이 자손을 도와 편안하게 하는 것.

연일(練日): 소상(小祥).

연제(練祭): 소상(小祥)을 말함. 소상 때는 상복을 빨아 입는다 하여 연제라고 함.

연포(練布): 누인 베.

연호 잡사(烟戶雜事): 매호당 부과하는 잡다한 역사.

연호군(煙戶軍): 나라에서 큰 공사를 갑자기 일으킬 때, 호적을 통하여 그 지역에서 대규모로 동원하는 인부.

연호정(煙戶政)의 외람: 뇌물을 받고 함부로 벼슬을 주는 것.

열무(閱武): 임금이 열병(閱兵)하는 것.

염간(鹽干): 소금 굽는 인부.

염권(厭倦): 싫어하고 게을리함.
염매(鹽梅): 소금과 매실. 신하가 임금을 도와 선정을 베풂.
염민(冉閔): 진(晉)나라 무관(武官).
염분(鹽盆): 소금가마.
염산(斂散): 쌀 때 사들였다가 비쌀 때 싸게 공급함.
염초(焰硝): 화약.
영갑(令甲): 법령(法令).
영건(營建): 건축.
영선(營繕): 건물을 짓고 수리함.
영위(榮衛): 혈기(血氣).
영자(營煮): 감영에서 소금 굽는 일.
영정(永定): 영원히 고치지 않도록 확정함.
영제(禜祭): 기청제임. 재앙을 물리치기 위한 제사.
영직(影職): 직함만 있고 실직(實職)이 없는 벼슬.
영향(影響): 그림자와 메아리.
예산(睿算): 임금의 생각에 대한 높인 말.
예장(睿獎): 임금의 권장.
예지(睿志): 임금의 뜻.
예차(預差): 예비 후보.
오간(五間): 간(間)은 간첩을 말함. 이간책(離間策)에는, 그 고을 사람을 이용하는 향간(鄕間), 그 관청 사람을 이용하는 내간(內間), 적의 간첩을 이용하는 반간(反間), 외간에 거짓으로 일을 꾸미고 아군으로 하여금 알게 하여 적군이 알아내게 하는 사간(死間), 계속 반복하는 생간(生間) 등 다섯 가지가 있음.
오구(梧丘)의 왕사자(枉死者): 죄 없이 억울하게 죽은 사람을 가리킴.
오도(吾道): 유도(儒道).
오도(五島): 일본 구주(九州) 서북 바다에 동서로 벌여 있는 섬들. 비교적 큰 섬이 다섯이다.
오릉 중자(於陵仲子)의 청렴: 대의(大義)는 망각한 아집적인 결벽을 말함.
오벽(五辟): 사람이 가지고 있는 5가지 편벽된 점. 곧 친절과 사랑[親愛], 천시와 증오[賤惡], 두려움과 공경[畏敬], 슬픔과 동정[哀矜], 오만함과 게으름[敖惰] 등 5가지 감정에 치우치는 것을 말한 것.
오병(五兵): 도(刀)·검(劍)·모(矛)·극(戟)·시(矢)를 말함.
오복(五福): 수·부·강녕(康寧)·유호덕(攸好德)·고종명(考終命).
오상(五常): 인(仁)·의(義)·예(禮)·지(智)·신(信).
오서대(烏犀帶): 검은 무소뿔로 장식하여 만든 띠.
오운(五雲): 임금이 있는 곳을 비유함.
오작인(仵作人): 수령이 시체를 임검할 때에 수령을 따라가서 시체를 주어 맞추는 일을 하던 하인.

오재(五才): 장수의 조건. 즉 지(智)·신(信)·인(仁)·용(勇)·엄(嚴).
오조(烏鳥)의 사정(私情): 어버이의 은혜에 보답하는 마음을 비유하는 말.
오현(五賢): 김굉필·정여창·조광조·이언적·이황.
오형(五刑): 다섯 가지 형벌, 즉 태형·장형·도형·유형·사형을 말함.
옥당(玉堂): 홍문관의 별칭임.
옥촉(玉燭): 사시의 조화.
온반(醞盤): 술상.
온청(溫淸): 부모의 거처를 겨울에는 따뜻하게 해드리고 여름에는 시원하게 해드리는 일.
옹성(甕城): 큰 성의 문밖에 있는 작은 성. 원형 또는 방형으로 성문 밖에 부설하여 성문을 보호하고 성을 든든히 지키기 위하여 만들었음.
옹인(饔人): 음식 만드는 사람.
옹폐(壅蔽): 윗사람의 총명을 가려서 막음.
와주(窩主): 장물아비.
완개(玩愒): 편안함을 즐기고 재물을 탐함.
완배(完杯): 정해진 예수(禮數)대로 술잔을 드는 일이다.
완석(完席): 사헌부 관원들이 좌기할 때 좌우를 물리치고 둘러앉아 풍헌(風憲)에 관계되는 일과 관직에 제수된 사람의 서경(署經) 등을 의논하는 자리.
완석(完席): 전원이 모여 의논하는 자리.
완염(琬琰): 옥돌, 곧 보책을 가리킴.
완정(完定): 전원이 회의하여 결정함.
완초(莞草): 왕골.
완취(完聚): 성곽(城郭)을 완전하게 수리하고 백성을 모음.
완호(玩好): 진귀한 노리갯감.
왕기(王畿): 경기를 말함.
왕도(王道): 천하를 다스리는 임금으로서의 도리.
왕령(王靈): 왕의 위엄.
왕인(王人): 황제의 명을 받들고 온 사람.
외고(外姑): 장모.
외공(外貢): 각도에서 상납하는 공물(貢物).
외구(外舅): 외숙(外叔).
외생(外甥): 생질(甥姪).
외지부(外知部): 법을 잘 알아서 비리(非理)의 송사(訟事)를 부추기고 그 송사에 이기면 상당한 이익을 취득하는 자로 잇속을 탐하는 몰염치한 자를 가리킨다.
요(膋): 기름.
요고(堯鼓): 간언(諫言)을 잘 받아들인다는 말.
요구(要口): 전략상 중요한 곳의 입구.

요망(瞭望): 높다란 곳에서 적정(敵情)을 관망함.
요속(僚屬): 어느 관부(官府) 또는 지위 높은 사람에 딸린 관원.
요역(徭役): 나라에서 시키는 노동.
요전(瑤鐫): 옥에 새긴 것. 곧 애책(哀冊)을 뜻함.
용관(冗官): 별로 중요하지 않은 벼슬이나 벼슬아치.
용사(用事): 권세를 부림.
용양(龍驤): 군사를 말함.
용장(龍章): 곤룡포(袞龍袍). 임금의 의복. 곧 임금을 뜻함.
용절(龍節): 황제의 위력을 상징하기 위하여 사신이 소지하고 가는 의장(儀仗)의 하나.
용하변이(用夏變夷): 중국의 예의와 문물로 사방 오랑캐를 교화시키는 것.
우곡(雨穀): 곡식이 공중에서 쏟아지는 것.
우룡(虞龍): 왕명의 출납을 맡은 신하.
우림위(羽林衛): 황제 호위군의 명칭.
우불(吁咈): 틀렸다 하고 찬성하지 않는 것.
우상(憂傷): 근심과 상심.
우위(羽衛): 의장병(儀仗兵).
우전(郵傳): 역참(驛站).
운(運): 많은 수의 사람들을 몇 명씩 나누어 조를 짠 것을 말함.
운제(雲梯): 높은 사다리.
운주(運籌): 여러 가지 계책을 짜내는 것.
울두(熨斗): 다리미.
울억(菀抑): 마음이 답답하고 분함.
웅번(雄藩): 큰 고을.
원구(元舅): 왕의 외숙.
원묘(原廟): 정묘(正廟) 이외에 다시 세운 사당을 말함. 문소전, 연은전 따위.
원문(轅門): 군문(軍門).
원상(院相): 승정원에 입직하여 임금을 도와 서무를 처결하는 재상. 임금이 어리거나 국상 중이거나 모반 등으로 나라가 위태로와 일이 많을 때 국정 전반의 세무까지 임금을 도와 처결하게 하기 위하여 원상을 둔다.
원일(元日): 정월 초하루.
원적당차법(原籍當差法): 원래의 호적대로 신역을 시키는 법.
원전(元田): 양전(量田)할 때에 원장(元帳)에 기록된 전답.
원점(圓點): 조선 시대 성균관과 사학의 유생들의 출석을 점검하기 위하여 식당에 들어갈 때 도기(到記)에 찍는 점. 도기란 곧 유생들의 출석부로, 식당에 비치해 두고 아침 식사와 저녁 식사 두 끼니를 1도(到)로 하여 50도가 되면 과거에 응시할 자격을 얻게 되었다.
원정(元情): 사정을 호소하는 일.

원항(鵷行): 조정 대신의 반열을 말함.
원훈(元勳): 나라에 공이 있는 원로 대신.
월령 의원(月令醫員): 전의감(典醫監)·혜민서(惠民署)에 소속한 당번 의원을 말한다.
월록인(越祿人): 감봉 처분을 받은 사람.
월은(月銀): 매월 받는 은전(銀錢). 월급.
위(威): 두렵게 함.
위관(委官): 중죄인을 추국할 때 의정 대신(議政大臣) 가운데서 뽑아 임시로 임명하는 재판장.
위리안치(圍籬安置): 유형(流刑)에 해당하는 형벌의 하나. 안치는 본디 한곳을 떠나지 못하게 정하여 둔다는 뜻으로 '누구를 어디에 안치한다' 함은 '누구를 어디에 유배한다.'는 뜻이 된다. 위리는 안치의 한 방법으로, 죄상이 중한 자를 안치하는 집에 가시나무로 울타리를 둘러 죄인이 그 밖으로 나가거나 외인과 접촉하지 못하게 한다.
위병(威柄): 임금의 권력.
위복(威福): 형벌과 복을 주는 임금의 권력임.
위비(爲非): 정도에 어긋나는 행위.
위여(威如): 위엄이 있는 모양.
위전(位田): 제사 비용을 마련하기 위한 밭.
위지(委質): 처음 벼슬한다는 뜻으로 쓰임. 또 일설(一說)에는 자기 몸을 임금에게 바친다는 뜻으로 쓰임.
위편(韋編): 책을 맨 가죽끈.
위포(韋布)의 선비: 위포는 가죽띠와 베옷이니, 곧, 한소(寒素)한 옷차림의 선비를 가리킨다.
위황(萎黃): 시들어 누른빛을 띰.
유(流): 매우 중한 죄를 범하였으나, 차마 죽이기까지는 할 수 없는 자를 변방의 먼 곳으로 내쳐서 종신토록 돌아오지 못하게 하는 형벌인데, 2천 리·2천5백 리·3천 리의 3등급이 있으며, 모두 장 일백을 병과한다.
유기병(遊騎兵): 기병 유격대.
유둔(油芚): 기름종이.
유명(幽明): 저승과 이승.
유문(留門): 특별한 사정이 있어서 궁문 또는 성문을 정시에 닫아걸지 않고 기다리는 것.
유박불근(帷薄不謹): 가정을 다스리지 못하여 풍기가 문란함.
유방(留防): 국경의 군영에 머물러 있으면서 외적을 방어하는 것.
유아(儒雅): 기량이 온화하고 학문이 깊은 사람.
유옥(留獄): 미결된 형사 사건.
유왕불회(惟王不會): 왕의 필요에 의하여 쓰는 것은 회계(會計)에 넣어 따지지 않는 것.
유위(有爲): 큰일을 하는 것.
유유(唯唯): 남의 뜻을 거스르지 않는 것.

유장(儒將): 선비로서 장재(將才)가 있는 사람.

유주(遺珠): 어진 이를 등용하지 못함.

유중(留中): 임금이 신하의 상주(上奏)를 보류해 둔 채 처리하지 않는 것을 말하는 것.

유지(有旨): 명령을 내림. 임금의 명령서. 임금의 분부에 따라 승지의 명의로 내리는 명령서.

유질지우(惟疾之憂): 부모가 자녀들에게 병이 있게 될까 근심함을 말함.

유충(幼冲): 나이 어림.

유한(維翰)의 충성: 우리나라가 중국을 잘 호위한 충성이라는 뜻.

유향소(留鄕所): 지방 수령(守令)의 자문 기관. 향정(鄕正) 혹은 좌수(座首) 한 사람과 별감(別監) 약간 명이 있었음. 풍속을 바로잡고 향리를 규찰하는 지방자치기관. 수령의 다음가는 관청이라 하여 이아(貳衙)라고도 한다. 지방의 유력자나 벼슬에서 은퇴한 자를 택하여 향리나 관청 노비의 불법을 규찰하고 불효·불목(不睦)을 감찰하여 미풍양속을 유지하기 위한 자치 기관임.

육사(戮祀): 국법에 의해 처형함.

육사(六事): 정사에 절도가 없는 것, 백성이 직업을 잃는 것, 궁실이 사치스러운 것, 여알(女謁)이 많은 것, 뇌물이 성행하는 것, 참소하는 사람이 날뛰는 것 등 여섯 가지의 일이다.

육식자(肉食者): 고관(高官).

육아일(六衙日): 한 달 중 여섯 번의 아일. 아일은 백관이 정기적으로 임금에게 조회하여 정무를 아뢰던 날.

육욕(戮辱): 큰 치욕.

윤대(輪對): 문무 관원(文武官員)이 윤번(輪番)으로 궁중에 들어가서 임금의 자문에 응대하기도 하고 또 정사의 득실을 아뢰기도 하는 일.

윤음(綸音): 왕명.

율률(慄慄): 두려워하고 조심하는 모양.

은감불원(殷鑑不遠): 멸망의 선례가 바로 전대(前代)에 있다는 뜻.

은대(銀臺): 승정원의 별칭.

을람(乙覽): 제왕의 독서를 일컬음.

음관(蔭官): 공신이나 당상관의 자손으로 과거에 의하지 않고 채용된 관리, 즉 부조(父祖)의 공덕으로 벼슬하는 것을 말함.

읍재(邑宰): 수령.

응견(鷹犬): 사냥개와 매.

응납국속(應納國粟): 꼭 바쳐야 할 조세(租稅).

응문(應門): 손님을 접대함.

응패(鷹牌): 사냥꾼.

의득(議得): 의논하여 결정하는 것. 특히 나라의 중대한 일에 대하여 중신들이 의결하는 것을 말한다.

의망(擬望): 관원을 채용할 때 전조(銓曹)에서 후보자를 추천하는 일. 3명의 후보자를 추천하는 것을 삼망이라 하고, 1명인 경우에는 단망이라 한다.

의살(義殺): 사형을 집행함에 있어 대의에 따라 처형함을 말한다.

의여(衣袽)의 경계와 상두(桑土)의 염려: 의여란 헌옷가지로, 배에 물이 스며드는 것을 막는 것이고, 상두는 뽕나무 뿌리로, 장마철이 되기 전에 새가 이것을 취해다가 집을 짓는다. 모두 경계하는 마음을 게을리하지 않고 미리 환란에 대비한다는 뜻임.

의의(擬議): 의정부나 육조(六曹)에서 중신들이 모여 관서에서 보고한 사목(事目)이나 임금이 의논하도록 명한 일에 대하여 그 가부를 의논하는 일.

의제(擬除): 의망하여 제수함.

의주(儀註): 나라의 전례(典禮)에 관한 절차를 적은 것.

의차(擬差): 추천하여 임명함.

의첩(依牒): 의정부의 의안(議案)이나 법의 개정에 대해, 예조가 대간의 서경을 참고한 뒤에 내주는 공첩(公牒)을 말하는데, 이로부터 법적인 효력이 발생된다.

의친(議親): 왕의 단문(袒免) 이상, 왕대비·대왕대비의 시마(緦麻) 이상, 왕비의 소공(小功)과 세자빈의 대공(大功) 이상의 친족을 말함.

의친(議親): 팔의(八議)의 하나. 임금의 10촌 이상 친(親)과 대비, 왕대비의 8촌 이상 친, 왕비의 6촌 이상 친 등으로서 죄를 범했을 때 형의 감면을 의정(議定)하는 것.

의형(義刑): 죄(罪)를 벌함에 있어 사정(私情)에 치우치지 않고 대의(大義)에 따라 공정하게 함을 말한다.

이공(貳公): 찬성(贊成)의 별칭.

이공전(異功煎): 비위(脾胃)를 돕는 한약.

이관(移關): 관문(關文)을 보내는 것.

이굴(理窟): 도리(道理).

이단(履端): 정월 초하루.

이락(伊洛)의 맥(脈): 정주(程朱)의 학맥. 이(伊)는 이천(伊川), 낙(洛)은 낙양(洛陽)인데 정호(程顥)·정이(程頤)가 이천과 낙양의 사이에서 강학을 하였고, 주희(朱熹) 또한 이 학통을 이어 받았으므로 이르는 말이다.

이륜(彝倫): 사람으로서 떳떳하게 지켜야 할 도리.

이명(离明): 임금의 눈.

이목(耳目): 귀와 눈. 즉 언관(言官).

이목지관(耳目之官): 간관(諫官). 즉 사헌부·사간원 등의 관리.

이문(吏文): 중국과 주고받는 문서에서 쓰이는 독특한 용어, 또는 그러한 문체(文體).

이비(吏批): 이조(吏曹)가 관장하는 사령(辭令). 곧 문관에 대한 보직·해임·전보 등에 관한 명령 또는 이 일을 맡아보는 관원으로 이조의 판서, 참판(參判)·참의(參議) 등을 가리킴.

이비(吏批)·병비(兵批): 이비는 문관의 정사를 맡은 관원으로 이조(吏曹)의 판서, 참판, 참의와 이방 승지이고, 병비는 무관의 정사를 맡은 병조의 판서·참판·참의·참지와 병방 승지.

이사(吏事): 관리의 사무.

이상(二相): 찬성(贊成).

이선(里選): 향리(鄕里)에서 천거해 보낸 사람. 즉 공사(貢士).

이습관(肄習官): 연수하는 관원. 곧 정식 관원으로 임명되지 않고 일을 익히는 임시 벼슬아치.

이시척촉(羸豕躑躅): 소인들이 불우함에 처해 있으면서 진출을 꾀함.

이어(移御): 임금의 거처를 옮김.

이엄(耳掩): 귀덮개. 곧 모피(毛皮)로 만든 방한구.

이영각(邇英閣): 경연청.

이이(訑訑): 경박하고 자존심 많아. 지기 싫어함. 잘난 체하며 남의 말을 듣지 않음.

이자(移咨): 자문(咨文)을 보내는 것. 자문은 우리나라가 중국과 왕래하던 문서.

이전(吏典): 아전.

이천석(二千石): 수령을 가리킴. 지방관.

익선관(翼善冠): 임금이 상시(常時)에 쓰는 관.

인납(引納): 미리 받음.

인량(寅亮): 천지의 도를 공경히 밝히는 일.

인문(印文): 날인한 문서.

인산(因山): 국장(國葬).

인수(仁壽): 인덕(仁德)이 있어 목숨이 긺.

인수(印手): 인쇄공.

인시(人時): 백성들의 생업(生業)에 필요한 시기로, 봄에 갈고 여름에 매고 가을에 거두는 적당한 시기를 말함.

인아(姻婭): 외척을 말함.

인요(人妖): 정상에서 어긋난 짓을 하는 사람.

인음증(引飮症): 물을 자꾸 더 먹고 싶어 하는 증세를 말함.

인정(人情): 뇌물.

인정(人定): 통행을 금지하는 것.

인찰(印札): 정간(井間).

인혐(引嫌): 인책하여 피함.

일궁(日宮): 임금의 무덤.

일득(一得): 우자천려 필유일득(愚者千慮必有一得)의 약어. 곧 아무리 어리석은 사람이라도 그의 여러 가지 생각 중에는 반드시 취할 만한 것이 있다는 뜻.

일명(一命): 가장 낮은 계급.

일명(一名): 처음으로 관등(官等)을 받아 관리가 되는 것.

일민(逸民): 학문과 덕행이 있지만 세상에 나서지 않는 사람.

일성일려(一成一旅): 사방 10리가 1성이 되고 5백 인이 1려가 된다. 이는 곧 지역이 좁고 인민이 희소하여 세력이 단약함을 가리킴.

일수(日守): 지방 관아에 소속되어 천한 일을 맡아 하는 하인.

일월(日月): 벼슬한 기간.
일융(一戎): 일융의(一戎衣)를 줄여 쓴 말로 한 번 군사를 일으켜 천하를 진정시켰다는 뜻.
일인(一人): 임금을 가리킴.
일족지폐(一族之弊): 개인의 죄를 일족에게 문책하는 일.
일죄(一罪): 사형에 해당되는 죄. 첫째가는 죄. 사죄(死罪).
임민(臨民): 백성을 직접 대하여 다스림. 수령을 말함.
임석(衽席): 눈앞.
임우(霖雨): 단비.
입거(入居): 변방을 충실하게 하기 위하여 내지(內地)의 백성과 전가사변(全家徙邊)의 형을 받은 자를 변방의 고을에 강제 이주시키는 일.
입공 자효(立功自效): 공을 세워 속죄하는 것.
입안(立案): 등기부. 청원에 의하여 관에서 인가 또는 인증하는 일. 문서.
입장(立長): 맏아들을 왕으로 세우는 일.
입장마(立仗馬): 임금의 의장(儀仗)으로 세우는 말. 화가 무서워서 감히 말하지 못하는 신하를 비유하는 말.
입후(立後): 봉사(奉祀)할 사람을 들여세움.
잉임(仍任): 종래의 직임을 계속 맡음.

ㅈ

자궁(資窮): 당하관 최고의 자급인 정3품 하계(下階), 곧 동반의 통훈 대부 또는 서반의 어모 장군(禦侮將軍)에 이른 것.
자니(紫泥): 황제의 칙서.
자망(自望): 이조를 거치지 않고 해당 장관이 임의로 추천하여 임명하는 것.
자목(子牧): 수령이 백성을 사랑으로 다스림.
자문(咨文): 중국과 왕래하던 문서(文書).
자봉(自奉): 자신을 봉양하는 일.
자성(粢盛): 제수(祭需). 제향 음식.
자용(自用): 자기 마음대로 함.
자자(刺字): 범죄자의 얼굴이나 팔에 흠을 내어 죄명을 먹칠하여 넣는 형벌.
자자(孜孜): 힘쓰는 모양.
자진설(自盡說): 자살설.
자천(慈天): 아버지.
자호(自好): 자기 명성을 좋아하는 것.
작미사목(作米事目): 노비들이 신역(身役) 대신 바치는 저화(楮貨)나 면포(綿布)를 쌀로 대체하여 바치게 하는 규정.
작미(作米)·수세(收稅)·모속(募粟)·무속(貿粟): 군량미를 확보하기 위한 방법으로, 작미는 노비들이 신역 대신 바치는 저화(楮貨)나 면포를 쌀로 대체하여 바치도록 하는 것이고, 수세는 전세를 쌀로 받는 것이며, 모속은 관작을 내리고 쌀을 바치게 하는 것이요, 무속은 은으로 중국에서 쌀을 사들이는 것을 말한다.

작산(作散): 한산(閑散)이 됨. 벼슬살이를 아주 그만두지는 않고 실직이 없는 처지가 되는 것.
작성(作成): 인격과 학문을 닦아 완성함.
작용자(作俑者): 옳지 못한 일을 처음 시작한 사람.
작자(作者): 제도를 처음 만드는 사람.
작지(作紙): 문서를 작성하는 데에 드는 종이 값으로 받는 금품.
작헌례(酌獻禮): 임금이나 왕비, 또는 문묘에 임금이 몸소 제사하는 예.
잔도 철산(棧道鐵山): 몹시 험준한 요해지(要害地)를 이르는 말.
잠(箴): 경계하는 뜻을 서술한 글.
잠루(岑樓): 높은 무대.
잠상(潛商): 암거래 상.
잠저(潛邸): 즉위하기 전에 살던 집.
잡탈(雜頉): 갖가지 사고.
장계(狀啓): 외방에 나가 있는 사신이나 지방관이 서장으로 임금에게 아뢰는 것.
장기취계(將機就計): 기획을 타서 계책을 쓰는 일.
장도(贓盜): 부정한 방법으로 재물을 얻는 것. 곧 강도·절도와 그 밖의 공사(公私)의 재물·이익을 부정하게 얻어 자기 것으로 하거나 남에게 돌아가게 하거나 그러한 것을 보관한 일 따위가 다 여기에 포함된다.
장마(仗馬): 일신상의 안전만 도모하여 침묵을 지키는 것.
장무(掌務): 사무를 주관하는 서리(書吏).
장번 내관(長番內官): 내시부의 환관들 가운데 장기적으로 시중을 드는 자를 말함. 교대로 시중을 드는 자는 출입번 내관이라 하였음.
장보(章甫): 유림.
장봉(章縫): 선비.
장속(裝束): 만반의 태세를 갖춤.
장수(藏修): 학문(學問)을 닦고 익히는 것.
장순(將順): 임금의 선(善)에 순응함.
장식(將息): 양생(養生)함.
장심(將心): 임금을 장차 어떻게 하겠다고 생각하는 의사(意思), 즉 역심(逆心)을 뜻한다.
장오죄(贓汚罪): 관리로서 뇌물의 수수, 관물(官物)의 사취(私取), 백성의 재물 침탈(侵奪), 기타 부정한 방법으로 재물을 취득한 행위에 대한 죄인데, 장오죄로 녹안(錄案)되면 본인은 물론 자손들이 벼슬에 제한을 받게 된다.
장옥(場屋): 과거를 가리킴. 시장(試場).
장옥(墻屋)의 화: 내부에서 일어나는 화를 이른 말로 내란을 가리킨다.
장재(長齋): 오랫동안 채식을 함.
장책(粧冊): 제본(製本).
장표(章標): 어떤 부대인가를 나타내는 표지(標識).

장획(臧獲): 노비(奴婢).
재결(災結): 재해를 입은 농토.
재계(齋戒): 제사 전에 심신을 깨끗이 하고 부정(不淨)한 일을 멀리하는 것.
재궁(梓宮): 왕·왕비의 관(棺).
재상 수속(災傷收贖): 재해를 입은 전지(田地)의 조사 보고를 사실과 다르게 함으로써 처벌의 대상이 된 관원에게서 받은 속전(贖錢)을 말한다.
재성 보상(裁成輔相): 지나친 것은 억제하고 부족한 것은 보충하여 주는 것.
재숙(齋宿): 임금이 나라의 제사를 행할 때 그 전날 밤에 재소(齋所)에 나와 묵으면서 재계하는 것.
재인(梓人): 일반 목수.
재전(齋殿): 궐내에 지어 놓은 재실.
재중(齋中): 성균관에서 기숙하며 수업하는 유생.
재질(宰秩): 판서(判書)의 직질.
재집(宰執): 재상(宰相)의 지위에 있고 국정(國政)을 담당하는 사람.
저보(邸報): 관보(官報).
저이(儲貳): 세자(世子).
저전(楮田): 닥나무를 기르는 밭.
저택(瀦宅): 대역 죄인의 집을 헐고 못을 파는 것.
적간(摘奸): 죄를 밝히기 위하여 캐어 살핌.
적신(積薪): 선진이 아래에 지체됨을 비유하는 말.
적위(翟褘): 왕후를 가리킴. 천자가 내리는 왕후의 예복.
적자(赤子): 갓난 아이.
적자(賊子): 부모를 해친 자식.
적장(賊贓): 도둑의 장물.
적정(賊情): 적의 요구 조건.
적지(的知): 실속으로 앎.
전(箋): 국가에 길흉사가 있을 때 임금에게 올리던 사륙체의 글.
전(殿): 하등(下等).
전가사변(全家徙邊): 죄인을 그 가족과 함께 변방으로 옮겨 살게 하는 형벌. 북변(北邊) 개척의 방면으로 이용한 것.
전간(傳看): 여럿이 돌려가며 보는 글.
전결 탁군(田結托軍): 전결 수에 따라 군사를 뽑는 것.
전결(田結): 전지(田地)의 결수(結數). 결(結)은 수세(收稅)를 위하여 토지의 면적을 셈하는 단위의 하나로 토지의 비척에 따라 실지의 면적이 달라진다.
전경 문신(專經文臣)을 고강(考講)하는 일: 궁중에서 문신에게 경서로 보이는 강독 시험. 정월·4월·7월·10월에 임금이 친림하여 통훈 대부 이하 37세 미만의 문신에게 오경 중에서 1경을 시험 보였다.

전곡(錢穀): 은전과 식량.
전대(專對): 사신(使臣)을 뜻함.
전미(田米): 좁쌀.
전복(典僕): 담당 노복.
전사(傳舍): 여관.
전사(專使): 특사.
전생(牷牲): 큰 제사에 쓰는 털빛이 순색(純色)인 소.
전석(全釋): 전연 처벌하지 않고 놓아주는 것.
전수(轉輸): 물자를 다른 곳으로 운반하는 것.
전알(展謁): 참배.
전장(銓長): 문무관의 전형을 맡고 있는 이조(吏曹)·병조의 장관을 가리킴.
전조(銓曹): 이조와 병조.
전좌(殿坐): 왕이나 왕대비가 정사할 때나 조하를 받을 때 정전(正殿)의 옥좌(玉座)에 나와 앉는 것.
전죽(箭竹): 화살대.
전차(塡差): 비어 있는 자리에 관원을 보충함.
전최(殿最): 관원의 근무 성적을 심사하여 우열을 매기던 일. 관찰사가 지방관의 실적을 조사하여 매년 6년 15일과 12월 15일에 중앙에 보고한다.
전탄(箭灘): 살여울.
절간(折簡): 청탁.
절당(切當): 사리에 맞음.
절발(竊發): 도적이 일어남.
절색(折色): 현물을 화폐로 환산한 것으로 봉급을 말함.
절수(折受): 물건의 대가로 받거나 청원에 따라 헤아려서 결정하여 주거나, 대상이 백성이건 관원, 관사이건, 돈으로 주건 물건으로 주건 간에 그 일을 맡은 관사가 심사 결정하여 떼어 주는 것을 절급이라 하고, 절급받는 것을 절수라 한다.
절제(節制): 지휘.
점열(點閱): 점검하고 사열함.
점지(占地): 점유하고 있는 땅.
점퇴(點退): 받은 물건이 마음에 들지 않다고 도로 물리침.
점하(點下): 결정.
정거(停擧): 과거 응시의 자격을 정지당함.
정계(停啓): 대간이 계속해서 논란해 오던 사건에 대한 논계를 그만두는 것.
정고(呈告): 휴가 신청.
정공(正供): 정당한 부세만을 내게 하는 것.
정관(亭觀): 누각.

정국(庭鞫): 궁궐 안에서 죄인을 심문하는 일.

정군(正軍): 실역(實役)에 종사하는 군정(軍丁). 국역에 종사하는 사람을 제외한 16세부터 60세까지의 남자는 모두 군정으로 등록하여, 그 중에서 건실한 자를 가려 뽑아서 군역에 종사하게 하는데, 이를 정군이라 함.

정권(政權): 인사권, 즉 이조.

정려(鼎呂): 구정대려(九鼎大呂). 즉 중국 고대의 보물로 중국 정통 왕조를 지칭하기도 함.

정력(定力): 확고한 학문의 힘.

정료(庭燎): 뜰을 밝히는 횃불.

정미(赬尾): 꼬리가 붉어짐. 물고기가 피로하면 꼬리가 붉어진다는 뜻으로 백성이 학정에 시달림을 비유한 말.

정병(正兵): 군적에 들어 있는 장정(壯丁) 중에 실역(實役)에 복무하는 군사.

정사(呈辭): 사직장을 냄.

정사(政事): 인사행정.

정선(征繕): 거마(車馬)를 징발하고 무기를 정비하는 일. 부세(賦稅)로써 무기를 마련하는 일.

정속(定屬): 죄인을 관노비(官奴婢)에 편입하는 것.

정순(呈旬): 낭관(郞官)이 사임하려고 할 때에는 10일에 한 번씩 세 번을 계속하여 소속 상관에게 사임원서를 제출함.

정시(庭試): 특별히 전정(殿庭)에서 과거를 보였으므로 정시라 하였으며 문무과(文武科)에 한하였다. 초시와 전시만 있었음.

정신(鼎新): 새롭게 함.

정업원(淨業院): 동대문 밖에 있었던 암자. 단종의 비 정순왕후가 나가 있던 곳으로, 주로 여승들이 있었다.

정역(定役): 범죄에 대한 형벌로 노비로 삼거나 충군하는 등의 노역을 정하는 것이다.

정위(正位): 자리를 바르게 함.

정쟁(廷爭): 조정에서 간쟁함.

정전(丁錢): 승려가 되려는 자가 도첩을 받을 때 군포 대신 바치는 돈. 보통 정포 20필 값을 바침.

정전법(井田法): 중국 고대의 전지 제도. 일정한 전지를 정(井)자 모양으로 구획하여 중앙의 1백 묘(畝)는 공전(公田), 밖의 8백 묘는 사전(私田)으로 하였다. 그 사전은 여덟 집에 나누어 주어 경작하도록 하고 중앙의 공전은 여덟 집이 공동으로 경작하여 공전에서 수확되는 곡식을 세금으로 바치고 사전에서의 수확은 개인 소득으로 하게 하였다.

정조(正朝): 설날.

정조(政曹): 정사를 맡은 조. 곧 이조(吏曹)와 병조(兵曹).

정조시(停朝市): 국상(國喪)이나 대신(大臣)의 장례(葬禮), 그 외의 비상한 재변(災變)이 있을 때, 조정에서는 조회를 정지하고 시장에서는 매매 행위를 정지하는 일. 조시는 조정(朝廷)과 시장(市場).

정체(政體): 인사 행정.

정치(鼎峙): 삼각의 형세를 말함.

정탈(定奪): 임금의 결정.

정표(旌表): 정문(旌門)을 지어 주어 세상에 알리는 일. 곧 효자·충신·열녀나 국가에 큰 공이 있는 사람에게 정문을 지어 주고 그 일을 널리 알리는 일.

정혈(正穴): 묘가 쓰여진 곳.

제급(題給): 관에서 증명서와 함께 물품(物品)을 내어주는 것.

제목(除目): 관리를 제수하는 문서. 제수자의 명단.

제배(儕輩): 나이나 신분이 같거나 비슷한 사람.

제본(題本): 신하가 황제에게 공무로 올리는 소장을 말함. 사무(私務)로 올리는 것은 주본(奏本)이라고 하는데, 나중에 통틀어 주섭(奏摺)이라고 하였음.

제서유위율(制書有違律): 제서(制書:왕지〈王旨〉)를 봉행함에 있어 이를 어기는 행위를 처벌하는 율(律)을 말함.

제언(堤堰): 수리 목적으로 막은 둑.

제조(提調): 각사 또는 각청의 관제상의 우두머리가 아닌 사람에게 그 관청의 일을 다스리게 하던 벼슬로써 종1품 또는 2품의 품계를 가진 사람이 되는 경우에는 도제조, 3품의 당상이 될 때에는 부제조라고 하였다.

제좌(齊坐): 사헌부 관원이 일제히 모임을 갖는 것.

제준(題准): 제본(題本)으로 상주(上奏)한 사건을 재가하여 시행하게 하는 것.

제지관(製誌官): 지문(誌文)을 짓는 사람.

조도(調度): 세금을 거둠.

조득(照得): 참조하여 앎.

조례선상(皂隷選上): 경각사(京各司)에서 부리기 위하여 지방의 각 고을에서 노비를 뽑아 올리는 것.

조미(糙米): 현미.

조박(糟粕)의 기롱: 근본적인 의미는 모르고 겉치레뿐인 것을 비유하는 말.

조보(朝報): 승정원서 처리한 사항을 매일 아침 기록하여 반포하는 관보(官報). 조칙을 비롯하여 장주(章奏)와 묘당의 결의 사항, 서임 사령, 지방관의 장계 등을 그 내용으로 하고 있다. 기별(奇別)·난보(爛報)·조지(朝紙) 등의 별칭이 있음.

조사(詔使): 명나라 사신.

조산(造山): 흙을 쌓아 산을 만드는 것.

조선공사삼일(朝鮮公事三日): 조선 사람은 일을 계획함에 있어서 3일 후를 내다보지 못한다는 뜻이다.

조아(爪牙): 군사.

조옥(詔獄): 의금부(義禁府).

조자(租子): 곡물세.

조저(朝著): 조정.

조참(朝參): 매달 5일·11일·21일·25일 네 번 모든 문무관이 검은 옷을 입고 근정전이나 인정전에서 임금에게 문안드리고 정사를 아뢰는 것.

조천(祧遷): 대수가 차서 신주를 다른 곳으로 옮겨 모시는 것.

조폐(凋弊): 쇠잔하고 피폐함.
조하(朝賀): 백관이 조회하여 하례를 올리는 것. 정조(正朝), 동지, 삭망, 왕과 왕비의 탄일 등에 거행한다.
족식(足食): 식량을 풍족하게 함.
존성(存省): 본심을 지키고 행실을 살핌.
졸곡(卒哭): 상례(喪禮)에 있어서, 사람이 죽으면 곡성을 그치지 않고 성빈(成殯)하고 나면 슬픔이 복받칠 때에 무시로 곡하며, 졸곡 뒤로는 아침·저녁의 정시(定時:조석곡전(朝夕哭奠) 때)에만 곡한다. 《오례의(五禮儀)》에 의하면 칠우는 강일(剛日:유일의 대(對)로 갑(甲)·병(丙)·무(武)·경(庚)·임(壬)이 드는 날)에 지내게 되어 있다. 칠우 다음의 강일에 졸곡제를 지낸다.
종계 개정(宗系改正): 윤이·이초의 농간에 의하여 명나라 《태조실록》과 《대명회전》에 조선 태조가 고려의 권신이던 이인임의 아들로 잘못 기록된 것을 정정해 주도록 요구한 일을 말한다.
종권(從權): 권제(權制)를 따름. 고기를 먹는 것을 뜻함.
종량(從良): 종이나 천민(賤民)으로서 양민(良民)이 됨.
종사(宗社): 종묘(宗廟)와 사직(社稷)으로 종묘는 임금의 조종(祖宗)을 모신 사당이고 사직은 토지(土地)·오곡(五穀)의 신(神)에게 제사하는 단(壇)이다. 나라가 있어야 종사가 이어지고 망하면 끊어지므로 종사를 국가의 뜻으로 쓴다. 왕성(王城)에는 동쪽에 종묘를 두고 서쪽에 사직을 두어 임금이 제주(祭主)가 된다.
종사(螽斯)의 경사: 자손이 번성하는 경사를 말함.
종재(宗宰): 종척과 재신.
종중 결장(從重決杖): 죄가 두 가지 이상일 때 그 무거운 죄를 따라 곤장을 치는 것.
좌거(坐車): 수레.
좌경(坐更): 초소 같은 데 앉아서 밤을 경계하는 것.
좌기(坐起): 관원이 출근하여 직무 보는 것.
좌도(左道): 불교를 뜻함.
좌목(座目): 벼슬아치를 서열(序列)에 따라 모아 기록한 문서.
주객사(主客司): 외국 사신을 담당하는 관청.
주격(舟格): 배를 부리는 격군(格軍).
주문(主文): 대제학(大提學).
주병(主兵): 병조의 일을 주장하는 병조 판서.
주사(舟師): 수군(水軍).
주의(注擬): 관원을 임명할 때 문관은 이조에서, 무관은 병조에서 후보자 3명을 추천하여 임금에게 올리는 것.
주전(廚傳): 역참(驛站)에서 제공하는 음식과 거마.
주즙(舟楫): 배와 노. 임금의 정치를 돕는 신하.
주차(駐箚): 임지에 머무르면서 사무를 처리함.
주첩(奏帖): 황제에게 아뢰는 문서.

주초(朱草): 제출한 답안지를 붉은 글씨로 역서관이 별지에 옮겨 쓰는데 이를 주초라 한다. 이것을 답안지와 대조하여 교정을 본 다음 시관(試官)이 이를 가지고 채점하게 된다.
주포(紬布): 명주.
죽백(竹帛): 역사책.
준급(准給): 황제의 인준을 받아 지급함.
준삭(準朔): 일정한 달수를 채움.
준예(俊乂): 재주나 슬기가 매우 뛰어난 사람.
준장(准杖): 한번 심문할 때 곤장 30대를 치게 돼 있는데 그 수대로 다 침.
준조(樽知): 학궁의 일을 말함.
준철(濬哲): 깊은 지혜.
중강 개시(中江開市): 압록강의 의주 중강에서 명나라 요동의 미곡(米穀)을 수입하기 위해 시장을 열었었음.
중궤(中饋): 음식을 만드는 일. 곧 아내를 뜻함.
중기(重記): 사무를 인수인계할 적에 물품의 목록과 숫자 등을 기록한 문서와 장부.
중방(中房): 수령을 시중드는 종자.
중사(中使): 궁중에서 왕명을 전하는 내시(內侍).
중전(重典): 엄중한 법률.
중화(中火): 점심을 말함.
즉묵(卽墨): 제(齊)나라가 연(燕)나라에 격파당하고 이 성만이 보존되었는데, 마지막 하나 남은 이 성에서 전단(田單)이 소를 이용하여 연군(燕軍)을 대파하고 국가를 회복시키는 데 발판이 되게 한 성(城)임.
지가(知家): 금단을 범했을 때 그 범한 장소의 집에 범함 자를 잡아 두는 일.
지관(地官): 호조(戶曹). 호조 판서.
지만(遲晚): 자백.
지부(地部): 호조(戶曹).
지영(祗迎): 공경히 맞이함.
지오(支吾): 반항.
지의(紙衣): 솜 대신에 종이를 속에 넣어서 만든 겨울옷.
지정(地徵): 농지세.
지주(地主): 감사와 수령을 가리킴.
지취(旨趣): 어떤 일에 대한 깊은 맛, 깊은 뜻.
지치(至治): 매우 잘 다스려진 정치.
직수아문(直囚衙門): 죄인을 직접 수금할 수 있는 아문.
직전(職田): 사전(私田)의 일종으로 벼슬아치들에게 벼슬에 있는 동안 나누어 주는 땅. 세습하지 못하는 게 원칙임.
직절(直截): 머뭇거리지 않고 사실대로 결단함.
진기(殄氣): 나쁜 기운.

진목회(眞木灰): 참나무 숯.
진성(陳省): 지방 관아에서 상부 관사(官司)에 보내는 물품 명세서나, 또는 백성들이 관청에 낸 청원이나 진정서를 말한다.
진소목(眞䑖木): 땔나무.
진시(陳試): 초시(初試)에 급제한 사람이 복제(服制) 때문에 상피하여 회시를 보지 못할 경우 다음 과거에 허부하는 것을 말한다.
진신(鎭臣): 무신.
진전(陳田): 묵은 농토.
진제장(賑濟場): 흉년이 들었을 때 기민들에게 급식하기 위하여 임시로 설치한 장소.
진초(進剿): 진격하여 적을 무찌름.
진풍정(進豊呈): 보다 풍성한 진연(進宴: 웃어른께 바치는 잔치). 이때에는 가무 등 정재(呈才)가 있으며, 대비(大妃)를 위하여 베푸는 것이 통례이다.
질명(質明): 날이 밝으려 할 때.
질문(作文): 증빙 서류.
집조(執照): 외국 사람이 길을 다니는 데 편의를 위하여 내주는 문빙(文憑)을 말함.
징갱(懲羹): 한 번 혼나서 겁을 먹는다는 뜻.
징태(澄汰): 무능한 관리를 정리하는 것.

ㅊ

차관(差官): 특별한 사무를 맡겨 임시로 파견하는 관원.
차부(箚付): 상관이 위원을 파견하여 일을 처리하게 할 때 모두 차문(箚文)을 부치게 되어 있는데, 이 차문을 곧 차부라 한다.
차비 통사(差備通事): 어느 일 또는 어느 사람의 전담·전속으로 차출된 통사.
차비(差備): 특별한 사무를 맡기기 위하여 임시로 임명하는 일. 그 신분에 따라서 차비관·차비군·차비노 등이 있음.
차사원(差使員): 특별한 일을 맡아보게 하기 위하여 임시로 차출하여 보내는 관원. 대개 왕명에 따라 관찰사 등 그 일을 지휘, 감독하는 사람이 차출한다.
차중(借重): 남의 명망이나 역량을 빌어 자신을 무겁게 하는 일.
차지 내관(次知內官): 그 일을 분장한 내관.
차첩(差帖): 하급 관리에게 내리는 사령장.
차하(差下): 임명.
착어처(捉漁處): 고기 잡는 곳.
찬극(竄殛): 귀양을 보내거나 죽이거나 함.
찬양(贊襄): 임금을 도와 치적을 올리는 것.
찬출(竄黜): 귀양 보내거나 내쫓음.
참괵(斬馘): 적의 머리나 코를 벰.
참로(站路): 역로(驛路).
참방자(參榜者): 과거의 합격자.

참부대시(斬不待時): 참형(斬刑)에 처하되 시기를 기다리지 않고 곧 집행하는 것.
참소: 물이 차츰차츰 배듯이 점차적으로 참소하여 곧이 듣게 하는 것.
참주(參奏): 관리(官吏)의 비행을 지적하여 징계를 주청(奏請)하는 것. 탄핵하여 아룀.
참찬관(參贊官): 경연의 정3품 벼슬. 승정원 승지와 홍문관 부제학의 겸직이다.
참퇴법(斬退法): 후퇴하는 자를 베는 법.
참하관(參下官): 참상은 문무관의 당하(堂下) 3품에서 6품까지의 관원을 이르는 칭호로 참내라고도 한다. 참하관은 문무관의 7품 이하의 관원을 이르는 칭호로 참외관이라고도 한다.
창방(唱榜): 과거에 급제한 사람에게 증서(證書)를 주는 일.
창생(蒼生): 세상의 모든 사람.
창잔(創殘): 다친 끝에 살아남은 자.
창준(唱准): 다 쓴 뒤에 다시 읽어 보고 틀린 곳을 바로잡음.
채붕(綵棚): 유희 등에 사용할 비단으로 장식한 무대.
채수(債帥): 빚쟁이 장수.
채지(采地): 세를 받는 땅.
책문(策問): 임금이 경서의 뜻이나 정치에 관한 문제를 내어 과거에 응시한 자에게 의견을 묻는 것. 책문에 대하여 응답하는 것을 대책(對策)이라 하는데, 대책은 문과 전시 과목인 제술의 하나이다.
책형(磔刑): 사지를 찢는 형벌.
처치(處置): 사헌부나 사간원의 한 부서 또는 두 부서 모두가 어떤 일로 피혐하고 물러갔을 때에 그것이 정당한지의 여부를 가려 그들의 피혐을 받아들일 것인가 아니면 출사하도록 할 것인가를 결정해서 임금에게 아뢰는 일.
척간(擲奸): 부정을 살피어 밝혀냄.
척념(惕念): 두려워하는 마음을 가짐.
척령(鶺鴒): 형제.
척완(戚畹): 임금의 외척.
천망(天網): 하늘의 법.
천일(天日): 임금을 가리킴.
천전(遷轉): 벼슬자리를 옮김.
천총(天聰): 임금의 귀.
철권(鐵券): 공적을 기록한 책.
철주(掣肘): 남을 간섭하여 마음대로 못하게 함.
첨의(僉意): 여러 사람의 뜻.
첩(堞): 성가퀴.
첩보(牒報): 서면으로 보고함.
첩정(牒呈): 상급 아문에 공문을 보냄 또는 그 공문.
청금(靑衿): 선비 또는 학생.

청대 감합(請臺勘合): 각 관아에서 섣달그믐께 사무를 중지하고 창고의 재고 물품을 조사할 때 사헌부 감찰을 청하여 검사한 다음 장부에 확인한 도장을 찍는 일.

청대(請對): 긴급한 일이 있을 때에 임금에게 뵙기를 청하는 일.

청도(淸道): 행차에 앞서 길을 깨끗이 하는 것.

청로대(淸路隊): 임금의 거동 때에 어로의 청소를 감시하는 군대.

청신 아결(淸愼雅潔): 청백하고 신중하며 마음이 고상하고 깨끗함.

청야(淸野): 들의 곡식이나 가옥을 모두 거두거나 철거함.

청용군(聽用軍): 자원하여 편입된 군사임.

청제(靑帝): 봄의 신(神).

청현(淸顯): 청직(淸職)과 현직(顯職). 청직은 학식·행신·내력에 흠 없는 사람이라야 하는 벼슬. 즉 홍문관 등이고 현직은 동반(東班)·서반의 정직(正職).

체수(滯囚): 죄가 결정되지 않아 오래 갇혀 있는 죄수.

체신(體信): 도를 실지로 체득함.

체아직(遞兒職): 원록체아직과 군함체아직의 합칭. 현직을 떠난 문무관을 예우하여 계속 녹봉을 지급하기 위하여 만든 벼슬자리이다. 이는 재정의 뒷받침이 고려되어야 하므로 오위의 군제를 폐지하고 그 군직에 책정되어 있는 재원을 전용하여 그 일부는 실무 없는 각급 문무관을 해당 품계의 군직에 부(付)하여 일정한 녹봉을 받도록 하고 이것을 원록체아라 하며, 다른 일부는 각 관청에 정원(定員)은 적고 사무가 많은 경우에 이를 정리하기 위하여 임시로 증원된 사람을 각급 관직에 부하여 녹봉을 받으면서 소속 관청의 사무를 정리하게 하고 이를 군함체아라 칭하였음.

초기(草記): 상주문의 한 가지. 각 관아에서 정무의 사항에 관하여 간단하게 요지만 기록하여 올리는 문서.

초당(貂璫): 내시(內侍).

초도(初度): 환갑.

초방(椒房): 왕비. 왕비의 친정 친척. 후비(后妃).

초복(初覆): 사형에 해당하는 죄수를 첫 심문(審問)하여 아뢰는 일. 왕이 처음으로 정치를 잡고 교화를 베풂.

초사(招辭): 범죄 사실을 진술한 내용.

초승(超陞): 단계를 뛰어넘어 승진함.

초액(椒掖): 왕비.

초자(超資): 자급의 차례를 건너뛰어 올림.

초천(超遷): 등급을 뛰어 승진시킴.

총부(冢婦): 적장자의 아내.

총재(冢宰): 이조 판서의 별칭.

최복(衰服): 상복(喪服).

추관(秋官): 추부(秋部). 형조(刑曹)의 별칭.

추량(芻糧): 마초(馬草)와 군량(軍糧).

추생(推栍): 찌를 뽑는 것.
추성(秋成): 모든 곡식이 익는 가을.
추쇄(推刷): 다른 지방으로 도망간 노비를 모두 찾아내서 본 고장으로 돌려보내는 일.
추인(芻人): 허수아비.
춘번자(春幡子): 입춘 날에 내거는 비단으로 만든 기.
춘신(春汛): 봄이 풀릴 때 해변 수비하는 일.
출방(出榜): 과거에 합격한 사람을 발표하는 것.
출신자(出身者): 무과(武科) 합격자.
출참(出站): 사신, 감사 등을 영접하고 전곡(錢穀), 역마(驛馬) 등을 지공하기 위하여 그들이 숙박하는 가까운 역에서 사람을 보내던 일을 말한다.
출척(黜陟): 관리로서 공이 있는 사람을 승진시키고 공이 없는 사람을 강등 또는 파면하는 것.
출합(出閤): 왕자가 분가해 사궁으로 나가 사는 것.
충군(充軍): 죄를 범한 자에 대한 처벌의 하나로, 군역에 충정시키는 것임.
충찬위(忠贊衛): 오위(五衛)의 하나인 충좌위(忠佐衛)의 소속 군대로서 원종공신(原從功臣) 및 그 자손이 이에 속한다.
취련(吹鍊): 쇠를 불림.
취모멱자(吹毛覓疵): 억지로 남의 허물을 찾아냄.
취복(取服): 죄인이 지은 죄를 자복하게 하는 일.
취재(取才): 재주를 시험하여 사람을 뽑는 것. 곧 과거(科擧) 이외에 인재를 뽑기 위하여 실시하는 특별 채용 시험.
취지(取旨): 임금의 윤허를 받음. 임금의 전지를 받는 것.
취칠(取漆): 옻의 채취.
치(雉): 성곽의 크기의 단위. 1치는 길이가 3장(丈), 높이가 1장임.
치계(馳啓): 임금에게 서면으로 급히 상주함.
치부(置簿): 명부.
친총(親總): 정무를 직접 총람함.
치사(致仕): 나이가 많아 벼슬을 사양하고 물러나는 것. 옛 법이 대부는 70에는 치사하는 것이 원칙이다. 당상관으로 치사하는 경우에는 예조에서 매달 고기와 술을 지급하고, 국가의 중대한 일로 인해 치사하지 못하는 70세 이상인 1품관에는 궤장을 내린다.
치우(置郵): 역참(驛站)에서 숙식하고 역마를 갈아타고 달려가는 일.
칠사(七事): 새로 임명된 수령이 대궐에 하직을 고하고 외지로 떠날 때 계관 앞에서 외며 다짐하던, 수령이 지켜야 할 일곱 가지 일. 즉 농상성(農桑盛), 호구증, 학교흥, 군정수(軍政修), 부역균(賦役均), 사송간(詞訟簡), 간활식(奸猾息).
칠조개(漆彫開)의 마음가짐: 자신의 공부가 미진함을 알고 벼슬을 원치 않는 것.
침과 운벽: 창을 베고 벽돌을 나름. 군국의 일을 염려하느라 창을 베고 누워 편히 잠자지 못한다는 뜻과, 유사시에 대비하기 위하여 벽돌을 날라 힘이 쇠약하여지는 것을 막는다는 뜻.

침과(枕戈) 상담(嘗膽): 원수 갚을 마음을 잊지 않는다는 뜻. 즉 잘 때에도 무기를 베고 자고, 항상 안일하지 않고 쓸개를 맛보면서 모든 고통을 참으며 힘을 기름을 말함.
침수혼(沈首魂): 침수혼은 죄 없이 억울하게 죽은 자를 말함.
침윤(浸潤): 물이 스며들 듯이 조금씩 오래 두고 하는 참소.
침징(侵徵): 세금 따위를 강제로 징수하는 것.

ㅌ

타락(駝酪): 우유.
타매(唾罵): 아주 더럽게 생각하고 경멸히 여겨 욕함.
타위(打圍): 임금의 사냥. 여러 사람이 짐승을 포위하고 이것을 임금이 쏘아서 잡는다.
탁지(度支): 국가 재정. 호조 판서. 호조.
탄장(彈章): 탄핵하는 글.
탈고신(奪告身): 죄를 지은 벼슬아치의 직첩(職帖)을 빼앗아 거두어들이는 것. 수직첩(收職牒).
탈정 기복(奪情起復): 부모의 상을 당하여 복을 입은 사람에게 나라의 급한 일로 인하여 출사를 명하는 것. 탈정(奪情)이라는 것은 인정을 빼앗는다는 뜻.
탑전(榻前): 임금의 자리 앞.
탕장(帑藏): 내탕(內帑) 곧 어고(御庫)에 간직된 보물을 이름.
태거(汰去): 죄과 있는 하급 관리를 파면하는 일.
태극(太極): 마음.
태복(太僕): 사복시의 별칭.
태봉(胎峯): 임금·왕비·세자 등의 태를 묻은 곳.
태평관(太平館): 중국 사신이 서울에 왔을 때에 묵게 하는 객관. 숭례문(崇禮門) 안 양생방(養生坊), 곧 지금의 태평로에 있었다.
토경(土梗): 흙으로 만든 인형.
토포악발(吐哺握髮): 먹던 밥을 뱉고 감던 머리를 거머쥠. 찾아온 사람을 급히 만나보기 위한 태도를 가리킨다.
통(通): 강서(講書) 시험에 있어서, 곧 네 등급의 성적 중 첫째 등급. 그다음 보통을 약(略), 그 아래인 열등을 조(粗), 낙제 점수인 최하를 불(不)이라 한다.
통도(痛悼): 마음이 매우 아프고 슬픔.
통문(通文): 여러 사람의 이름을 차례로 적어 돌려보는 통지문.
퇴탁(槌琢): 옥석을 갈아 다듬음. 뒤에 다시 정정함.
투료(投醪): 부하에게 고루 나누어 먹인다는 뜻.
투저(投杼): 여러 사람의 참소에는 누구든지 넘어가게 된다는 것.
투탁(投託): 남의 세력에 기대는 것.
특송(特送): 세례(歲例)로 보내는 외에 특별히 보냄.
특진관(特進官): 경연석상에서 경서를 강론하기 위해 참여하는 관원.

파루(罷漏): 통금을 해제하는 것.
파산(罷散): 파직된 사람이나 직은 없이 관계(官階)만 가진 벼슬아치.
파체(破涕): 슬픔을 기쁨으로 돌리어 생각함.
판부(判付): 주안(奏案)을 임금이 윤가함.
판적(版籍): 토지와 호적.
판하(判下): 공사에 대하여 임금이 판결하여 내림. 임금의 결재.
팔의(八議): 형벌을 감면하는 8가지 은전. 곧 의친(議親: 왕실의 일정한 친척), 의고(議故: 왕실과 고구관계로 여러 해 특별한 은덕을 입은 사람), 의공(議功: 국가에 큰 공훈을 세운 사람), 의현(議賢: 큰 덕행이 있는 현인군자), 의능(議能: 재능이 우월하여 왕업을 보좌하고 인륜의 모범이 될 만한 사람), 의근(議勤: 문무관으로 각근하게 봉직하거나 사신으로 나가 공로가 현저한 사람), 의귀(議貴: 관작이 1품인 자. 문무관 3품 이상인 자. 산관 2품 이상인 자), 의빈(議賓: 전대 군왕의 자손으로 선대의 제사를 맡아 국빈이 된 자)임.
팔조목(八條目): 《대학》의 이른바 자기를 닦고 남을 다스리는 여덟 조목 격물(格物), 치지(致知), 성의(誠意), 정심(正心), 수신(修身), 제가(齊家), 치국(治國), 평천하(平天下) 임.
패금(貝錦): 의사(疑似)한 일을 참소하여 죄에 얽어 넣음.
패문(牌文): 중국의 상급 관청에서 하급 관청으로 보내는 공문인데 헌패(憲牌)라고도 한다.
패초(牌招): 승지가 왕명을 받고 신하를 부르는 것을 말한다.
편비(褊裨): 부장(副將).
편전(片箭): 길이가 짧은 화살로 멀리 갈 수 있고 촉이 날카로워서 갑옷을 뚫을 수 있다고 한다. 아기살이라고도 함.
평량자(平涼子): 패랭이.
평명(平明): 해가 뜰 무렵.
폐고(廢錮): 벼슬하지 못하게 조치한 것.
폐문(牌文): 상급 관청에서 하급 관청으로 보내는 통고 공문.
폐적(廢謫): 죄를 받아 폐출(廢黜)되거나 귀양 가는 것.
포궁(抱弓): 임금의 죽음을 슬퍼하는 말.
포륜(蒲輪): 현인을 초빙할 때 쓰는 편안한 수레.
포마(鋪馬): 각 역참(驛站)에 갖추어 두고 관용으로 쓰는 말. 역말.
포만(逋慢): 책임을 회피하여 태만한 짓을 하는 것.
포작인(鮑作人): 바다에서 조개나 미역 따위 해산물을 채취하는 사람.
포저(苞苴): 뇌물.
포피(布被): 베이불을 말하는 것인데 겉으로만 검소한 체하는 교활한 작태를 말한다.
포흠(逋欠): 조세를 바치지 않는 것.
폭로(暴露): 눈비를 무릅쓰고 한 데서 노숙함.
표하(標下): 부하.

품관(品官): 품계(品階)가 있는 관원. 정관이 아니라 각 고을에 둔 향청의 좌수, 별감 등 유향품관(留鄕品官).

풍수(風樹)의 근심: 부모가 돌아가서 효도를 못 하게 되는 근심.

풍패(豊沛)의 지역: 태조 이성계가 태어난 함흥을 자칭함. 풍패는 한 고조 유방의 고향인데, 전하여 제왕의 고향을 뜻하는 말로 쓰임.

피전 감선(避殿減膳): 나라에 변고나 재변이 있을 때 임금이 근신하는 의미로 정전을 피하고, 수라상의 음식 가짓수를 줄이는 일.

필월(筆鉞): 춘추필법.

ㅎ

하마연(下馬宴): 중국 사신이 서울에 도착하였을 때 베푸는 환영 잔치. 말에서 내리자마자 곧 차리는 잔치라는 뜻이다.

하번(下番): 나중에 번드는 사람. 번이 갈리어 나가는 사람.

하비(下批): 인사 임용에 관한 임금의 재가. 3인의 후보자 중에서 낙점을 받아 임명하는 원칙 외에, 특별히 단일 후보로 임명하거나 특명으로 제수하는 경우에 내리는 비답.

하정(下庭): 정표로 주는 예물(禮物).

하정미(下程米): 길을 출발하는 사람에게 주는 쌀.

하현궁(下玄宮): 널을 광중에 묻는 일. 재궁(梓宮)을 현궁(玄宮)에 내림. 하관(下棺).

학가(鶴駕): 동궁을 가리킴.

학궁(學宮): 성균관의 별칭.

학철(涸轍): 수레바퀴 자국에 고인 물.

학학(嗃嗃): 엄준한 모양.

한량(閑良): 무반(武班) 출신으로 아직 무과에 급제하지 못한 사람.

한림(翰林): 예문관 검열의 별칭.

한정(閑丁): 국역(國役)에 나가지 않는 장정.

한품수직(限品授職): 신분에 따라 품계를 제한하여 일정한 범위의 관직에 한하여 임용하는 것. 이를테면 2품 이상 문무관의 양첩(良妾) 자손은 정3품, 천첩(賤妾) 자손은 정5품까지로 한정하여 임용하는 것이다.

함문(緘問): 6품 이상의 관원이 경미한 죄과를 범했을 때 서면으로 추문하는 일. 이에 대한 답변을 함답(緘答)이라 한다.

함토(鹹土): 소금처럼 짠 흙.

함해(陷害): 남을 재해에 빠지게 함.

합집: 노비나 전택 등을 상속자들이 나누는 것을 분집(分執)이라 하며, 이를 혼자 독차지하는 것을 합집이라 한다.

항공(恒供): 일정한 공물.

항우(恒雨): 장마.

해방(海防): 바다를 방비하는 것.

해유(解由): 전곡(錢穀)과 그 밖의 물품 출납의 책임이 있는 관원이 갈릴 적에 후임자에게 관계 문서를 인계하고 호조(戶曹)에 보고하면 호조는 이상 유무를 확인하고 이조에 통보하여 책임을 면제시키는 것. 이때 해유첩이 발부되는데 이것이 없으면 실직에 전보되지 못한다.

해채(海菜): 미역.

해척(海尺): 어부.

해탈(解脫): 분만.

해택(海澤): 간석지.

행공 추고(行公推考): 비위의 혐의가 있는 관리에게 직무는 계속시키면서 혐의를 조사하게 하는 것.

행단(杏壇): 성묘(聖廟)를 이른 말.

행성(行成)의 치욕: 행성은 화친을 맺는 것. 춘추 시대에 오왕 부차가 오원의 반대를 무릅쓰고 월왕 구천의 화친 요구를 받아들였다가 20년 후 구천에게 멸망당한 것을 말한다.

행수 장무관(行首掌務官): 장무관은 각 관아의 장관 밑에서 직접 사무를 관장하던 관원.

행신(行贐): 길을 떠나는 사람에게 물건을 줌. 노자(路資).

행이(行移): 공문을 보냄. 이첩.

행인(行人): 사신(使臣) 또는 사자(使者).

행장(行狀): 죽은 사람의 생전의 행적(行迹)을 적은 글.

행하(行下): 여기서는 표지(標紙)의 뜻으로, 재상이 지시하는 문서를 가리킨다. 이 외에 위로금의 지급 또는 경사가 있을 때 주인이 하인에게 내려주는 금품의 뜻으로도 쓰인다.

향도(香徒): 상여꾼.

향설인(鄕舌人): 역관(譯官).

향원(鄕愿): 외모는 근후하지만 실제는 그렇지 않은 사람을 말하는 것으로, 사이비한 사람을 가리킨다.

향장(鄕長): 그 고장의 장로(長老).

향정(鄕井): 고향.

향통사(鄕通事): 지방에 배치한 역관. 주로 의주와 부산 등 대외 관계가 있는 곳에 두었다.

허령불매(虛靈不昧): 마음이 거울같이 맑고 영묘하여 무엇이든 뚜렷이 비추어 밝게 살핀다는 뜻.

허참례(許參禮): 새로 출사(出仕)하는 관원이 구관원(舊官員)에게 음식을 접대하는 예. 이 예가 있은 뒤에야 상종을 허락하여, 다시 10여 일 뒤에 면신례를 행하여야 비로소 구관원과 동석할 수 있다.

허통(許通): 벼슬길을 열어주는 일. 서얼의 차별을 없앰.

허허 실실(虛虛實實): 술수와 정도를 병행하는 것.

헌가(軒架): 걸어놓고 연주하는 악기.

헌괵(獻馘): 수급(首級)을 올림.

헌체(獻替): 임금이 옳다고 하더라도 옳지 않은 점이 있으면 옳지 않다는 것을 아뢰고 임금이 옳지 않다고 하더라도 옳은 점이 있으면 옳다고 아뢴다는 뜻으로, 선하고 바른 말을 아뢰어 임금을 보좌하는 것을 이르는 말.

험포(驗包): 조사해서 짐을 꾸림. 봇짐을 검사함.

현량과(賢良科): 육조, 홍문관, 사헌부, 사간원의 관원과 관찰사, 수령 등이 선비를 천거하여 예조에 알리면 종합하여 검토한 뒤에 합당한 자를 임금이 친림하여 대책으로 시험하는 것이었다. 당초에는 천거과라 하던 것인데 뒤에 현량과라는 이름이 만들어졌다.

현령(懸鈴): 지급 통신.

현륙(顯戮): 죄인을 장거리에서 처참하여 그 시체를 군중에게 보이는 형.

혈구(絜矩): 자신의 입장에서 남을 이해하는 것.

혈지 한안(血指汗顔): 문장에 능하지 못하여 문장을 짓는 데 매우 힘이 든다는 뜻.

협광의 은혜[挾纊之恩]: 위로해주는 두터운 은혜.

협제(協濟): 협조.

협종(脅從): 협박에 못 이겨 추종한 무리.

형석정서(衡石程書): 서류를 저울로 달아서 처리하던 일.

형여(刑餘): 형을 받아 불구가 된 자.

호갈(呼喝): 귀인 행차 때 하인이 길을 비키라고 외치는 소리.

호강(豪强): 세력이 뛰어나게 셈.

호수(戶首): 민호(民戶) 중의 수장(首長). 전지(田地) 8결(結)을 한 단위로 하여 이에 대한 공부를 바치는 책임을 맡았음.
국역에 종사하는 사람을 제외한 16세부터 60세까지의 양인 남자는 모두 군정(軍丁)으로 등록하고, 그중에서 가려서 정군(正軍)을 뽑고 나머지 군정 중에서 정군을 돕는 봉족을 내는데, 이들 정군을 호수라 한다.

호승 관자(護僧關子): 중을 보호하라는 관문.

호신(虎臣): 무신(武臣).

호초(胡椒): 후추.

혼전(魂殿): 국장 뒤에 3년 동안 신위를 모시는 궁전. 혼백을 모신 전.

홍문록 월과(弘文錄月課): 홍문록에 등록된 사람들에게 다달이 보이는 시험.

홍문록(弘文錄): 홍문관의 교리, 수찬을 선거, 임명하던 기록. 이들의 선거는 7품 이하의 홍문관 관원이 뽑을 만한 사람의 명단을 먼저 작성하면, 홍문관의 부제학 이하가 모여 의중에 있는 사람의 이름 위에 권점을 찍는데, 이를 '홍문록'이라 한다. 이것을 다시 의정, 참찬, 대제학, 이조 판서·이조 참판·이조 참의 등의 도당록을 거쳐 임금에게 올리면 차점 이상의 득점자를 교리 또는 수찬에 임명하였다.

홍제(弘濟): 널리 구제함.

홍패(紅牌): 문무의 대과(大科)에 합격한 사람에게 임금이 직접 내려주는 합격 증서임.

홍화(弘化): 덕화(德化)를 넓힘. 찬성(贊成)의 직무를 말하는 것.

화상(和尙): 중을 이르는 말.

화압(花押): 수결(手訣).

화은(花銀): 은돈.
화처(花妻): 노리개 첩.
화패(火牌): 시급[火急]한 일을 연락할 때에 쓰는 부신(符信).
환득(患得): 벼슬을 하지 못하였을 때에는 얻지 못할까 걱정하고 얻은 다음에는 잃을까 걱정한다는 뜻.
환자(還上): 흉년이 든 때이거나 춘궁기에 국가가 곡식을 빈민에게 대여했다가 풍년 들거나 추수한 뒤에 일정한 이자를 붙여 되돌려받는 것.
황극(皇極): 홍범구주(洪範九疇) 가운데에서 가장 중시되는 치도(治道)인데, 황(皇)은 대(大)의 뜻이고 극(極)은 중(中)의 뜻으로 곧 지공 지정(至公至正)한 도리를 말하는 것이다. 이것은 요순 이래로 서로 전하여 오는 정치의 대법이다.
황당선(荒唐船): 바다에 출몰(出沒)하는 타국의 배.
황당인(荒唐人): 수상쩍은 사람.
황문(黃門): 내시의 별칭.
황정(荒政): 흉년에 백성을 구제하는 정사.
황초(黃草): 마른 풀.
회강분(會講分): 회강은 한 달에 두 차례씩 왕세자가 사부 이하의 여러 관원을 모아 놓고 경사와 그 밖의 다른 진강에 대하여 복습하던 일. 분(分)은 점수.
회계(回啓): 임금의 물음에 대해 심의하여 상주(上奏)함.
회문(回文): 여러 사람이 돌려보도록 쓴 글.
회봉(回奉): 중국 사신이 돌아가는 편에 답례로 보내는 진상물(進上物) 등을 가리킴.
회시(會試): 중앙과 지방에서 초시(初試)에 합격한 사람을 서울에 모아 보이는 시험. 식년시·증광시의 복시(覆試)와 별시(別試) 등의 회강(會講)을 뜻하는 말이다.
회천(回薦): 권점을 행하고 가부를 묻는 것.
회편(回鞭): 도리깨를 말함.
획수(畫數): 점수.
횡간(橫看): 국가 예산. 보기에 편리하게 하기 위하여, 줄줄이 내려 붙여 적지 않고 요즈음의 일람표처럼 항목에 따라 줄을 긋고 가로 벌여 적은 세출 예산표.
횡류(橫流): 정당한 경로를 밟지 않은 전매.
효경(梟獍): 올빼미와 이리 종류의 악수(惡獸). 효는 어미를 경은 아비를 잡아먹는 악조, 악수인데 배은망덕한 자를 이에 비유함.
효과(肴果): 어육(魚肉) 안주와 과일.
효란(淆亂): 뒤죽박죽이 되어 어지럽고 질서가 없음.
효리(孝理): 효를 근본 삼아 나라를 다스림.
후설(喉舌): 승지(承旨)를 뜻한다. 언관을 말하기도 함.
휴고(休告): 관리의 휴가.
흑각(黑角): 검은 무소뿔.
흠사(欽賜): 황제가 내림.

흠식(歆飾): 거복(車服)을 뜰에 벌임.

흠차 대인(欽差大人): 흠차는 황제가 임명하였다는 뜻. 대인은 고관에 대한 존칭으로, 대개 중국의 4품 이상의 관원에게 쓴다.

흥판(興販): 물건매매.

희생(犧牲): 제물(祭物)로 쓰는 소나 양.

힐융(詰戎): 군사를 다스림.